Ludovica S...

Horóscopo chino
2023

CONEJO
DE AGUA

2011 • 2023 • 2035

VERGARA

PRODUCCIÓN GENERAL E IDEAS
L. S. D.

COORDINACIÓN EDITORIAL Y CORRECCIÓN
Marisa Corgatelli

DISEÑO Y SUPERVISIÓN DE ARTE
Natalia Marano

FOTOS TAPA, CONTRATAPA, INTERIOR Y PÓSTER CALENDARIO
Claudio Herdener - gatophoto@gmail.com
gatophoto.blogspot.com

ILUSTRACIONES DE INTERIOR
Eliana Aromando - @elianaromando

PEINADO
Juan Sigimbosco - Nono

MAQUILLAJE
@noe_rivadeneira

COLABORACIONES
Cristina Alvarado Engfui - islacentral@yahoo.com
Ana Isabel Veny Llabres - zonaatomica@gmail.com
FACEBOOK: Ludovica Squirru

COLABORACIONES ESPECIALES
Esteban Villarreal – esteban.villareal@gmail.com

AGRADECIMIENTOS
Deepak Ananda - @horoscopohinduok
Fabiana Alaniz - fabiana_alaniz@hotmail.com
Angélica Olvera de Malpica
Federico Domínguez

AGRADECIMIENTOS ESPECIALES
Hoby De Fino - @hobydefino
Entrevistas Los niños y la música - Horóscopo musical
Complejo Paseo de los Conejitos
Los Hornillos - Traslasierra
Te. 03544 15 414497

Fundación Espiritual de la Argentina
http://www.ludovicasquirru.com.ar/html/fundacion.ht
INSTAGRAM: @ludovica.squirru

| Penguin
Random House
Grupo Editorial

Horóscopo chino 2023

Conejo de agua 2011 • 2023 • 2035

Primera edición en Argentina: agosto, 2022
Primera edición en México: octubre, 2022

D. R. © 2022, Ludovica Squirru Dari

D. R. © 2022, Penguin Random House Grupo Editorial, S.A.
Humberto I, 555, Buenos Aires

D. R. © 2021, derechos de edición mundiales en lengua castellana:
Penguin Random House Grupo Editorial, S. A. de C. V.
Blvd. Miguel de Cervantes Saavedra núm. 301, 1er piso,
colonia Granada, alcaldía Miguel Hidalgo, C. P. 11520,
Ciudad de México

penguinlibros.com

ISBN: 978-607-382-093-6

Impreso en México – *Printed in Mexico*

DEDICATORIA

ÍNDICE

Abrí los ojos cuando vislumbré la claridad detrás de los vidrios del pasillo del templo porteño.

Desde la invasión a Ucrania, los sueños de las noches están teñidos de ese clima agobiante, letal, trágico, en el que soy parte de las protagonistas que huyen, pelean, cobijan a sus niños entre bombas y puentes destruidos.

Sé que estoy sana y salva, en mi país, y comienzo con los rituales que acompañan mis días y noches hace años luz.

El ángel de la guarda que encontré hace un katún (veinte años) en el mercado de Chichicastenango, en Guatemala, me da ánimo para comenzar un nuevo KIN (TOOJ 7).

Coincide con el Día Internacional de la Mujer.

Celebro serlo.

Y comienzan a encenderse como luciérnagas los mensajes de amigas, más que de amigos, por un día que se instituyó como homenaje a las obreras textiles que en noviembre de 1909 se animaron a protestar y a pedir mejor salario, reducción de la jornada laboral, condiciones de trabajo dignas. Las trabajadoras fueron combatidas y reprimidas, pero continuaron su lucha. En 1911 hubo un incendio en una fábrica de camisas; casi ninguno de los trabajadores pudo escapar porque las puertas de las escaleras de incendio habían sido cerradas, y así fallecieron 123 mujeres y 23 hombres.

"¿Algo cambió?", me pregunto.

Sí.

La condición humana queda desnuda: mujeres ucranianas con fusiles, armando bombas caseras, cuidando a sus hijos o dando de comer y sanando heridas a sus hombres, vecinos, desconocidos. Voluntarias que dejan atrás familia, trabajo, seguridad, y arriesgan sus vidas.

EMPODERARSE sin hacer alarde del sexo; igualar el dolor y ser parte de la metamorfosis de un mundo que nos despabiló ante el sopor de la "insoportable levedad del no ser".

¿Hacia dónde va la humanidad?

¿Despertará o seguirá navegando su destino sin conciencia?

Intuí que el inicio del año del tigre sería caótico, impredecible, feroz.

El 4-12-2021, en una ceremonia multitudinaria llevada a cabo en el campo fundacional –en Ojo de Agua, Nono– con un zoológico atento, abierto, federal, celebramos el cambio inexorable que nos deparaba el nuevo tiempo, con los fundanautas de siempre y los que se van sumando. Tuvimos también en el valle una semana de seminarios que renovaron células, prana y entusiasmo para seguir con la misión en la comunidad de los hombres.

Por la variante Ómicron, que despertó nuevos brotes, no hice gira por la Argentina a pesar del esfuerzo de la editorial para apoyar el romance de hace más de tres décadas de LSD con el zoológico humano, que me esperaba en la costa y en los entrañables MADRYN y PIRÁMIDES, donde las ballenas y los delfines me saludan al llegar.

Pude pasar el verano en Feng Shui; hacía quince años que no estaba allí en la temporada debido a las benditas giras por Latinoamérica, Miami y España.

Compás de espera. Reloj de arena. Otro tiempo.

Renací. Dormí largas siestas y noches.

Disfruté cada amanecer, aún fresco, observando las liebres que aparecen y desaparecen en el jardín, las golondrinas que anidan en mi alero, los picaflores que en segundos me dan piquitos y anuncian el cambio del tiempo. Abrí agendas, atenta a los *tips* de cada día, a la sensación de evaporarme del sistema solar sin dejar rastros.

Ola de calor en enero sofocante; nuevos bichos voladores, también alacranes, arañas, y en Traslasierra la epidemia de yararás overas, que salieron de las piedras y madrigueras para advertir a perros y humanos que se cuiden de su presencia y tengan suero antiofídico cerca.

Descubrí a NOVAK DJOKOVIC en enero, en medio del escándalo en Sidney. Me apasioné por este tenista número uno y sus convicciones.

Pues sigo observando desde la palmera este experimento en el que la humanidad fue globalizada, con exclusión más que inclusión, para seguir "eligiendo" lo que unos pocos podemos.

Aparecieron amigos en Córdoba que descifraban mensajes y los transmitían.

Novak "el mensajero o enviado"; Djokovic "no covid".

Mi sorpresa fue aún mayor cuando vi que su posición contra el "establishment" consiste en no vacunarse, aunque pierda torneos, patrocinadores, fama, lingotes de oro, credibilidad.

Busqué su signo en el zodíaco chino: conejo de fuego 1987, como Messi, que tampoco tuvo un buen fin de año o inicio del año del tigre.

Y este libro será del signo de dos hombres íntegros, que son ejemplo en el planeta por su esfuerzo, vocación, talento e integridad.

CORRIENTES.

Desde principios de enero supe que estaba complicada la querida provincia guaraní. El agobiante calor y la sequía eran caldo de una tragedia anunciada.

Pedidos sordos de auxilio y mensajes entre focos que ya cubrían vastas regiones y no eran apagados por la gran DESIDIA, FALTA DE INTERÉS EN INVERSIONES PREVENTIVAS PARA COMBATIR EL FUEGO QUE ABARCA A LA ARGENTINA EN TODA SU EXTENSIÓN.

UN ENERO FATÍDICO EN EL SUR. FLORA Y FAUNA DIEZMADAS EN CHUBUT. MILES DE BOSQUES DE ALERCES, PINOS, CIPRESES en el Oeste y en el Este no despertaron la compasión de gobernadores, intendentes ni de los responsables de medio ambiente, que desde sus tronos de barro no acuden a proteger el ecosistema, que es lo único que tenemos para sobrevivir como especie.

En el inicio del feroz tigre de agua, Corrientes fue devorada por el fuego.

Imágenes del fin del mundo, de los Esteros del Iberá, de los bosques de eucaliptos, árboles centenarios, casas, pueblos, aldeas alejadas de ríos y lagunas que no pudieron ser salvadas.

AUXILIO. AUXILIO. AUXILIO.

ACÁ ESTAMOS, PAÍS.

Y, de pronto, el tigre de agua ALFREDO CASERO con su rugido en TV logró –junto a SANTI MARATEA– movilizar camiones, ayuda real y concreta del país para apaciguar las pérdidas de productores, campesinos, hombres, mujeres y niños que seguían dentro del horror sin ser mirados por quienes DEBERÍAN HABER ESTADO ALLÍ antes que la sociedad civil.

A esta altura de marzo, ¿alguien recordará Corrientes?

Hago la comparación con la gente desolada por la invasión rusa en Ucrania; gente que perdió TODO, y hasta la vida.

Qué rápido olvidamos las tragedias en la Argentina.

Cada día es un siglo en experiencias vitales. Y NO RESUELTAS.

Estamos surfeando la ola más grande en el año del tigre de agua.

Imposible borrar las imágenes de los niños llorando al atravesar puentes destruidos, o las ancianas haciendo equilibrio para no caer al abismo donde se encuentran.

Vivimos a la intemperie de un mundo indiferente, que está enfocado en apurarse para no perder LO IMPRESCINDIBLE Y LO PRESCINDIBLE.

El exterminio de la raza humana, de los reinos animal y vegetal y de los recursos naturales está en plena transmutación.

DICE EL I CHING: "LO QUE ES ARRIBA ES ABAJO. LO QUE ES ADENTRO ES AFUERA".

Tantos satélites, antenas, cohetes al espacio dañaron la noosfera, la biosfera y la atmósfera.

Es similar a los bombardeos a humanos, animales, centrales nucleares en la Tierra. Interferir en el cosmos es tan criminal como invadir Ucrania.

Nos hemos alejado de los dioses, de los planetas que rigen, de los millones de sistemas solares que existen, además del nuestro.

Las leyes cósmicas actúan en la Tierra.

Todo se ha trastocado; desde los valores morales, éticos, los roles en la familia, los puestos de jerarquías laborales, maestros y discípulos, jueces y presos, gobernantes y pueblo.

Este TRASTORNO DE LA VIDA tiene consecuencias nefastas, sin retorno. UNA CIVILIZACIÓN ESTÁ DESAPARECIENDO rumbo a otra que está GERMINANDO.

Sacudidos desde la coronilla hasta la planta de los pies, el impacto llega a todo el sistema neurológico y produce somatizaciones que afectan la salud y el bienestar holístico.

Náufragos de un nuevo mundo.
EL RETORNO A LA INOCENCIA INTUITIVA.

Durante el verano en las sierras, sentí que tenía ganas de recordar especialmente mi infancia, pues la felicidad, ese instante sagrado que nos da el envión para crecer, la viví plenamente en LAS RABONAS gracias a MUNA, mi abuela materna que en sus últimos años de vida ancló en este paraje paradisíaco, junto a PIERRE, su segundo marido francés.

Compró NOMAI (*notre maison*), la casa que nos cobijó a mi madre, a mi hermana y a mí, a algunos parientes cercanos o lejanos y amigos, para pasar temporadas de abundancia estival, caminatas hasta el nacimiento del arroyo que es límite del terreno, siestas de indigestión de uvas chinche, damascos, ciruelas corazón de buey, lecturas de los clásicos de la literatura, efervescencia hormonal, sueños eróticos mientras estaba despierta que inspiraban mi imaginación precoz de escritora, exquisitos manjares, sagrada hora del té con tortas caseras, tostadas y dulces hechos por MUNA en sus inmensas vasijas de cobre, en el patio que daba al Este, donde las sierras cambiaban de color según el caleidoscopio.

Sabía que ese lugar de piedras milenarias que hervían con el sol, ríos de agua dulce en los que nadábamos como sirenas, aire tan puro que nos embriagaba y producía estados psicodélicos, me susurraba: "Quedate aquí, sos nuestra".

De noche sentía que podía dormir bajo el tapiz de estrellas que titilaban sobre mi cuerpo, y recibía mensajes que hasta hoy sigo descifrando.

Me sentía contenta, radiante, llena de ideas originales que compartía con el zoo en almuerzos, desayunos, meriendas y manjares nocturnos. Tenía la fuerza del sol, la luna, el viento, el fuego, el agua dentro de mí. Estaba erguida, pisaba con firmeza la tierra y observaba a cuises, liebres y algunas víboras que se atrevían a nadar en la manga que daba a la pileta.

Desafinando, cantaba *Sapo cancionero* y *Zamba de mi esperanza* para los vecinos del otro lado del arroyo, y así despertaba mi vocación escénica y cosmicotelúrica.

Recibía aplausos que con la reverberación del lugar nutrían mi ego. Estaba activa desde que despertaba con el murmullo del arroyo en mi ventana, o con los cacareos de gallinas, patos, gansos que vivían cerca de la casa de huéspedes que MUNA nos hizo a MAGUI, a mí, a mamá y papá para nuestras estadías estivales.

El origen germánico criollo de MUNA y su experiencia previa de estanciera le permitieron crear una granja en la que todo se producía allí mismo, sin necesidad de salir de la casa.

ABRAHAM fue el alma real, y junto con ELVIRA hacían tareas de campo y domésticas que eran para diez empleados más.

Él asistía además a caballos, chanchos, pavos, conejos; sembraba maíz y papas, cultivaba rosas, dalias, claveles que MUNA cortaba para el living comedor con orgullo, y embellecían cada rincón de NOMAI.

Flotábamos en el jardín de las delicias como princesas sin apuro para salir a la vida real, esa que también fue parte de mi niñez y que sin duda marcó a fuego mi personalidad.

Desde muy niña sentía que de día y de noche tenía un ángel guardián que me protegía.

Fui curiosa, necesitaba explorar lo que me atraía y lo que visualizaba. Tenía premoniciones que se cumplían; por ejemplo, aparecía una carta de un tío o tía en el extranjero anunciando algún cambio en su vida... y unos días antes yo me había anticipado a comentarlo en algún almuerzo o copetín en la galería mítica de NOMAI.

Si soñaba que alguien perdía dinero porque le habían robado la billetera o lo habían asaltado en la calle, ocurría.

Presentía también la complicada relación de mis padres. La tendencia de papá a la satiriasis (proviene de sátiro) con cualquier mujer que rondara. Dentro y fuera de la familia; algo que me marcó sin duda en la entrega total al hombre.

Me gustaba estar con gente más grande. Somos, o fuimos, seis hermanos: cuatro del primer matrimonio de mamá: Inés, Verónica, María Eugenia y Miguel; y Margarita y yo de su segundo matrimonio, con mi papá Eduardo.

Inés, mi hermana mayor, se dedicó al teatro, a la TV, a la vida bohemia y de vanguardia de la década de los 60.

A través de su acercamiento a actores como Carlitos Perciavalle, Antonio Gasalla, Nacha Guevara, Marilú Marini, Rodríguez Arias, mis tíos Charly y Dalila, fui influenciada para desarrollar mi vocación de actriz, escritora, *show woman*, pues estar a diario en ensayos, estrenos, viendo la cocina de la actuación, los egos danzando con peleas épicas que dejaban atónitos a quienes estuvieran cerca –y en general SIEMPRE ERA YO– moldeó mi NEPTUNO EN PISCIS.

Qué artistas visitaban nuestra quinta de Parque Leloir: Alfredo Alcón, Norma Aleandro, Claudia Lapacó, Oscar Araiz, además de pintores como Berni, Pettoruti, Spilimbergo, Roux, Polesello, Raquel Forner, Pérez Celis, y tantos otros que en nuestra quinta Los Sardos (Squirru es un apellido sardo) se inspiraban entre bosques de eucaliptos, calles de tierra y cielos diáfanos. Algunos de estos artistas recién asomaban como futuros genios.

Tuve una infancia clorofílica.

Mi padre fue una mezcla de criollo amante del país, gran jinete y criador de caballos para cabalgar, un intelectual superdotado, lector en varios idiomas de libros de filosofía, religión, política, economía, historia, antropología y clásicos de la literatura universal. Recuerdo su gran biblioteca en su dormitorio (además de la del living) en la que los estantes estaban colmados de libros de arte, de novelas en francés, inglés e italiano, de la enciclopedia completa Espasa, y en el último estante la colección de *Las mil y una noches,* que logré alcanzar subiéndome a varias sillas y que me inició en el mundo erótico.

Desde entonces encarné en Sherezade en cada relación con el sexo masculino, disfrutando del tao del amor y del sexo, a veces con cierto estupor por algunas reacciones ante mi seguridad en distintos roles, que practico desde la infancia, niñez, adolescencia y madurez.

Fui una niña sobreestimulada en sensaciones, vivencias, percepción, maestros, ejemplos, vivencias de *déjà vu*, vidas pasadas, ubicuidad. Me sentía cómoda cuando en casa se hablaba de reencarnación, budismo, taoísmo y confucianismo.

En reportajes –y también amigos o desconocidos– me han preguntado muchas veces por qué, si he nacido y vivo en la Argentina, me dediqué la astrología china.

La respuesta es que ya venía con la semilla cuando fui concebida en ese óvulo y espermatozoide. Nací abierta y receptiva, atenta y dispuesta a crecer con lo que me nutrieron en mi hogar.

Sabía que venía de lejos, de otras galaxias, como EL PRINCIPITO.

Tenía que nacer, a pesar de que mamá se encargó de decirme que casi fui un aborto, pero les pareció bien darle una hermanita a Margarita para que no relinchara tanto.

He trascendido mandatos, sentencias y dictámenes para transmutar de crisálida a mariposa. La fuerza vital me acompañó siempre.

Nací en el Sanatorio Otamendi, el 9 de mayo de 1956, a las doce en punto del mediodía.

Aparecí enroscada en el cordón umbilical rumbo a la incubadora por una semana, y de allí a la inmensidad de los árboles de nuestro jardín, donde me dejaron llorando un día entero debajo de la mora, hasta que se secaron todas las lágrimas que traía en esta vida; fueron hitos que moldearon mi templanza.

La decisión de papá de criarnos "a campo" en el *far west* bonaerense –la avenida Gaona era de tierra– marcó nuestra niñez y casi adolescencia, e hizo que con Magui nos sintiéramos unas pajueranas respecto de los amigos que nos visitaban desde Capital, que eran hijos de amigos de nuestros padres.

Hicimos la escuela primaria en el establecimiento Almirante Brown, en Castelar, y la secundaria en Nuestra Señora de Lourdes, en Villa Udaondo.

Mi último año de secundaria lo cursé en una escuela pública entre Castelar y Morón.

Siempre me gustó estudiar y no faltar a clase, salvo algún día opaco en la vida familiar o a causa de alguna angina que me acosaba, hasta que me operaron de las amígdalas.

Papá nos prohibía ver TV a la tarde, y recién podíamos gratificarnos de 7 a 9 pm viendo *Lassie, Bonanza, Viaje al fondo del mar,* y *Los locos Addams.* Tampoco podíamos escuchar radio AM; me crie escuchando conciertos en Radio Nacional que combinaban con la sinfonía de pájaros que poblaban el parque: benteveos, pechos amarillos, gorriones, pájaros carpinteros, calandrias y el venerado hornero, que construía su casa delante de la nuestra.

El universo, la naturaleza en sus cuatro marcadas estaciones, la vida campestre me dieron seguridad, espíritu aventurero, despertaron mis sentidos, mi imaginación, la vocación de ser discípula y maestra al unísono, de prestar atención a lo que hablaban en casa y tomarlo con aplomo para enfrentar situaciones en el futuro.

Era pelirroja y muy flaquita.

Ambas cualidades me acomplejaron en la primaria, donde me bautizaron OLIVIA, por la novia de POPEYE, y me soplaban en recreos y escaleras.

Algo estaba mal en mi organismo; transpiraba mucho en invierno, me agitaba, tenía palpitaciones, estaba con estrés físico y suponía que era un mal que me acompañaría en la vida.

Mi mamá nunca se dio cuenta.

Hasta que a los veinticinco años estudié canto con SUSANA NAIDICH, gran maestra de los mejores actores del país. Ella me observó y me dijo: "TENÉS BOCIO DIFUSO; hacete un examen en la tiroides".

Y dio en la tecla.

FUI HIPERTIROIDEA un cuarto de siglo.

Hice un tratamiento que me cambió la vida.

De OLIVIA pasé a ser ANJELICA HOUSTON.

La amé. Recordaré siempre a SUSANA, que no logró que no desafinara en cada canción, pero me devolvió la estabilidad emocional y fisiológica en la flor de la juventud.

Con cuántos traumas y obstáculos convivimos en la infancia. Y, si nuestros padres no se daban cuenta, cuánto pudor y vergüenza sentíamos para hablar de ellos.

También tenía y tengo pie plano. Plantillas, kinesiólogos, traumatólogos por una endeble columna vertebral que sostenía una constelación familiar antisistémica.

El mandato de papá, inspirado en su estadía en China, "LA MUJER NO DEBE MOLESTAR, Y EN LO POSIBLE HACERSE ÚTIL", fue y sigue siendo una sentencia que cumplo hasta el día de hoy.

Soñaba con un hijo varón para transmitirle su amor por los caballos, la caza, los viajes pampeanos y su herencia sarda.

Fuimos dos mujeres que tuvimos que atravesar varias reencarnaciones en esta vida para adaptarnos a sus antojos y deseos.

Él nos decía: "Tengo corazón de atleta, moriré joven. Quiero transmitirles todo lo que sé y pueda antes de morir. No trabajaré para que me hereden".

Con ese dictamen convivimos hasta que murió, a los cuarenta y ocho años. Yo tenía quince y estaba preparada para salir al mundo con esta herencia espiritual YIN-YANG.

Mientras estoy inmersa en los recuerdos de la infancia, me atraviesan las imágenes más desgarradoras de la guerra: el genocidio feroz de niños, mujeres, población civil, todos librados al azar, a una vida dentro de otra vida de la que son eyectados, como cuando matamos hormigas en el jardín con venenos letales y nos sentimos poderosos.

Esa niñez, esa ruptura volcánica e inesperada que los sorprendió en el invierno del Norte, revive el incendio de la casa de la infancia en Parque Leloir, cuando me acosté con una vida y amanecí despojada de todo lo afectivo y material para SIEMPRE.

Desde el 19 de septiembre de 1973, mamá, Margarita y yo fuimos destronadas de una vida hacia otra que no podíamos imaginar.

Las llamas del incendio devoraron nuestra casa prefabricada con paredes de madera, bibliotecas de libros incunables, cuadros de los grandes pintores argentinos, y se llevaron nuestra vida cotidiana con una velocidad digna de un rayo exterminador.

Ocurrió entre la medianoche y el alba. Caminábamos como ahora veo que lo hacen las mujeres ucranianas, entre escombros, estupor, sensación de pesadilla o de brutal pérdida de la razón; esa noche cambió nuestra vida PARA SIEMPRE.

Desde adolescente supe lo que es pasar como por arte de magia a otro estado: TRANSMUTACIÓN, y a diferencia de mi hermana, eso me dio fuerza para seguir viviendo con la escuela de vida de la infancia, que agradezco, a pesar del cambio tan feroz que me deparaba la existencia.

La infancia es la base de nuestra vida. En ella ocurren los episodios que formarán nuestra personalidad, los traumas que, si no los tomamos a tiempo, al crecer nos bloquearán el ki, chi, prana que nos permite desarrollarnos y ser creativos.

En esa etapa nuestra percepción y nuestra intuición están en su esplendor. Somos esponjas de algas marinas; convivimos entre el mundo acuático y el terrenal.

Siempre estuvo presente el apoyo de mamá, su mirada hacia LUDOVICA, nombre que nos marcó. Así fue bautizada ella en Alemania, donde nació, y con el argumento de que no estaba permitido en el santoral la despojaron impiadosamente de él al anclar el barco en Buenos Aires; mi abuela pudo traducir su nombre como María Luisa al empleado de migraciones. Y de algún modo, mamá recuperó su identidad cuando mi papá, al inscribirme, se impuso ante otro mediocre en el registro civil:

—Se llamará Ludovica, solo Ludovica.

—Pero si no le gusta, pongámosle otro nombre —musitó mamá.

—No; solo Ludovica Squirru.

Hace unos años agregué Dari, el apellido de mi mamá, quien fue la inspiración para crear la muñeca MARILÚ.

Padecí con: "LUDO ¿QUÉ?". "LUDOMATIC".

Sí, fue un gran trauma en la escuela primaria y secundaria. Muchos profesores creían que era mi apellido y preguntaban: "¿Cuál es tu nombre?".

Omomom.

Recién cuando comencé mi carrera de actriz y salté a la fama con TATO BORES, en la década de los 80, amé mi nombre; muchos creen hasta el día de hoy que es el nombre "artístico".

Otro trauma que tuve es que me decían "PERFECTA LEW", como las camisas que estaban de moda entonces, porque era buena alumna, hacendosa, resolvía temas domésticos e intelectuales, y no molestaba.

De Lew a Lo.

Mis amigos, familiares, conocidos me decían: Lo.

Creo que ser un artículo neutro marcó mi adolescencia.

"¿Lo qué?". Tenía en la niñez un espíritu curioso, audaz, aventurero.

Atraía tanto a las chicas como a los varones.

Tal vez mi faceta histriónica, imaginativa para narrar cuentos, actuar en cada acto escolar con soltura, mi conexión con gente mayor y de mi edad me hacían brillar.

No me sentía igual a mis compañeros de grado; las maestras en los recreos me retenían en el aula para contarme sus historias de amor, para pedirme consejos...

Era una niña de diez, once o doce años.

Fui elegida de confidente desde siempre.

Era, sin saberlo, un oráculo, un confesionario, un recipiente en el que depositaban tristezas, temas tabúes, cataratas de lágrimas, residuos tóxicos de otras relaciones... todo en mi caja de Pandora.

Estaba germinando LSD con capacidad de escuchar y contener; me pregunto hoy cómo me veían entonces los demás para darme un rol tan confiable.

Sabía que había problemas en nuestra casa; papá era abogado, pero no le gustaba ir a Tribunales, madrugar, estar con saco y corbata; nos transmitía su fastidio por el mandato de mi abuelo CARLOS, un cirujano notable que tuvo tres varones para esculpir, a pesar de sus rebeliones.

Mi papá y mi mamá pertenecieron a una generación cuyos padres y abuelos habían hecho LA AMÉRICA con inmensos sacrificios, después de cruzar el océano escapando de la Primera Guerra Mundial.

Una generación que se patinó la fortuna de sus ancestros viviendo LA DOLCE VITA.

No tuve un padre proveedor, con disciplina para el trabajo, y que nos diera seguridad emocional.

Fue mamá, perro de agua, quien libró cada batalla en el *far west* bonaerense para criarnos con sobriedad, sentido común, y administrando la libreta del almacén. El burro para llegar a fin de mes.

Heredé la mitad de cada uno: me gustaba desde niña generar mi dinero, no depender de nadie para comprar mis revistas favoritas: *La pequeña Lulú, Red Ryder, Susy. Secretos del corazón*, mis golosinas, mi yoyó, monedómetro y lo que aparecía en esas décadas tan simbólicas.

Cortaba menta que crecía en la tierra fértil del parque, juntaba frambuesas y moras y ponía una alfombra en la calle para venderlas.

Volvía a casa con monedas en los bolsillos.

Presentía que jamás dependería económicamente de ningún hombre.

Mamá sufría con ese marido que no generaba dinero y además se endeudaba para darse gustos: comprar caballos criollos, perros de caza, escopetas, rifles para cazar, en las estancias de sus amigos, liebres y perdices que traía para que peláramos Magui y yo, antes de que mamá las cocinara.

Nunca nos faltó nada: tampoco fuimos chicas con sobreabundancia de ropa, juguetes, salidas excepcionales o viajes fuera de Parque Leloir.

La bohemia de ambos padres me gustaba, eran distintos a otros que veía en la escuela o en la vida.

Mamá nos tejía suéteres para el crudo invierno, cuando la escarcha se congelaba y pisábamos tiritando el camino desde nuestra casa hasta la parada del colectivo que nos llevaba a la escuela, mientras el sol comenzaba a entibiarnos las pantorrillas y el corazón.

Tenía noción de que nuestra vida era privilegiada.

Tal vez, esa quinta que papá amaba, de la que decía: "Es el casco sin la estancia", pese a las dos hectáreas que nos parecían inmensas para recorrerlas, escondernos, jugar a la mancha, a la rayuela, al bádminton, al croquet, o dar unas vueltas en nuestros caballos, fue lo que nutrió mi infancia para decidirme a invertir en Traslasierra después de los cuarenta años, buscando un horizonte más amplio, más sinuoso, en comunión con la montaña, el cielo, el lago, el viento, el fuego, el trueno, el agua y la tierra.

El I CHING y sus trigramas en mi interior concretaron mi CIELO POSTERIOR.

Hoy es el cumpleaños maya de mami: AQABAL 8.

Empecé el día con los frentes serranos del campo que no dan changüí.

Le pedí que lo que me pasara hoy lo tomara con sentido del humor, ese que ella tenía, más ácido que el mío, pero que la protegió ante las catástrofes que la visitaron en su vida.

Su olor —una mezcla de nicotina con perfume francés— aparece como una ráfaga en este mañana gris.

Siempre la quise proteger; captaba desde chica que trataba de disimular los malos tragos que papá le hacía pasar, la falta de dinero para pagar cuentas a fin de mes, los amigos cantores y trasnochados que dejaban el comedor y el living lleno de botellas de vino, whisky, los puchos sin limpiar. También los celos de nuestra amada Lassie, abotonada con todos los canes del vecindario que nos trastornaban de noche, además de la intriga que nos producía ver desde niñas el sexo tan real de perros y caballos, con preguntas difíciles de responder.

Crecimos a campo y cielo abierto, con padres que también vivían cada día aprendiendo algo que no sabían.

Con goteras en el techo, tubos de gas que se congelaban en invierno, con la experiencia de salir corriendo para que nos dieran la vacuna contra la rabia cuando un perro nos mordía.

Siempre sentí otra protección: la etérea, angélica, la de los planetas y astros que me guiaban intuitivamente hacia donde tenía que ir.

Escribía poemas, notas, sensaciones de lo que me pasaba, y cada cuaderno era una vasija donde vaciarme; lloraba poco, pero había días en los que la tristeza, la desazón, el desamparo me sorprendían como en un asalto.

Tenía premoniciones en sueños y despierta, y las decía: "Llegará a nuestra casa algún amigo del pasado". Y ocurría. Papá era un inexperto anfitrión, a pesar del olfato de mamá para detectar a los piqueteros terrestres y galácticos.

La casa estaba abierta; a veces por días, semanas, meses o años. SE INSTALABAN artistas, mendocinos que papá había conocido en su odisea para recuperar un campo en Las Catitas, donde solo encontró un desierto usurpado y casi lo matan a tiros.

Él insistía con ese campo de sus ancestros que descubrió y quiso colonizar.

A veces se alejaba un mes de casa y respirábamos. Era un sultán mandarín que nos daba órdenes día y noche; no teníamos respiro y queríamos LIBERTAD, LIBERTAD, LIBERTAD.

Mi manera de estudiar las lecciones del colegio consistía en crear una situación teatral. Jugaba a que tenía alumnos reales, los hacía formar fila, al toque del timbre tomaba lista, después les indicaba que ingresaran en el aula y les tomaba lección.

Tenía pizarrón, tizas, un mapamundi, y hacía pasar a "los alumnos" a dar la lección en voz alta y los calificaba en un boletín.

O sea que en casa, a la tarde, ocupaba el living para fijar las lecciones que casi siempre obtenían "10 Felicitado".

A veces le pedía a Magui que fuera alumna real y ella me "chantajeaba" para conseguir a cambio cosquillitas en la espalda o jugar a las cartas.

Nos queríamos mucho, a pesar de que yo siempre fui más sociable y extravertida que ella.

Sabíamos que teníamos una linda casa, jardín; que nuestros compañeritos eran más humildes y vivían en los suburbios.

Despertaba mi vocación de líder, siempre tenía ideas para organizar en los actos escolares: representar obras de teatro, recitar poemas, bailar o hacer alguna monería que provocara risa a los demás.

Papá me había programado para que fuera química o física nuclear debido a que era buena alumna, tal vez más inteligente que la media de mi edad, y porque veía en mí a una científica.

Pero él partió cuando tenía quince años y ya estaba marcada mi tendencia artística, que desarrollé hasta dedicarme a escribir los anuarios chinos, definidos por un lector como LA BIBLIA PAGANA.

Las influencias familiares, artísticas, telúricas me daban aplomo y hándicap.

En mi cabecita imaginaba la vida que con el tiempo fui teniendo, sazonada con grandes traumas: muerte de papá a los quince, incendio de la casa a los diecisiete, cambio radical de vida, ir hacia la Capital, conseguir trabajos durante el día para estudiar en el Conservatorio de Arte Dramático de noche, ser autosustentable y además ayudar a mamá y hermana.

Esa LSD alucinógena, con iniciales que darían para sentirme la protagonista de LUCY IN THE SKY WITH DIAMONDS, había tomado lo mejor de su vida en la naturaleza, de los libros que leía en las bibliotecas de Parque Leloir y de NOMAI, y estaba protegida por entidades que vibraban cerca en momentos de peligro, con las que me comunicaba silenciosamente.

También percibía extrañas formas de relación entre mis padres.

Él, libre, abierto a cualquier mujer que apareciera en casa, amigas de mamá, o de él, a quienes les pellizcaba la cola, o les daba besos en la boca.

Mamá, geisha o harta de vivir con un hombre que no la respetaba y hacía alarde de eso.

Su consejo casi sentencia era: "Chicas; no se casen jóvenes. Viajen, conozcan más de un hombre y después se casan. Sean libres, estudien y trabajen".

Tomé al pie de la letra el mandato.

Sin embargo, desde niña sentí que tendría una vida afectiva agitada, con amores correspondidos y otros no, con pasión y desprotección, con dosis sadomasoquistas.

Enamorada a los siete años del monaguillo de la capilla, solo deseaba tomar la comunión para que me diera la hostia y tenerlo bien cerca.

Magui también estaba enamorada de él, y tristemente de todos los novios o pretendientes que tuve en mi vida. Hasta del gato… KARMA.

Ella era más *sexy*, voluptuosa e insolente para avasallar a cualquier varón. Y lo conseguía, delante de mis narices.

Papá decía que Margarita era su preferida, y Ludovica, la de su mamá.

Así nos criaron, nos usaron de trofeos para sus batallas matrimoniales y nos dejaron con ese estigma; si no hubiera llegado a CONSTELACIONES FAMILIARES, para destrabar esta nociva alianza, sería una andariega sin destino.

La infancia es un mapa en el que se va marcando el camino que recorreremos en la vida, con o sin brújula, GPS, radar; y la intuición, esa poderosa sabia, nos conduce adonde debemos seguir explorando en la vida.

A pesar de mi instinto maternal con familia, parejas, amigos y desconocidos, no tuve hijos.

Observo cómo los que sí los tienen y los han criado con amor y responsabilidad viven una evocación de su infancia. Recorren los primeros pasos, las sensaciones, caídas, golpes, resfríos, enfermedades que nos atacaron, sus respectivas vacunas, a las que ahora se suman las del Covid y la gripe. Y me conmuevo.

Criar hijos, amarlos y educarlos es un trabajo muy intenso en el fuero interno y por los cambios que conlleva en la vida personal: postergaciones, obstáculos, renuncias.

Explorar la niñez en los hijos propios o adoptivos es un acto de amor sublime.

En la actualidad, por la desolación mundial, la falta de recursos básicos que se necesitan para dar a luz, la mitad de los niños que nacen mueren por desnutrición, enfermedades, falta de comida, educación, cuidados durante su crecimiento en medio de las trágicas situaciones de índole social, económico y de explotación a las que están destinados.

Hoy tengo el corazón y el estómago perforados al ver la cantidad de madres que deben dejar sus hogares y también entregar sus hijos a desconocidos para que sobrevivan a la guerra cruel que Putin instaló en Ucrania.

Niños que no pudieron vivir su infancia, inocencia y crecimiento normal porque la inesperada guerra los expulsó a un mundo desconocido, desarraigado, excluyente de sus hábitos, costumbres, cultura.

Verlos morir solos o con sus padres, en las calles, intentando huir, llegar a algún refugio, estación de tren o búnker produce solo GRATITUD hacia mi infancia, teñida de claroscuros, intervalos de zozobra o soledad.

Por eso, este libro del año del conejo de agua estará dedicado a los niños que fuimos, a los que seguimos siendo, a los que se animan a recordar y agradecer lo que nuestra familia, bien o mal, nos dio para que podamos ser quienes somos, perdonando, aceptando, conviviendo con esos aleteos que nos traen tardes grises. Aunque afuera brille el sol.

También a la generación de los *millennials*, que asomaron a la vida como ciberastronautas de un mundo que se define en una realidad virtual, digital, de redes, que limita el contacto físico, la vida al aire libre y en la naturaleza, que es nuestra gran maestra para guiarnos en los pasos a seguir para no caer en el abismo.

A esos niños que viven en Traslasierra, que tienen brillo en los ojos, que saben cómo cuidarse en cada estación, pues las inclemencias del clima les sacuden las lagañas en los ojos; allí van a la escuela a alimentarse y a dejar que los colores del otoño los inspiren para pintar, hacer vasijas de arcilla, tocar algún instrumento, bailar y soñar con ser AXEL O LALI ESPÓSITO.

A esas niñas que al volver a su casa ayudan con sus nueve hermanos, y a limpiar la casa, a ordeñar la vaca para administrar la leche que salga de sus ubres, y comparten el pan que se consiga en esos días. Y que son madres a los quince años, porque el sexo despierta temprano, como las brevas en verano.

Tal vez ustedes, niños y niñas de todas las edades, capten este libro que nació junto a ESTEBAN, mi eterno amigo de la vida. Ambos seguimos nutriendo nuestro mundo de recuerdos de una infancia en la que fuimos criados a campo, con imaginación para conectarnos con estímulos que nos despertaron fantasías, viajes por planos físicos y astrales, y nos permitieron escuchar a los ángeles y serafines que aparecían en nubes doradas.

ESTEBAN Y LULI. Verano del año del tigre de madera 1974; PLAYA CHICA EN MAR DEL PLATA.

Era una extraña adolescente vestida con un bikini y tenía el cuerpo cubierto de hojas verdes. Era Jane, la novia de Tarzán.

Bajaba las escaleras y caminaba descalza sobre las piedras.

El sol calentaba, la espuma de las olas rompía cerca de los acantilados.

Sentía que tenía los ojos de la humanidad clavados en mí.

Música, clericó, rabas.

Hombres bronceados que me decían piropos; era una sirena salida de una historieta.

Esteban estaba allí. Enfocó su mirada en esa exótica mujer de pelo afro, se magnetizó y se acercó a decirme: "¡Qué *look* tenés, tan divertido!". Su sonrisa de marfil me eclipsó.

Y, como en esos días predestinados, nuestras vidas iniciaron, al ritmo de "las olas y el viento", un gran viaje de amistad, arte, teatro, amigos, amores que nos rompieron el corazón aún blandito, y nos refugiamos en el otro para intentar que volviera a latir al ritmo de un tambor africano.

El carisma de Esteban eclipsaba a humanos y delfines que saltaban cuando él estaba allí; y cada día del verano nos hicimos amigos sin secretos ni horarios.

Esteban es actor, director, escritor de obras de teatro y programas de TV que tuvieron el mejor *rating*.

REINA EN COLORES, BOSQUE CHOCOLATE, entre otros, les dieron a los chicos una faceta más didáctica, ecológica, divertida para jugar, aprender y vibrar con los colores del arco iris.

Esteban es energía cósmica en la Tierra.

Hemos compartido, en la década de los 80, TODOS SOMOS STARS.

Siempre me estimuló en mis inventos teatrales, exposiciones, ideas, y me ayudó a ponerme "más mona" en presentaciones, entrevistas, programas de TV, para los que me maquillaba como LADY GAGA.

Creo que es el amigo que más sabe de mis penas, traumas, procesos de KAFKA, laberintos afectivos, bajones, mutis por el foro en épocas en las que me evaporo sin interrogatorio policial.

Ambos tuvimos madres perro de agua, que nos amaron hasta sofocarnos, nos idealizaron, se realizaron a través de nosotros y nos dejaron a la intemperie cuando partieron.

En el año 2000 le dije: "Esteban, tu lugar en el mundo es Miami".

La Argentina lo ataba en su creatividad desbordante, en su libertad de expresión. Y me hizo caso. Vive feliz allá desde hace veinte años.

Primero con LEU, su amado perro *room mate*, y cuando él partió adoptó a ALLEGRO, su multimedia relación canina.

Lo visitamos varios años con Cat en Miami, y compartimos lindas charlas, paseos, presentaciones en BOOKS AND BOOKS, y me ha asesorado para comprar en *shoppings* baratísimos en los que siempre encuentra algo para mi *look*.

Tenemos charlas hasta el tuétano; nos admiramos y respetamos desde siempre; NADA SE PIERDE, TODO SE TRANSFORMA en nuestra vida.

Sabe que en nuestra casa serrana tiene su lugar si algún día se harta de ciclones, música en las calles y veredas de Miami, o el corazón le dicta el compás de la Cruz del Sur.

La idea de escribir un libro de horóscopo chino para niños nació de mis lectores que hace cuarenta años me conocen; son madres y abuelas y me dicen que los chicos están fascinados con su signo, y mi manera de escribir y describir.

En las giras y en las presentaciones en la Feria del Libro vienen tres generaciones a verme, me hablan de sus signos, de sus características, y me doy cuenta de que el horóscopo chino prendió en los niños y adolescentes, porque es más divertido identificarse con un animal que con una constelación astral.

Y le propuse a Esteban escribir un libro juntos.

El desgarrador año del tigre con la guerra y la pospandemia aceleró el proceso.

Me latió, en el libro del año del conejo de agua, acompañada por Esteban, que es el gran BUGS BUNNY mágico, divertido y profundo, brindarles un viaje a la infancia, para sumergirnos en ese agujero que tentó a ALICIA en el país de las maravillas a encontrarnos con los desafíos que nos transformaron en dejar de ser "los hijos de" para ser nosotros mismos.

TODOS SOMOS NIÑOS OTRA VEZ.

O PARA SIEMPRE.

L. S. D.

Introducción a la Astrología china

por Cristina Alvarado Engfui

Cambios, eras y ciclos en nuestro hogar, oficina y entorno.
Este texto que están leyendo es solo para dar un primer paso en la comprensión del comportamiento básico de la energía Qi (Ki, Chi) sobre nuestras casas, debido a que se acerca un cambio importante. Desde el primer momento en que nuestros antepasados construyeron un techo sobre sus cabezas comenzó un proceso de evolución imparable. Esa intervención sobre la naturaleza no solo provocó una verdadera revolución en nuestra especie, sino que cambió el curso de la energía de vida sutil Qi en todo el planeta, afectando así a la totalidad de los seres vivos e inertes. De todos los objetos creados por la humanidad, el objeto arquitectónico es el más preciado e indispensable para muchos otros seres vivos; sin embargo, el ingenio humano invadió zonas que no eran propicias para ser habitadas y al mismo tiempo ha recreado ecosistemas enteros. Estas zonas ya están atravesadas y ocupadas por una red compleja de canales y asentamientos de la energía sutil llamada Qi; esta red actúa igual que el viento, los ríos y otros cuerpos de agua en la tierra. Las estructuras que construimos pasan por buenas rachas y por malos momentos, pocas de esas estructuras resisten el paso del tiempo y un número aún más reducido fueron construidas tomando en cuenta la **vida** que les hemos dado desde el momento de su planificación. Así es, he dicho "**vida**". No estoy usando esa palabra a la ligera. Al construir algo le damos vida desde el momento en que colocamos la primera piedra y esta se pone en contacto con el Qi que circula por ahí. El Qi se estanca o circula, o atraviesa la estructura. Conseguimos cambiar el cauce del agua hacia dentro de nuestras casas y la tierra se convirtió en muro, por lo que el viento dejó de ser amenaza; hemos logrado mucho bajo el techo de nuestro ingenio; pero el Qi sigue y seguirá dictando nuestra suerte, afortunada o funesta, pertinente o impertinente.

Estamos dentro de un universo cíclico que se encuentra en el espacio y el tiempo. El espacio es *yang*, el tiempo es *yin*; entonces, los ciclos del Qi corresponden a la experiencia del ser en el tiempo y el espacio, lo cual influye también en los objetos. Cuando construimos algo nuevo en el punto más débil de ese ciclo resulta más difícil mantenerlo en pie que si construimos algo durante el punto más propicio de ese ciclo. Ocurre igual que cuando sembramos una semilla en el punto más álgido del invierno: esa semilla dará una planta que tendrá todo en su contra, pero si sembramos la semilla al final de la última helada, justo antes de entrar en la primavera, lo sembrado llegará a la madurez en el verano con más sabor, más energía y nutrientes. Además, la planta dejará tras de sí un rastrojo lleno de nutrientes, los cuales prepararán la tierra para que las siguientes semillas crezcan y fructifiquen.

Xuankong feixing 玄空飛, estrella voladora blanca y púrpura

En otras oportunidades hemos hablado del Qi, el calendario chino y del I Ching, pero voy a resumirlo: en el calendario chino y en el I Ching se documentan y ponen en orden los ciclos de la energía Qi: el Qi está formado por dos fuerzas complementarias: *yin* y *yang*, estas dos fuerzas al combinarse se dividen en cinco manifestaciones de la fuerza: Wu Xing 五 行, estas cinco energías a su vez se separan nuevamente en *yin* (negativo) y *yang* (positivo) y dan por resultado el primer ciclo de la energía: los **diez troncos celestes** Tiangan 天干. El origen de esta manera de medir el tiempo proviene de la observación de las cuatro estaciones y otros fenómenos debidos a nuestra atmósfera y el movimiento del planeta alrededor del sol. Luego, a partir del registro de los movimientos de la luna alrededor de nuestra propia órbita, se descubrió un ciclo más, que es lo que ahora conocemos como **zodíaco chino** o **ramas terrestres**, shengxiao 生肖. Combinados estos diez troncos y las doce ramas dan por resultado **sesenta combinaciones** posibles.

Antes de la modernización de China, las familias comunes eran formadas por cinco generaciones bajo un mismo techo. Hoy en día las familias, mayoritariamente nucleares y urbanas, aspiran a sobrevivir un máximo de tres generaciones separadas por veinte años con alguna visita esporádica de bisabuelos y cada una de esas generaciones vive en su propia casa, a veces separadas por cientos o miles de kilómetros; situación que es similar en la mayoría de las culturas occidentales. Pero en el pasado chino, el hogar construido por la primera generación tenía que asegurar la estabilidad y prosperidad de las siguientes, algo que es más parecido a la usanza de las familias latinoamericanas actuales. Un hogar próspero con muchas generaciones felices y en paz solo se logra extendiendo la energía por medio de una arquitectura que pueda ser reconstruida a más tardar cada sesenta años, o con extensiones importantes cada veinte años para albergar a la nueva generación a través de los ciclos, períodos y eras.

Los **ciclos** de la energía Qi que proviene del cosmos a la tierra son nueve, y se suceden uno al otro cada veinte años; a estos bloques de veinte años los llamaremos **períodos** o san yuan jiu yun 三元九運. Los períodos suman en total tres **eras** de 180 años o san yuan 三元. El grupo de tres eras que estamos viviendo en la actualidad comenzó en 1864 y terminará en 2043[1]. Tomando en cuenta que los períodos duran veinte años, veremos que estamos en el final del octavo período, a pocos meses de comenzar el noveno de la era inferior o tercera era, la cual comenzó en 2004 y terminará en 2023, por lo tanto, nos quedan veinte años para completar el ciclo de 180 años. El Qi que emana de la tierra está en su vejez, por ende, **este momento que está por comenzar es parecido a la última helada del año.** El año del conejo es esencial para planificar y comenzar lo que nos dará cobijo y prosperidad durante los siguientes veinte años y sentará las bases de una nueva era de 180 años. La siguiente tabla explica períodos, eras, ciclos y energías actuales. Estamos al final del octavo período y la actual es la era inferior, cuyo dominio es el de la energía de la tierra. El cambio de ciclo comenzará en el año nuevo de 2024; por lo tanto, es nuestra labor aprovechar el año del conejo para poner en orden y en paz todo lo que sea posi-

---

[1] Hay otra forma de hacer estos cálculos, que se llama er yuan ba yun 二元八運, en la cual son solo dos eras; sin embargo, esos cálculos se usan para predecir la fortuna a niveles de geopolítica y negocios más que del feng shui del hogar o de la arquitectura.

ble para las siguientes generaciones, que comenzarán un nuevo gran ciclo de 180 años.

Período	Era actual de 180 años	Ciclos de veinte años	Estrellas base de la casa	Nombre en chino	Nombre en español	Tipo de energía
1°	Superior	1864-1883	☵ 1	坎 Kan	Agua	Agua
2°		1884-1903	☷ 2	坤 Kun	Tierra	Tierra
3°		1904-1923	☳ 3	震 Zhen	Trueno	Madera
4°	Media	1924-1943	☴ 4	巽 Xun	Viento	Madera
5°		1944-1963	5*	廉贞 Lian Zhen	Centro	Tierra
6°		1964-1983	☰ 6	乾 Gan	Cielo	Metal
7°	Inferior	1984-2003	☱ 7	兌 Dui	Lago	Metal
8°		2004-2023	☶ 8	艮 Gen	Montaña	Tierra
9°		2024-2043	☲ 9	離 Li	Fuego	Fuego

* En las tablas el número cinco no posee trigrama porque la energía del 5 está bajo tierra.

Si una casa fue construida en 1995, la estrella base de la casa es 7☱, pertenece al 7° período, y la casa pertenece al primer ciclo de la era inferior. Una casa construida en 1947 pertenece al 5° período y a la estrella voladora 5. Las responsabilidades que tenemos las generaciones nacidas en el siglo xx son muchas, pero una propuesta honesta sería dejar espacios arquitectónicos sanos, más congruentes con lo que sigue, y un paso importante es construir estructuras respetando la energía del planeta.

La tabla a continuación señala los siguientes 180 años a partir de 2044. Guardemos la esperanza de que –a pesar de lo pronosticado por muchos– la humanidad pueda vivir durante más eras.

Período	Era futura de 180 años	Ciclos de veinte años	Estrellas base de la casa	Nombre en chino	Nombre en español	Tipo de energía
1°		2044-2063	☵ 1	坎 Kan	Agua	Agua
2°	Superior	2064-2083	☷ 2	坤 Kun	Tierra	Tierra
3°		2084-2103	☳ 3	震 Zhen	Trueno	Madera
4°		2104-2123	☴ 4	巽 Xun	Viento	Madera
5°	Media	2124-2143	5	廉贞 Lian Zhen	Centro	Tierra
6°		2144-2163	☰ 6	乾 Gan	Cielo	Metal
7°		2164-2183	☱ 7	兑 Dui	Lago	Metal
8°	Inferior	2184-2203	☶ 8	艮 Gen	Montaña	Tierra
9°		2204-2223	☲ 9	離 Li	Fuego	Fuego

El objetivo ahora consiste en saber cuál es el destino de cada construcción según el año en que fue construida; así será más fácil aprender otras técnicas ancestrales del feng shui. En este análisis básico solo usaremos el dígito que corresponde a la base, que es el que le toca a la construcción por el año en que fue colocada su primera piedra, algo muy parecido a conocer el número ki de las nueve estrellas, pero a nivel arquitectónico.

En las tablas anteriores vimos los datos generales, pero analicemos un ejemplo actual: supongamos que queremos comprar y reparar un departamento construido en 1990 en Buenos Aires; ese departamento seguramente pasó por cambios dramáticos en el ambiente económico de esa zona, ya que en esos años ocurrió un *boom* inmobiliario que, aunque parezca increíble, tiene mucho que ver con la energía Qi.

Ese departamento tiene como estrella base de la casa el número ☱ 7, ya que fue construido entre 1984 y 2003. Si bien hay características que corresponden a un estudio más avanzado de feng shui que determinarán en detalle su destino, con solo saber ese número podemos conocer la calidad de su energía.

Este departamento nació al inicio del 7º período. Es decir que, al final del período actual, esa propiedad ya tendrá poco menos de sesenta años y es muy probable que requiera cambios, o incluso demolición total debido al comportamiento de los mercados, lo cual se verá reflejado en sus habitantes.

Período	Era actual de 180 años	Ciclos de veinte años	Estrellas base de la casa	Nombre en chino	Nombre en español	Tipo de energía
7º		1984-2003	☱ 7	兌 Dui	Lago	Metal
8º	Inferior	2004-2023	☶ 8	艮 Gen	Montaña	Tierra
9º		2024-2043	☲ 9	離 Li	Fuego	Fuego

Suena lógico llegar a esta conclusión al hablar de un bien raíz construido hace sesenta años, pero supongamos que queremos construir una casa este año 2023; la casa estará al final de un ciclo de veinte años y su energía será de menor calidad que si la construimos a partir de 2024. Ambas propiedades, jóvenes en su estructura, estarán al final de la era inferior, pero la energía de la casa construida en 2024 tendrá veinte años prósperos para asegurar la prosperidad de la siguiente generación. En cambio, la casa construida en 2023 podría pasar por una mala racha, que puede incluir que la construcción quede incompleta, tenga problemas legales o de impuestos y la necesidad de hacer modificaciones drásticas durante el siguiente año; pero la ventaja que nos da un año con energía baja es que si se comienza a planificar en 2023, al llegar 2024 se puede colocar la primera piedra y construir con una idea más clara y sabiendo de antemano que esa casa gozará de veinte años de plenitud constante.

En esta tabla podemos localizar la estrella base de cualquier edificio construido en los años señalados. Por ejemplo, si tu casa fue construida en 2001, pertenece al 7º período y su estrella base es ☱ 7 porque la casa fue construida entre los años 1984 y 2003. En la siguiente tabla incluimos los años de la nueva era de 180 años que comenzará en 2044.

1º	2º	3º	4º	5º	6º	7º	8º	9º
1864 a 1883	1884 a 1903	1904 a 1923	1924 a 1943	1944 a 1963	1964 a 1983	1984 a 2003	2004 a 2023	2024 a 2043
2044 a 2063	2064 a 2083	2084 a 2103	2104 a 2123	2124 a 2143	2144 a 2163	2164 a 2183	2184 a 2203	2204 a 2223

Esta tabla explica la calidad de energía para cada estrella base.

Estrella base de la casa	Períodos por los que pasa la casa y los años a los que pertenecen los períodos								
	1º	2º	3º	4º	5º	6º	7º	8º	9º
	1864-1883 2044-2063	1884-1903 2064-2083	1904-1923 2084-2103	1924-1943 2104-2123	1944-1963 2124-2143	1964-1983 2144-2163	1984-2003 2164-2183	2004-2023 2184-2203	2024-2043 2204-2223
☷ 1	Fuerte	Deficiente	Creciente	Buena	Buena	Buena	Buena	Buena	Buena
☶ 2	Creciente	Fuerte	Deficiente	Ausente	Ausente	Ausente	Neutral	Creciente	Ausente
☵ 3	Neutral	Creciente	Fuerte	Deficiente	Destructiva	Ausente	Deficiente	Creciente	Ausente
☴ 4	Buena	Buena	Creciente	Fuerte	Deficiente	Creciente	Neutral	Buena	Buena
5	Ausente	Ausente	Ausente	Creciente	Fuerte	deficiente	Ausente	Ausente	Ausente
☰ 6	Buena	Buena	Buena	Buena	Creciente	Fuerte	Deficiente	Buena	Buena
☱ 7	Ausente	Neutral	Creciente	Ausente	Ausente	Creciente	Fuerte	Deficiente	Ausente
☲ 8	Buena	Buena	Buena	Buena	Buena	Buena	Creciente	Fuerte	Deficiente
☳ 9	Deficiente	Ausente	Ausente	Ausente	Neutral	Ausente	Ausente	Creciente	Fuerte

Como se ve, hubo períodos muy buenos, y en los últimos 160 años solo una estrella base de la casa fue destructiva. Las casas construidas entre 1904 y 1923 pasaron por un ciclo destructivo entre 1944 y 1963. Si ponemos atención a la historia, veremos que esos años fueron de demolición de estructuras construidas en un período de crecimiento que atrae competencia por territorios y posterior reconstrucción debido a la Segunda Guerra Mundial, la explosión demográfica y la Revolución Verde. Lo que se construya el año que viene gozará de buena energía durante veinte años seguidos; por eso había que avisarles: para que puedan aprovechar el año del conejo para planificar.

Las construcciones que requerirán ser reconstruidas o modificadas para mejorar el karma serán las realizadas en los períodos 1º y 2º. Edificios construidos entre 1684 y 1703 podrían prácticamente renacer, aunque eso tal vez implique un modelo de gentrificación. Las casas construidas entre 1944 y 1966 tendrán una energía neutral que no afectará a nadie. Las casas construidas entre 2004 y 2023 verán que su energía crece poco a poco, por lo que resulta propicio hacerles modificaciones estructurales para mejorar el karma en construcciones que sufrieron circunstancias graves, como la muerte de alguien, un robo o un incendio.

Las siguientes son las tablas de los períodos oportunos e inoportunos. Sirven para saber en detalle qué podría pasar con los habitantes según el período en que se encuentre la casa. Estas son predicciones muy generales y no describen en detalle cosas que solo pueden ser resueltas tras un análisis de feng shui hecho a partir de varias técnicas en el sitio mismo. Aun así, ayudan cuando uno quiere comprar, rentar, modificar o construir algo teniendo en cuenta únicamente el año de construcción.

Estrella base de la casa	Períodos oportunos	Predicción
☲ 1	8°, 9° y 1°	Propicia la buena reputación e inteligencia, favorece estudios superiores, carreras académicas, ministerios culturales, ciencia, resolución de problemas y conflictos en instituciones.
☲ 2	9°, 1° y 2°	Ingresos superiores por medio de bienes raíces, excelente para construir barrios, condominios y barrios cerrados; atrae buena suerte a las mujeres, éxito en carreras militares, artes marciales y política.
☲ 3	1°, 2° y 3°	Fama, riqueza y poder. Favorable para todo lo relacionado con la energía yang, incluyendo personas que se identifican como masculinas.
☰ 4	2°, 3° y 4°	Favorece todo lo que exprese belleza, paz, tranquilidad. También a escritores, publicistas, artistas, filósofos e intelectuales.
5	3°, 4° y 5°	Perfecto para construir poblados, condominios, barrios cerrados, edificios de departamentos. Atrae riqueza.
☰ 6	4°, 5°, y 7°	También es perfecto para construir poblados, condominios, barrios cerrados y edificios de departamentos, pero atrae riqueza en mayor medida.
☲ 7	5°, 6° y 7°	Bueno para construir hoteles, casas de descanso y tiempos compartidos. En cada habitación, favorece carreras políticas y militares. Atrae una mejor situación económica.
☲ 8	6°, 7° y 8°	Atrae estabilidad financiera y fertilidad de los suelos. Favorece la cooperación y, en algunos casos, negocios millonarios.
☲ 9	7°, 8° y 9°	Atrae alegría, amistades, estabilidad familiar, inteligencia. Favorece actividades científicas, intelectuales, académicas y artísticas.

Estrella base de la casa	Períodos inoportunos	Predicción
☲ 1	2°, 3°, 4°, 5°, 6° y 7°	Peligro de misoginia. Enfermedades en riñones y sistema reproductor, no es favorable para matrimonios.
☷ 2	3°, 4°, 5°, 6°, 7° y 8°	Atrae problemas paranormales, abdominales, viudez, chismes, pleitos.
☳ 3	4°, 5°, 6°, 7°, 8°, 9°	Atrae robos, afecciones congénitas, pleitos dentro y fuera de la casa, malas relaciones familiares.
☴ 4	5°, 6°, 7°, 8°, 9° y 1°	Propicia infidelidad, afecciones genitales, infecciones y dermatitis por contacto. Provoca hongos y salitre en casa.
5	6°, 7°, 8°, 9°, 1° y 2°	Provoca pérdidas financieras, accidentes, afecciones agudas y graves.
☵ 6	7°, 8°, 9°, 1°, 2° y 3°	Propicia depresión, tristeza, accidentes por distracción, soledad y, en casos extremos, suicidio.
☶ 7	8°, 9°, 1°, 2°, 3° y 4°	Atrae robos, corrupción, pleitos y accidentes con objetos metálicos.
☱ 8	9°, 1°, 2°, 3°, 4° y 5°	Provoca enfermedades epidémicas en suburbios, condominios, etcétera. Afecciones en huesos y extremidades.
☲ 9	1°, 2°, 3°, 4°, 5° y 6°	Provoca problemas sanguíneos, pulmonares y bucales. Propicia incendios y pleitos.

Hay que recordar que en la vida todo es pasajero. Todo pasa, todo muta, nada es permanente. Vivimos un viaje interminable que incluso seguirá adelante cuando nuestro sol termine su recorrido y se apague, cuando nuestro universo colapse de nuevo y llegue a ser el huevo primordial que formó todo lo que está y no está: el Tao. Pero hay que saber remar en el océano de ciclos, eras, períodos; toneladas de cemento y piedras, horas de trabajo, ingenio, y la mente sin precedentes de esta humanidad que tiene un legado que heredar al futuro.

Que el Tao les sea propicio.

Astrología poética

RATA

FICHA TÉCNICA

Nombre chino de la rata
SHIU

Número de orden
PRIMERO

Horas regidas por la rata
23.00 A 01.00

Dirección de su signo
DIRECTAMENTE
HACIA EL NORTE

Estación y mes principal
INVIERNO-DICIEMBRE

Corresponde al signo occidental
SAGITARIO

Energía fija
AGUA

Tronco
POSITIVO

ERES RATA SI NACISTE

05/02/1924 - 24/01/1925
RATA DE MADERA

24/01/1936 - 10/02/1937
RATA DE FUEGO

10/02/1948 - 28/01/1949
RATA DE TIERRA

28/01/1960 - 14/02/1961
RATA DE METAL

15/02/1972 - 02/02/1973
RATA DE AGUA

02/02/1984 - 19/02/1985
RATA DE MADERA

19/02/1996 - 06/02/1997
RATA DE FUEGO

07/02/2008 - 25/01/2009
RATA DE TIERRA

25/01/2020 - 11/02/2021
RATA DE METAL

LOS NIÑOS RATA

Estas ratitas a veces quedan mal paradas por sus artimañas, pero no actúan con maldad; su esencia competitiva y estratégica para tomar la vida las lleva a actuar así desde el vientre materno (karma que están pagando por lo que le hizo la rata a su amigo el gato y al buenazo del búfalo). Aunque no les gusta el agua, tienen que estar nadando en el útero materno nueve meses; la ventaja es que están a oscuras y protegidas dentro de la panza de su madre. Por eso son tan movedizas esas panzas, las pobres madres tienen que hacer un estudio de coordenadas para buscar una posición para dormir que no moleste a sus ratitas.

Los niños/niñas rata son solitarios y no están muy felices si tienen que compartir a sus padres con un hermano. Si el destino se los da, harán lo imposible para engañarlos y convencerlos de que cometan alguna fechoría, pero nunca se harán cargo de la idea ni de la realización, ya que frente a sus padres ellos serán los hijos perfectos; nunca fallan con la estrategia. Lo mismo pasa con sus pares: aunque no son muy amantes de los grupos, si pertenecen a alguno, ellos serán los líderes. Por ejemplo, en la escuela los ratoncitos convencerán a sus compañeros para rebelarse ante las directivas de sus maestros por considerarlas injustas y autoritarias, pero luego serán el abogado defensor de los derechos de los maestros, y considerarán que esas directivas son justas y necesarias para el orden.

Un niño rata puede invitar a muy pocos amigos a jugar en su casa; como es muy ordenado, guardará cronológicamente todos los DVD de los últimos y los primeros videojuegos del mercado, pero ¡oh! solo tendrá un control, y no encontrará el otro; entonces sus amigos, sentados, verán cómo la rata disfruta sola con sus juegos.

Las niñas también tienen lo suyo: vienen sus amigas a jugar con la maravillosa casa de Barbie —una ratita las tiene todas—, pero las puertas y ventanas de la mansión Barbie estarán cerradas. Pobre Barbie, está enferma y solo Kent puede entrar a visitarla. Qué lástima, chicas, otro día les mostrará la casita por dentro, hoy no es posible. Pero tomarán el té con las golosinas que sus amigas llevaron, obligadas por la ratita. Les encanta jugar a la mamá ama de casa, que todo lo guarda, lo ordena y lo limpia, pero eso sí... solas.

Son muy pacientes y tienen todo fríamente calculado, jamás fallan.

Nunca mires debajo de la cama de una rata: tendrá todos los envoltorios de las golosinas que comió desde que le salió el primer diente. No es por desprolija sino porque quizás algún día con esos envoltorios podrá hacer algún cinturón o pulsera. Todo lo guardan, hasta su primer chupete.

No sienten mucha simpatía por los clásicos superhéroes Batman, Superman, Spiderman y otros; se identifican más con los villanos adversarios. Su teoría es que algunos villanos tienen motivos bastante lógicos detrás de sus fechorías. Vemos que en la mayoría de los cómics la moral de los villanos es sumamente clara.

El único superhéroe que les cae bien es Hulk, el gigante verde. Sobre todo cuando la ira lo domina, pierde el control de sí mismo y se convierte en un peligro para sus enemigos y aliados. Algo de esto tienen las hermosas ratitas.

De los villanos, el Joker (antiguo Guasón), uno de los principales enemigos de Batman, es su preferido. Él inventa historias y manipula a todos con el fin de conseguir su objetivo. Es sádico, burlón y extremadamente inteligente, se ríe de lo que nadie ríe y se burla de todo, pero es encantador... como las ratas. De los villanos animados, aman a Síndrome, de la saga *Los Increíbles*.

Aunque Tom y Jerry no son personajes de esta época, ratitas y ratoncitos se divierten y aplauden cuando Jerry maltrata a Tom, un pobre gato que al final de la historia queda como culpable mientras el ratoncito Jerry ríe escondido en su casita.

Se deliran con las películas de zombis, porque estos nunca mueren y resulta muy difícil exterminarlos; como las ratitas, son escurridizos y muy difíciles de vencer. Es muy raro que en algún reto de cualquier índole la rata resulte vencida: su inteligencia y estrategia la harán siempre vencedora.

En cuanto a los cuentos, les aburren los de los hermanos

Grimm, prefieren a Hans Christian Andersen, y su cuento favorito, con el cual se sienten identificadas, es *El príncipe malvado*. Príncipe arrogante, perverso, ambicioso que quería conquistar la tierra y cuyo nombre inspirara terror. Aunque llegó a tener muchos castillos de oro, quería más. Pero enloqueció con la picadura de un mosquito. Como esta parte del cuento ya no les gusta a las ratitas, es muy posible que arranquen las últimas hojas del libro.

Las niñas aman a Cruella de Vil, Gatúbela y Maléfica, las malvadas de las distintas historias. Les encantan su maquillaje, vestuario y poder. Si alguna de ellas festejara sus quince años, su vestido no sería como el de una princesa, sino negro, rojo o de cuero. Así son las ratitas empoderadas.

Ya preadolescentes, las ratitas comienzan a ver series en Netflix, y su favorita será *Stranger Things*, y nada es casual, ya que sus personajes favoritos son monos en la vida real, y se sabe que monos y ratas tienen una gran afinidad. Millie Bobby Brown nació el 1º de febrero de 2004; su personaje es Once, una niña callada, sencilla y valiente, que en el mundo exterior, fuera del laboratorio, se siente desorientada. Noah Schnapp nació el 3 de octubre de 2004, y su personaje en la serie es el de Will Byers, introvertido, soñador y no muy sociable, características de las ratitas.

No son muy adictas al deporte, y menos a las actividades al aire libre. El ajedrez define a las ratitas por su estrategia en el juego. Hay que derrocar al rey del jugador contrario, dar jaque mate capturando caballos, torres, alfiles y peones del oponente.

The Queen's Gambit, serie de Netflix, nos cuenta la historia de una huérfana que practica ajedrez desde pequeña en el sótano, con el portero del orfanato, hasta que se convierte en la mejor jugadora de ajedrez del mundo. Y *La reina de Katwe*, película de Disney, es la historia de Phiona Mutese, una niña de la calle que gracias a su maestro pasó a ser campeona de ajedrez en Uganda.

Para las ratas en edad escolar, el ajedrez aumenta la memoria, la concentración y la lógica. Es un juego de estrategia, como la que usó la rata para ganar la carrera y ser la primera en el horóscopo chino.

E. V.

LOS NIÑOS Y LA MÚSICA
HORÓSCOPO MUSICAL
Jeremías De Fino

¿Cómo fue tu primera conexión con la música?

La verdad, el primer artista que escuché y sentí que realmente me gustaba fue Paulo Londra; aunque no es de mi época, sigo escuchando su música. Además, siempre me sentí un poco más grande de lo que soy; lo que escuchan mis compañeros no se acerca mucho a este tipo de música; por eso, desde hace unos años me siento mayor.

¿Qué música escuchás o compartís con tus amigos?

En realidad, no coincidimos en la música con mis amigos y compañeros.

¿Qué tipo de música es el que más te representa?

Ahora mismo, lo que más escucho y más me gusta es la música rap o reguetón lento.

¿Cuál fue el primer recital de tu vida?

El primer recital al que asistí fue en el Gran Rex; fui a ver a mi cantante favorito que ya hace dos años que está en un problema legal, en juicio con su productor Big Ligas. Es Paulo Londra, y aunque no esté subiendo música, yo lo sigo escuchando.

¿Qué banda o músico que no hayas visto te gustaría escuchar en vivo?

La cantante que me encantaría ir a ver, y si es posible sacarme una foto, es Nicki Nicole.

¿Cómo imaginás el comienzo de la música?
A la música me la imagino inventada en un lugar precario, porque pienso que las primeras melodías son de pueblos indígenas muy antiguos.

¿Escuchar música tiene beneficios?
Para mí en lo personal escuchar música tiene varios beneficios, pero el que más destaca es que te ayuda a enfocarte en lo que quieras hacer.

¿Influye en el estado de ánimo?
Sí, y mucho. Imaginate que estás enojado por equis razón y te ponés una canción que te tranquilice; eso influye demasiado en el ánimo de cualquier persona.

¿Qué sensaciones te provocan los distintos géneros musicales?
Yo diría que una canción rap trap no te va a generar lo mismo que una canción de reguetón, pero creería que las sensaciones pueden ser las mismas.

¿Músico se hace o se nace?
Para mí nadie nace siendo músico, aunque tenga linda voz o toque bien el piano, etcétera. Más que nada, vas a aprender a cantar mejorando tus sentidos y conocimientos o vas a mejorar cuando toques batería, guitarra, entre otros muchos instrumentos que se aprenden a tocar; por lo tanto, nadie es músico desde su nacimiento.

LA RATA Y SU ASCENDENTE

RATA ASCENDENTE **RATA**: 23.00 a 1.00
Conoce su *charme* y cómo usarlo. Contradictoria, lúcida, crítica, manipuladora, agresiva y muy ambiciosa. Su punto G son los bajos instintos. Buena escritora y ávida lectora.

RATA ASCENDENTE **BÚFALO**: 1.00 a 3.00
El búfalo templa las extravagancias de la rata y limita su acción. Es obstinada y planea los proyectos con tiempo. Solidaria, tendrá amistades y amores sólidos, estables.

RATA ASCENDENTE **TIGRE**: 3.00 a 5.00
Agresiva y dominante. Se dispersa mucho y se le nota el arribismo. El tigre aporta a la rata una dimensión de nobleza y justicia. Su generosidad es grande y sabe vivir día a día. Cuidado, puede gastar todo el dinero que ganó trabajando.

RATA ASCENDENTE **CONEJO**: 5.00 a 7.00
Será irresistible, combinará el encanto del conejo con la astucia de la rata. Confiará en poca gente y seguramente impondrá su opinión sobre los demás.

RATA ASCENDENTE **DRAGÓN**: 7.00 a 9.00
Será expansiva y de gran corazón. Le gusta darse gustos lujuriosos y adora agasajar a quien ama. Peca por exceso de ambición y tiene mucha suerte. Sus amores son sinceros y profundos.

RATA ASCENDENTE **SERPIENTE**: 9.00 a 11.00
Una rata tan astuta que atraviesa los muros. Es un genio de las finanzas y la especulación. Envolvente, mágica, fascinante, su intuición la hará huir de los peligros y jamás será atrapada.

RATA ASCENDENTE **CABALLO**: 11.00 a 13.00
Rata con tendencias suicidas, correrá todo tipo de riesgos en su vida. Tendrá una turbulenta vida sentimental, con desboques peligrosos. Generará diversas situaciones límite.

RATA ASCENDENTE **CABRA**: 13.00 a 15.00

La cabra graduará el temperamento agresivo de la rata y le dará una estabilidad confortable. Será artista, mundana, persuasiva, estética, y más comprensiva y liberal que pasional.

RATA ASCENDENTE **MONO**: 15.00 a 17.00

El mono reforzará la lucidez de la rata aumentando su clarividencia. No tendrá ningún tipo de reparos morales. Hábil, diabólica, gentil, culta, será irresistible. Una rata sin corazón, pero con un humor negro y genial.

RATA ASCENDENTE **GALLO**: 17.00 a 19.00

Es inteligente y voluntariosa. Su contradicción está en ser ahorrativa y gastadora a la vez. No soportará la crítica, le costará enfrentar la verdad. Es la rata más soberbia.

RATA ASCENDENTE **PERRO**: 19.00 a 21.00

El perro la convertirá en una rata imparcial y desprejuiciada; a pesar de eso, su esencia es ambiciosa. Ideal para ser periodista y para filosofar.

RATA ASCENDENTE **CHANCHO**: 21.00 a 23.00

Una rata altruista, llena de contradicciones internas y muy ciclotímica. Encantadora y sensual a la hora del amor, esta ratita es inteligente y ama la vida.

LA RATA Y SU ENERGÍA

RATA DE MADERA (1924-1984)

La rata de madera tiene muchos principios, y no demora demasiado en hacerlo saber, pero no es tan insistente como otros tipos de ratas. Necesita el respeto y la aprobación de los demás. En general, es una rata que ve a la distancia, trabaja siempre con ahínco, motivada por un profundo sentimiento de inseguridad. Es muy práctica y eficaz para aprender; habitualmente triunfa en lo que se propone. Posee una excelente percepción de lo que hace falta para avanzar en la vida. Está muy bien dotada y por su naturaleza persuasiva obtendrá, casi con seguridad, gran parte de lo que desea en su vida.

Personajes famosos

Toulouse Lautrec, William Shakespeare, Lauren Bacall, Charles Aznavour, Doris Day, Marcello Mastroianni, Carlos Tévez, Mark Zuckerberg, Henry Mancini, Scarlett Johansson, Hugo Guerrero Marthineitz, Narciso Ibáñez Menta, Cristiano Ronaldo, Leo Damario, Marlon Brando.

RATA DE FUEGO (1936-1996)

Una roedora considerablemente más impulsiva que el resto de sus pares. Tal condición la puede volver muy competitiva y agresiva a veces, incluso en contra de su propio interés. La rata de fuego es la más inquieta de todas, y para ella resulta imposible permanecer en reposo más de un minuto. Esta energía, que no conoce límites, genera una corriente permanente de proyectos e ideas nuevas, pero muchos de ellos no valen ni el entusiasmo ni el trabajo que se necesitarían para llevarlos a cabo.

El problema definitivo de esta roedora reside en que se aburre con gran facilidad. Si no está todo el tiempo corriendo de un lado a otro y generando nuevos propósitos, puede volverse loca con la rutina.

Personajes famosos

Norma Aleandro, Anthony Hopkins, Mario Vargas Llosa, Glenda Jackson, Ursula Andress, Rodolfo Bebán, Mata Hari, Wolfgang Amadeus Mozart, Richard Bach, Bill Wyman, padre Luis Farinello, Sofía Morandi, Pino Solanas, Oriana Sabatini, Jorge Mario Bergoglio.

RATA DE TIERRA (1948-2008)

Esta rata no es tan ejecutiva como las otras de su especie. Prefiere usar los viejos y conocidos métodos antes que arriesgarse a lo desconocido. La rata de tierra es definitivamente pragmática, con un afilado sentido de la "realidad" de las cosas. Como su energía lo indica, no es dada a los vuelos de la fantasía y tiene los pies bien plantados en la tierra. Sus aspectos negativos son la falta de generosidad y un comportamiento dictatorial. Aunque estos puntos oscuros casi nunca aparecerán con su familia en su casa, donde la rata es generalmente desprendida y amorosa, debe estar atenta a esos aspectos negativos, porque pueden traer problemas en la relación con los que no integren su círculo familiar.

Personajes famosos

Karlos Arguiñano, León Tolstói, Rubén Blades, Olivia Newton-John, James Taylor, Robert Plant, Donna Karan, Grace Jones, príncipe Carlos de Inglaterra, Litto Nebbia, Chacho Álvarez, Gérard Depardieu, Brian Eno, Vitico, Indio Solari.

RATA DE METAL (1960-2020)

Será una experta en conseguir las cosas o la posición social que desea. Está completamente determinada a llegar al tope del árbol, tanto financiero como social.

La rata de metal muestra un considerable talento para hacer dinero e invertirlo correctamente. Esto último no implica avaricia, ya que también le gusta gastar dinero en las cosas que le interesan y con personas a las que quiere o admira. Puede ser muy generosa, en especial con las grandes fiestas que le encanta realizar en su espléndida casa. Dichas fiestas no tendrán como objetivo final la pura diversión porque la rata nunca pierde la posibilidad de aumentar su influencia social. Aunque parezca casi siempre encantadora, considerada y simpática, esa actitud disfraza una naturaleza menos autosuficiente y mucho más emocional de lo que a la propia rata le gustaría que los demás conocieran.

Personajes famosos

Antonio Banderas, Ayrton Senna, Cura Brochero, Jorge Fernández Díaz, John Kennedy Jr., Roberto Arlt, Jorge Lanata, Sean Penn, Tchaikovsky, Diego Maradona, Claudio María Domínguez, Bono, Gabriel Corrado, Ginette Reynal, Alejandro Sokol, Nastassja Kinski, Luis Buñuel, Juan Cruz Sáenz, Lucrecia Borgia.

RATA DE AGUA (1912-1972)

Este tipo de rata vive más a través de su cabeza que de su corazón, y considera los trabajos intelectuales los más importantes, por eso resulta la más pragmática de las ratas. Por no ser tan competitiva como las de otras energías, puede a veces bajarse de la rueda del deseo y la exigencia, y alcanzar un relax genuino. Menos ambiciosa que sus hermanas, se rodeará, no obstante, con las cosas finas y agradables del mundo. Esta roedora no solo es muy perceptiva; tiene también un excelente manejo de las palabras, por eso le encanta aprender, escribir, y hablar en público. Este talento hace de ella una buena periodista, pero tal necesidad de comunicación suele volverse indiscriminada; si eso sucede, asociarse con personas que modifican sus palabras y les cambian el sentido puede traerle dificultades.

Personajes famosos

Antonio Gaudí, Zinedine Zidane, Facundo Arana, Valentina Bassi, Gene Kelly, Sofía Vergara, Charo Bogarín, Antonio Rossini, Pablo Lescano, Cameron Díaz, Maju Lozano, Roy Rogers, Pablo Rago, Valeria Mazza, reina Leticia Ortiz.

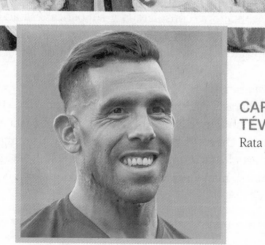

CARLOS TÉVEZ
Rata de Madera

CONTAME UN CUENTO CHINO
Juan Américo Vitali Vicondoa • Rata de Tierra •
Actor y aprendiz de jardinero

Sueño de una rata en balsa de madera
De manera sublime llegó a tierra firme. Y sintió que despertaba apenas, en medio de arena cálida.

Sabía que su viaje/sueño estaba finalizando, que se esfumaría poco a poco. No quería moverse ni escribir. Necesitaba un poco más. Algo faltaba. Esa conocida angustia de que algo falta, pero ahí está, en ese aquí y ahora, ese instante hecho de siglos. "No se vayan", dijo entre sábanas. Necesitaba decirles gracias, abierto el corazón más que nunca. El tigre apareció total, definitivo, y con una mirada le llegó a los huesos. Apenas pudo comenzar a acariciar a "sus" tres conejos, sabía que seguirían su juego inagotable; siempre juegan y así dijeron en coro certero: "Hacé tu parte, tenés todo para lograrlo". Le llegaron sus caricias en el cuello y espalda en ritmo de celebración. No necesitó mirar, eran los tres jugando a pleno. El azul, la verde y la dorada.

Ahora que me entrego a recordar la magia de ese viaje/sueño y me cobijo uterinamente dispuesto a renacer, ahora sé que me necesito más que nunca. Sé que estuve con ellos, tigre y conejos: "Hacé tu parte, tenés todo para lograrlo".

También sé que esta intimidad que comparto con vos es contagiosa. Si te resuena, celebrá, y cuando tomes tu galera, sabrás que de ahí saldrán tus tres conejos. Conocelos.

Ser poeta es intenso;
la vida explota dentro.
Si no la contás en ese momento
te puede catapultar sin entierro.
Ser poeta
bomba atómica, sobre tu esqueleto.
Ser poeta
es dejar que la vida te asalte
sin llamar al policía.
Ser poeta
estar desapegado y enterado
de lo que nadie cuenta.
Ser poeta salto al vacío y al ÍNDICO.
Ser poeta no se elige, te toca desprevenido.
Ser poeta
vivir con microclima
entre tules envejecidos.
Ser poeta
full time
aunque te despidan.
Ser poeta
abandonarse
sin pedir rescate.
Ser poeta
encontrarse con otro poeta
antes de suicidarse.
Ser poeta
integrarse o alejarse.
Ser poeta
abrirle una caja de ahorro a la lengua.
Ser poeta
inspirarse con lo etérico
descifrarlo.
Ser poeta
destilar el momento
en que nos concibieron.
Ser poeta
vivir, sin saltearse nada
o integrando todo.
Ser poeta, como PROMETEO, dar luz,
para siempre.
L. S. D.

TABLA DE COMPATIBILIDAD

	karma	salud holística	amor pos COVID	trueque	nuevos vínculos
Rata	regular	bien	muy bien	excelente	excelente
Búfalo	regular	mal	bien	bien	bien
Tigre	regular	bien	bien	regular	mal
Conejo	muy bien	muy bien	muy bien	bien	regular
Dragón	mal	regular	regular	regular	mal
Serpiente	regular	bien	regular	regular	excelente
Caballo	bien	bien	regular	bien	regular
Cabra	regular	regular	bien	regular	mal
Mono	regular	muy bien	bien	bien	muy bien
Gallo	regular	bien	bien	bien	bien
Perro	regular	bien	bien	regular	excelente
Chancho	muy bien	bien	bien	muy bien	excelente

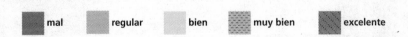

mal   regular   bien   muy bien   excelente

El tiempo es para todos
    un examen exigente.
A veces aleja y mata,
otras anuda el alma;
    no se parece a nada.
Flecha o tortuga milenaria,
se inflama, no repasa,
pone trampas indexadas,
injerta recuerdos,
nos hace creer que fuimos chicos
y que seremos viejos.
¿QUIÉN INVENTÓ EL TIEMPO?
NO ME HACE FALTA.
L. S. D.

FICHA TÉCNICA

Nombre chino del búfalo
NIU

Número de orden
SEGUNDO

Horas regidas por el búfalo
01.00 A 03.00

Dirección de su signo
NOR-NORDESTE

Estación y mes principal
INVIERNO-ENERO

Corresponde al signo occidental
CAPRICORNIO

Energía fija
AGUA

Tronco
NEGATIVO

ERES BÚFALO SI NACISTE

25/01/1925 - 12/02/1926
BÚFALO DE MADERA

11/02/1937 - 30/01/1938
BÚFALO DE FUEGO

29/01/1949 - 16/02/1950
BÚFALO DE TIERRA

15/02/1961 - 04/02/1962
BÚFALO DE METAL

03/02/1973 - 22/01/1974
BÚFALO DE AGUA

20/02/1985 - 08/02/1986
BÚFALO DE MADERA

07/02/1997 - 27/01/1998
BÚFALO DE FUEGO

26/01/2009 - 13/02/2010
BÚFALO DE TIERRA

12/02/2021 - 31/01/2022
BÚFALO DE METAL

LOS NIÑOS BÚFALO

Por confiar en la estratega rata, el santo del búfalo llegó segundo en la carrera. Este comportamiento se trasluce en los niños de este signo.

Ya en el útero materno se ve cómo será su personalidad: tranquilos y serenos; cero incomodidad para su madre. Hasta el momento de salir a la luz estarán quietos y relajados.

Son buenos hermanos, y sin pelear para tener su lugar en la familia lo consiguen todo. Para ellos, la familia es el eje de su vida. Eso sí, no les den órdenes; en todo momento los que dan órdenes y dirigen la situación son ellos. El búfalo es un líder nato.

Los niños/niñas búfalo son parcos, no se lucen por su simpatía. En la escuela no les será fácil tener amigos, su personalidad no los hace amigables de entrada. Pero son los encargados de elegir quiénes integrarán su grupo de pertenencia, y nunca fallan, jamás se equivocan; no se verán defraudados. Son muy leales y rara vez cambian de amigos, aunque se muden de vecindario o país, siempre conservarán esa amistad. Ya adultos, siguen en comunicación con los amigos de su infancia.

Cuando quieren algo, lo consiguen; sus padres tendrán que ponerles límites porque su testarudez los enceguece, y su frase preferida es: "No sé lo que quiero, ¡pero lo quiero ya!".

Son muy buenos alumnos y no descansarán ni el fin de semana ni en vacaciones hasta terminar sus tareas escolares.

Cuando sus amigos les proponen juegos relacionados con lo desconocido y la aventura, pasan de ellos; están más felices jugando en su cuarto. Además, como buen líder, aunque sus amigos tengan listas sus mochilas y bolsas de dormir para ir de camping, un bufalito los convencerá y, sin darse cuenta, en un abrir y cerrar de ojos ellos estarán en su cuarto jugando Scrabble u otros juegos de mesa.

Son campeones en los crucigramas, su pasión por la lectura les da conocimientos que no todos los niños de su edad tienen.

Las bufalitas agregan a todos estos comportamientos su arte con las manualidades; son genias con el bordado y la pintura.

Reciclan todo y cada vez que entres en su cuarto, este se verá distinto, ya que paredes, almohadones y accesorios lucirán diferentes por su mano artística.

Los bufalitos son callados y muy calmos, en raras ocasiones los encontrarás fuera de su eje, pero eso sí: no los hagas enojar contradiciéndolos o ignorando sus directivas, porque se volverán un tsunami.

Como no son amantes de las aventuras, no tienen un superhéroe que los identifique. Viven en el presente; no les atrae lo cibernético, y menos la ciencia ficción.

Sí aman a los animales, por eso las películas *Madagascar* son sus preferidas. Ellas cuentan la divertida historia de cuatro animales que viven en cautiverio en el zoológico de Nueva York y, tras quedar varados en la exótica isla de Madagascar, deben aprender a sobrevivir en la jungla. Allí la cabra Marty, la hipopótama Gloria, la jirafa Melman y el león Alex comprueban que la vida en libertad no es como ellos imaginaban. Los niños búfalo se identifican con esta película porque no hay un superhéroe; todos tienen algo necesario para que juntos logren con éxito subsistir en la selva. Tienen más empatía con Melman, la jirafa hipocondriaca, que no tiene sus medicamentos y sin ellos no se siente tan segura. Los bufalitos no temen ir al médico; están atentos a cada cita y jamás se les pasa por alto el horario para tomar sus medicinas.

El búfalo, ya desde niño, es el socio que todos quisiéramos tener en una situación de peligro. Sin vacilar sigue a la batalla a sus amigos y conoce como nadie el valor del deber y la lealtad.

Cariñosos, tranquilos y trabajadores: así son los bufalitos.

El búfalo americano es un símbolo venerado por las tribus de las planicies de América del Norte. Las principales connotaciones del búfalo son: suministro, gratitud, abundancia, consistencia, fuerza, estabilidad, bendición y, sobre todo, prosperidad.

Los bufalitos nunca pasarán inadvertidos, aunque al principio –cautelosos– estén en la sombra; una vez que se sienten seguros sacan toda su energía y salen a brillar bajo la luz del sol y de la luna.

E. V.

BÚFALO

LOS NIÑOS Y LA MÚSICA
HORÓSCOPO MUSICAL
Álvaro Vásquez

¿Cómo fue tu primera conexión con la música?
Creo que es previa a existir. Mi bisabuelo vino de España a principios del siglo XX y no tardó mucho en convertirse en un superbohemio. No sabía leer ni escribir, pero sí sabía tocar la gaita muy bien. Murió dos años antes de mi nacimiento, así que no pudimos conocernos. De cualquier forma, me llenaron de historias suyas y me siento muy unido a su persona y su legado. Él llegó a trabajar con Eladia Blázquez en los años 60.

¿Qué música escuchás/compartís con tus amigos?
Depende siempre de la temporada. A veces vuelvo a lugares conocidos, pero siento que explorar en nuevos sonidos es arrojarse un poco al vacío sonoro, me permite redescubrir lo que ya escuché desde otro lugar, entender las conexiones, las citas musicales, los llamados. La música me dio las relaciones más especiales que tengo con las personas, es otro lenguaje que existe para que nos comuniquemos. A veces las palabras no alcanzan, a veces sobran y la música, particularmente "la canción", como género en sí, condensa esta idea hermosa de hablarnos desde otro lugar. Cuando puedo compartir la música, me siento seguro, me siento bien y deseo abrirme desde un lugar muy noble.

¿Qué tipo de música es el que más te representa?
Sin duda alguna elegiría el *rock*. Creo que trascendió su condición de género musical. Hay tanta cantidad de artistas en él, que me siento parte también. Eso es especial. No se trata de una tonalidad,

un sonido, un acorde puntual sino del efecto que genera en nuestro interior. Si algo me emociona, me parte al medio, me hace saltar, bailar, llorar, reír o todo eso junto a la vez para mí está bien y lo llamo *rock*. Si alguien se expresa desde su corazón, eso emociona a cualquiera, haga lo que haga.

¿Cuál fue el primer recital de tu vida?
Charly García presentando *Parte de la religión* en 1987. Fue en algún teatro del centro de Buenos Aires. Apenas empezaba a caminar y ya andaba por ahí corriendo en los pasillos de la sala mientras mi mamá y mi papá disfrutaban de la música. Les agradezco hasta hoy que me hayan llevado.

¿Qué banda o músico que no hayas visto te gustaría escuchar en vivo?
Me quedé con ganas de escuchar en vivo a Luis Alberto Spinetta. Lo descubrí tarde y no pude ir a escucharlo. Pero para responder esta pregunta entiendo que tengo que venir a este plano y hablar dentro de lo posible. Damon Albarn es un artista actual internacional que me gustaría escuchar en vivo. Formó parte de Blur, Gorillaz y demás proyectos superconocidos. En su música tiene elementos que definiría como "poscanción" que me vuelan la cabeza.

¿Cómo imaginás el comienzo de la música?
Me encanta esta pregunta. Cuando somos muy chicos golpeamos cosas, pulsamos ritmos. Cualquier persona puede hacer música, nos enseñaron que esto no es posible porque es un ámbito erudito para personas que estudiaron mucho. No estoy de acuerdo. El estudio abre puertas para llegar a lugares de mayor complejidad, para coordinar instrumentos y ciertas habilidades, pero no creo que sea un limitador a la hora de expresarnos. En esta cuestión me siento más cerca de un ave que de un músico profesional: cada mañana, con los primeros rayos de sol cantando con toda la fuerza, no hay lugar para preguntarse si está haciéndolo bien o mal, si estudió la lección o no, simplemente lo hace.

¿Escuchar música tiene beneficios?

Me parece supergraciosa esta pregunta. No concibo la vida sin música. Tiene el poder de modificar nuestra frecuencia vibratoria y de sanarnos de cualquier mal. Las personas que estamos en la ciudad nos acostumbramos a vivir a diario con una orquesta sinfónica de ruidos desafinados (tránsito, bocinas, construcciones, etcétera), pero nos cuesta tanto hacer lugar para sentarnos a escuchar un buen disco completo. Es muy paradójico. Lo recomiendo mucho, es un antes y un después. Brindo por menos obras de cemento y por más obras de arte.

¿Influye en el estado de ánimo?

Por supuesto que sí. La música deja huellas en nosotros y la asociamos casi instintivamente con momentos vividos, olores, sensaciones y experiencias. La vida ideal, si es que tuviera permiso para soñar una, sería como en las películas: una música que acompañe cada cosa que vamos haciendo.

¿Qué sensaciones te provocan los distintos géneros musicales?

Si bien me defino como cantante y guitarrista, me gusta muchísimo la música instrumental. Si logro encontrar el volumen adecuado para colocarla mientras realizo alguna acción que requiera de mi concentración, se da un balance hermoso. Me considero portador de un oído bastante tierno y suave, por lo que me gustan las melodías y lo popular. Experimenté el *jazz* y encontré que aprendí muchas herramientas valiosas, pero no llega a emocionarme profundamente. El *blues* me prende fuego y me cala superhondo, por eso mi gran base musical se sostiene desde ahí. La música disco, la música electrónica me invitan a estar de fiesta y a compartir con otras personas.

¿Músico se hace o se nace?

No lo sé. Para mí, cualquier persona que lo desee puede hacer música. Todo lo demás que podamos decir es limitador y no me gusta. Llegamos a una nueva era en la que lo inclusivo está tomando un poco las riendas de la cuestión.

EL BÚFALO Y SU ASCENDENTE

BÚFALO ASCENDENTE RATA: 23.00 a 1.00
La rata aporta al búfalo *charme* y sociabilidad. Será muy refinado, elegirá sus amistades y sabrá qué brebajes usar en el amor.

BÚFALO ASCENDENTE BÚFALO: 1.00 a 3.00
Un búfalo inflexible. Sólido, protector, taciturno, no está hecho para las bromas. Su cólera puede ser exterminadora. Exigirá incondicionalidad y orden militar.

BÚFALO ASCENDENTE TIGRE: 3.00 a 5.00
Enérgico, audaz, con coraje y ambición, autoritario, buscará aprobación en lo que haga y amará viajar. Por amor dará su vida.

BÚFALO ASCENDENTE CONEJO: 5.00 a 7.00
Un búfalo refinado, más liviano y con un ácido sentido del humor. Buscará la belleza, la armonía y la estética en todo lo que se proponga, y siempre caerá bien parado.

BÚFALO ASCENDENTE DRAGÓN: 7.00 a 9.00
Un búfalo alado, imaginativo, ambicioso, autoritario y muy sibarita. Habrá que tener mucha suerte para que nos dedique un poco de atención.

BÚFALO ASCENDENTE SERPIENTE: 9.00 a 11.00
Un ejemplar muy misterioso y atractivo. Será reservado, rencoroso, astuto, y tendrá suerte en el azar.

BÚFALO ASCENDENTE CABALLO: 11.00 a 13.00
No soportará estar encerrado. Febril, ardiente, sensual y rebelde, no se conformará con lo que tiene; siempre querrá más.

BÚFALO ASCENDENTE CABRA: 13.00 a 15.00
Un búfalo con tendencias artísticas y muy tierno. Sabrá hacer dinero con su talento. Elegirá la vida cerca de la naturaleza y fomentará la ecología.

BÚFALO ASCENDENTE **MONO**: 15.00 a 17.00

Esconderá manía, humor y especulación tras una máscara de seriedad. Tendrá adaptabilidad e improvisará sus jugadas en cada momento de la vida. Será sociable y buen negociador.

BÚFALO ASCENDENTE **GALLO**: 17.00 a 19.00

Un búfalo mundano. Tiene pasta de orador y es muy expresivo. Muy minucioso para el trabajo, exigirá lo mismo a los demás. A veces puede ser artista.

BÚFALO ASCENDENTE **PERRO**: 19.00 a 21.00

Pasará su vida denunciando la injusticia y tratando de repararla. El perro le aporta al búfalo tolerancia, energía y coraje; vivirá por y para los demás y tendrá una vida sentimental agitada.

BÚFALO ASCENDENTE **CHANCHO**: 21.00 a 23.00

Un búfalo muy sensual que adora vivir bien; será muy sociable, gentil y realista. No se privará de nada y tendrá armonía y amor toda su vida.

EL BÚFALO Y SU ENERGÍA

BÚFALO DE MADERA (1925-1985)

De todos los búfalos, el búfalo de madera es, lejos, el más elocuente y, a veces, tiene la capacidad de volverse ingenioso. Puede no ser muy hábil en asuntos del corazón, pero probablemente resulte encantador en las esferas sociales, sobre todo si percibe que existe una ventaja y, si es económica, muchísimo más. Conservador por naturaleza, puede al mismo tiempo abrirse a ideas y proyectos nuevos. Sin alejarse del postulado que manifiesta que solo en él reposa la razón, ese grado de flexibilidad al menos le permite trabajar en equipo con otra gente.

Personajes famosos

Paul Newman, Peter Sellers, Rock Hudson, Carlos Balá, Rafael Squirru, B. B. King, Jonatan Viale, Keira Knightley, Roberto Goyeneche, Gilles Deleuze, Jack Lemmon, Tony Curtis, Richard

Burton, Johann Sebastian Bach, Dick Van Dyke, Benito Laren, Lula Bertoldi, Johnny Carson, Bill Haley, Malcolm X, Sammy Davis Jr., Rosario Ortega, Jimmy Scott, Bert Hellinger.

BÚFALO DE FUEGO (1937-1997)

Por haber nacido bajo la energía fuego, existe en este búfalo cierto grado de combustibilidad que se transforma en capricho obcecado: una contradicción en el caso del búfalo, que es naturalmente imperturbable. El fuego tiende a incendiar su temperamento y hace desaparecer su actitud normal de placidez hacia la vida. Como consecuencia, resulta muchas veces notable en su campo de acción, aun cuando la manera que utiliza para progresar sin pensar en otros pueda generar sentimientos amargos. El fuego suele tener la inclinación hacia la arrogancia, pero también una fuerte tendencia hacia la lealtad. Y este búfalo es leal en abundancia. Su familia puede estar segura de que a su lado la navegación será tranquila y protegida.

Personajes famosos

Miguel Grinberg, José Sacristán, Jack Nicholson, Robert Redford, Jane Fonda, Dustin Hoffman, Martina Stoessel, Camila Cabello, Warren Beatty, Boris Spasski, Hermann Hesse, Norman Briski, rey emérito don Juan Carlos I de España, Facundo Cabral, María Kodama.

BÚFALO DE TIERRA (1949-2009)

Esa combinación produce una clase de bovino que tiende a ser extremadamente placentero, aunque un poco lento. Esa lentitud puede resultar una ventaja ya que el búfalo de tierra nunca pierde su camino, nunca toma riesgos innecesarios y nunca expone a la gente que quiere a cualquier tipo de peligro o desarreglo. Es un ejemplar muy confiable.

Sumamente trabajador, advierte que solo el duro trabajo le servirá para alcanzar sus objetivos. No hay atajos para él. De manera que donde vaya se aplicará en forma total y disciplinada durante todo el tiempo que sea necesario. Por eso acumulará un considerable éxito material, que será bien merecido por el esfuerzo que invirtió para lograrlo.

Personajes famosos

Meryl Streep, Oscar Martínez, Jairo, Joaquín Sabina, Richard Gere, Billy Joel, Sergio Denis, Napoleón Bonaparte, Charles Chaplin, Ángeles Mastretta, César Aira, Luis Alberto Spinetta, José Pekerman, Paloma Picasso, Jean Cocteau, Renata Schussheim, Claudio Gabis, Alejandro Medina, Gene Simmons.

BÚFALO DE METAL (1961-2021)

Él tiene extremadamente claros sus creencias, sus deseos y la manera de actuar para conseguirlos; nunca se lo verá dudando al obrar y expresar sus opiniones. El búfalo de metal está dotado de una personalidad particularmente fuerte y espera que el resto de la gente, tanto en el trabajo como en la casa, acepte su conocimiento superior. Desde ya, esa tendencia a ser tan dominante puede llevar a conflictos y desacuerdos, en los cuales este búfalo casi nunca cede en su opinión o su posición. De todas formas, esa actitud suele ser un gran don, sobre todo cuando se encuentra contra la pared y hay que realizar algo que no puede esperar.

Personajes famosos

Carlos Pagni, Marcelo Longobardi, Barack Obama, Margarita Barrientos, José Luis Espert, Louis Armstrong, Enzo Francescoli, Lucía Galán, Ronnie Arias, Alejandro Agresti, Juana Molina, Cinthia Pérez, Tom Ford, Boy George, Íngrid Betancourt, Andrea Frigerio, The Edge, Walt Disney, Eddie Murphy, Jim Carrey, Andrés Calamaro, Alejandro Awada, Diego Capusotto.

BÚFALO DE AGUA (1913-1973)

El peso del agua hace que este tipo de búfalo sea aún más lento de lo acostumbrado, pero al mismo tiempo posee un grado de flexibilidad que sus hermanos no poseen. Esta lentitud otorga al búfalo de agua una enorme paciencia, que le permite perseguir objetivos a largo plazo, en cuyo desarrollo avanza metódicamente y con calma, paso a paso. Sin importar lo que suceda, él no se apurará, y con sus estrategias de largo aliento muchas veces provocará la incomprensión de la gente. Como resultado, puede tardar años en vencer los obstáculos de un plan trazado por él para conseguir finalmente lo que su corazón desea.

Personajes famosos
Cristina Pérez, Albert Camus, Juliette Lewis, María Eugenia Vidal, Romina Manguel, Iván González, Pharrell Williams, Belén Esteban, Bruno Stagnaro, Zambayonny, Carolina Fal, Nicolás Pauls, Inés Sastre, Martín Palermo, Juan Manuel Gil Navarro, Cecilia Carrizo, Sebastián Ortega, Carlo Ponti.

MIGUEL GRINBERG
Búfalo de Fuego

CONTAME UN CUENTO CHINO
Alberto Ajaka • Búfalo de Agua • Actor

Final verdadero del búfalo intelectual

El buey suelto bien se lame. Así tal cual lo pensó, como para ser dicho. Y a punto estaba, pero al abrir la boca no dijo nada. En cambio, dejó caer la lengua fuera, y giró la cabeza hacia a sus partes íntimas. Libre del yugo opresor, se decidió a tomar posesión de aquel ignoto y lejano dominio de su cuerpo. Retorciendo cogote y lomo, trompa y entrepierna quedaron a tiro. El primer lengüetazo lo desconcertó. No obstante, en esa vaina, un buen rato muy a gusto estuvo.

El buey solo bien se lame, y fue tentarse de la risa. "Picarón, Búfalo". Búfalo gustaba llamarse a él mismo. "Como Sócrates. ¡Búfalo!". Más allá de la fanfarronada, el desdoblamiento ordenaba su manera de razonar en el intento de ponderar lo pensado. El monólogo interior se formateaba como un diálogo crítico entre pares. Búfalo, y el que nombra a Búfalo.

Ya compuesto de la risueña jauja, ambas partes de él estuvieron de acuerdo en afirmar que el cambio de adjetivo resultaba más conveniente, y que la frase adquiría un sentido más amplio sin perder el que la palabra desplazada antes aportaba. En contexto, válido era suponer que el buey que reflexiona sobre las ventajas de la soledad elegida se trata de un buey suelto, libre para elegir.

"De igual manera que *la tercera es la vencida* contiene *no hay dos sin tres*".

"Ajá, sí... Una cosa, Búfalo. ¿No te suena de pequeño burgués?".

Reconoció que sí. Definitivamente la nueva versión olía más a chancho burgués que a búfalo proletario.

"¡Soy la bestia que tira del carro de arado de sol a sol!, cómo negarlo. Sin embargo, mi sueño de felicidad es de living. Un hogar a leña, un gran sillón Chesterfield donde retozar, y licor para beber. ¡Qué diablos! Más dueño de mis sueños que de la vigilia que habito soy. Esta nueva versión es propia de mí –concluyó–. Y me quedó redondita, che. Ajustada, precisa, sólida, difícil de refutar... además, suena linda".

Conforme, calculó que una vez que la dijera no tardaría mucho en ser por otros repetida. Con el pecho inflado de orgullo, los pulmones llenos reteniendo el aire que su garganta expulsaría para que, desde la boca, su voz saliera proyectada gritando la preciada frase a los cuatro vientos. Millones la pronunciarían una, y otra, y otra vez. ¡Quién sabe en cuántos idiomas sería escuchada!

El vulgo la divulgaría, y a fuerza de repetirla hasta el hartazgo, la convertiría en refrán. Un refrán tradicional. Un...

"¡¿Una vulgaridad?! ¿Acaso una de esas verdades de Perogrullo que todos repiten pero nadie entiende o, lo que es peor, cada uno entiende cómo se le da la gana?".

Imaginó al ignorante con disfraz de maestro enseñándola, a un falso sabio con voz solemne darla por consejo, incluso vio a un juez parcial invocándola en su nefasta sentencia para que un inocente sea condenado.

"No, buey. No es por ahí, mi Búfalo. El honor intelectual aguarda al final del camino".

Entonces, con un bufido largo, todo el aire soltó, y con la boca cerrada ya no dijo ni mu.

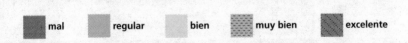

TABLA DE COMPATIBILIDAD

	karma	salud holística	amor pos COVID	trueque	nuevos vínculos
Rata	regular	regular	regular	regular	bien
Búfalo	regular	regular	regular	regular	muy bien
Tigre	regular	regular	regular	mal	bien
Conejo	regular	regular	muy bien	muy bien	regular
Dragón	regular	mal	regular	regular	regular
Serpiente	regular	regular	regular	regular	mal
Caballo	excelente	regular	regular	bien	regular
Cabra	regular	regular	regular	regular	regular
Mono	regular	regular	regular	regular	muy bien
Gallo	regular	muy bien	regular	regular	muy bien
Perro	regular	regular	regular	mal	regular
Chancho	regular	excelente	excelente	muy bien	muy bien

mal   regular   bien   muy bien   excelente

TIGRE

FICHA TÉCNICA

Nombre chino del tigre
HU

Número de orden
TERCERO

Horas regidas por el tigre
03.00 A 05.00

Dirección de su signo
ESTE-NORDESTE

Estación y mes principal
INVIERNO-FEBRERO

Corresponde al signo occidental
ACUARIO

Energía fija
MADERA

Tronco
POSITIVO

ERES TIGRE SI NACISTE

13/02/1926 - 01/02/1927
TIGRE DE FUEGO

31/01/1938 - 18/02/1939
TIGRE DE TIERRA

17/02/1950 - 05/02/1951
TIGRE DE METAL

05/02/1962 - 24/01/1963
TIGRE DE AGUA

23/01/1974 - 10/02/1975
TIGRE DE MADERA

09/02/1986 - 28/01/1987
TIGRE DE FUEGO

28/01/1998 - 15/02/1999
TIGRE DE TIERRA

14/02/2010 - 02/02/2011
TIGRE DE METAL

01/02/2022 - 21/01/2023
TIGRE DE AGUA

El tigre llegó tercero en la carrera.

Su carácter y personalidad se verán claramente en el momento del parto. No pretendan que el tigrecito nazca según lo planeado por médicos, parteras, obstetras, neonatólogos, pediatras, etcétera. Él nacerá cuando menos lo esperen. Y de ahí en adelante los padres muy sutilmente tendrán que tomar con firmeza las riendas de su crianza, porque son muy especiales e independientes, y con inamovibles ideas propias.

Prefieren el rol de hijos únicos, pero si tienen hermanos el liderazgo corresponderá al tigre, aunque no será un líder autoritario, sino el mejor amigo de sus hermanos, y los defenderá a capa y espada, sea menor o mayor que ellos. Los niños/niñas tigre poseen un gran espíritu justiciero.

Tienen mucha imaginación e ideas revolucionarias que concretarán con su ejército de amigos. En la escuela convencerán a su grupo de pertenencia y hasta a sus maestros para emprender aventuras dentro y fuera de la clase. Obviamente estarán siempre al frente de la batalla, poniendo el pecho ante cualquier obstáculo. Pero los obstáculos no aparecerán, ya que son muy buenos estrategas y se toman todo el tiempo para planear las aventuras... que nunca fallan.

No optan por jugar en su cuarto, prefieren carreras en bicicleta, andar en *skate* o investigar qué puede haber dentro de una casa abandonada, y amarían encontrar una cueva oscura para descubrir con su equipo de salvataje qué hay detrás de las sombras; cuanto más inimaginable sea la aventura, más los apasionará.

Pueden entrenar en un equipo de fútbol y un día desaparecer sin avisar, pero en el momento de la gran final, cuando se juega la copa, aparecen llenos de energía como si nada hubiera pasado. Siempre estarán presentes en los momentos cruciales, cuando más los necesiten.

Las niñas tigre con su ejército de amigas inseparables organizarán por meses un Open House para vender cosas que ya no usan, con el fin de juntar dinero para su viaje de egresadas.

También pueden desaparecer el día del armado, pero cuando la junta vecinal intente prohibir el evento ellas aparecerán, y con su espíritu justiciero disiparán las discrepancias a tal punto, que los integrantes de la junta comprarán todo lo que ellas estén vendiendo.

Los tigrecitos son capaces de montar un caballo, patinar sobre hielo, surfear y hasta escalar una montaña sin haber practicado antes ninguna de esas actividades. Rápidamente se convierten en especialistas; lo aprenden en la marcha. Todo será una nueva aventura. No tener idea de por dónde empezar es lo que más los apasiona. Su meta es lograr su objetivo y triunfar. Son muy ególatras y les encanta que los elogien por sus logros; atención: si no lo hacés, te sacan la tarjeta roja.

Tienen espíritu nómada, se aburren de estar en el mismo lugar, pueden cambiar de escuela y de vecindario sin problema y vivirán esa experiencia como una aventura.

Son muy justicieros y siempre luchan por defender sus ideas, y a cualquiera que los necesite. Por eso He-Man es uno de sus héroes. Donald F. Glut y Gary Cohn son los autores de los minicómics de He-Man, y Roger Sweet, su creador. He-Man tiene una fuerza sobrehumana y su espada le da poder. No es un personaje violento, usa su intelecto y prefiere ser más astuto que sus adversarios para vencerlos, como los tigrecitos.

Además, y para completar este dúo poderoso, el tigre gigante Battle Cat es el compañero confidente de He-Man. Battle Cat puede cargar en su lomo a un ejército, es un tigre blindado que acompaña a He-Man en las batallas. Así también son los tigrecitos, compañeros y confidentes.

Las niñas tigre se sienten muy identificadas con series y programas de juegos y películas de entretenimiento educativo y temas relacionados con el cuidado del planeta. Las niñas tigre son justicieras, solidarias, les gusta usar sus habilidades para el bien, y con sus elegantes movimientos dejan una hipnótica huella a su paso.

Una tarde de lluvia con pochoclos y gaseosas los niños tigre pueden ver las dos temporadas enteras de *Perdidos en el espacio*. Seguramente les gustaría ser parte de la familia Robinson, y en esta aventura interestelar colonizar el nuevo planeta, el Alfa Centauri.

La historia cuenta que a causa de la superpoblación en la Tierra hay que encontrar otro lugar para vivir, y la familia Robinson es la elegida para viajar a buscarlo. Quedan perdidos en el espacio, rodeados de peligros que deben afrontar. Los pequeños de la familia, Will, Penny y Judy Robinson junto a un robot, su mejor amigo, viven aventuras inimaginables. Los tigrecitos darían la mitad, solo la mitad de sus juguetes, con tal de formar parte de esa expedición y ser el pequeño Will, un niño inteligente que no le teme a nada y explora cada rincón del nuevo planeta. Las niñas tigre se sienten identificadas con Penny, la hermana mayor, por su valentía y conocimientos de la cibernética; ella es la cabeza pensante de la familia.

Los tigrecitos no pueden estar mucho tiempo quietos, y menos dormir una siesta; eso sería su peor castigo. Son muy enérgicos y vitales y tienen una impulsividad inagotable. Cuando todos caigan rendidos, ellos dirán: "¡Vamos, arriba, que esto recién empieza!". Muchas veces esta actitud les puede causar problemas con sus pares, pero enseguida saldrán del entuerto con algo que inventen en ese momento y que hipnotice a sus amigos.

Al principio son reservados y no dejan que los demás se acerquen a conocerlos; serán ellos quienes se acercarán para conocer y tener en su ejército de amigos a quienes consideren confiables.

Los tigrecitos tienen mucha imaginación, pueden transformar su cuarto en una nave espacial o en un submarino, y quienes estén con ellos lo creerán.

Ahora, eso sí, nunca le digas a un tigrecito: "Eso es una mala idea". Nooo, porque ellos luchan por defender sus ideas, entonces ya no serás un soldado de su ejército, estarás pelando papas al sol para la comida de los soldados. Pero nunca dejarán de ser tus amigos, nunca.

E. V.

TIGRE

LOS NIÑOS Y LA MÚSICA

HORÓSCOPO MUSICAL
Gastón Solís

¿Cómo fue tu primera conexión con la música?
Desde chico me anotaron en clases de piano y canto, así que la música siempre marcó una forma de ver y sentir para mí. Ahora no me imagino ni un día sin escuchar algo en casa.

¿Qué música escuchás o compartís con tus amigos?
Con mis amigos nos encanta compartir sencillos de artistas nuevos que van surgiendo, a veces no son para nada conocidos, pero eso nos copa más todavía; además, algunos amigos están empezando a hacer música y a subirla en redes, así que reposteamos entre nosotros para ayudarlos también a que se hagan conocidos.

¿Qué tipo de música es el que más te representa?
Las canciones actuales son mi música favorita. En general las de bandas argentinas, también *new pop*, y algo de piano, porque mi escuela es más que nada la de estudiar música clásica.

¿Cuál fue el primer recital de tu vida?
Con mis viejos vimos un concierto de orquesta y me voló la cabeza, yo era más chico y me acuerdo que no me dejaban aplaudir, ¡con lo entusiasmado que estaba! También me acuerdo el segundo, cuando fui a ver a Miranda en un teatro de avenida Corrientes y nos bailamos todo con mi hermana.

¿Qué banda o músico que no hayas visto te gustaría escuchar en vivo?
Como ahora con la pandemia no estamos saliendo

casi nada, me muero de ganas de viajar al exterior para ir a ver a varios cantantes que tengo pendientes: Drake, cuyo estilo me parece súper, y tiene un álbum nuevo genial, y también Ariana Grande.

¿Cómo imaginás el comienzo de la música?

Ah, ¡requetedifícil de imaginar! Yo supongo que todo debe haber comenzado con gente cantando, cambiando la intensidad de las cuerdas vocales hasta que la fueron descubriendo, y después deben haber ido agregando golpes, ruidos, sonidos ambientales que más tarde evolucionaron a lo que es la música hoy.

¿Escuchar música tiene beneficios?

Para mí ciento por ciento, en mi caso la música me ordena los pensamientos; cuando muchas veces estoy ansioso, me pongo autores tipo Bach, por ejemplo, y bajo mil cambios.

¿Influye en el estado de ánimo?

Sí, me pasa también que si subo a un auto y el chofer escucha algo que no me gusta, me pongo de mal humor. Sé que está mal, ¡pero a veces es más fuerte que yo!

¿Qué sensaciones te provocan los distintos géneros musicales?

Todo tipo de sensaciones, creo que cada tipo de música te puede llevar a un viaje distinto. Yo tengo muchos recuerdos, y con la música es como con el olfato. En un minuto una canción me transporta, ¿no es genial que nos pase eso?

¿Músico se hace o se nace?

Creo que se puede nacer con estrella, pero se necesita mucha dedicación, trabajo y talento para desarrollarte como músico.

EL TIGRE Y SU ASCENDENTE

TIGRE ASCENDENTE RATA: 23.00 a 1.00

Esta combinación tendrá energía y optimismo, y pasión instantánea y explosiva. Será un tigre independiente con una gran cuota de posesividad e inseguridad.

TIGRE ASCENDENTE BÚFALO: 1.00 a 3.00

Una sociedad muy favorable. Será un tigre previsor, perseverante, dotado para las grandes causas, más realista que los demás. Solitario, tenaz y entusiasta, llegará a sus fines honestamente.

TIGRE ASCENDENTE TIGRE: 3.00 a 5.00

Vivirá intensamente sin privarse de nada y se jugará a cada instante. No conocerá el orden, la rutina ni la autoridad. Su voracidad será su mayor enemigo; su casa es el mundo.

TIGRE ASCENDENTE CONEJO: 5.00 a 7.00

Tendrá suerte y elegirá siempre lo que más le convenga. Buscará la belleza, la armonía y las relaciones influyentes. Actuará con cautela, midiendo los riesgos, asegurándose la herencia y la trascendencia.

TIGRE ASCENDENTE DRAGÓN: 7.00 a 9.00

Un prodigio de energía y comunicación. No conoce los obstáculos y juega con las mejores cartas. Amante del lujo, el placer y los viajes. Muy narcisista, le cuesta admitir que se equivocó.

TIGRE ASCENDENTE SERPIENTE: 9.00 a 11.00

Un tigre reservado, seductor y muy ambicioso. No se dejará atrapar fácilmente, y será peligroso. La serpiente manejará al tigre enmascarada tras su imagen.

TIGRE ASCENDENTE CABALLO: 11.00 a 13.00

Este es un tigre irrefrenable, lleno de matices. Ávido de espacio, libertad, no conocerá las responsabilidades. Se jugará por los demás, será un orador genial y se calmará en la vejez.

TIGRE ASCENDENTE **CABRA**: 13.00 a 15.00

La cabra aportará al tigre un sentido estético, saltarín y gracioso. Tendrá un humor lunático, será interesado y muy posesivo. Deberá elegir entre el confort y la libertad.

TIGRE ASCENDENTE **MONO**: 15.00 a 17.00

La astucia y la destreza se unirán para comerse el mundo. Nada lo detendrá, y a veces utilizará recursos ilícitos para conseguir lo que se propone. Su humor será excepcional y sus amores harán historia.

TIGRE ASCENDENTE **GALLO**: 17.00 a 19.00

Un tigre segmentado entre los sueños y el deber. Buscará encerrarse en su mundo y no concederá audiencia. Cuando se concentre en algo, aparecerán otras causas para irse de viaje. Contradictorio y muy original.

TIGRE ASCENDENTE **PERRO**: 19.00 a 21.00

Un soldado que defenderá con garras y olfato a los demás. Nunca se cansará de luchar, emprenderá nuevos proyectos y aportará sabiduría a quienes quieran escucharlo.

TIGRE ASCENDENTE **CHANCHO**: 21.00 a 23.00

El chancho le aporta al tigre virtudes que resaltan su lealtad. Servicial, generoso, tendrá una familia a la que le entregará la vida. Si lo decepcionan, se hará humo.

EL TIGRE Y SU ENERGÍA

TIGRE DE MADERA (1914-1974)

Muy feliz de conversar con cualquier persona en cualquier momento, el tigre de madera es una criatura verdaderamente sociable que cuenta con una bodega llena de encanto y anécdotas inteligentes y graciosas. No hay una fiesta completa sin esos recursos. Este tigre es definitivamente muy carismático y emprendedor, pero sufre la inconstancia felina con mayor agudeza que otros de su misma raza. No es, por su naturaleza, un pensador profundo, prefiere deslizarse por la vida sin tomarse nada demasiado en serio. Esta característica podría resultar un inconveniente en el ambiente de trabajo, aunque por lo general él es capaz de dominar la situación y salir airoso.

El problema consiste en que tiene la costumbre de conseguir que el resto del personal se haga cargo de los negocios mientras él viaja o se va por ahí y, si nadie se ocupa de los detalles, la empresa estará pronto en problemas.

Personajes famosos

Leonardo DiCaprio, Penélope Cruz, Richard Widmark, Oscar Wilde, Rafael Amargo, Adolfo Bioy Casares, Carla Peterson, Alberto Castillo, Julio Cortázar, Jorgelina Aruzzi, Thomas Merton, Marguerite Duras, Robbie Williams, Meg White, Joaquín Furriel, Emmanuel Horvilleur, Dani Umpi, Eleonora Wexler, María Julia Oliván, Ariel Ortega, Germán Paoloski, Elena Roger.

TIGRE DE FUEGO (1926-1986)

Si estás buscando acción sin interrupciones y con una buena dosis de situaciones dramáticas, entonces el tigre de fuego es ideal, siempre y cuando tengas la energía suficiente para seguirle los pasos. Cuenta con la mayor dosis de energía y resulta el más excitante y caprichoso de la banda. Siempre trata de ser el alma de la fiesta, y en efecto es una placentera compañía.

Pero hay que tener cuidado con los comentarios sobre sus acciones, por si los interpreta como una crítica. Esta vulnerabilidad hacia las opiniones es un problema casi perpetuo con los tigres, pero con el de fuego se vuelve un tema muy serio. Afortunadamente tiene memoria de corta duración, entonces las enérgicas reacciones malhumoradas no suelen durar mucho tiempo.

Personajes famosos

Marilyn Monroe, Lady Gaga, Alfredo Di Stéfano, Dalmiro Sáenz, Mel Brooks, Nazareno Casero, Rafael Nadal, Miles Davis, Michel Foucault, Klaus Kinski, Sai Baba, Martín Piroyansky, Luis Suárez, Jerry Lewis, Alberto de Mendoza, Fidel Castro.

TIGRE DE TIERRA (1938-1998)

No es tan estridente como el resto de sus hermanos; tiene una naturaleza un poco más práctica, acompañada por un nivel de excitación menor. La impulsividad –que es la marca característica del tigre– tiene manifestaciones bastante más débiles. Existen historias sobre tigres de esta energía que han reflexionado con seriedad en vez de saltar a una conclusión que al poco tiempo se manifiesta como incorrecta.

El "me-importa-un-comino", actitud normalmente asociada a los tigres, no se evidencia demasiado en un espécimen de tierra. Incluso es capaz de mantener su trabajo por un tiempo considerable sin sufrir la parálisis del aburrimiento. Más importante aún: puede mantener relaciones por razones no vinculadas con la mera atracción sexual.

Personajes famosos

Federico Manuel Peralta Ramos, Roberto Carnaghi, Alan Watts, Tina Turner, Isadora Duncan, Pérez Celis, Roberta Flack, Ángela Torres, Paulo Londra, Rudolf Nuréyev, reina Sofía de España, Alejandro Sessa, Issey Miyake, Karl Lagerfeld, Ellen Johnson-Sirleaf, Leonardo Favio, Héctor Larrea, Jaime Torres, Augusto Mengelle.

TIGRE DE METAL (1950-2010)

Este felino supera a sus hermanos tigres en su capacidad de aferrarse a la vida y a lo que el universo ofrece. Pero lamentablemente esta característica está acompañada por las suyas propias. Este tipo de tigre resulta activo en extremo, con gran empuje, ultraagresivo y ambicioso, superestrepitoso, impetuoso, indiscreto, presuntuoso y notablemente excesivo en todos los aspectos, en especial en lo relativo al carisma. Quiere que el mundo esté a su disposición y esperando su llamado. Y si por alguna razón sus planes se complican, se vuelve inaguantablemente malhumorado. Está convencido de lo que desea y se lanza con todos sus recursos para obtenerlo. Pero muchas veces descubre en el último minuto que quizá la idea original no fue tan adecuada y correcta como él mismo creyó al principio.

Personajes famosos

Carlos Gardel, Quinquela Martín, Groucho Marx, Oscar Mulet, Peter Gabriel, Ubaldo Matildo Fillol, Stevie Wonder, Norberto "Pappo" Napolitano, Dolli Irigoyen, Pelito Galvez, Miguel Ángel Solá, Hugo Arias, Michael Rutherford, Charles de Gaulle, Laurie Anderson, Teté Coustarot.

TIGRE DE AGUA (1962-2022)

Es más sofisticado y de mente más abierta que el tigre promedio. Por lo general, antes de saltar en pos de un objetivo hace un análisis más correcto y de esa manera evita los errores causados por la impulsividad, tan característicos en los otros tigres. La energía agua le da un grado de intuición que le permite sentir lo que los demás están experimentando.

La capacidad intuitiva combinada con una mente aguda y sagaz otorga al tigre de agua una gran percepción, pero aún sigue sufriendo los mismos problemas de demoras por indecisión que resultan endémicos a los tigres. Por suerte disfruta de temperamentos estables, uniformes, y puede acompañar la corriente de la vida más fácil y suavemente que otros tigres.

Personajes famosos

Jodie Foster, Alfredo Casero, Bahiano, Ricardo Dorio, Caruso Lombardi, Andrea Bonelli, Fernando Bonfante, Tom Cruise, Divina Gloria, Ian Astbury, Sandra Ballesteros, Leonardo Bechini, Carola Reyna, Juanse Gutiérrez, Ivo Cutzarida, Ana Tarántola, Simón Bolívar, Silvina Chediek, Juan Namuncurá.

ALFREDO CASERO
Tigre de Agua

CONTAME UN CUENTO CHINO
Carmen María Pérez Cerrato • Tigre de Tierra • Docente

Vivo en un lugar de Traslasierra; es mi lugar en el mundo. Amo la naturaleza. La familia es muy importante en mi vida; aunque no vivo cerca, siempre estamos muy unidos.

En mi vida tuve tres etapas muy marcadas. La libertad, la aventura, la curiosidad producen en mí una entidad versátil y adaptable. Tuve oportunidades y variedad de experiencias a través de las cuales recibí información para tomar decisiones.

La imaginación creativa permite que casi todas las cosas sean posibles, y me involucro en nuevas experiencias y emociones.

En el pasillo de luz y deseos
superpuse la vela azul de KRISHNA
    con la del kin AHAU 5
y UCRANIA se derritió
    con su bandera frente
    a mi desolación,
pabilo heroico encendido
    de un pueblo que aprendió
    del pasado
NO ASÍ EL NUESTRO.
L. S. D.

TABLA DE COMPATIBILIDAD

	karma	salud holística	amor pos COVID	trueque	nuevos vínculos
Rata	regular	regular	regular	regular	bien
Búfalo	mal	regular	mal	regular	regular
Tigre	regular	regular	regular	bien	excelente
Conejo	regular	regular	regular	muy bien	muy bien
Dragón	regular	regular	excelente	excelente	bien
Serpiente	mal	bien	muy bien	excelente	regular
Caballo	regular	regular	excelente	excelente	bien
Cabra	mal	regular	regular	regular	excelente
Mono	regular	regular	muy bien	muy bien	bien
Gallo	mal	bien	regular	regular	regular
Perro	regular	excelente	bien	regular	muy bien
Chancho	muy bien	muy bien	muy bien	muy bien	regular

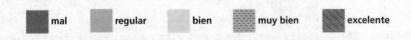

mal   regular   bien   muy bien   excelente

CONEJO

FICHA TÉCNICA

Nombre chino del conejo
TU

Número de orden
CUARTO

Horas regidas por el conejo
05.00 A 07.00

Dirección de su signo
AL ESTE DIRECTAMENTE

Estación y mes principal
PRIMAVERA-MARZO

Corresponde al signo occidental
PISCIS

Energía fija
MADERA

Tronco
NEGATIVO

ERES CONEJO
SI NACISTE

02/02/1927 - 22/01/1928
CONEJO DE FUEGO

19/02/1939 - 07/02/1940
CONEJO DE TIERRA

06/02/1951 - 26/01/1952
CONEJO DE METAL

25/01/1963 - 12/02/1964
CONEJO DE AGUA

11/02/1975 - 30/01/1976
CONEJO DE MADERA

29/01/1987 - 16/02/1988
CONEJO DE FUEGO

16/02/1999 - 04/02/2000
CONEJO DE TIERRA

03/02/2011 - 22/01/2012
CONEJO DE METAL

21/01/2023 - 09/02/2024
CONEJO DE AGUA

El conejito llegó cuarto en la carrera. No buscaba la zanahoria sino un puesto en el horóscopo chino.

Los conejitos bebés son bastante llorones; es raro que a cualquier hora del día no escuches su llanto. Pero a no confundir: ellos no se están quejando, están vocalizando, se están preparando para cantar y hablar afinado y a tempo cuando crezcan.

No están apresurados por crecer; si son hijos únicos, sus padres los consentirán porque los encantarán con su divertida manera de ser. Y si tienen hermanos, no importa la edad, ellos siempre se comportarán como los menores. Así, sus hermanos les concederán todos sus deseos y caprichos, los mimarán eternamente.

Con su grupo de pertenencia siempre se comportarán como uno más ante la mirada externa. Pero internamente saben que siempre llamarán la atención y, aunque estén en medio de una multitud, su elegancia y educada manera de actuar los diferenciará del resto.

En los actos escolares los conejitos son los primeros en levantar la mano cuando la maestra pregunta: "¿Quién quiere actuar en…?", y antes de que termine la pregunta ya tendrán el rol principal en el acto.

Son muy habilidosos con lo manual, pueden armar un teatro de títeres recortando figuras, pegándolas sobre cartón y haciendo las mil voces. Por supuesto invitarán a sus amigos a presenciar la obra y disfrutarán de los aplausos y elogios cuando esta termine. A los conejitos no les vengas con un chisme porque los pone de muy mal humor; tienen demasiado con su vida como para andar pensando en la de los demás.

Son la agenda perfecta: muy ordenados con su cuarto, sus tareas escolares y su tiempo libre. Cuando sus amigos quieren organizar algo, los conejitos serán los encargados, pero necesitan tiempo y espacio para hacerlo correctamente, son muy precisos y exigentes.

Si sus amigos quieren sorprenderlos y caer en su casa sin avisar para jugar con el último videojuego, ellos no se sentirán cómodos. Los conejitos tienen para cada cosa una hora, un tiempo y espacio en su vida.

Saben ganarse el pan sin trabajar bajo el rayo del sol; por ejemplo, hacer las maquetas escolares de sus amigos les daría unas buenas rupias.

Además, las niñas conejo, aunque no son amantes de las tareas domésticas, sí adoran cocinar, y desde muy pequeñas invitan a sus amigas a su cuarto a tomar el té con las muñecas, su juego favorito. Ellas mismas preparan lo dulce: cocinan exquisiteces.

Pero no por lo antedicho pensemos que los conejitos son perfectos… también tienen un aspecto de su personalidad bastante especial. Quieren ser los abanderados de la escuela, y para eso estudian todo el año, pero una vez que lo consiguen no lo disfrutan porque piensan que tal vez el próximo año habrá otro más inteligente que ellos. Logran sus metas, pero temen perderlas.

Bugs Bunny, el conejo creado por Tex Avery, tiene todos los condimentos de los niños conejo. Astuto, extravertido y bromista, capaz de enfrentarse a cualquier adversidad, su personalidad es desafiante. Bromea sin que le importe el peligro en el que está, o el que se aproxima. Es el vencedor en los conflictos y apabulla con tremendas travesuras.

Su frase "¿Qué hay de nuevo viejo?" les calza a la perfección a los conejitos.

Las niñas se identifican mucho con el cuento *Alicia en el país de las maravillas,* de Lewis Carroll, por sus minihistorias de aventuras y los acertijos (ellas son expertas en resolverlos).

Alicia, una niña de siete años, siente curiosidad por averiguar todo lo relacionado con su entorno y se encuentra con el Conejo Blanco, una frenética criatura del País de las Maravillas. Es un conejo maníaco, tímido, y a veces bastante ofensivo, muy ansioso, que siempre mira su reloj y piensa: "Voy a llegar tarde". Los conejitos son excesivamente puntuales, adoran la perfección y no soportan las rutinas. Por eso el viaje de Alicia es el viaje perfecto.

A los conejitos no les gusta la violencia, no es común verlos pelear o discutir con algún amigo; con su simpatía y lenguaje conciliador llegan siempre a un positivo y amistoso acuerdo.

Por eso Batman (el hombre murciélago) es su preferido. El único superhéroe que no posee poderes recurre a su intelecto, destreza física y habilidades deductivas para combatir a los villanos y defender Ciudad Gótica.

Con una identidad secreta, Bruno Díaz, un multimillonario magnate, vive en una maravillosa mansión, asistido por su fiel mayordomo Alfred. En la Baticueva, debajo de su mansión, se transforma en Batman. No necesita armas de fuego para hacer justicia. Los conejitos son así: excéntricos, justicieros, inteligentes, con una gran destreza física y mentalmente superiores para desentrañar cualquier hexagrama y llegar al punto de origen.

Las conejitas adoran a las princesas y sus almidonados trajes, siempre a la espera de casarse con un príncipe y vivir en un hermoso castillo.

Cenicienta es su princesa ideal, una mujer fuerte e independiente que ve siempre el lado bueno de la vida sin guardar rencores y sin venganza. Este bello cuento de Charles Perrault tiene el final que toda niña conejo sueña, un gran baile, un príncipe azul, un zapatito de cristal y un casamiento con final feliz. Ellas –como Cenicienta– saben que para que un sueño se haga realidad hay que ayudar a concretarlo.

Conejitos y conejitas aman la serie *High School Musical,* un colegio donde un grupo de adolescentes puede desarrollar todas sus aptitudes artísticas musicales. Adorarían ser aceptados allí y luego alcanzar la fama, ser reconocidos en la calle, firmar miles de autógrafos y posar para innumerables selfies.

Conejitos carismáticos y bellos animalitos del horóscopo chino: pongan música y les aseguro que el conejito los invitará a bailar.

E. V.

LOS NIÑOS Y LA MÚSICA

HORÓSCOPO MUSICAL
Camila De Fino

¿Cómo fue tu primera conexión con la música?

No recuerdo exactamente la primera conexión con la música, pero sí sé que fue hace mucho tiempo, cuando era muy chica, bailando, cantando, escuchando los sonidos, los instrumentos con la ilusión de saber tocar y algún día ser grande como los de las tapas de los CD. Quizás en realidad la conexión más grande, conscientemente, fue en mis primeros recitales. En ellos de verdad pude sentir la música sonar cerca, vivir cada momento como único, cada sonido y cada entonación bien claros. Y entonces pensás, pienso: "Esto de verdad es sentir la música". Bailar y que solo te importen el sonido, la melodía y el disfrute de esa canción que tanto te gusta, y que lo demás sea invisible cuando escuchás tu canción en vivo y en directo. Creo que las primeras conexiones reales, más allá de la niñez, fueron ahí, en la escucha en vivo de los sonidos que me paralizan y me hacen cantar a todo pulmón, y me hacen sentir más viva, con el corazón más acelerado porque eso que suena es especial.

¿Qué música escuchás o compartís con tus amigos?

Tengo amigos que tocan música electrónica, específicamente *techno underground*, y eso es lo que más me gusta escuchar cuando estoy con amigos, o música *pop*, la música de moda, que normalmente les gusta a todos. Bandas de *rock*, nacionales o internacionales, a todos nos gustan… todo lo que sea tranquilo, que nos deje hablar, o que podamos bailar cada uno a su ritmo en su rincón; tranquilo, eso.

¿Qué tipo de música es el que más te representa?

Quizá la música que más me representa hoy en día es este estilo de música "indie" que no tiene un género, que tiene voces tranquilas, que te hacen relajar, algunos temas más rápidos que otros, esa música que podés escuchar en una reunión, en una fiesta y bailar, de fondo, para trabajar, para bañarte, para ir en el colectivo, esa música que no estorba y no molesta. Últimamente casi todo en inglés, pero la realidad es que siempre varía... según lo que vaya sintiendo en ese momento, en esa época, hay géneros que quedan, pero me siento muy cambiante, y muy versátil. Puedo escucharlo todo y todo me gusta por igual, desde la música clásica hasta *hardcore*, es muy difícil decidir.

¿Cuál fue el primer recital de tu vida?

El primer recital de mi vida... Fuimos a tantos... no podría pensar en uno solo sinceramente; desde chiquitos, a mis hermanos y a mí siempre nos llevaron a ver música en vivo, es muy complicado pensar en un solo evento.

¿Qué banda o músico que no hayas visto te gustaría escuchar en vivo?

Me hubiese gustado muchísimo vivir algún recital de Charly joven, los Serú, o algo de Virus, Spinetta... nunca vi a Gustavo Cerati, esas cosas son las más tristes, ya no vas a poder ver a algunos artistas, o a las bandas completas, y eso es lo que más anhelo, para el resto aún hay tiempo... De chica era muy fanática de Guns N' Roses, me gustaría muchísimo ver la formación original en vivo, pero es casi imposible. No me quedo con ganas de nada, no me arrepiento de haber visto a todos los artistas que vi. Volvería sin dudas a presenciar algún *show* de Coldplay; es un espectáculo. O escuchar a Lana Del Rey, por suerte esos privilegios los viví, pero sin dudas volvería a repetirlos.

¿Cómo imaginás el comienzo de la música?

Quizá la música nació del aburrimiento; de la sensación de vacío, del silencio, se originó todo el volumen sonoro. Es muy difícil imaginarlo, vivir sin música hoy no es una opción, no podríamos. Creo que ningún ser humano podría.

¿Escuchar música tiene beneficios?

Escuchar música estimula todos ¡todos! los sentidos, los cambios de humor, acompaña los momentos, buenos o malos. Siempre la música existe para dar ayuda, para no sentirse solo; la música es de las mejores compañías. Cuando estamos mal, cuando estamos bien, es una fuerza tan simple, tan pacífica, ayuda a que el tiempo corra de otra forma. Escuchar música tiene un montón de beneficios medicinales, posiblemente, que desconozco, pero la música sana y hace bien, en todos sus aspectos.

¿Influye en el estado de ánimo?

Como dije antes, influye muchísimo en todo lo que hacemos y puede cambiarnos el ánimo, ayudarnos a sentirnos mejor, o traernos recuerdos tristes, accidentalmente, porque la música transmite más allá de una melodía, es una letra que acompaña, en la que uno puede sentirse identificado.

¿Qué sensaciones te provocan los distintos géneros musicales?

Yo creo que la música es triste o feliz, o bueno, quizá monótona, pero cuando le prestás atención… uno hace las cosas según lo que esté pensando, según lo que está pasando. Hoy quizás escucho un tema que me hace llorar, pero en una semana esa canción tal vez me da alegría pura. Todo depende de uno, esas cosas están en la mente.

¿Músico se hace o se nace?

Músico se nace, y tengo experiencias… Siempre quise aprender a tocar instrumentos, pero siempre me costó muchísimo, y bueno, alguien pensará que cuando algo cuesta no hay que bajar los brazos, pero yo sentía que no, que no era lo mío; lo mío era escuchar, era ser receptor, mi parte en la música estaba por otro lado, y después de intentar con la guitarra y con el piano, dejé. Pero... ¿un músico es solo el que toca instrumentos? Cantar es hermoso, sanador y terapéutico en cierto punto, también lo intenté y volvería a retomar, es algo que me encanta, entrenar la voz, a eso le tengo fe aún. Pero tranquilamente puedo escribir: ¿ser compositora es ser música? Qué complicado, es tan abarcador. Pero no, no compongo tampoco, ni escribo letras, soy música cuando escucho y siento alegría por ese tema que tanto me gusta, y me siento parte de ello, pero siendo receptora todavía. El talento corre por las venas de unos pocos afortunados que crean música, pero qué hipócrita es de mi parte decir que nadie aprende a ser músico, "músico".

EL CONEJO Y SU ASCENDENTE

CONEJO ASCENDENTE RATA: 23.00 a 1.00

La rata le aporta vitalidad y agresividad a este conejo, que será más rápido y astuto que los demás. Enfrentará con habilidad los obstáculos y dirá grandes verdades. Su cólera y celos serán explosivos.

CONEJO ASCENDENTE BÚFALO: 1.00 a 3.00

Un conejo muy trabajador, apegado y ambicioso. Lúcido y conservador, este nativo será en extremo sociable y antisociable: contradictorio. Tendrá una fuerza oculta que nunca lo abandonará.

CONEJO ASCENDENTE TIGRE: 3.00 a 5.00

Este conejo estará desdoblado: impulsivo, temperamental, apasionado, y a la vez calmo, medido, previsor. Muy independiente y apasionado, se hace difícil convivir con él.

CONEJO ASCENDENTE CONEJO: 5.00 a 7.00

Irresistible: seducirá a las mariposas. Secreto, refinado, culto y muy sibarita, conocerá los secretos del amor como un mago.

CONEJO ASCENDENTE **DRAGÓN**: 7.00 a 9.00

Este conejo será muy ambicioso, capaz de recurrir a cualquier arma para conseguir lo que se propone. Pasional y romántico, logrará hipnotizar a los demás para conseguir lo que se propone.

CONEJO ASCENDENTE **SERPIENTE**: 9.00 a 11.00

Será Mandrake y tendrá a todo el mundo fascinado con su misterio. Refinado al extremo, discreto, jamás conoceremos sus secretos. Un conejo intuitivo y muy sensual.

CONEJO ASCENDENTE **CABALLO**: 11.00 a 13.00

No soportará estar encerrado. Será líder, muy independiente, impulsivo y organizado. El amor estará en primer lugar.

CONEJO ASCENDENTE **CABRA**: 13.00 a 15.00

Necesitará seguridad material. Buscará rodearse de gente influyente. Su sensibilidad deberá ser plasmada artísticamente.

CONEJO ASCENDENTE **MONO**: 15.00 a 17.00

Un intelectual con posibilidades de convertirse en jeque. Necesitará una fortuna para vivir, que compartirá con los amigos, novios y protegidos. Su lema es: "El fin justifica los medios".

CONEJO ASCENDENTE **GALLO**: 17.00 a 19.00

La responsabilidad se transformará en obsesión. Será introspectivo, analítico y crítico. Le costará disfrutar y dejar a los demás atender su juego. Muy servicial y protector. Se puede contar con él.

CONEJO ASCENDENTE **PERRO**: 19.00 a 21.00

Estará siempre dispuesto a ayudar a los demás, defender una causa y compartir lo que gana. Tendrá suerte en los negocios y cambios drásticos de vida, a los que se adaptará con naturalidad.

CONEJO ASCENDENTE **CHANCHO**: 21.00 a 23.00

Un sibarita con mundo interior. Para él, el placer ante todo, y después las responsabilidades. Necesitará amor y comprensión. Buscará infatigablemente prosperar y sacar lo mejor del otro.

EL CONEJO Y SU ENERGÍA

CONEJO DE MADERA (1915-1975)

La energía que rige al conejo es la madera; por lo tanto, el conejo de madera "se encuentra en casa", pero deberá ser cuidadoso porque, por una parte, este conejo puede ser tan llano y de tan buena naturaleza que da lugar a que gente con menos escrúpulos se aproveche de él. Por otra parte, está tan satisfecho con su posición que a veces falla en la defensa de sus derechos. La actitud conservadora del conejo de madera hace difícil su avance, además no manifiesta deseo por ninguna cosa a lo largo de su vida. Sería positivo que se abriera en algunos aspectos y estuviera más alerta.

Personajes famosos

Edith Piaf, Michael Bublé, Federico Amador, Enrique Iglesias, Orson Welles, Anthony Quinn, Frank Sinatra, Juan Minujín, David Beckham, Mariano Cohn, Angelina Jolie, Luciano Castro, Ingrid Bergman, Billie Holiday, Eugenia Tobal, Abel Santa Cruz, David Rockefeller, Jack White, Paola Barrientos, Dolores Barreiro, Leticia Brédice, Hernán Crespo.

CONEJO DE FUEGO (1927-1987)

Es una mezcla curiosa que en su mejor aspecto culmina en un conejo muy amistoso y cálido. Pero también, en su peor momento, puede depararnos un ejemplar de temperamento explosivo. Como el conejo está regido por la energía madera, hay que considerar con mucho cuidado este combustible mezcla porque los resultados finales pueden ser un fuego cálido y una excelente compañía, o también un incendio forestal que sea imposible de dominar.

Igual que todos los animales regidos por el fuego, tiene dotes paranormales que, aunque no sean reconocidas conscientemente, hacen que esté siempre un paso más adelante que el resto, por ende, el conejo de fuego resulta un líder formidable. En su mejor aspecto, irradia calidez y confianza, atrayendo a un vasto círculo de admiradores.

Personajes famosos

Raúl Alfonsín, Gina Lollobrigida, Choly Berreteaga, Peter Falk, Mirtha Legrand, Tato Bores, Leo Messi, Gabriel García Márquez, Harry Belafonte, Gilbert Bécaud, Ángel Di María, Jimena Barón, Francisca Valenzuela, Raúl Matera, Emilia Attias, Osvaldo Bayer.

CONEJO DE TIERRA (1939-1999)

Como indica su energía, este conejo está bien afirmado en la superficie y es mucho más realista y pragmático que el resto de sus hermanos; su naturaleza emocional no está tan desarrollada. Este aspecto tiene sus ventajas, ya que le permite enfrentar la realidad con disciplina. Por supuesto, en su aspecto negativo, sus características pueden llevarlo a cierta inflexibilidad y a considerar cualquier actividad que presente ciertos riesgos como irresponsable y peligrosa.

Pero a manera de compensación, por lo general el conejo de tierra es amable y humilde, y tiene plena conciencia de sus propias limitaciones.

Personajes famosos

Reina Victoria, Paul Klee, Albert Einstein, Andrés Percivale, Francis Ford Coppola, George Hamilton, Peter Fonda, Karol Sevilla, Stalin.

CONEJO DE METAL (1951-2011)

Más directo que otros conejos, como si la misma energía reforzara su columna vertebral; por eso es menor su necesidad de esconderse de los aspectos duros de la realidad que inevitablemente aparecen.

El metal también hace ambicioso al conejo, pero su encanto natural oculta ese aspecto de su naturaleza. Así, cuando está negociando, puede ser despiadado de una manera que prácticamente pasa inadvertida para los demás.

Es relativamente indiferente hacia los sentimientos de los demás y hasta puede considerárselo frío. Igual sigue exhibiendo esa aptitud para el arte y el buen gusto que pone a los conejos en un sitio especial del zodíaco chino.

Personajes famosos

Ana Belén, Sting, Christian Lacroix, Arturo Pérez-Reverte, Anjelica Huston, Pedro Almodóvar, Thelma Biral, Isabel Preysler, Charly García, Michael Keaton, Rita Segato, Carlos Barrios, Confucio, Hugo Porta, Romeo Gigli, Gustavo Santaolalla, Valeria Lynch, Rosa Gloria Chagoyán, Jaco Pastorius, Juan Leyrado, León Gieco.

CONEJO DE AGUA (1903-2023)

El Conejo de Agua lleva al extremo el deseo de evitar confrontaciones. Es excepcionalmente emocional y enfático, por lo que resulta muy vulnerable a los aspectos menos agradables de la vida. En otras palabras, termina tratando de huir de la dura realidad cotidiana. El problema radica en que los conejos son demasiado abiertos y se exponen a la corriente de acontecimientos, que acaba confundiéndolos. No es extraño que este conejo termine considerándose frágil, pero al mismo tiempo ese aspecto de su naturaleza resulta atractivo para mucha gente. Su punto débil radica en su hipersensibilidad, que lo lleva a una constante actitud de análisis de la realidad.

Personajes famosos

Fernando Peña, Whitney Houston, Niní Marshall, Sergio Goycochea, Jarvis Cocker, Fabián Gianola, Brad Pitt, George Michael, Hilda Lizarazu, Quentin Tarantino, Fernando Samalea, Rosario Flores, Xuxa, Norma Antúnez, Ramiro Agulla, Johnny Depp, Fatboy Slim, Germán Palacios, Sheila Cremaschi, Gabriela Epumer, Gustavo Elía, Costi Vigil, Fito Páez.

TATO BORES
Conejo de Fuego

CONTAME UN CUENTO CHINO
Sebastián Maggio • Conejo de Madera • Empresario

El sueño del Conejo
¿Dónde estoy?

Otra vez vuelvo a soñar el mismo sueño. Estoy persiguiendo algo, a alguien, ¡no lo sé! Todo se mueve tan rápido que no puedo hacer foco más allá de mis propias manos. Por más que intente, no puedo parar. De pronto un torbellino me atrapa en su interior, me hace perder el control, giro sin parar sobre mi propio eje. ¿Quién está ahí? ¿Qué está pasando? Y por un instante puedo verlo con claridad, no sé qué es, pero lo veo y cuando estoy por entender su forma, todo empieza a girar y me despierto preocupado, con una sensación que no logro descifrar.

Comienza un nuevo día. Miro el celular y no veo mensajes. Levanto la vista, observo claramente mi reloj y, por suerte, parece que me desperté a tiempo. Salgo a correr, a despejar la mente. Por momentos, me vuelven imágenes, atisbos de entendimiento lógico, reminiscencias del reciente sueño. Suena el teléfono, atiendo. Tengo reunión en poco tiempo, luego almuerzo de trabajo. Debo pasar a buscar cosas por la oficina. Mi sobrino está por llegar a la Argentina y lo voy a ir a buscar, y tengo que armar programas para salir de paseo. Paro de correr, respiro. Mi cuerpo comienza a bajar el pulso. Mis pensamientos empiezan a desaparecer. Miro a mi alrededor y la ciudad sigue moviéndose, la gente va de un lado a otro, suenan los motores de los autos, pasa una familia a mi lado, se cruza un gato entre mis pies, se escucha una bocina a lo lejos y de repente, como si nada, me pregunto adónde estaba yendo.

"¿Dónde estás, Sebastián?". Me llega un mensaje. Miro la hora y no lo puedo creer. Vuelvo a casa. Prendo la computadora y dejo todo listo para la reunión. Aún sigo sin comprender por qué se repite este sueño en mí, pero cuando dejo de pensar, hay algo en mí que lo sabe, que usa eso para impulsarse, para avanzar. ¿Avanzar hacia dónde? No lo sé, pero algo en mí sí, y confío en ello.

¿En qué?

¡En la vida en pleno movimiento!

Hai En • Conejo de Fuego • Cantante y compositora

¡Es un honor para mí escribir en este icónico libro de la mágica Ludovica! Lo he leído y compartido en diversas ocasiones, atenta a sus relatos y predicciones.

Nací en Shanghái (China) un día antes del comienzo del otoño, por la tarde, a la hora del té. Entre mi madre y mi tía Ren He decidieron llamarme Hai En, que significa en chino "bendición del mar", algo que ha marcado mi destino geográfico, ya que viví siempre cerca del mar, y contemplarlo me ha dado paz y reflexión.

Soy Conejo de Fuego y Piscis. En China tiene mucha importancia el horóscopo en las charlas cotidianas, por ejemplo, se piensa en la interacción de las personas según su animal correspondiente. Dicen que ser conejo da suerte, o que si fuera gato tendría siete vidas. Ambos tienen una naturaleza de intuición muy presente que manifiestan a través de la cautela. Me siento muy identificada con sus características.

Me considero sensible, soñadora, idealista. A la vez observo el panorama siendo realista. Me gusta la armonía. Me siento ingenua a veces, e introvertida. Sentimental y emocional, algo impulsiva. También curiosa, por momentos sociable. Me atrae lo lúdico y misterioso. Me gusta elegir los momentos para llamar la atención y otros para pasar inadvertida. Con el tiempo aprendí a respetarme los tiempos de soledad y de socializar. A hacerle caso a mi intuición. He confiado y mucho, y así fui aprendiendo que las apariencias engañan. Practico el autocuidado. Me gustan las personas auténticas, las que viven a su manera; me inspiran. Me encantan los placeres de la vida y disfrutar de las cosas simples.

Para este año nos auguro mucha luz, paz, amor y libertad, buenos encuentros y alianzas. Reflexionar bien antes de tomar decisiones importantes, luchar por nuestros ideales, desapegarnos de lo que nos hace mal, estar conectados con nuestro interior y aprender a reinventarnos.

A quienes están leyendo este texto, les deseo un hermoso inicio de ciclo.

María Quintero • Conejo de Tierra • Ama de casa

En mi Italia natal tenía un amiguito que iba a la casa de mi abuela Ángela y siempre llevaba un conejo chiquito que llamaba mi atención.

Desde entonces sentí especial simpatía por los pequeños conejos, y de una u otra forma mi existencia tuvo puntos de coincidencia con las de ellos.

Mi vida empezó a transitar a los saltos puros a partir de aquel viaje por mar que nos trajo a América; Argentina era el bello destino.

En los largos años transcurridos, en ocasiones he andado de salto en salto, como las liebres, pero siempre he transitado el camino en una profunda unión con la tierra, y he servido sus frutos con amor en la mesa familiar.

Charly García • Conejo de Metal • Músico

Gato de Metal
Yo soy un gato de metal
vivo en un agujero
tengo una ansiedad
como de año nuevo.
Nunca sé dónde estoy
nunca sé dónde voy
tengo miedo de la escena de la calle
tengo miedo que en la calle no haya nadie
esa es la rapsodia de los que decoran el tiempo.
Por eso vivo en los tejados
viajo en subterráneo
amo a los extraños
mi comodidad solo es mi aventura
nunca será igual
nunca nada dura.
Vos te querías comprar un perro
pero soy un gato.

Andy Fuchs • Conejo de Agua • Diseñadora textil
"Hijas de la Luna"

Una gata de agua feliz
puro sentir.
Cuando me hundo en amores, a veces, pierdo el rumbo
y debo... nadar sola por un rato.
Lo siento en todo mi cuerpo y alma.
Llegó el momento del reencuentro con mi ser más profundo:
Pintar, bordar, bailar, escribir, cuidar las tareas y viajar...
Yoga, aummmm... Mucho deporte que activa mis sentidos...
Reencontrarme con mis amigas hermosas, amigos y hermanos: Oasis de la vida y brújula...
Cuidar a mis viejitos y a mis hijas amadas.
Cuidar la tierra.
Soñar con un dulce gran amor. Compañero, con quien andar hombro a hombro, los caminos de la vida. Que llegue para compartir juntos la ruta.
Tener la fuerza y la claridad para aprovechar el tiempo.
Acá estoy al sol.
Gracias, vida.
Gracias, Universo.

Hoy miré la luna,
me alumbraba
abría nuevos caminos,
   brotaba en el cielo azulado.
No tenía rumbo
sí luna;
hoy alunada.
Ciudad perfumada,
   corazón palpitaba,
   empedrado galopaba,
   bajo mis crines sedientas.
L. S. D.

TABLA DE COMPATIBILIDAD

	karma	salud holística	amor pos COVID	trueque	nuevos vínculos
Rata	regular	bien	bien	muy bien	regular
Búfalo	bien	muy bien	bien	muy bien	muy bien
Tigre	regular	regular	regular	regular	bien
Conejo	regular	regular	muy bien	regular	bien
Dragón	muy bien	muy bien	excelente	excelente	excelente
Serpiente	mal	regular	regular	mal	regular
Caballo	regular	bien	regular	bien	regular
Cabra	mal	regular	regular	regular	mal
Mono	regular	muy bien	bien	regular	regular
Gallo	mal	bien	mal	regular	regular
Perro	regular	bien	muy bien	regular	excelente
Chancho	regular	regular	regular	regular	bien

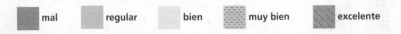

mal regular bien muy bien excelente

CANDY

Apareciste como la arena
    que sopla en el SAHARA
    para despabilar la memoria
anestesiada de recuerdos gratos.
Juventud con ganas para
acompañarte en tu sinuosa etapa
    de estudiante.
Nuestras madres se amaban;
    perras ambas con empatía en sus
    aciertos y errores
    que celebraban.
Llegaste a Feng Shui
    a la medianoche guiada
    por tu corazón abierto como
    la flor de CACTUS.
Gritaste mi nombre.
Las estrellas titilaban antes
    del eclipse para guiarte
    en tu intuición de abrazarme.
Esperaste.
En una tarde cálida de otoño abrí
    la puerta en Buenos Aires
 para que el tiempo nos
    recompensara de despedidas
bruscas sin rastros en ambas
y se instalara la alegría que
    nos espera en celebrar
    la VIDA CON GANAS.
L. S. D.

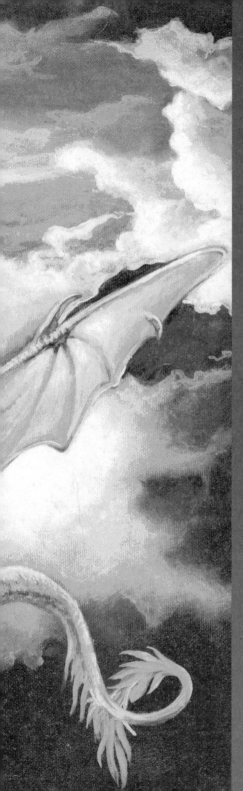

FICHA TÉCNICA

Nombre chino del dragón
LONG

Número de orden
QUINTO

Horas regidas por el dragón
07.00 A 09.00

Dirección de su signo
ESTE-SUDESTE

Estación y mes principal
PRIMAVERA-ABRIL

Corresponde al signo occidental
ARIES

Energía fija
MADERA

Tronco
POSITIVO

ERES DRAGÓN
SI NACISTE

03/02/1916 - 22/01/1917
DRAGÓN DE FUEGO

23/01/1928 - 09/02/1929
DRAGÓN DE TIERRA

08/02/1940 - 26/01/1941
DRAGÓN DE METAL

27/01/1952 - 13/02/1953
DRAGÓN DE AGUA

13/02/1964 - 01/02/1965
DRAGÓN DE MADERA

31/01/1976 - 17/02/1977
DRAGÓN DE FUEGO

17/02/1988 - 05/02/1989
DRAGÓN DE TIERRA

05/02/2000 - 23/01/2001
DRAGÓN DE METAL

23/01/2012 - 09/02/2013
DRAGÓN DE AGUA

LOS NIÑOS DRAGÓN

El dragón llegó quinto en la carrera que les daría a los convocados un lugar en el horóscopo chino.

Los dragoncitos bebés aman el colecho; si fuera por ellos dormirían con sus padres eternamente. Y cuando no estén en la cama, siempre se encontrarán listos para volar a los brazos de sus padres.

Les gusta tener muchos hermanos y dormir todos juntos en la misma habitación; no quieren estar solos, y no es por temor, ya que no le temen a la oscuridad, pero sí a la soledad. Quizá por eso no comienzan a caminar temprano, pero tendrán la capacidad suficiente para responder eficientemente a todos los nuevos estímulos estando sentados o en el corralito.

Desde pequeños mostrarán su gracia divirtiendo a quienes los miren, ellos necesitan público que los elogie y diga: "Es tan chiquito y tan inteligente, va a ser una persona muy especial".

Tienen mucha imaginación, siempre crean y ponen en acción nuevos juegos que sus amigos disfrutarán. Pero rápidamente ese juego los aburre porque la rutina no es para los dragoncitos. En un abrir y cerrar de ojos tendrán otro juego mejor que el anterior, pero su grupo de pertenencia tendrá que aprenderlo y disfrutarlo antes de que los pequeños dragones se aburran y lo cambien por uno nuevo.

Son muy especiales y valorados por su inteligencia. Su ego crece como un castillo y entonces se pueden convertir en dragoncitos soberbios, que no son bien vistos por quienes los rodean. Los padres tendrán que enseñarles todo el tiempo que la inteligencia se demuestra siendo humilde; de lo contrario sus amigos se cansarán y los harán a un lado, por más que tengan en mente el mejor juego del mundo. Y a ellos no les gusta perder a sus amigos.

Es común que en la etapa escolar todos en el aula se pongan de acuerdo para cometer una inocente fechoría, y tendrán como castigo más tarea para el hogar y quedarse sin recreo. Los dragoncitos se sacrificarán por sus amigos y asumirán toda la culpa; ellos siempre están listos para el salvataje. Cuando algún amigo o amiga se enferma, los primeros que irán a visitarlo con revistas, dulces y divertidas historias para hacerlo reír y olvidar el mal momento son los pequeños dragones.

Siempre estarán listos para la aventura, con su mochila y su bolsa de dormir a mano para cuando se dé la ocasión. No faltarán la linterna, la brújula, el mapa, el equipo de primeros auxilios y suficiente comida por si un meteorito los sorprende en el campo y no pueden regresar. En todo momento se encuentran preparados para la supervivencia, son perfeccionistas en extremo y no se les escapa un detalle.

En todas las películas, series, libros y juegos donde haya un dragón veremos esa personalidad justiciera, ese espíritu dispuesto a proteger y salvar al mundo.

Raya y el último dragón, película de Disney, es una aventura hermosa y con un mensaje de amor universal para cuidar y salvar el planeta. En Kumandra, una ciudad ficticia donde humanos y dragones conviven en armonía, un día son amenazados por una poderosa fuerza maligna que puede destruirlo todo. Entonces, los dragones se sacrifican para salvar a la humanidad. Todos los dragones quedan petrificados y una guerrera solitaria llamada Raya es la encargada de encontrar al último dragón superviviente, la dragona Sisu. Así son los dragoncitos, justicieros y sacrificados.

Para ellos la aventura lo es todo; esto ocurrió más en el pasado, cuando las luchas por el poder y la justicia eran incesantes. *Game of Thrones*, Juego de tronos, de David Benioff y D. B. Weiss, serie televisiva de fantasía medieval en la cual el drama constituye el mayor condimento, es la favorita de los dragoncitos.

Todas las dragoncitas amaron a Daenerys Targaryen (Khaleesi de los Dothraki) y se identificaron con este personaje ficticio de la serie de libros *Canción de hielo y fuego* de George Martin. Hermosa, decidida, audaz, carismática, valerosa, y con la personalidad de una reina. En su boda recibe, entre cientos de valiosos regalos, unos huevos de dragón petrificados. Luego de padecer muchos desencantos en su trágica vida, los coloca a su lado el día que decide arrojarse a una pira funeraria. Mágicamente, cuando las llamas se extinguen, ella sale ilesa con tres dragones en su falda. De allí en más fue la madre de los dragones Rhaegal, Viserion y Drogon, que la acompañaron, protegieron y defendieron. Acá vemos claramente la personalidad de los dragoncitos, siempre acompañando, protegiendo y defendiendo.

Los niños dragón son muy fanáticos de *Dragon Ball*, animé de Akira Toriyama, cuyos videos, juegos y revistas no faltan en la biblioteca de un dragoncito. Son las aventuras de Gokú, un guerrero saiyajin que protege a la Tierra de seres que quieren conquistarla y exterminar a la humanidad. Las esferas mágicas al ser reunidas invocan a un dragón que concede deseos, y juntos pueden proteger a la humanidad.

Superman, de Jerry Siegel y Joe Shuster, es un superhéroe que puede lanzar montañas, soportar impactos nucleares con facilidad, volar dentro del sol sin sufrir daños y estar en el espacio sin oxígeno. Supergirl (prima de Superman), creación de Otto Binder y Al Plastino, comparte los mismos superpoderes y vulnerabilidad. Pero lo más importante es que ambos tienen una doble personalidad: Superman es Clark Kent, y Supergirl, Kara Danvers, y cuando no son superhéroes ambos trabajan de reporteros.

Y así son los dragoncitos: pueden ser muchas personas distintas en un mismo cuerpo. Ellos son capaces de engañarte usando diferentes personalidades, pero no te perdonarán si vos tratás de engañarlos.

E. V.

LOS NIÑOS Y LA MÚSICA
HORÓSCOPO MUSICAL
Franco Picciano

¿Cómo fue tu primera conexión con la música?
Cuento con el placer de tener muchos familiares músicos, desde mi viejo con su banda y el *rock* sonando todos los días en mi casa, empapándome de música diariamente, hasta mi abuela cantando sus tangos, o mi tío con su banda de Beatles, así que no sabría hablar sobre mi primer contacto con la música: simplemente siempre estuvo ahí.

¿Qué música escuchás/compartís con tus amigos?
Mis gustos musicales son variados, de chico me gustó mucho el *rock* nacional, en gran parte por mis viejos. Artistas como Fito, Charly, Cerati o Spinetta me gustaron siempre, y en el día a día les doy un lugar para escucharlos.
Con mis amigos compartimos más la música urbana contemporánea como el trap nacional, que a mi parecer es uno de los mejores, si no el mejor, de la industria. Hoy en día me gusta mucho la nueva ola de artistas que están explotando cada día más como Duki, Rusher, Thiago, Wos o María Becerra. Fuera del *rock* contemporáneo me gustan bandas como Él Mató a un Policía Motorizado o Conociendo Rusia.

¿Qué tipo de música es el que más te representa?
Me siento más representado hoy en día con la música urbana, ya que en mis tiempos libres compongo canciones con mis amigos por *hobby,* y en ella quizá puedo expresarme mejor o transmitir un pensamiento.

¿Cuál fue el primer recital de tu vida?

No sé si fue mi primer recital, pero la imagen mía que tengo de chico es en un show de Fito Páez cantando "A rodar mi vida" y revoleando mi buzo, me encantaba esa canción. Si no fue ese, fue uno de mi viejo con su banda de ese momento, Zuker XP, seguramente.

¿Qué banda o músico que no hayas visto te gustaría escuchar en vivo?

Me hubiera encantado ver a Soda en vivo, y tengo la esperanza de poder ver a Charly en algún momento.

¿Cómo imaginás el comienzo de la música?

Imagino que comenzó como un elemento cultural de un modo diferente en Oriente y Occidente, como una forma de expresión ante sus creencias de ese momento.

¿Escuchar música tiene beneficios?

Obvio, desde mi lado me acompaña siempre, en mi casa hay algo sonando casi en todo momento, hace más llevadero el día a día y entretiene. Sirve mucho para expresar un mensaje que quizá de otra forma no llega de la misma manera, o generar encuentros especiales entre amigos, o trasladarte a otro mundo al que el artista quiere llevarte. Cada uno le puede dar infinidad de usos y beneficios, creo que ahí también está la clave: es libre.

¿Influye en el estado de ánimo?

Una melodía te puede alegrar el día, una canción te puede hacer acordar de alguien, trasladarte a un momento de tu vida o hacerte llorar. Siempre comenzar el día cantando a todo lo que da un tema que me gusta me pone feliz; a mí me influye, y mucho.

¿Qué sensaciones te provocan los distintos géneros musicales?

La música urbana me da ganas de estar bailando en el boliche con amigos, la electrónica me genera euforia con bailes descontracturados y sin prejuicio, el *rock* me traslada a un momento de diversión con amigos o a unos mates en el parque. Esto es algo genérico, pero me lo provocan así, y también influyen mucho el contexto, las personas que me acompañan y mi estado de ánimo.

¿Músico se nace o se hace?

Me gusta pensar que los acontecimientos nos van haciendo la persona que somos hoy en día; los momentos, encuentros o situaciones te van llevando por distintos lugares y gustos, y así también uno se puede volver experto en cualquier cosa que se proponga. Si bien hay personas que nacen con una chispa especial y corren con ventaja, uno se va haciendo a lo largo de la vida.

EL DRAGÓN Y SU ASCENDENTE

DRAGÓN ASCENDENTE RATA: 23.00 a 1.00

Un dragón prudente. Muy autoritario en apariencia, es reflexivo y capaz de grandes sacrificios por los demás. El dinero aparecerá como por arte de magia. Será muy sociable.

DRAGÓN ASCENDENTE BÚFALO: 1.00 a 3.00

Buscará la justicia absoluta y tendrá la virtud de ensamblar el coraje y la paciencia. Será previsor, mental y muy organizado.

DRAGÓN ASCENDENTE TIGRE: 3.00 a 5.00

Una combinación explosiva: la energía aliada a la ambición produce un dragón trabajador, impulsivo y vengativo. Será muy emotivo y encenderá pasiones incontrolables e incontenibles.

DRAGÓN ASCENDENTE CONEJO: 5.00 a 7.00

Será un dragón seductor y diplomático, brillante, sociable, culto y refinado. Su impulsividad se frenará por temor al riesgo.

DRAGÓN ASCENDENTE **DRAGÓN**: 7.00 a 9.00

Este dragón brillará inextinguiblemente. Tal vez no comprenda los problemas de la humanidad y se refugie en su fantasía. Concretará sueños, resultará irresistible y tal vez un poco autodestructivo.

DRAGÓN ASCENDENTE **SERPIENTE**: 9.00 a 11.00

Es inquietante, profundo, frío y calculador. Usará todas las tácticas para conseguir lo que se proponga en la vida. Será vengativo y rencoroso. En el amor vivirá historias de ciencia ficción.

DRAGÓN ASCENDENTE **CABALLO**: 11.00 a 13.00

Será valiente, audaz, sincero, optimista y muy protector. A veces dejará las cosas por la mitad y perderá la razón por amor. Un dragón dinámico y extravertido.

DRAGÓN ASCENDENTE **CABRA**: 13.00 a 15.00

Será artista en lo que decida hacer. Fantasioso, sentimental y muy imaginativo, silenciosamente construirá un imperio. Protegerá a quienes encuentre en su camino y desbordará amor.

DRAGÓN ASCENDENTE **MONO**: 15.00 a 17.00

Emperador de las marionetas. Su vida será su arte y no perderá oportunidad de realizar con éxito lo que se le antoje. Sus piraterías sentimentales lo convertirán en un ser frívolo. Vivirá rodeado de lujo y placer.

DRAGÓN ASCENDENTE **GALLO**: 17.00 a 19.00

Esta combinación producirá un dragón orgulloso, autoritario y muy seguro de sí. Trabajará arduamente, muchas veces sin tener una idea clara. Su vitalidad y entusiasmo son contagiosos. Dará consejos, pero no aceptará escucharlos.

DRAGÓN ASCENDENTE **PERRO**: 19.00 a 21.00

Este dragón será leal, prudente y muy afectivo. Se preocupará por la humanidad, será un filósofo y pensador con rasgos de líder; tendrá los pies en la Tierra.

DRAGÓN ASCENDENTE CHANCHO: 21.00 a 23.00

Este es un antidragón; el chancho le da humanidad, paciencia, humildad y una inteligencia práctica irresistible. Su mayor conquista es hacer el bien a los demás.

EL DRAGÓN Y SU ENERGÍA

DRAGÓN DE MADERA (1904-1964)

Entusiasta, sensible, cálido, intuitivo. Resulta muy amable y justo con los demás. Está abierto a aceptar críticas si hace algo mal. Con respecto a su trabajo, es una persona muy dedicada, le gusta estar al mando y apuesta fuerte para ganar. Tiene un gran potencial para la creatividad. Le encanta ser centro de atención y lo consigue con su refinamiento, talento y exquisito humor. Es ciclotímico, y tiende a la melancolía. Cuando esté atrapado, improvisará y saldrá del apuro venciendo los obstáculos. Será un buen padre o madre que se desvivirá por el bienestar de sus hijos.

Personajes famosos

Pablo Neruda, Sandra Bullock, Osvaldo Pugliese, Eleonora Cassano, Gustavo Bermúdez, Kevin Johansen, Sergio Lapegüe, Felicitas Córdoba, Ricardo Balbín, Salvador Dalí, Matt Dillon, Palo Pandolfo, Jorge Drexler, Humberto Tortonese, Raúl Urtizberea, Nietzsche, Tita Merello, Mario Pergolini.

DRAGÓN DE FUEGO (1916-1976)

Estamos frente a un dragón poderoso, valiente y digno. Un tanto extremista en casi todos los aspectos de la vida, ama u odia. Detrás de su armadura se esconden sentimientos muy tiernos y posee una gran inseguridad afectiva. Compartirá momentos de sensibilidad con su pareja y mantendrá una vida sexual activa.

Es captador, intimidatorio, magnético y temperamental. Reconoce sus errores. Como un ser aventurero, necesitará alguien que lo contenga y aconseje para no danzar en la cuerda floja.

Personajes famosos

Dante Spinetta, Shakira, Françoise Mitterrand, Anita Álvarez Toledo, Glenn Ford, Luciano Cáceres, Sigmund Freud, María

Paz Ferreyra (Miss Bolivia), Paloma Herrera, Dámaso Pérez Prado, Roberto Galán, Damián Szifron, Kirk Douglas, Paz Vega, Florencia de la V, Carola del Bianco.

DRAGÓN DE TIERRA (1928-1988)

Es el dragón más realista. Posee objetivos claros y no se arriesga si no tiene garantías. Concretará sus sueños y se sumergirá hasta el final si algo le interesa. Si es capaz de aprovechar las posibilidades que le da la vida, lo espera una exitosa carrera que le significará fama y fortuna. Ama estar rodeado de sus seres queridos y detesta la soledad. Debe agregar calidez a sus relaciones, ser más ferviente y no especular tanto con todo el mundo.

Personajes famosos

Julio Le Parc, Emma Stone, Martin Luther King, Chino Darín, Roger Moore, Shirley Temple, Adam West, Rihanna, Eddie Fisher, Carlos Fuentes, Sarita Montiel, Alan Pakula, Kun Agüero.

DRAGÓN DE METAL (1940-2000)

Se lo ama o se lo odia, porque es muy orgulloso y rígido, y encima tiene un ego más grande que la Vía Láctea. Se quiere mucho a sí mismo. Es difícil que se retracte de algo que dijo. Líder por naturaleza, resulta excelente para organizar, dirigir y comandar: un fanático de la puntualidad y el trabajo. Prefiere no escuchar cuando le marcan alguno de sus defectos. Necesita rodearse de gente que le baje las anfetaminas, ya que sus ansias de poder y omnipotencia pueden convertirlo en un monstruito.

Personajes famosos

Ringo Starr, Amelita Baltar, Tom Jones, Brian De Palma, Maite Lanata, Andy Warhol, John Lennon, Joan Báez, Jesucristo, Raquel Welch, Al Pacino, Pelé, Bruce Lee, Herbie Hancock, Frank Zappa, Antonio Skármeta, Oscar Araiz, Carlos Bilardo, David Carradine, Bernardo Bertolucci, Nacha Guevara.

DRAGÓN DE AGUA (1952-2012)

Es el más justo y democrático de todos los dragones. Le gusta escuchar las opiniones y las pone en práctica si las considera buenas. Defiende sus ideales con fuego y garras. El éxito en su vida dependerá de su talento; haga lo que haga, no se aprovechará de los demás. Será pacifista y humanista. Se comprometerá con el ser humano y su problemática real. Se puede contar con él en las buenas y en las malas. Se involucra sentimentalmente, le encanta estar en pareja, y muchos de estos dragones se casan más de una vez.

Personajes famosos

Guillermo Vilas, Nito Mestre, Jimmy Connors, Lalo Mir, Hugo Soto, David Byrne, Jim Jarmusch, Norberto Alonso, Robin Williams, Jean Paul Gaultier, Stewart Copeland, Raúl Perrone, Soledad Silveyra, Susú Pecoraro.

KUN AGÜERO
Dragón de Tierra

CONTAME UN CUENTO CHINO
Aníbal José Castaño • Hombre cosmicotelúrico •
Ingeniero hidráulico

Místico, solitario, amigo inquebrantable, perceptivo, tenaz, inteligente, lucha por sus ideales; protector, su lengua de fuego siente el peligro; resulta bondadoso, sensible, con sus sentimientos puede caer en lo más profundo, cuando cura sus heridas, emprende un vuelo hacia lo más alto confiando en sus fuerzas. Su visión objetiva es su gran estandarte.

TABLA DE COMPATIBILIDAD

	karma	salud holística	amor pos COVID	trueque	nuevos vínculos
Rata	regular	muy bien	mal	regular	regular
Búfalo	regular	regular	regular	bien	regular
Tigre	mal	muy bien	regular	regular	regular
Conejo	muy bien	muy bien	excelente	excelente	excelente
Dragón	regular	bien	regular	muy bien	regular
Serpiente	mal	regular	regular	regular	regular
Caballo	regular	regular	regular	muy bien	regular
Cabra	regular	mal	bien	regular	regular
Mono	regular	regular	regular	regular	regular
Gallo	mal	regular	muy bien	regular	regular
Perro	regular	mal	regular	regular	regular
Chancho	muy bien	regular	regular	regular	regular

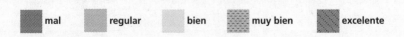

mal   regular   bien   muy bien   excelente

SERPIENTE

FICHA TÉCNICA

Nombre chino de la serpiente
SHE

Número de orden
SEXTO

Horas regidas por la serpiente
09.00 A 11.00

Dirección de su signo
SUD-SUDESTE

Estación y mes principal
PRIMAVERA-MAYO

Corresponde al signo occidental
TAURO

Energía fija
FUEGO

Tronco
NEGATIVO

ERES SERPIENTE
SI NACISTE

23/01/1917 - 10/02/1918
SERPIENTE DE FUEGO

10/02/1929 - 29/01/1930
SERPIENTE DE TIERRA

27/01/1941 - 14/02/1942
SERPIENTE DE METAL

14/02/1953 - 02/02/1954
SERPIENTE DE AGUA

02/02/1965 - 20/01/1966
SERPIENTE DE MADERA

18/02/1977 - 06/02/1978
SERPIENTE DE FUEGO

06/02/1989 - 26/01/1990
SERPIENTE DE TIERRA

24/01/2001 - 11/02/2002
SERPIENTE DE METAL

10/02/2013 - 30/01/2014
SERPIENTE DE AGUA

Detrás del dragón, ocupando el sexto puesto en la carrera, llegó la serpiente.

No es casual que obtuviera el sexto lugar, ya que los niños/ niñas serpiente se caracterizan desde bebés por su sexto sentido, que los hace únicos e irrepetibles.

Prefieren ser hijos únicos, porque entonces no tienen necesidad de compartir a sus padres, sus juguetes y, principalmente, la paz y tranquilidad de su cuarto, su mística madriguera humana. Son bastante egoístas y los padres tendrán que enseñarles lo importante que es compartir. Ocasionalmente pueden invitar a algunos de su grupo de pertenencia a jugar en su casa, pero pondrán cualquier excusa para no compartir sus juguetes.

Por su sexto sentido nunca se equivocan en sus presentimientos; si una serpiente dice: "Amigos, no vayamos a patinar porque se viene una tormenta", aunque haya un sol radiante, mejor no vayan, porque va a llover; a no dudarlo: la tormenta llega.

En la escuela pisarán las cabezas que haga falta para lograr ser las abanderadas, y nunca fallan, siempre logran su objetivo. No existe amistad que valga, lo único importante fueron, son y serán siempre las serpientes.

Tienen una inteligencia galáctica, y como son muy intelectuales y aman la lectura, lo saben todo. Desde conocer el hueso de un dinosaurio del período Triásico, que terminó hace algo más de 200 millones de años, hasta cuándo y cómo viviremos en un futuro en Marte.

Para las serpientes, la perfección de su aspecto es primordial en su vida. El micro escolar las estará esperando, pero ellas tardarán horas en salir de su cuarto; por la noche dejarán preparada la ropa que se pondrán al día siguiente, perfectamente combinada y sin repetir nunca el mismo equipo. Tienen que sorprender e hipnotizar con su belleza en todo momento. El primer día de clase todos querrán compartir el banco con las serpientes, con su magnetismo hipnotizan a niños y maestros. De ahí en más, todo lo que sigue es éxito asegurado.

Nunca jamás engañes o traiciones a una serpiente, su venganza será mil veces mayor, aunque la mentira haya sido insignificante. Muy rara vez se apiada de sus súbditos y los perdona.

Ellas decidirán todo en su grupo de pertenencia: dónde, cuándo y por qué. Adónde vamos, cuándo vamos y por qué vamos a ese lugar; y si te rebelás, ya no serás parte de su círculo de amigos.

Si por su autoritarismo algunos amigos prefieren alejarse, esa situación no les quitará el sueño, ya que habrá una cola larguísima esperando para poder ser parte de su grupo, y los aspirantes estarán felices de obedecer sus órdenes.

Sahara, película animada dirigida por Pierre Coré, muestra claramente la personalidad de las serpientes. Ajar, una serpiente que vive en el árido desierto, es ridiculizado por su grupo por no haber sufrido el primer cambio de piel. Con Pitt, su amigo escorpión, decide dejar el desierto e ir al oasis, lugar con una exuberante vegetación donde dominan otras serpientes más elitistas. Ajar quiere ser como ellas, y lo consigue. Se enamora y se convierte en una bella, enigmática e ilustre serpiente, cambiará su piel y logrará su objetivo: ser respetada y admirada. Es un film emocionante, imaginativo y optimista.

Las serpientes tienen una visión muy avanzada de la estética, la belleza, lo nuevo, lo sorprendente e imaginativo, por eso son fieles amantes de los animés.

Animé es un género de animación de origen japonés que se caracteriza por un grafismo crudo y argumentos que tratan temas fantásticos o futuristas.

Hakujaden, la leyenda de la serpiente blanca fue la primera película animé en color. Se estrenó en Japón el 22 de octubre de 1958. Fue escrita y dirigida por Taiji Yabushita. Es una adaptación del cuento chino *Hakujaden*, que relata las aventuras de Xu Xian, un niño que tenía por mascota a una serpiente en West Lake, y un día los padres lo obligaron a renunciar a ella. Pasaron muchos años y durante una violenta tormenta mágicamente la serpiente se transforma en la hermosa princesa Va Niane. Belleza, magia, transformación: así son las serpientes.

Son muchos los animés con características de este signo: Sea Serpent, la Serpiente de mar, se convierte en una gigantesca serpiente que se desplaza a velocidad en el mar y puede generar torbellinos submarinos.

Para las niñas, hay algunos regalos especiales: Sailor Moon, la bella rubia que representa el poder femenino y la sororidad; Bulma, experta en inventos y tecnología; la princesa Mononoke, que cuida los recursos naturales, o Naruto, que es una líder nata.

Si querés que tu amigo serpiente ponga más atención en tu persona y que llegue incluso a elogiarte, el día de su cumpleaños llevale un videojuego, libros, películas o un disfraz animé de regalo, por ejemplo, de Astroboy, Átomo, el brazo poderoso, el robot con muchísimos poderes: vista, oído, velocidad, inteligencia y fuerza. También *Pokémon* con sus personajes inspirados en animales reales, insectos, plantas o criaturas mitológicas. Sus preferidos: Pikachu, Mimi Kyu, Brock, Gary Oak y Popplio.

Si caés con uno de esos regalos, a lo mejor tenés la suerte de que tu amigo serpiente te convide el trozo de torta más grande. Así son las serpientes.

Por eso y mucho más hay que estar alerta si tenés un amigo serpiente: tratará de dominarte, pero si estás con un problema, lo probaste todo y no encontrás una solución, allí estará la serpiente con toda su sabiduría milenaria dándote el consejo que solucionará tu problema.

E. V.

SERPIENTE

LOS NIÑOS Y LA MÚSICA
HORÓSCOPO MUSICAL
Sofía Acosta

¿Cómo fue tu primera conexión con la música?
Mi primera conexión con la música fue de chica, a la edad de siete u ocho años. Iba a una escuela de danzas y nos enseñaron a sentir e interpretar la música.

¿Qué música escuchás/compartís con tus amigos?
Escucho muchos estilos de música, pero el que más me gusta es el género de la electrónica y el *rock* nacional.

¿Qué tipo de música es el que más te representa?
Siento que me representa más el género de la electrónica, por mi estilo y personalidad.

¿Cuál fue el primer recital de tu vida?
El primer recital al que asistí fue el de la banda Airbag, de *rock* nacional.

¿Qué banda o músico que no hayas visto te gustaría escuchar en vivo?
Me gustaría mucho presenciar un recital de La Beriso o del Cuarteto de Nos.

¿Cómo imaginás el comienzo de la música?
Me imagino su comienzo como la música que se genera en África, con tambores e instrumentos hechos por ellos mismos.

¿Escuchar música tiene beneficios?
Sí, tiene beneficios. La música nos ayuda cuando estamos tristes o pasando por malos momentos o nos trae recuerdos de algo que nos marcó.

¿Influye en el estado de ánimo?
Creo que depende del momento que cada uno esté pasando. A veces sí y otras no.

¿Qué sensaciones te provocan los distintos géneros musicales?
Cada género transmite algo distinto, pero en general alegría y placer al escucharlos.

¿Músico se nace o se hace?
En mi opinión, yo creo que músico se nace. Uno nace con esa pasión y ese talento.

LA SERPIENTE Y SU ASCENDENTE

SERPIENTE ASCENDENTE **RATA**: 23.00 a 1.00
Será dinámica, curiosa y colérica. Materialista, amará la buena vida; tendrá complicaciones sentimentales que le costarán caro.

SERPIENTE ASCENDENTE **BÚFALO**: 1.00 a 3.00
Una serpiente voluntariosa y muy trabajadora. Tendrá mucho *charme*, será sociable y también muy buena cabeza de familia, aunque exigirá la vida a cambio de su protección.

SERPIENTE ASCENDENTE **TIGRE**: 3.00 a 5.00
Esta combinación será muy contradictoria. El tigre le aportará valentía y entusiasmo a la serpiente, que meditará antes de tomar decisiones. En el amor habrá aventuras plenas de romanticismo y pasión.

SERPIENTE ASCENDENTE **CONEJO**: 5.00 a 7.00
Esta serpiente será la emperatriz de la diplomacia y las negociaciones. Posee habilidades y encantos notables; adora el lujo y la buena vida, y exigirá que su pareja sea su esclavo. No hará concesiones.

SERPIENTE ASCENDENTE DRAGÓN: 7.00 a 9.00

Magnética, egocéntrica y avasalladora, vivirá en un mundo utópico. Si sabe valorar las oportunidades que le brindan tendrá mucha suerte.

SERPIENTE ASCENDENTE SERPIENTE: 9.00 a 11.00

Esta serpiente hipnotizará a miles de kilómetros. Intrigante, misteriosa, filósofa y muy sensual, será irresistible. Tiene una capacidad de trabajo envidiable y jamás descuida lo que construye.

SERPIENTE ASCENDENTE CABALLO: 11.00 a 13.00

Increíblemente seductora, nadie puede resistir esta combinación de sagacidad y *sex appeal*. Será una especialista en el arte del amor. Se jugará por una causa y contagiará optimismo. Una serpiente hipnótica.

SERPIENTE ASCENDENTE CABRA: 13.00 a 15.00

Será caprichosa. Buscará estímulos artísticos, creativos e imaginativos y pasará la vida apostando. Encontrará mecenas que la protejan y gastará dinero sin culpas.

SERPIENTE ASCENDENTE MONO: 15.00 a 17.00

Genial, con humor y muy intelectual, será amoral, enroscará sin impedimentos a los que elija; transformará la energía y el universo. En el amor idealizará; perderá durante su camino a la gente de carne y hueso.

SERPIENTE ASCENDENTE GALLO: 17.00 a 19.00

Apuntará alto en la vida. No delegará responsabilidades y amasará una fortuna. Omnipotente, susceptible, ciclotímica, lúcida, buscará aprobación en todo lo que haga.

SERPIENTE ASCENDENTE PERRO: 19.00 a 21.00

Vivirá situaciones difíciles en su vida. Buscará afecto y no podrá fingir hipocresía. Será muy fiel, buena amiga y capaz de grandes sacrificios por quienes ama.

SERPIENTE ASCENDENTE **CHANCHO**: 21.00 a 23.00

Esta serpiente vivirá tentada, con culpa y mortificada. Necesitará encauzar su vocación y no dejarse arrastrar por las bajas pasiones. Trabajará y viajará, y encontrará sus mejores amigos en el extranjero.

LA SERPIENTE Y SU ENERGÍA

SERPIENTE DE MADERA (1905-1965)

Esta serpiente constituye la reencarnación de las mejores virtudes de la condición humana: destreza, sabiduría, belleza, inteligencia. Es muy popular por ser generosa. Tiene la capacidad de cambiar de piel y revertir las situaciones trágicas de su vida.

Como buena serpiente, desea gozar de todos los placeres y lujos de la existencia. Enrosca a su pareja y le exige atención *full time*; es celosa y reclama contratos de fidelidad eterna. Tiene alma de artista y debe evitar encerrarse en lo convencional.

Personajes famosos

Catherine Fulop, Pilar Sordo, Raúl Soldi, Gillespi, Gabriela Arias Uriburu, Willy Crook, Ben Stiller, Antonio Berni, Greta Garbo, Christian Dior, Courtney Love, Björk, Daniel Barone, Sergio Pángaro, Javier Zuker, Fabián Casas, Mariana Arias, Henry Fonda, Inés Estévez, Fabián Mazzei, Moby, Charlie Sheen.

SERPIENTE DE FUEGO (1917-1977)

Es la más audaz, poderosa y dominante de todas las serpientes. Resplandece por su vigor y por ser una luchadora en todo sentido. Es insaciable en las manifestaciones de cariño. Sexópata irremediable, tendrá un séquito de admiradores y pretendientes que lucharán por conquistar su amor. Rinde culto sagrado a la amistad y es líder en su grupo; ayudará y defenderá a los necesitados con valentía.

Personajes famosos

Volodímir Zelenski, Dizzy Gillespie, Luciana Geuna, Iván de Pineda, Anita Tijoux, Kanye West, John F. Kennedy, Emanuel Ginóbili, Natalia Oreiro, Dean Martin, Zsa Zsa Gabor, Julieta

Cardinali, Carolina "Pampita" Ardohain, Florencia Arietto, Luciana Aymar, Esteban Lamothe, Gonzalo Valenzuela, Julieta Díaz, Fiona Apple, Lucrecia Blanco, Alika, Esther Cañadas, Romina Gaetani.

SERPIENTE DE TIERRA (1929-1989)

Por su lealtad, amistad y encanto, este ejemplar no pasa inadvertido. Es una serpiente en movimiento, siempre tiene algo que hacer. Se destaca por ser muy inteligente, reflexiva, analítica e hiperintuitiva; a veces no persevera en sus metas, se desvía y pierde estabilidad. Encontrará mecenas y protectores a través de su vida. Se refugiará en su mundo rodeada de belleza, naturaleza, amigos y animales. La buena suerte la rodea. Su pareja estará contenta por haber encontrado una serpiente tan romántica.

Personajes famosos

Emilio "Miliki" Aragón, Milan Kundera, Irene Papas, Gandhi, Jacqueline Onassis, princesa Grace de Mónaco, Taylor Swift, Chet Baker, Justina Bustos, Sofía Viola, Imre Kertész, Alejandro Jodorowsky, Roberto Gómez Bolaños "Chespirito", Militta Bora, rey Hasán de Marruecos.

SERPIENTE DE METAL (1941-2001)

Es una serpiente con voluntad de hierro, inteligente y muy ambiciosa, acostumbrada a triunfar, pero debe estar preparada para sufrir pérdidas. Fortalecerá sus deseos, se hará sola y será muy exigente con ella misma. Por su personalidad, despertará amores profundos. Es misteriosa, intrigante y sumamente seductora. Buscará una pareja de mayor edad que le asegure fidelidad, y si es posible con plata. Adora la vida social y se relaciona con personas que le convienen en su carrera o ascenso a la fama.

Personajes famosos

Bob Dylan, Martha Pelloni, Paul Anka, Carole King, Julio Bárbaro, Chick Corea, Antonio Gasalla, Tina Serrano, Rodolfo Fogwill, Ricardo Piglia, Roberto Carlos, Plácido Domingo, Sonia Breccia, Dostoievski, Tom Fogerty, Franklin Roosevelt, Charlie Watts, Carlos Perciavalle, Pablo Picasso, papa Juan XXIII, Palito Ortega, Lito Cruz.

SERPIENTE DE AGUA (1953-2013)

El ofidio más calmo, filosófico y reflexivo. Es muy inteligente, pero sin embargo le costará manejarse en la difícil vida que le espera. Puede que la fama y el dinero tarden en llegar, pero después se quedará tranquila. Su capacidad de organización la convertirá en un jefe respetable que podrá controlar, gobernar y dominar a personas y situaciones difíciles. Pacífica, amiga de la moderación y el diálogo, estará siempre con sus amigos, y escuchando sus problemas.

Personajes famosos

Thomas Jefferson, Ana Botella, Leonor Benedetto, Ricardo Bochini, Isabelle Huppert, John Malkovich, Raúl Taibo, Osvaldo Sánchez Salgado, Francisco de Narváez, Luca Prodan, Daniel Santoro, Graciela Alfano, Mao Tse-Tung.

VOLODÍMIR ZELENSKI
Serpiente de Fuego

CONTAME UN CUENTO CHINO
Diego Leuco • Serpiente de Tierra • Periodista

La primera vez que escuché que era serpiente, estaba en algún grado del primario. Sabía que era de Libra, pero hasta ese día no tenía idea de que existía algo que llamamos horóscopo chino. Me puse contento cuando lo descubrí. Fue una alegría inocente, como si me hubiera tocado la figurita que yo quería. Siempre me había parecido un animal fascinante. Aunque debo reconocer que nunca me acerqué demasiado a ninguna. Es curioso, porque en la televisión hay una vieja costumbre que dice que trae mala suerte mencionar la palabra serpiente. Muchos dicen "bicha", para evitar el maleficio.

Tiempo después entendí un poco más de qué se trataba. Fue cuando leí una edición anterior de este libro, hace algunos años. Recién empezaba a trabajar en Radio Mitre con Lanata. Yo era bastante escéptico, más por reflejo periodístico que otra cosa. Un día vino Ludovica. Durante la charla previa al aire, alguien en la mesa mencionó al pasar que Borges era un estudioso del asunto. Presté atención. Ella dijo algunas cosas que me encendieron la curiosidad. No solo porque me sentí muy identificado con ellas, sino porque era imposible no entrar en el universo que esa mujer tan llena de energía proponía.

Leí el capítulo que hablaba de las serpientes y fue muy impactante la cantidad de cosas que sentí que me describían perfectamente. Otras con las que no tenía ningún tipo de relación, y me enojaba que arruinaran el porcentaje de efectividad que traíamos hasta ese momento, y las más interesantes, esas que te dan donde duele.

Siempre me sentí muy representado por ese aspecto de calma y estrategia de la serpiente. Esa espera, casi siempre en la seguridad y comodidad del hogar, para actuar en el momento indicado. Como en un tablero de ajedrez.

Mi trabajo tiene mucho que ver con el aspecto expansivo y extravertido de mi signo.

Me entusiasma emprender y crecer. Y entiendo el crecimiento como un motor que busca siempre más libertad.

Me identifico en esas peleas contra la omnipotencia, la tendencia a buscar momentos de soledad y la innumerable cantidad de horas de sueño necesarias por día.

También descubrí que disfruto mucho de los cambios. De cambiar de piel. De encontrar nuevos problemas.

Más tarde, después de los treinta, empezó a aparecer una necesidad de conectar con otros aspectos que antes me parecían secundarios. Más espirituales. Otra vez, escéptico por oficio, entré despacio. Pero muy pronto adopté y readapté maneras de buscar el equilibrio. Fui tomando un poquito de distintas cosas que iba leyendo o escuchando. Despacio, casi sin darme cuenta, fue apareciendo una manera diferente de ver las cosas. Empecé a ser más consciente de lo que quiero y de lo que me pasa. Es un proceso en el que me siento más completo. Fue, además, como si hubiera podido descubrir en mí aspectos más parecidos a los de mi mamá, que hasta ese entonces habían estado escondidos en el barullo de lo profesional. Comencé a ver con más matices y calma. Una paciencia diferente, más liviana. Y una tranquilidad que lleva trabajo pero que causa placer y se entrena día a día.

Decidí escribir esto porque leyendo la edición 2022 vi que ese intento por acercarse hacia el equilibrio de alguna manera es nuestro propio suero antiofídico. Nuestra arma para protegernos de nosotros mismos, de nuestras inseguridades y nuestros fantasmas. Inmediatamente entendí por qué este aprendizaje me hace sentir tan pleno. Y me volví a poner contento. Como aquella vez que sentí que me tocó la figurita que quería.

Caminé por Avenida de Mayo
      disfrutando las hojas antes
      de caer de los plátanos,
recortando edificios con balcones vacíos
      de entusiasmo, negocios resucitando
poca gente en el mediodía asomando.
Crucé hacia la avenida 9 de Julio
con semáforos calmos, cielo despejado,
      piquetes invisibles habitando.
Caminé en las plazas del centro
      sola, con temor a alguna
      aparición sorpresiva
que interrumpiera mi comunión
      urbana mis recuerdos desplumados
      los amores que me ayudaron
      a seguir confiando
      en lo inesperado,
La cita en El Cuartito,
      los dueños plantados
      en su amorosa faena
mi foto en un rincón, cerca del baño;
el faina con oliva y pimienta,
      las fanes, mitad muzza
      y napolitana
y los años apilados sonriéndome
      desde la ventana.
L. S. D.

TABLA DE COMPATIBILIDAD

	karma	salud holística	amor pos COVID	trueque	nuevos vínculos
Rata		muy bien	excelente		
Búfalo					
Tigre					
Conejo					muy bien
Dragón			mal		
Serpiente					
Caballo			excelente	muy bien	
Cabra	mal	mal			
Mono	muy bien	muy bien			muy bien
Gallo				mal	
Perro		mal			
Chancho					

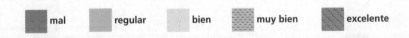

mal regular bien muy bien excelente

Me puse las lentejuelas
y me opaqué por fuera.
No resisto que me maten
en cuarto creciente.
Noticias.
Quiero quedar colgada en la palmera
agrimensora del límite
destilo pino del ombligo,
invento crucigramas
anterior a la unión del óvulo y el
espermatozoide
que me engendraron.
Haré durar mi fuego
hasta lo imposible, y cuando termine,
tranquila, esperaré al cartero.
L. S. D.

FICHA TÉCNICA

Nombre chino del caballo
MA

Número de orden
SÉPTIMO

Horas regidas por el caballo
11.00 A 13.00

Dirección de su signo
DIRECTAMENTE AL SUR

Estación y mes principal
VERANO-JUNIO

Corresponde al signo occidental
GÉMINIS

Energía fija
FUEGO

Tronco
POSITIVO

ERES CABALLO
SI NACISTE

11/02/1918 - 31/01/1919
CABALLO DE TIERRA

30/01/1930 - 16/02/1931
CABALLO DE METAL

15/02/1942 - 04/02/1943
CABALLO DE AGUA

03/02/1954 - 23/01/1955
CABALLO DE MADERA

21/01/1966 - 08/02/1967
CABALLO DE FUEGO

07/02/1978 - 27/01/1979
CABALLO DE TIERRA

27/01/1990 - 14/02/1991
CABALLO DE METAL

12/02/2002 - 31/01/2003
CABALLO DE AGUA

31/01/2014 - 18/02/2015
CABALLO DE MADERA

A puro galope y relinchando, el caballo llegó en séptimo lugar en la carrera.

Cuando la panza de una embarazada parezca un tsunami en su máximo desarrollo, un caballito estará galopando en el útero materno. Pegarán coces como pateando un penal. Pero eso no molesta a las madres porque saben que el caballito está creciendo sano y con mucha energía.

A los bebés caballito no les cantes un arrorró para que se duerman, a ellos les gusta el *rock and roll,* y cuanto más fuerte suene la guitarra eléctrica, más profundo y feliz será su sueño. Disfrutan el rol de hijo único porque son bastante egoístas como para compartir la atención y el amor de sus padres.

Son amantes de la libertad, un sentimiento que expresan desde muy pequeños. El corralito no será un medio seguro; treparán los barrotes y saltarán como si fueran Spiderman. Los padres deberán tener mucho cuidado y prestar suma atención cuando los potranquitas y potrillos estén en la etapa ambulatoria, porque no le tienen miedo a nada y todo lo que en el hogar represente un peligro será para ellos una experiencia por conocer. Ventanas, balcones, cocinas, enchufes y cualquier adorno a su alcance pueden ser causa de un accidente. Pero atención, papis, hay que ser muy diplomáticos con ellos y en vez de un tajante: "¡Eso no se toca!", deberán decirles: "Mi amor, si tocás eso se te puede caer y romper". Nunca hay que darles órdenes, que odian... Y además, no te harán caso.

Cuando un niño/niña caballo planea una salida al cine con su grupo de pertenencia y les dice: "A las dos de la tarde los espero en casa, así no llegamos tarde porque me gusta ver los *trailers* y los comerciales antes de que empiece la película", deben seguir sus directivas. Cuando a las dos de la tarde todos estén listos, cambiará de opinión y dirá: "Mejor nos quedamos en mi casa y vemos una peli en la tele". Pero cuando todos estén ya ubicados para mirar la televisión, cambiará nuevamente de opinión: "La verdad que ver una peli en mi casa es aburrido, mejor vayamos al cine antes de que se nos haga tarde". Y así puede cambiar diez veces de idea.

No dan puntada sin hilo, a todo le sacan provecho... te pueden prestar un videojuego porque saben que a cambio vos, conmovido por su accionar, les vas a regalar el último video que salió en el mercado. Pero si piensan que a lo mejor no les regalás nada, como son muy desconfiados, dirán: "Te iba a prestar un videojuego, pero mi mamá me prohibió que lo hiciera. Yo te presto, pero si vos me regalás; y por las dudas de que no me regales nada, mejor no te presto".

Si en la escuela obtienen una buena calificación, harán lo posible para que todos se enteren, los admiren y aplaudan. Eso les dará un poder soberano; y ellos quieren ser reyes o reinas.

Cambiar de escuela, vecindario o país no les significa un problema; vayan adonde vayan, siempre les será fácil tener amigos, pero así como los atraen, los desechan cuando se cansan. Su personalidad avasalladora y sus historias fantásticas hipnotizan a sus seguidores. Un hecho cotidiano como una bombita de luz que se quema será una película al mejor estilo Spielberg si es contado por un caballito: fuerzas sobrenaturales y fantasmagóricas que habitaron su casa fueron las causantes de que esa bombita se quemara. Serían muy buenos escritores de ciencia ficción.

No les gustan los concursos, juegos de competencia y actividades en los que haya un ganador, son muy malos perdedores y siempre descalificarán al ganador si no fueron ellos. Lo que más les divierte es el debate por saber quién vence. Como son muy buenos oradores y fiscales, siempre tendrán la razón y ganarán.

En tu cumpleaños no contrates a ningún mago o payaso si hay caballitos presentes: ellos alegrarán la fiesta; son divertidos y muy creativos para sacarte una sonrisa.

El mejor regalo de cumpleaños para un caballo es un viaje a la aventura.

Spirit, el corcel indomable, es una serie que cuenta la vida de un caballo salvaje que cabalga feliz, libremente, por el Lejano Oeste. Todos tratarán de domarlo, pero les será imposible. Él ama la libertad, pero creará un hermoso vínculo con una niña que llega de la gran ciudad, y con ella vivirán muchas aventuras. Selectivos para entregarse y dar afecto, así son los caballitos

Las niñas caballo adoran el cómic *Bibi y Tina*. Bibi es una bruja adolescente y Tina su mejor amiga; ellas viven un sinfín de aventuras en las que siempre los caballos son los protagonistas, y dejan en cada capítulo un mensaje y un aprendizaje para tener una mejor vida y cuidar el planeta.

Pero el *top five* para las potranquitas son las Chicas Superpoderosas (Powerpuff Girls), una creación de Craig McCracken.

Las protagonistas Blossom, Bubbles y Buttercup tienen maravillosos y especiales poderes para pelear y vencer a los villanos. Ellas viven con el profesor Utominium, quien fue su creador. En sus capítulos se ven directivas típicas de madre, como higiene personal, asistir a la escuela. Así son las niñas caballo, muy pero muy maternales. El eslogan de la serie es: "Salvando al mundo antes de la hora de dormir".

Todas las series e historias con unicornios (caballos con un cuerno) están siempre relacionadas con las princesas, con lo femenino, pero también los caballos varones tienen –profundamente escondido– ese sentimiento de mujer. Son muy apegados a la madre, les costará despegarse de la teta y dejar el hogar materno. Las niñas quieren ser madres, los varones no quieren dejar a sus madres. Los dos extremos del mismo cuerno del unicornio.

Una película mágica y muy especial para los caballitos es *Tienda de unicornios*. Cuenta la historia de una veinteañera con deseos de crecer, pero también con muchos sueños infantiles con los colores del arco iris que no quiere dejar. Un día la invitan a conocer una extraña tienda de unicornios donde la fantasía se puede hacer realidad. Es una película que nos enseña que convertirnos en adultos no significa que dejemos de soñar como niños. Los caballitos serán siempre niños, con sus caprichos y sus virtudes.

Y aunque esté en blanco y negro, los caballitos de las nuevas generaciones deben conocer a Mister Ed, el caballo que habla –The Talking Horse–, una divertida serie creada por Walter Brooks en 1961. Ed, el caballo, aconseja y regaña a su dueño Wilbur y lo mete siempre en muchos problemas, que luego soluciona de una manera peculiar. Así también son los equinos, si te caés de un precipicio, el caballito irá a socorrerte estés donde estés; no importa la distancia, allí estará.

Optimistas, alegres y muchas veces pasados de energía, cuando se te acabe la batería, el caballito siempre te tirará un cable y la recargará.

E. V.

LOS NIÑOS Y LA MÚSICA

HORÓSCOPO MUSICAL
Gael Oliver

¿Cómo fue tu primera conexión con la música?
Recuerdo que mi madre tenía un equipo Akai, con muy buen sonido, y me ponía vinilos de María Elena Walsh.

¿Qué música escuchás o compartís con tus amigos?
Dua Lipa, otra artista nueva llamada Nanu que vive en Toronto y hace un rap diferente, mitad en español y mitad en inglés.

¿Qué tipo de música es el que más te representa?
Me apasiona el contenido de sonidos sintéticos, instrumentos no reales, música que no tenga contenido acústico, hecha con teclados y sintetizadores, y además las compuestas por DJ de *house*.

¿Cuál fue el primer recital de tu vida?
Recuerdo uno en el que tocó Gorilaz, y había proyecciones audiovisuales con hologramas; fue la primera vez que vi una banda en vivo, y nunca pude olvidarme.

¿Qué banda o músico que no hayas visto te gustaría escuchar en vivo?
Mis abuelos hablaron tanto de John Lennon, The Beatles y Freddie Mercury, que a veces me dan ganas de volver el tiempo atrás para poder verlos tocar.

¿Cómo imaginás el comienzo de la música?
Me imagino que en África el hombre de antes encontró una forma de comunicar sus sentimientos expresándolos con ruidos; me da la sensación de que había tambores, flautas, y con piedras empezaron los ritmos.

¿Escuchar música tiene beneficios?
Creo que sí, que la música nos trae imágenes todo el tiempo, me gusta escuchar Cazzu y armar coreos imaginadas por mí.

¿Influye en el estado de ánimo?
¡Totalmente! A veces termino malhumorado las clases del cole por Zoom, y con escuchar mis canciones favoritas se me pasa todo.

¿Qué sensaciones te provocan los distintos géneros musicales?
El trap es mi preferido, me cambia la onda enseguida para bien, y a mis papás eso les pasa con el *rock*.

¿Músico se hace o se nace?
Yo creo que todos somos un poco músicos, me gustan los que silban en la calle y hacen su propia música.

EL CABALLO Y SU ASCENDENTE

CABALLO ASCENDENTE **RATA**: 23.00 a 1.00
Dedicará su vida a las relaciones sentimentales. Necesitará afecto, aprobación, y amará la vida social y las fiestas. Será explosivo y colérico. No escuchará consejos.

CABALLO ASCENDENTE **BÚFALO**: 1.00 a 3.00
Este caballo llegará a las metas que se ha fijado. Será perseverante y más responsable que otros. En cada momento de su vida buscará inspiración y gente creativa. Amará a su familia.

CABALLO ASCENDENTE TIGRE: 3.00 a 5.00

Una combinación solo apta para valientes. La fuerza y la libertad se aliarán para conseguir lo que se proponga y será infatigable. Un líder de multitudes, y en el amor, un elegido.

CABALLO ASCENDENTE CONEJO: 5.00 a 7.00

Amará la buena vida y el lujo. Será estético y refinado, inteligente, muy sociable, y buscará el equilibrio. Un ejemplar muy independiente.

CABALLO ASCENDENTE DRAGÓN: 7.00 a 9.00

Tendrá alas y galopará sobre las nubes. Creará proyectos grandiosos y se rebelará ante la rutina. Sensible a los halagos, defenderá las causas más nobles. Será un despilfarrador.

CABALLO ASCENDENTE SERPIENTE: 9.00 a 11.00

Un caballo manejador y orgulloso. Necesitará estímulos caros y muy refinados para desarrollar sus aptitudes. Vivirá situaciones sentimentales tormentosas.

CABALLO ASCENDENTE CABALLO: 11.00 a 13.00

Este caballo será siempre desbocado. No escuchará consejos. Irracional, soberbio y muy orgulloso, seducirá sin piedad y pagará caro sus impulsos.

CABALLO ASCENDENTE CABRA: 13.00 a 15.00

Será muy sentimental. Plasmará su talento artísticamente y le organizará la vida a los demás. Amará la belleza y será imprevisible, viajará y dará la vida por amor.

CABALLO ASCENDENTE MONO: 15.00 a 17.00

Es organizado, diplomático, con amigos y amores a los que será fiel. Sensible, leal, franco, deberá controlar su afán de dominación y omnipotencia.

CABALLO ASCENDENTE GALLO: 17.00 A 19.00

Un equino amigable, con gran coraje y capacidad. Puede resultar fastidioso si se pone pedante y hace alarde de erudición.

CABALLO ASCENDENTE **PERRO**: 19.00 a 21.00

Amigo leal y profundo, será filósofo y estará interesado en defender la justicia y la libertad. Un caballo apasionado y muy protector. Será realista y concretará sus proyectos de a poco, pero con solidez y honestidad.

CABALLO ASCENDENTE **CHANCHO**: 21.00 a 23.00

Este caballo vivirá dividido entre la pasión y la comodidad. Tendrá ímpetu de libertad y también un sentido del deber que lo acompañará en lo que haga. Aventurero y despiadadamente sensual, será irresistible.

EL CABALLO Y SU ENERGÍA

CABALLO DE MADERA (1954-2014)

Entre los aspectos a favor que tiene este caballo, encontraremos la lealtad, la autodeterminación y el esmero. Este equino manejará y combinará estas cualidades para madurar y superar algunos de los problemas típicos de su personalidad, como la impaciencia y el mal carácter. Resulta difícil llegar a conocer su interior pues se abre solo a unos pocos, no se deja dominar. Es progresista, moderno y tiene ideas de vanguardia. Fuerte, brioso y melodramático, este caballo afronta la vida con entereza.

Personajes famosos

Annie Lennox, Pat Metheny, John Travolta, Kim Basinger, Kevin Costner, Luisa Kuliok, Bob Geldof, Carlos Alberto Berlingeri, Mario Testino, Mickey Rourke, Georgina Barbarossa.

CABALLO DE FUEGO (1906-1966)

Este equino tiene los defectos y las virtudes del caballo amplificados, exaltados y encendidos como relinchos de un potro salvaje. Es multifacético y lleva muchas vidas. Muy inconstante, le cuesta concentrarse en una actividad porque su fecunda imaginación lo torna volátil; se altera con facilidad.

Necesita ser escuchado, comprendido, aplaudido y domado. El éxito dependerá de la manera en que aprenda a graduar su incendio interior, la perseverancia, el estudio, la autodisciplina, la humildad, la generosidad, la adaptación, y de las relaciones que ayuden a pulir su tosquedad.

Personajes famosos

Thomas Edison, Rembrandt, Marina Borensztein, Carla Bruni, Salma Hayek, Marta Sánchez, Macarena Argüelles, Cindy Crawford, Julián Casablancas, Fernando Trocca, Lucrecia Martel, Claudio Paul Caniggia, Sinéad O'Connor, César Francis, Hoby De Fino, Fabián Quintiero, Gabriela Guimarey, Fernando Ranuschio, Julián Weich, Mónica Mosquera, Adam Sandler.

CABALLO DE TIERRA (1918-1978)

Confiable, realista y coherente: el caballo más sólido de todos. Es dócil, sin retobarse acepta la autoridad y sus órdenes, y él las da de una manera muy agradable. Un caballo muy racional para actuar, pero necesita mucho apoyo de los seres queridos. Lo atrae la ecología, ama la naturaleza, el campo, la tierra sembrada y los frutos de la tierra y los del bosque. Se emociona con los actos simples de la vida, es muy generoso con los demás y muy buen amigo. Cuando se enamora, es capaz de pasar el resto de su vida con la misma persona.

Personajes famosos

Nelson Mandela, Rita Hayworth, Gael García Bernal, Benjamín Vicuña, Catarina Spinetta, Mía Maestro, la Mala Rodríguez, Mariano Martínez, Lisandro Aristimuño, Liv Tyler, Santiago del Moro, Dolores Fonzi, Lionel Scaloni, Juan Román Riquelme.

CABALLO DE METAL (1930-1990)

Este equino tiene la mentalidad de un líder; idealista apasionado, su ambición alcanza la de los insaciables de la humanidad. Siempre quiere tener la última palabra, por lo tanto, en ocasiones resulta inflexible, arbitrario, hasta vengativo. Es un caballo de acero; no le teme a nadie, se siente capaz de decapitar para llegar a sus metas. Brillante y persuasivo, enfrenta situaciones peligrosas en un minuto y las resuelve. Su carácter lo hace rebelde, trabajador, testarudo, hiperresponsable, *sexy*, erótico, histriónico y altamente sofisticado.

Personajes famosos

Steve McQueen, Sean Connery, Frédéric Chopin, Clint Eastwood, Ray Charles, Robert Duvall, Alfredo Alcón, Peter Lanzani, Carmen Sevilla, Neil Armstrong, Borís Yeltsin, Franco Macri.

CABALLO DE AGUA (1942-2002)

Un caballo abierto a la vida; despertará ganas de compartir algún tipo de aventura. Se adapta, resulta generoso y capaz de grandes sacrificios cuando se enamora. Puede dominar los impulsos, controlar sus pasiones y manejar sus excesos más que los demás caballos del zoo. Esencialmente humanista, defenderá su causa ante la justicia y la sociedad. Su falso orgullo lo atrasa en su evolución. Posee buen gusto, sabe vestirse y decorar su casa; hace el amor como los dioses y tiene un humor irresistible. Armará su familia cósmica y trabajará para ella.

Personajes famosos

Paul McCartney, Martin Scorsese, Harrison Ford, Felipe González, Barbra Streisand, Nick Nolte, Lou Reed, Carlos Reutemann, Jimi Hendrix, Janis Joplin, Andy Summers, Linda Evans, Fermín Moreno, Haby Bonomo, Caetano Veloso, Beatriz Sarlo, Hugo O. Gatti.

PRIMER CAMPEONATO MUNDIAL DE FÚTBOL EN URUGUAY - 1930

Caballo de Metal

CONTAME UN CUENTO CHINO
Marcelo Birmajer • Caballo de Fuego • Escritor

Mi China

A China nunca fui, pero quiero volver. Quiero caminar con Kissinger *on* China, por su última vez. Quiero viajar con Maugham en un *rickshaw*, y naufragar en un sampán, llegar exánime a una isla en Macao y que la otra única sobreviviente me prepare el pato de Pekín. Quiero entender por qué durante cuarenta años creí que Beijing era otra ciudad. Quiero conocer el barrio judío de Shangai. Quiero cubrir como periodista la reunión de Nixon con Mao y escuchar en silencio a Zhou Enlai.

Quiero conocer a una delirante maoísta latinoamericana que se quedó para siempre y aún pretende algo. Quiero ayudar a escapar a una disidente, universitaria, culta y audaz. Quiero probar mariscos desconocidos y beber con los marineros. Quiero conversar con un capitán inglés cuyo bisabuelo navegó con Rimbaud. Quiero perder el tiempo con un contrabandista argentino de *containers*.

A China nunca fui, pero quiero volver: desde allí, antes de regresar a Buenos Aires, pasaré por Israel.

TABLA DE COMPATIBILIDAD

	karma	salud holística	amor pos COVID	trueque	nuevos vínculos
Rata	muy bien	muy bien	regular	regular	regular
Búfalo	regular	regular	regular	regular	bien
Tigre	mal	bien	mal	bien	mal
Conejo	regular	regular	regular	regular	muy bien
Dragón	bien	bien	excelente	bien	regular
Serpiente	regular	regular	regular	regular	regular
Caballo	regular	muy bien	muy bien	regular	regular
Cabra	regular	bien	regular	excelente	regular
Mono	bien	excelente	muy bien	muy bien	muy bien
Gallo	regular	regular	regular	regular	regular
Perro	excelente	muy bien	muy bien	muy bien	bien
Chancho	regular	regular	bien	bien	regular

mal   **regular**   **bien**   **muy bien**   **excelente**

CABRA

FICHA TÉCNICA

Nombre chino de la cabra
XANG

Número de orden
OCTAVO

Horas regidas por la cabra
13.00 A 15.00

Dirección de su signo
SUD-SUDOESTE

Estación y mes principal
VERANO-JULIO

Corresponde al signo occidental
CÁNCER

Energía fija
FUEGO

Tronco
NEGATIVO

ERES CABRA
SI NACISTE

01/02/1919 - 19/02/1920
CABRA DE TIERRA

17/02/1931 - 05/02/1932
CABRA DE METAL

05/02/1943 - 24/01/1944
CABRA DE AGUA

24/01/1955 - 11/02/1956
CABRA DE MADERA

09/02/1967 - 29/01/1968
CABRA DE FUEGO

28/01/1979 - 15/02/1980
CABRA DE TIERRA

15/02/1991 - 03/02/1992
CABRA DE METAL

01/02/2003 - 21/01/2004
CABRA DE AGUA

19/02/2015 - 07/02/2016
CABRA DE MADERA

LOS NIÑOS CABRA

En el octavo lugar de la carrera, llegó la cabrita.

Cuando veas a una embarazada ya a punto de dar a luz, pero con tranquilidad y paz en su rostro y su andar, seguro está esperando a su bebé cabrita.

Con su tranquilidad y armonía, los niños/niñas cabra hacen que los nueve meses de embarazo resulten maravillosos y sin sobresaltos. Una vez que nacen, las cabritas tienen que estar siempre rodeadas por uno de sus padres, no soportan sentirse solas. Son los únicos bebés que permiten que sus padres duerman de corrido por la noche. Muy apegados al grupo familiar, cuando crezcan –si no tienen hermanos– pedirán a cada rato: "¡Quiero un hermanito!". Pero atención: mejor que sigan reinando la paz y la calma en el hogar cuando el hermanito llegue, porque si no, las cabritas pierden su centro de armonía y su carácter se vuelve un volcán en erupción.

Las cabritas carismáticas, esos amigos que todos quisiéramos tener, son abogados, fiscales y jueces en su grupo de pertenencia. Si en el rebaño hay conflictos o cortocircuitos, con paciencia y sentido común los solucionarán en un abrir y cerrar de ojos. Pero si nuevamente se reaviva la chispa de la discordia, las cabritas se angustiarán a tal punto que llegarán a una depresión que las paralizará a pesar de su hiperactividad.

En la escuela, una cabra siempre aporta ideas para divertirse con sus amigos, por ejemplo, ir todos juntos a un parque de diversiones el fin de semana; pero si alguno del grupo propone ir de picnic, ellas, con tal de no perder la amistad y no crear una controversia, ceden en sus ideas y van al picnic. Eso sí, no critiquen una idea o acción de una cabrita, y menos hagan un juicio de sus actos; no olviden que ellas son el tribunal supremo.

Si el rebaño planea hacerle un regalo a la maestra y entre todos logran juntar bastante dinero con ese fin, nunca pidan a una cabrita que se encargue de comprar el obsequio. El día del festejo ella llegará feliz con una bella caja envuelta elegantemente y con una enorme piedra verde en su interior. Ante el reclamo de sus amigos: "¿Qué es eso? Si le íbamos a regalar un collar y unos aros a la seño", ella, convencida de su compra, dirá: "Es una piedra lunar, y en vez de agradecerme me critican; es la última vez que les hago el favor de usar mi inteligencia y buen gusto". Entonces, en un segundo, pasa de la alegría a una tristeza profunda, porque, aunque ella está convencida de su maravillosa compra, necesita la aprobación y felicitación de su rebaño.

Es tarea de los padres reforzar su autoestima para que las cabritas se sientan cómodas en su entorno. Un día están tristes y melancólicas, pero no comparten su tristeza. Su grupo de pertenencia, con cariño, logra que suelten la respiración y cuenten el mal que las aqueja. Las cabritas están siempre predispuestas a poner sus cuernitos para escuchar y solucionar los problemas de los demás.

Los niños cabrita son humanitarios y pacifistas, por eso el film *El viaje de Ferdinand* es ideal para ellos. Esta comedia dramática se basa en el libro infantil *El cuento de Ferdinand*, escrito por Munro Leaf en 1936. La historia transcurre en España en una finca donde se entrenan toros para las corridas. Los toros mayores se burlan de Ferdinand porque en vez de mostrar su valentía cuidaba las flores y le gustaba oler su perfume. El torito crece y luego de pasar por miles de aventuras sigue con la idea de no participar en las corridas, porque sabe que cada toro elegido luego es asesinado por su matador. Conoce a Lupe, la cabra charlatana e hiperactiva que sueña con ser entrenadora de toros. Esta historia se convirtió en un símbolo pacifista en contra del espíritu militar de la época. Un toro que en vez de luchar prefiere oler el perfume de las flores. Una historia que nos hace reír, gozar y emocionar de principio a fin. Así de pacifistas son las cabritas.

Las locuras de Robinson Crusoe, que es una aventura tropical con una divertida vuelta al clásico de Daniel Defoe, *Robinson Crusoe*, también nos muestra la personalidad de las cabritas. En una pequeña isla al sur del Pacifico el loro Mak vive aburrido con sus amigos, entre ellos una simpática cabra. Tras una tormenta tropical encuentra un barco varado en las costas con Robinson Crusoe y su perro Aynsley, y –escondido– un grupo de gatos que quieren ser los dueños de la isla para que los humanos paguen por tantos años de maltrato. Es una película cuyo mensaje mayor es EL RESPETO A LA NATURALEZA. Humanitaria y comprometida con el cuidado de nuestro planeta, como son las cabritas.

Hay un solo superhéroe que representa a las cabritas: el Peso Hero. No lleva capa, ni antifaz y tampoco vuela; es rápido y con un cuerpo a prueba de balas. El símbolo que lo identifica es EL ÁNGEL DE LA INDEPENDENCIA. El primer superhéroe latino cuyos principales archienemigos son los corruptos, traficantes de migrantes que operan en la frontera entre Texas y México. Fue creado por el mexicano Héctor Rodríguez, un maestro de Dallas que usa la historieta para inspirar a sus alumnos de segundo grado de una escuela bilingüe y para promover la cultura y el respeto por los derechos humanos. El Peso Hero protege a los más desamparados y a los migrantes indocumentados. El primer superhéroe latino que lucha por los derechos humanos.

Si hablamos de las cabritas, no podía faltar Heidi. Basada en sus experiencias infantiles, en 1880 la escritora suiza Johanna Spyri deleitó a muchas generaciones con esta maravillosa historia. Se hicieron muchas películas, series de televisión, dibujos animados, libros, historietas y hasta una maravillosa comedia musical de esta tierna historia.

Heidi, una huérfana de cinco años va a los Alpes Suizos a vivir con su ermitaño abuelo a quien en el pueblo apodaban "el viejo de los Alpes". Allí conoce a Pedro, que lleva a pastorear a las cabras y pasa a ser su confidente y mejor amigo.

Muchas y variadas cabras son las protagonistas de las distintas historias de Heidi: Blanquita y Diana, que eran las cabritas de su abuelo, Bonita, la hija de Blanquita, el gran Turco, un macho cabrío, Cascabel, una cabrita con manchas marrones y un cascabel en su cuello y Copo de nieve, la cabrita preferida de Heidi, que la acompañó en todas sus aventuras.

La historia de Heidi rescata los valores humanos y el amor a la naturaleza. Por eso las cabritas, con el amor y el apego que tienen con su familia, siempre dirán: "Abuelito, dime túúúúú…".

E. V.

LOS NIÑOS Y LA MÚSICA
HORÓSCOPO MUSICAL
Lucas De Fino

¿Cómo fue tu primera conexión con la música?
Si tengo que pensar en mi primera conexión con la música, me es imposible no recordar a mi mamá cantando *El oso,* de Moris, para hacerme dormir. Seguro que no es la primera vez que escuchaba música, pero es mi más antiguo recuerdo de una canción, de un momento con el que más llego a sentir una conexión real.

¿Qué música escuchás o compartís con tus amigos?
Siento que con mi grupo más cercano de amigos tenemos gustos de música tan diversos que se nos hace difícil coincidir del todo.

Sin embargo, si nos juntamos, algo que seguro no falta y disfrutamos todos son bandas nacionales como por ejemplo Viejas Locas, Los Piojos, Soda, entre otras.

¿Qué tipo de música es el que más te representa?
Creo que no podría decidir un estilo particular que me represente.

Lo que más me representa es quizá la combinación de estilos, como un rapero usando una base de *rock* o un *blues* con tintes technos.

¿Cuál fue el primer recital de tu vida?
Hablando con mis papás pudimos coincidir en que el primer recital al que asistí fue un pequeño recital de Emmanuel Horvilleur en Mar del Plata, allá por 2009.

¿Qué banda o músico que no hayas visto te gustaría escuchar en vivo?

Si se pudiese revivir a Freddie, me encantaría poder presenciar un recital de Queen, no por una cuestión de fanatismo, sino para poder ver en vivo a quien fue una de las mejores voces de la historia.

¿Cómo imaginás el comienzo de la música?

El comienzo de la música me lo imagino en una cueva, donde varios primates usan huesos, ramas y rocas para crear sonidos, hasta que en un momento encuentran ritmo.

¿Escuchar música tiene beneficios?

Sí, los beneficios de la música son incontables. En la música se puede encontrar consuelo, diversión, empoderamiento; la música es una fuente de aprendizaje cultural y, aunque suene redundante, musical.

¿Influye en el estado de ánimo?

Creo que funciona en ambos sentidos, hay veces en las que la música que escuchamos define nuestro estado de ánimo y otras en las que nuestro estado de ánimo influye en la música que escuchamos.

¿Qué sensaciones te provocan los distintos géneros musicales?

La increíble cantidad de géneros musicales me provoca asombro, es asombroso cómo el ser humano, a pesar de que parezca que ya está todo hecho, siempre logra reinventarse y crear algo nuevo.

¿Músico se hace o se nace?

La realidad es que cualquiera puede aprender a tocar un instrumento, pero sería muy irreal decir que cualquiera puede convertirse en un gran músico.

LA CABRA Y SU ASCENDENTE

CABRA ASCENDENTE RATA: 23.00 a 1.00

Muy sibarita, pero bastaste emotiva a la vez; oportunista y astuta. Será fuerte, muy resistente al sufrimiento y a la adversidad.

CABRA ASCENDENTE BÚFALO: 1.00 a 3.00

Tendrá gracia, talento y constancia para descollar en las artes o en la política. Formará una familia y adoptará a los necesitados.

CABRA ASCENDENTE TIGRE: 3.00 a 5.00

Una fiera para defender los derechos humanos; no descansará hasta lograr lo que se proponga, aunque el amor la distraiga del camino. Encontrará gente que la protegerá.

CABRA ASCENDENTE CONEJO: 5.00 a 7.00

Una equilibrada, estética y refinada cabrita que vivirá con opulencia. Deberá encauzar su vocación y dedicarle todo el tiempo del mundo para ser la mejor. Tendrá muchos amigos.

CABRA ASCENDENTE DRAGÓN: 7.00 a 9.00

Con una voluntad inquebrantable. Tendrá principios, será luchadora y muy humana. Con gran poder de oratoria, arengará a las multitudes. Se casará por amor, pero no despreciará lo que le ofrezcan.

CABRA ASCENDENTE SERPIENTE: 9.00 a 11.00

Astuta, sagaz, intuitiva para los negocios. Cambiará de profesión, casa y pradera muy seguido. Necesitará que la admiren para sentirse segura. Será muy rencorosa si la abandonan.

CABRA ASCENDENTE CABALLO: 11.00 a 13.00

Despertará pasiones locas. Será antojadiza, graciosa, talentosa e imaginativa. Amará la libertad y la vida al aire libre.

CABRA ASCENDENTE CABRA: 13.00 a 15.00

Un prodigio de creatividad. Su obra será fecunda, original, intuitiva y popular. Buscará gente afín para plasmar su imaginación.

CABRA ASCENDENTE **MONO**: 15.00 a 17.00

Una cabra interesada y cínica que especulará con los sentimientos. Se rodeará con lo mejor, nunca se dejará atrapar, y gastará millones en la cuenta conjunta de su cónyuge.

CABRA ASCENDENTE **GALLO**: 17.00 a 19.00

Una cabra delirante y maniática que exigirá mucho y dará a "su estilo". Necesitará programar su vida y vivir con la ilusión de que es el amor de la vida de todo el mundo.

CABRA ASCENDENTE **PERRO**: 19.00 a 21.00

Esta cabra es lúcida, justiciera y concreta, y no hará nada que no sienta. Comunicativa, profunda e incisiva, saldrá al mundo a luchar por sus ideales y encontrará gente que la seguirá en sus batallas.

CABRA ASCENDENTE **CHANCHO**: 21.00 a 23.00

Generosa, servicial, sibarita e inquieta, amará el hogar, los amigos y las cosas esenciales de la vida. Su ambición se limitará a vivir cómodamente y a buscar el sustento cuando no haya más remedio.

LA CABRA Y SU ENERGÍA

CABRA DE MADERA (1955-2015)

La más resistente de las cabras por su capacidad de adaptación a los cambios y ambientes. Ingenua y bondadosa, siempre atenta a los deseos ajenos, es muy tierna y piensa que todos son como ella. Caritativa y hospitalaria, protege a seres humanos y animales. Es artista, emprendedora y encuentra todo lo que se propone. Tendrá una vida sentimental movida por su idealización de la gente y su eterna búsqueda emocional.

Personajes famosos

Isabelle Adjani, Nelson Castro, Elvis Costello, Bruce Willis, Guillermo Francella, Nina Hagen, Alfredo Leuco, Zucchero, Marcela Sáenz, Johnny Rotten, Boy Olmi, Miguel Botafogo, Steve Jobs, Mel Gibson, Miguel Zavaleta, Jorge Valdano, Krishnamurti, Marcelo Bielsa, Mercedes Morán, Aníbal Pachano.

CABRA DE FUEGO (1907-1967)

Es la más valiente de todas. Deberá apelar a toda la táctica, inteligencia y habilidad para no quemarse en su propia energía. A veces agresiva, también franca, en oportunidades reacciona con el corazón y no con la cabeza. En su faz negativa se deprime y aísla con facilidad. Materialista y sibarita, siempre se conecta con gente que le sirve. Resulta muy desorganizada con las finanzas; necesita un buen administrador. Le cuesta mucho encauzar su vida y su energía. La autodisciplina es la llave de su triunfo.

Personajes famosos

Boris Becker, Maximiliano Guerra, Katharine Hepburn, Julio Bocca, Carlos Casella, Pepe Monje, Frida Kahlo, Atahualpa Yupanqui, Julia Roberts, Nicole Kidman, Araceli González, Andrés Giménez, Karina Rabolini, Milo Lockett.

CABRA DE TIERRA (1919-1979)

Es vagabunda de espíritu, viajará lejos en su imaginación, será inconstante y solo podrá terminar lo que empiece si tiene un espíritu muy fuerte. Sabe conseguir protección, y su seducción le abrirá puertas insospechadas. Es muy conservadora, con buena disciplina a pesar de ser independiente. No teme al trabajo, pero necesita estímulo para triunfar en su vocación. Aunque tal vez no tenga demasiada visión de futuro, se afianzará con sus patas a la tierra para alcanzar sus fines con nobleza.

Personajes famosos

Andrea Pirlo, David Bisbal, Ian Smith, Malcolm Forbes, Eva Gabor, Dino De Laurentiis, Brenda Martin, Diego Luna, Nicolás Cabré, Adán Jodorowsky, Evangeline Lilly, Diego Forlán, Jack Palance, Eva Perón.

CABRA DE METAL (1931-1991)

Es una cabra energética y con mayor determinación que las otras cabras, con cierta tendencia a juzgar a los demás. Tiene gran sentido estético, armonía y sobriedad. Necesita una vida familiar estable en un hogar donde reinen la belleza y la cordialidad. Parece fuerte, pero es muy sensible. Se angustia con facilidad y se trastorna con separaciones y rupturas. Resulta muy posesiva con sus seres queridos y sumamente exigente consigo misma. Su gran cualidad es saber perdonar.

Personajes famosos

Ettore Scola, James Dean, Monica Vitti, Annie Girardot, Angie Dickinson, Gastón Soffritti, Brenda Asnicar, Candela Vetrano, Osho, Lali Espósito, Rita Moreno.

CABRA DE AGUA (1943-2003)

Si hay algo que le importa a esta cabrita es sentirse imprescindible en la vida de sus seres queridos. La energía Agua la convierte en una cabra muy intuitiva. Es una especie de antena parabólica que capta ondas y sabe adónde dirigirse en caso de necesitar algo. Buscará amor en cada gesto, actitud o mirada. Es algo exótica en sus apetencias sexuales.

Amante de la paz y ampliamente humanitaria, su vocación estará relacionada con el arte y la comunicación.

Personajes famosos

Hermes Binner, Rubén Rada, Catherine Deneuve, Arnaldo André, Charo López, Keith Richards, Jim Morrison, José Luis Rodríguez, Jimmy Page, Lech Walesa, Ernesto Pesce, Víctor Sueiro, Marilina Ross, Muhammad Ali, Mick Jagger, Joan Manuel Serrat, Adolfo Pérez Esquivel.

BANDERA DE UCRANIA
Cabra de Metal

CONTAME UN CUENTO CHINO
Vanessa Ragone • Cabra de Agua •
Productora, directora, guionista

De cabritas y monos de agua

Ay, estas cabritas... siempre trabajadoras y con las patitas en la tierra.

Así nos decía Lili, la mamá de mi amiga-hermana del alma, cabra como yo, cuando nos leía, cada fin de año, el horóscopo chino.

A Lili, mono de agua, siempre llena de contundente alegría, picardía, juego, estas dos jóvenes de los años 90, tan serias, pensando el feminismo, marchando y cuestionando todo, seguramente le dábamos ternura y ganas de prolongar nuestra adolescencia cuanto pudiera.

Lili alimentó a esta cabrita en cuerpo y espíritu cuando recién llegaba a Buenos Aires y todo era muy ajeno y difícil. Todos los domingos, era cita obligada ir a ver a mi amiga-hermana cabra y almorzar con su familia, que Lili comandaba desde la cocina, proveyendo en el almuerzo el aderezo indispensable de las historias familiares, contándonos al detalle argumentos de películas del Hollywood de los años 50, compartiéndonos su fascinación por las fabulosas conductas de todo tipo de animales que veía en Animal Planet. Cada domingo en la casa de Urquiza todo era charla y distracción para las cabras que, al día siguiente, volvíamos a nuestros trabajos, a nuestras luchas, a nuestros esfuerzos por labrarnos un futuro.

La noche de Navidad, en un sincretismo perfecto que solo logran aquellas personas comunicadas con la vida en su esplendor más profundo, Lili iba a la misa de la parroquia cercana y luego de la cena navideña nos proponía el gran plan de la noche: la lectura del horóscopo chino para vislumbrar nuestros destinos del año siguiente.

Por Lili sé qué animal soy y cuáles son mis características.

La lectura del horóscopo chino en los últimos días del año se convirtió en un ritual creado por Lili y que luego reproduje en mi productora, donde cada año brindamos por lo que traiga el año entrante y nos leemos las predicciones de cada una, y las interpretamos y debatimos intensamente, en ese momento de distensión y confraternidad que se arma al calor de la expectativa por lo que va a venir.

Lili ya no está en este plano con nosotras, pero mi amiga-hermana del alma y yo sabemos que nos guía y nos cuida y ante cada dificultad nos encomendamos a su protección.

A ese monito que me recibió en su familia y me llenó de amor y dio a luz y crio a la cabrita amiga que desde hace más de treinta años es mi compañera de aventuras en el mundo va este pequeño cuento dedicado. Las cabras y los monos son buenos amigos.

¼ menguante
¼ de merengadas
¼ de pestañas
¼ de nostalgias.
L. S. D.

TABLA DE COMPATIBILIDAD

	karma	salud holística	amor pos COVID	trueque	nuevos vínculos
Rata					
Búfalo					
Tigre					
Conejo					
Dragón					
Serpiente					
Caballo					
Cabra					
Mono					
Gallo					
Perro					
Chancho					

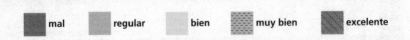

mal   regular   bien   muy bien   excelente

A veces creo
que soy un cohete lanzado al espacio;
sin radar, base, ni fórmula,
que salí del tubo de ensayo de un hombre
    que experimentaba algo.
Que no tengo la misma aleación
que la gente cotidiana;
ni los deseos, proyectos, sentimientos
de la gente civilizada.
Que voy y vengo
e iré millones de veces
a visitar la Vía Láctea
o donde esté la magia
adaptándome a climas y países
donde mi alma haga "clic" y BASTA.
L. S. D.

FICHA TÉCNICA

Nombre chino del mono
HOU

Número de orden
NOVENO

Horas regidas por el mono
15.00 A 17.00

Dirección de su signo
OESTE-SUDESTE

Estación y mes principal
VERANO-AGOSTO

Corresponde al signo occidental
LEO

Energía fija
METAL

Tronco
POSITIVO

ERES MONO SI NACISTE

02/02/1908 - 21/01/1909
MONO DE TIERRA

20/02/1920 - 07/02/1921
MONO DE METAL

06/02/1932 - 25/01/1933
MONO DE AGUA

25/01/1944 - 12/02/1945
MONO DE MADERA

12/02/1956 - 30/01/1957
MONO DE FUEGO

30/01/1968 - 16/02/1969
MONO DE TIERRA

16/02/1980 - 04/02/1981
MONO DE METAL

04/02/1992 - 22/01/1993
MONO DE AGUA

22/01/2004 - 08/02/2005
MONO DE MADERA

08/02/2016 - 27/01/2017
MONO DE FUEGO

LOS NIÑOS MONO

Saltando de liana en liana, el mono llegó noveno para ocupar un lugar en el horóscopo chino.

Obviamente, las mamás de monitos nunca podrán disimular su embarazo: a los dos meses su panza comenzará a crecer, y a los nueve ya tendrán una luna llena, llena de esperanzas.

Los monitos serán muy pero muy apegados a sus padres y les resultará difícil dejar el colecho; ni hablar de la teta, que en algunos casos tomarán hasta los tres años. Los papis no podrán descansar mucho en esta etapa ya que los monitos cambiarán de posición cada cinco minutos, y ocuparán toda la cama.

Aunque parezca imposible que acepten la llegada de un hermanito, su actitud será totalmente opuesta a lo imaginable. Con responsabilidad los harán dormir en sus brazos, como buenos hermanos mayores.

Atención, papis, en la etapa ambulatoria: ellos son muy inquietos. Pueden estar un rato jugando concentrados con algún juguete, pero en cualquier momento les salta la térmica y comienzan a correr por toda la casa; como buenos monitos, pero sin liana, saltarán de sillón en sillón y se treparán al mueble más alto. Por eso siempre atentos, que esa tranquilidad y paz de los pequeños simios dura solo un momento.

Son seres sociables en extremo: si van a la plaza, antes de subirse al primer juego ya estarán rodeados de amigos, y los invitarán a su casa, y no tendrán el menor reparo en compartir sus juguetes.

Cuando el grupo de pertenencia vaya a visitar a un monito con el último videojuego y le comente la dificultad que presenta, no podrán creer que el monito en un rato complete todas las pantallas, llegue como ganador hasta el final del juego y les pregunte: "¿Este es el juego difícil?".

Papis, no gasten dinero en comprar una bicicleta con rueditas, mejor pidan prestada una, porque los monitos –acostumbrados a la altura de las palmeras– a toda velocidad se montarán en una bicicleta sin rueditas como si siempre la hubieran usado; y así con todo: patines, deportes, esquí, montar a caballo. Para ellos no existen las dificultades: son ágiles y rápidos en conocer el uso de todos los juegos y deportes.

A todo esto, las monitas agregan su gran habilidad para la cocina y la escritura. Una monita que recibe en su casa a sus amigas para jugar puede prepararles *scons*, galletas o cualquier plato con solo haber visto a su madre hacerlos una vez. Se divierten con los videojuegos, pero al rato ya quieren salir al patio a saltar a la cuerda, andar en bici o en patines; son muy ágiles y con una mente muy inquieta.

En la escuela los niños/niñas mono se destacan largamente en lo relacionado con la escritura y la oratoria, serán los elegidos para dar los discursos en las fiestas, y en los concursos literarios siempre resultarán ganadores. Esa misma oratoria cargada de humor divierte a todos sus amigos con ocurrencias y juegos inventados por ellos en solo unos minutos, a gusto del consumidor.

Un icónico cuento para los simpáticos monitos es *El mono relojero*, cuento fábula escrito por Constancio Vigil en 1938. Fue llevado al cine como película de animación y en la década de los 70 sus aventuras eran publicadas en la revista *Billiken*, también fundada por Vigil. Narraban las andanzas y los contratiempos del monito en su afán de enriquecerse vendiendo relojes en desuso. El monito capuchino o macaco vive en la relojería de Zacarías, un relojero que atiende la llamada Relojería del Mono. Como el mono se entretenía examinando y jugando con los relojes en desuso, los niños del pueblo pensaban que él era el relojero. Un día escapa y allí comienzan sus aventuras, cuando quiere vender los relojes que no funcionaban, pero eran su paso a ser rico. Muy pero muy de monitos esa actitud.

Otro libro recomendado es *El libro de la selva*, novela escrita por Rudyard Kipling que consta de ocho cuentos. En estas historias, por su personalidad, se destaca Rey Louie, rey de los monos.

Todos los monitos varones quisieran ser Tarzán y como él saltar de liana en liana en la selva. Tarzán es un personaje creado por Edgar Rice Burroughs en 1912.

La historia cuenta cómo, tras la muerte de sus padres por un motín en el barco en el que viajaban, John –abandonado en la selva– es adoptado por una manada de simios parecidos a los gorilas, los mangani; en su idioma, Tarzán significa Piel Blanca. Con muchas de las habilidades heredadas de su familia simia, él se columpia entre las lianas y con fuerza se enfrenta a cualquier animal feroz que pretenda lastimar a su familia; lo más destacable es su gran nivel de habilidad mental (como ocurre con los monitos); siempre está acompañado por su fiel amiga Chita. Se han hecho muchas películas, revistas, juegos, libros y series de TV con este mítico personaje.

Todas las monitas quisieran ser Dora la exploradora para vivir sus aventuras y descubrir los acertijos para llegar a su meta.

Dora, la Exploradora es una serie educativa de dibujos animados creada por Chris Guifford, Valerie Walsh y Erik Weiner en el año 1977. Cuenta la historia de Dora, una niña de siete años, y Botas, su mono amigo de cinco años que adora las botas rojas; en cada episodio la misión es buscar algo que perdió Botas o cumplir alguna meta determinada.

Dora tiene otros amigos, por ejemplo Mapa, que ayuda a Dora a encontrar los distintos caminos, y Mochila, que guarda los diferentes elementos para cada misión. El dibujo es de un formato interactivo en el que Dora le pide a su audiencia televisiva que ayude a encontrar los lugares.

Enseña a los niños palabras en inglés y, lo más importante, las diversas normas sociales, cómo saludar y despedirse, algo que hacen al principio y al final de cada episodio, en inglés y en español. También enseña a no robar; a decir siempre la verdad; el respeto; el valor de la amistad; el cuidado a la naturaleza y a los animales. Estos valores son muy importantes para los pequeños simios.

Para cerrar el capítulo de los monitos en el horóscopo chino, destaquemos la película *El planeta de los simios,* creada por Henry Danger en el año 1968, que cuenta la historia de un astronauta que llega a un planeta del futuro donde los simios muy inteligentes dominan a los humanos. Tuvo su saga de muchas películas, y lo importante de cada una de ellas es que se tratan los problemas raciales, los derechos de los animales, siempre con discursos de la cultura popular.

Se destacan por su personalidad César, que gobierna la colonia de los simios, y la doctora Zira, la chimpancé psicóloga que entiende y siempre trata de llegar a una unión entre humanos y simios. Valores de los monitos.

Rescatemos una de las frases principales de Dora: "Tengo que ser yo misma, aprender es genial y ser uno mismo es lo importante". Así son los monitos.

E. V.

LOS NIÑOS Y LA MÚSICA

HORÓSCOPO MUSICAL
Abril Chávez Paz

¿Cómo fue tu primera conexión con la música?
Mi primera relación con la música surgió en el auto de mis padres, escuchando sus CD viejos de *rock*.

¿Qué música escuchás o compartís con tus amigos?
Con mis amigos más cercanos compartimos mucho *rock* nacional o trap internacional.

¿Qué tipo de música es el que más te representa?
Creo que mucho tiempo de mi vida me identifiqué con el punk, tal vez porque soy adolescente y me gusta lo desafiante. Pero igualmente pienso que todos, al querer expresarnos con libertad, tenemos mucho del punk, directa o indirectamente.

¿Cuál fue el primer recital de tu vida?
El primer recital que yo recuerde fue con mi mejor amiga, en el Luna Park; fuimos a ver el Cuarteto de Nos. El cuarteto se nos volvió una tradición de años.

¿Qué banda o músico que no hayas visto te gustaría escuchar en vivo?
Desde chica siempre quise ver a Charly García, Green Day y Nirvana. Siento que mientras fui

creciendo me acompañaron muchísimo y sería una emoción muy grande presenciar su magia en persona.

¿Cómo imaginás el comienzo de la música?

Me imagino a dos personas simplemente golpeando sus muslos repetidamente, y siguiendo el ritmo con el resto del cuerpo naturalmente. Así lo copió el de al lado y fueron pasando ese descubrimiento a todo aquel que estaba cerca, y de generación en generación fuimos avanzando, como en todo.

¿Escuchar música tiene beneficios?

En mi opinión el beneficio en sí es lo que la música le produce a uno: las sensaciones que nos transmite; nos inspira a vivir de una mejor manera y a hacer cosas hermosas con esa energía.

¿Influye en el estado de ánimo?

Creo que la música nos ayuda mucho a reflexionar, a recordar con nostalgia y a disfrutar. Lo bueno de la música es que no solo puede influir en nuestros estados de ánimo, sino que también puede acompañar los diversos momentos de nuestra vida. Todos tenemos una canción que queremos escuchar cuando sentimos felicidad absoluta.

¿Qué sensaciones te provocan los distintos géneros musicales?

Salsa, de alegría; *rock*, de pasión; tango, de elegancia; punk, de rebeldía; música electrónica y metal, de adrenalina. Hay tantos géneros de música que me quedo corta, tantos que escuché y tengo por escuchar.

¿Músico se hace o se nace?

Yo creo que la música es algo que se siente y se va incorporando a medida que vamos viviendo. Si bien es cierto que hay personas que tienen un talento nato, no creo que hayan nacido así, la música los llevó hasta ahí, los creó. ¿Qué es un guitarrista sin su guitarra?

EL MONO Y SU ASCENDENTE

MONO ASCENDENTE RATA: 23.00 a 1.00
Necesitará controlar todo y no dejar escapar ninguna oportunidad. Su astucia, avidez y rapidez para acortar caminos es asombrosa. El amor será una ecuación peligrosa y determinante en su destino. Cuidado con las trampas.

MONO ASCENDENTE BÚFALO: 1.00 a 3.00
Un mono con principios, muy autoritario y paternal. Su ambición estará acompañada de creatividad y un gran tesón. Amará el lujo, los viajes y las relaciones influyentes. Tendrá una familia numerosa.

MONO ASCENDENTE TIGRE: 3.00 a 5.00
El músculo y el cerebro unidos para conquistar el universo. Nunca se lo detectará en sus trampas; desaparecerá cuando se lo necesite, pero defenderá a los pobres e indefensos. Romperá corazones, aunque es difícil que él sea atrapado.

MONO ASCENDENTE CONEJO: 5.00 a 7.00
Un estético y refinado mono que estará asediado socialmente. Sabrá encontrar la oportunidad para actuar, y siempre caerá bien parado. Triunfará en su vocación y en el matrimonio, y logrará armonía en su vida.

MONO ASCENDENTE DRAGÓN: 7.00 a 9.00
Un mono iluminado y humano que hará las cosas a lo grande. Será hipersensible, carismático, vital y muy curioso. Se enamorará profundamente y tendrá más de un matrimonio. Todo lo que toca lo transforma en oro.

MONO ASCENDENTE SERPIENTE: 9.00 a 11.00
Un mono intelectual y filósofo que tendrá oportunidades increíbles para desplegar su talento. Le gustarán el poder, el lujo y el control de las relaciones sentimentales. Su vida será legendaria.

MONO ASCENDENTE **CABALLO**: 11.00 a 13.00

Un inconstante y apasionado aventurero. Perseverará en lo que le interesa y no se dejará atrapar fácilmente. Su originalidad, buen corazón y convicción le abrirán las puertas en todo el mundo.

MONO ASCENDENTE **CABRA**: 13.00 a 15.00

Un artista. Este mono refinado buscará la seguridad material. Viajará a lugares remotos por trabajo, amor o placer. Su imaginación es su riqueza; concretará sueños infantiles con gloria.

MONO ASCENDENTE **MONO**: 15.00 a 17.00

Tendrá pactos con Dios y con el mismo diablo. Su meta será protagonizar los mejores episodios de la vida y escalar posiciones sociales, políticas y sentimentales. Un genio de la estrategia.

MONO ASCENDENTE **GALLO**: 17.00 a 19.00

Exigente y estudioso, buscará perfeccionarse en lo que haga. Será muy sentimental, posesivo y contradictorio. Le costará reconocer errores. A veces reclamará más de lo que brinda.

MONO ASCENDENTE **PERRO**: 19.00 a 21.00

Tendrá un espíritu humanitario y desinteresado. Luchará por una causa justa y no desaprovechará los contactos que surjan en su épica y agitada existencia. Tenderá al abandono y a la subestimación.

MONO ASCENDENTE **CHANCHO**: 21.00 a 23.00

Un epicúreo y original mono que no se sacrificará demasiado por lo que hace. Se desviará fácilmente de su camino, pues no podrá resistir las tentaciones ni las influencias que surjan de él.

EL MONO Y SU ENERGÍA

MONO DE MADERA (1944-2004)

Muy instintivo e intuitivo, tiene una visión futurista de las cosas, y resulta extremadamente curioso. Es optimista, trabaja duro, se mueve de liana en liana en busca de emociones. Llegará a ser muy bueno en su profesión, soberbio y dominante. Excluirá a quienes no jueguen su juego. Es muy constante en sus sueños más profundos e inconstante en las metas a corto plazo. Con su familia será posesivo, agobiante y sobreprotector. Sus mecanismos de autodefensa lo convertirán en un mono impenetrable y obsesivo. Uno de sus desafíos es aceptar otras formas de vida y de pensar.

Personajes famosos

Gabriela Acher, Susana Giménez, Danny DeVito, Gianni Morandi, Arturo Puig, Selva Alemán, Bob Marley, Diana Ross, María Martha Serra Lima, Eliseo Subiela, Nora Cárpena, Roger Waters, Michael Douglas, Roberto Jacoby, Rod Stewart, Antonio Grimau, David Gilmour, Talina Fernández, George Lucas, Mario Mactas, Marta Oyhanarte.

MONO DE FUEGO (1956-2016)

Explosivo, riesgoso, cargado de energía, intuitivo y dominante. Tiene un carisma irresistible, es práctico y autodisciplinado. Goza de la gran oportunidad de ser exitoso. Trabaja para mejorar su vida y su mundo. Hiperemotivo, sensible, pasará por etapas fuertes en la vida; se encerrará en su torre de marfil para reaparecer cuando recupere la fe en sí mismo. Adoptará en su camino a quienes colaboren en aliviarle las responsabilidades. Lo atrae todo lo excitante, emocionante, y es experto en el arte de pensar bien las cosas. Muy celoso en el trabajo y en el amor.

Personajes famosos

Luz O'Farrell, Ricardo Darín, Ludovica Squirru Dari, Andy García, Imanol Arias, Carolina de Mónaco, Michel Houellebecq, Alejandro Kuropatwa, Geena Davis, Björn Borg, Patricia Von Hermann, Helmut Lang, Celeste Carballo, Osvaldo Laport, Daniel Grinbank, Peteco Carabajal, Julio Chávez, Luis Luque.

MONO DE TIERRA (1908-1968)

El mono más confiable, profundo, realista y sentimental. Muy generoso también con gente desconocida, es protector, sabio y solidario, y capaz de sacrificarse por los demás. Muchos de sus problemas se deben a su debilidad para afrontar las cosas a las que teme. Aspira a tener una familia ejemplar. Es famoso por sus talentos amatorios que lo hacen salir de la jaula y subirse a las lianas para ir en busca de fuertes emociones. Es netamente intelectual y, si no tiene estudios superiores, luchará por lograrlos. Sabrá sobresalir.

Personajes famosos

Adrián Suar, Gabriel Batistuta, Alejandro Sanz, Chayanne, Martín Jacovella, Diego Olivera, rey Felipe de Borbón y Grecia, Henri Cartier-Bresson, Libertad Lamarque, Fabián Vena, Santiago Motorizado, Leonardo Abremón, Antonio Birabent, Bette Davis, Guillermo Andino, Facundo Manes, Adrián Dárgelos, Fernando Ruiz Díaz, Salvador Allende, Nelson Rockefeller.

MONO DE METAL (1920-1980)

Es un mono bastante mental, algo indeciso a veces, y a ratos olvidadizo. Ama a sus seres queridos, aunque le cuesta demostrarlo. Luchador y responsable, busca lo justo y detesta el maltrato. Ambicioso, trabajador, resistente y terco, le cuesta reconocer sus errores, y puede ser amable y cariñoso.

En él encontramos un simio muy ingenioso, magnético, competitivo y brillante, que se las rebusca y toma decisiones abruptas. Disfruta de lo que le gusta hacer. Es multifacético y enamoradizo. Los celos lo matan, necesita demostraciones de amor constantes para sentirse seguro.

Personajes famosos

Soledad Pastorutti, Charlie Parker, Lorenzo Anzoátegui, Olga Orozco, Valentino Spinetta, Federico Fellini, Ronaldinho, Gabriel Milito, Alicia Keys, Erika Halvorsen, Kim Kardashian, Justin Timberlake, Luis González, Nicole Neumann, Luis Ortega, Mario Benedetti, Luciana Salazar, papa Juan Pablo II.

MONO DE AGUA (1932-1992)

De gran espiritualidad, sabe amar y es correspondido. Su compañerismo, lealtad y desinterés lo convierten en un sabio amigo, pero debe aprender a cortar lazos negativos que a veces lo atrasan.

Intuitivo y muy perceptivo, desarrolla un sexto sentido que le permite a veces conocer muy bien a otros seres para dominarlos y manipularlos como desee. Depende de su humor y de su estado de ánimo que la gente opine que es adorable o detestable. Ama el lujo. Teme el aburrimiento que le produce la rutina y la ansiedad de no cubrir las expectativas de los demás.

Personajes famosos

Gato Barbieri, Peter O'Toole, Joaquín Lavado "Quino", Magdalena Ruiz Guiñazú, Elizabeth Taylor, Anthony Perkins, Johnny Cash, Selena Gómez, Jean Cacharel, Eugenia Suárez, Felipe Sáenz, Neymar Da Silva Santos Júnior.

FAUSTO
NICOLÁS GARCÍA
HUME
Mono de Metal

CONTAME UN CUENTO CHINO
Nico García • Mono de Metal • Actor

Mi caminar como mono en este mundo está regido principalmente por el juego, por el humor; fui criado con mucho humor, y eso me enseñó que la risa cura.

Desde temprana edad sentí la necesidad de expresarme, ya sea en el arte o en el deporte. Una inmensa curiosidad me atacaba a diario, quería probar todo, descubrir todo y ser bueno en todo.

Amo la competencia y amo el amor desmedido, los monos siempre nos hacemos sentir ya sea con nuestro cuerpo, nuestra energía o nuestra inolvidable voz.

Como dice mi descripción.

No hablo, grito.

TABLA DE COMPATIBILIDAD

	karma	salud holística	amor pos COVID	trueque	nuevos vínculos
Rata	muy bien	bien	muy bien	bien	excelente
Búfalo	regular	bien	bien	excelente	mal
Tigre	regular	bien	bien	bien	mal
Conejo	muy bien	muy bien	muy bien	bien	bien
Dragón	regular	regular	bien	bien	bien
Serpiente	regular	bien	bien	bien	muy bien
Caballo	muy bien	muy bien	muy bien	bien	muy bien
Cabra	regular	bien	bien	bien	muy bien
Mono	muy bien	muy bien	bien	bien	muy bien
Gallo	regular	bien	muy bien	bien	bien
Perro	bien	regular	muy bien	bien	bien
Chancho	muy bien	muy bien	muy bien	bien	bien

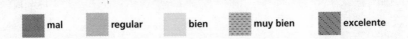

mal · regular · bien · muy bien · excelente

Domingo en BUENOS AIRES,
despidiendo el verano con la ciudad vacía,
abrazar a FLAVIA, en su nueva vida.
Desayuno en el TORTONI,
templo de conversaciones sin tiempo
ni grabadores invasores.
Compartir la transición del alma
    hacia una nueva morada
con reloj de arena y plomo en las sandalias.
Murmullo de gente de todos los tiempos silenciados
por otros bombardeos: el fin de la esperanza.
L. S. D.

FICHA TÉCNICA

Nombre chino del gallo
JI

Número de orden
DÉCIMO

Horas regidas por el gallo
17.00 A 19.00

Dirección de su signo
DIRECTAMENTE AL OESTE

Estación y mes principal
OTOÑO-SEPTIEMBRE

Corresponde al signo occidental
VIRGO

Energía fija
METAL

Tronco
NEGATIVO

ERES GALLO
SI NACISTE

08/02/1921 - 27/01/1922
GALLO DE METAL

26/01/1933 - 13/02/1934
GALLO DE AGUA

13/02/1945 - 01/02/1946
GALLO DE MADERA

31/01/1957 - 17/02/1958
GALLO DE FUEGO

17/02/1969 - 05/02/1970
GALLO DE TIERRA

05/02/1981 - 24/01/1982
GALLO DE METAL

23/01/1993 - 09/02/1994
GALLO DE AGUA

09/02/2005 - 28/01/2006
GALLO DE MADERA

28/01/2017 - 15/02/2018
GALLO DE FUEGO

Según el dicho popular "Al que madruga Dios lo ayuda". El gallo madrugó, pero no pudo ocupar los primeros puestos en el horóscopo chino; es el número diez.

Las madres embarazadas de gallitos pueden organizar su vida una vez que armen el bolso para ir a la sala de partos porque todo saldrá tal cual lo planeado: ellos nacerán el día indicado. Atentas, mamis, a la hora de la teta, los gallitos no soportarán un minuto de atraso; de lo contrario, con su garganta afinada llorarán tanto que todo el vecindario los oirá.

Prefieren ser hijos únicos porque son muy obsesivos con el orden de su cuarto y las reglas, y tienen la manía de dirigirlo todo a su manera. Esa situación no les caerá nada bien a sus hermanos –si los hubiera–, con el agravante de que sus padres siempre les darán la razón a los gallitos, que saben muy bien cómo ser el centro de atención sin que los demás adviertan las distintas estrategias que usan para lograrlo.

Sea el mayor o el menor de los hermanos, siempre tendrá la razón, porque está más que seguro de que él hace mejor las cosas y no le cuesta nada convencer al resto. Si deciden pintar su cuarto, obviamente el color que el gallito elija será el que quede en las paredes, y sentado cómodamente tomando una chocolatada dirigirá al resto para que no caiga una sola gota de pintura en el piso.

Se llevan muy bien con su grupo de pertenencia porque no viven con ellos. Recibirán a sus amigos con alegría en sus casas y les prestarán todos los juguetes que quieran, pero atención: ¡antes de irse deberán guardar todo en su lugar!

Sus amigos saben que a los gallitos les cuesta mucho salir del nido, por lo tanto, cuando quieren compartir con ellos alguna aventura, esta tendrá que ser galáctica interestelar, por ejemplo una noche en el jardín para mirar con un telescopio las estrellas y diferenciar cada una, siempre a la espera de ver un plato volador. Eso puede seducir un rato a los gallitos, pero en cuanto E.T. no aparezca querrán regresar a su nido.

A las niñas gallo, además de esta aventura, puede seducirlas una salida con sus amigas, todas vestidas como princesas, para ir a algún centro comercial y jugar a que son millonarias y se compran todo lo que les gusta de los distintos escaparates. Son muy coquetas, creídas, orgullosas e interesadas en aparentar ante los demás.

Los niños/niñas gallo son muy buenos estudiantes y sacarán las mejores notas en el colegio; los padres, como premio, les podrán dar dinero todos los meses para que ahorren y luego se compren algo que les guste. Pero no llegarán a juntar demasiado; en cualquier momento se pueden gastar los ahorros en algo totalmente inútil como una bicicleta de circo con una rueda gigante, que jamás aprenderán a usar.

En la escuela las niñas gallo serán las elegidas para integrar el coro, y siempre tendrán un solo que destaque por su hermosa voz. Los gallitos varones sobresaldrán en las clases de química y botánica; además, si hay que hacer algún dibujo para una fecha patria serán los elegidos, todo lo que pinten será considerado una obra de arte por sus maestros.

Ellos son como son y nada les hará cambiar su personalidad, si su mejor amigo hace algo indebido, lo juzgarán con imparcialidad. Como buenos fiscales, su veredicto se basará siempre en la verdad y no en la simpatía o la antipatía.

Son muy solidarios y juntarán todo lo que no usen para llevarlo a los más necesitados. Con rifas y kermeses reunirán dinero para colaborar con hospitales, comedores y barrios carenciados.

Las niñas coleccionarán toda su ropa, desde su primera batita de bebé hasta el último vestido, todo estará en cajas y en orden cronológico y alfabético. Siempre listas y organizadas para saber dónde se encuentra cada cosa. No les gusta perder el tiempo, prefieren usarlo en contarles a sus amigas la historia de cada prenda.

Los varones tendrán toda la pared de su cuarto llena de estantes porque coleccionan soldaditos, cochecitos, peluches y pequeñas obras de arte hechas con sus manos. Los gallitos serán como guías de museo cuando sus amigos los visiten por primera vez. También les contarán la historia de cada una de sus pertenencias, pero a diferencia de los museos, no pondrá un cartel que diga "no tocar".

Amigos eternos y amantes de las redes sociales, estarán siempre en contacto con sus excompañeros de escuela o exvecinos, si se hubieran mudado. Serán los encargados de organizar encuentros con ellos. De esa manera la amistad se mantendrá al día e intacta.

Hay muchas caricaturas de gallos famosos, pero son dos los que por sus características empatizan con los gallitos del horóscopo chino.

El Gallo Claudio es un digno exponente de la personalidad de los gallitos. Creado por Robert McKinson y Warren Foster en el año 1946, este personaje está inspirado en el senador Claghorn, del Sur de Estados Unidos.

Claudio pertenece a una raza de pollos Leghorn proveniente de la región Toscana de Italia, de ahí su voz fuerte y dominante. Es blanco, de estatura alta, antropomórfico, muy escandaloso y con inclinación a las travesuras.

Él y la comadreja Bill están siempre unidos para molestar a su archienemigo el perro George. Perdidamente enamorado de la gallina Miss Prissy, cuida a su hijo Cabeza de Huevo Jr., un erudito pollito aficionado a la lectura.

Repite incansablemente la palabra "digo": "Digo hijo, digo hijo, digo". Así son los gallitos de reiterativos y obsesivos con alguna directiva.

El rasgo más característico de Claudio es que tuvo mucha participación ayudando a los diferentes protagonistas a abrir los ojos y superar el *bullying*. Así también son los gallitos: inteligentes y humanitarios.

También está Heihei, otro personaje gallito de la película animada *Moana*, de Disney.

En la historia, Heihei (que en maorí significa pollo) era un gallo vagabundo que los aldeanos querían sacrificar para la cena; Moana lo salva y a partir de allí nunca se separaron.

En un viaje de exploración Moana cae en el océano y, aunque Heihei no se caracteriza por tener muchas luces, arriesga su vida y la salva. Así de leales amigos son los gallitos.

Pero también son muy cabezotas, y siempre quieren salirse con la suya; por supuesto lo consiguen porque convencen al resto de que son los dueños de la verdad. Además, conquistan con su elegancia inteligencia y belleza.

En muchos campanarios de iglesias y casas particulares hay veletas que tienen en lo más alto un gallo. Veletas que sirven para saber la dirección del viento. Hay muchas teorías religiosas al respecto. ¿Por qué ponen un gallo en lo más alto? Porque los gallos son enigmáticos; reinando desde las alturas visualizan todo, nada se les escapa. Tienen que controlar todo.

Ellos son el sol de su propio universo.

E. V.

GALLO

LOS NIÑOS Y LA MÚSICA

HORÓSCOPO MUSICAL
Ignacio Del Villar

¿Cómo fue tu primera conexión con la música?

No recuerdo ningún momento específico, pero sí sé que conecté con la música desde muy chico. En mi familia la música es algo muy cotidiano y que se comparte, por lo que crecí escuchando todo tipo de géneros.

¿Qué música escuchás o compartís con tus amigos?

Me gusta todo, aprecio cada estilo y recurro a cada uno según mi estado de ánimo o la actividad que vaya a realizar. Amo la música nacional, desde las grandes bandas como Soda o los Redondos hasta algún músico poco conocido que escuché alguna noche en un bar. Por otro lado, me gusta mucho descubrir música nueva constantemente, por lo que escucho música en otros idiomas como inglés, francés y alemán.

¿Qué tipo de música es el que más te representa?

La música contemporánea, quizá porque los temas hablan de cosas que se vinculan más con mi realidad.

¿Cuál fue el primer recital de tu vida?
Los Tabaleros, en el Palacio Alsina.

¿Qué banda o músico que no hayas visto te gustaría escuchar en vivo?
Muchas. Algunas son Soda Stereo, los Rolling Stones, AC/DC, Creedence, por ejemplo.

¿Cómo imaginás el comienzo de la música?
Gente sentada en algún lugar que pasó de estar en silencio a compartir algún sonido.

¿Escuchar música tiene beneficios?
Para mí, sí; me hace muy bien. Repercute en mi humor; odio no tener qué escuchar y me alegra mucho encontrar algún artista o canción nueva que me guste.

¿Influye en el estado de ánimo?
Sí, definitivamente.

¿Qué sensaciones te provocan los distintos géneros musicales?
De todo, soy una persona sensible, y por lo tanto muy permeable a la música; según el género, me puede generar desde excitación hasta lágrimas.

¿Músico se hace o se nace?
Muy difícil, yo creo que se nace con un don, pero no con una pasión.

EL GALLO Y SU ASCENDENTE

GALLO ASCENDENTE **RATA**: 23.00 a 1.00
Un gallo lúcido que vivirá despreocupadamente. Sentimental, tolerante y muy seductor, será un embajador donde vaya.

GALLO ASCENDENTE BÚFALO: 1.00 a 3.00

Trabajará infatigablemente. Será estoico, austero, constante, capaz de grandes sacrificios por llegar a sus objetivos. Protegerá a la familia y amigos, pero detestará hacer cosas por obligación. Un *bon vivant*.

GALLO ASCENDENTE TIGRE: 3.00 a 5.00

Será guerrero y altanero. Este gallo necesitará libertad para vivir y no soportará recibir órdenes de los demás.

GALLO ASCENDENTE CONEJO: 5.00 a 7.00

Un gallo con un *charme* irresistible. Será elegante, refinado, brillante y carismático, además de conservador y muy cariñoso.

GALLO ASCENDENTE DRAGÓN: 7.00 a 9.00

No tendrá límites en su ambición. Buscará fama, prestigio y poder. Se exigirá más de la cuenta y sus raptos de cólera serán espectaculares. Un gallo brillante, generoso y prolífico.

GALLO ASCENDENTE SERPIENTE: 9.00 a 11.00

Será aparentemente frívolo, pero tendrá una inteligencia profunda y sutil. Es un gallo posesivo, independiente, y conseguirá despertar pasiones irrefrenables.

GALLO ASCENDENTE CABALLO: 11.00 a 13.00

Este gallo tiene palabra. Es generoso, altruista y con una fantasía desbordante. Tiene miedo al ridículo y su ego es *heavy*. Aventurero e intrépido, adora conquistar nuevos territorios.

GALLO ASCENDENTE CABRA: 13.00 a 15.00

Completamente imprevisible. Buscará seguridad y un mecenas que lo contenga en sus caprichos. Vivirá al día y no soportará las críticas de nadie.

GALLO ASCENDENTE MONO: 15.00 a 17.00

Un gallo atípico. Muy sexual, vivirá desbordado en todo lo que haga. Tendrá un humor ácido y será moralista.

GALLO ASCENDENTE **GALLO**: 17.00 a 19.00

Este gallo jamás pasará inadvertido. Será un jefe de lujo y un hombre orquesta. Ególatra y vanidoso, se lo ama u odia.

GALLO ASCENDENTE **PERRO**: 19.00 a 21.00

Este gallo vivirá al servicio de los demás. Defenderá las ideas en las que cree, será fiel, generoso y valiente. Escuchará y comprenderá a los otros en sus necesidades.

GALLO ASCENDENTE **CHANCHO**: 21.00 a 23.00

Un gallo auténtico que no se guardará nada. Solitario, reservado, trabajador, será un buen confidente. En el amor encontrará su realización.

EL GALLO Y SU ENERGÍA

GALLO DE MADERA (1945-2005)

Este gallito presenta una actitud de seguridad, pero a veces lo persiguen dudas existenciales que lo detienen en su camino. Es muy honesto, responsable, perfeccionista, y encara las obligaciones con madurez. Muy sociable, rodeado por un montón de amigos, es tolerante y admite que los demás no compartan sus ideas; busca gente exótica para que se una a sus locuras. Detesta la idea de envejecer, por eso siempre está acompañado de personas jóvenes y creativas. Tiene que elaborar muy profundamente lo emocional, ya que le cuesta mucho expresar sus sentimientos.

Personajes famosos

Franz Beckenbauer, Alicia Moreau de Justo, Carmen Maura, Diane Keaton, Julio Iglesias, Sergio Renán, Tanguito, Sandro, Eric Clapton, Bette Midler, Pete Townshend, Milo Manara, Debbie Harry, Bryan Ferry, Gal Costa, Ritchie Blackmore, Juan Alberto Mateyko, Piero, Luiz Inácio Lula Da Silva.

GALLO DE FUEGO (1957-2017)

No pasará inadvertido, le apasionan los desafíos, tiene altos ideales; se involucra en todo lo que le interesa y se esfuma cuando algo no lo atrae. Dueño de una personalidad gentil y tranquila, es orgulloso y se altera con los malos comportamientos de los demás. Está muy seguro de sus acciones y convicciones.

Si uno llega a conquistar su corazón, resulta un excelente amigo y compañero de aventuras. Es feliz haciendo felices a los otros y eso lo divierte. Muy dinámico, hábil y poco flexible, no le importa lo que piensen los demás.

Personajes famosos

Andrea Tenuta, Daniel Day-Lewis, Juan Luis Guerra, Sandra Mihanovich, Katja Alemann, Alejandro Lerner, Miguel Bosé, Miguel Botafogo, Daniel Melingo, Nicolás Repetto, Mirko, Melanie Griffith, Luis Salinas, Sid Vicious, Daniel Melero, Siouxsie Sioux, Ricardo Mollo, Jorge Valdivieso, Robert Smith, Alfie Martins.

GALLO DE TIERRA (1909-1969)

Este gallo tiende a decir y hacer lo que piensa sin preocuparse por las consecuencias futuras. Es muy analítico con las cosas de la vida y además organiza sus ideas. En el amor es serio y convencional, no vivirá aventuras de una sola noche, y necesita muchas garantías antes de aferrarse a alguien. Las satisfacciones que recibirá en su existencia resultarán enormes porque en cada situación, acto o persona que enfrenta deja su corazón. Organizará la vida de la familia y será el que lleve alegría al hogar.

Personajes famosos

Javier Bardem, Cate Blanchett, Maxi Montenegro, Laura Novoa, Giuseppe Verdi, José Ferrer, Marguerite Yourcenar, Karina Mazzocco, Juan di Natale, Wes Anderson, Cecilia Milone, Alex Ross, Gwen Stefani, Valeria Bertuccelli, Horacio Cabak, Pablo Echarri.

GALLO DE METAL (1921-1981)

Ambicioso, busca los puestos importantes hasta encontrarlos. Se apasiona por ganar el pan con el sudor de su cresta. Es muy presumido, dominante, inflexible, colérico y maniático. Puede resultar algo irritante, pero si se lo toma con calma es gracioso, imaginativo y generoso con sus seres queridos. Puede lastimar con su lengua: habla mucho y jamás se arrepiente de lo que dice. El gallo más ordenado y prolijo de los animales del zodíaco chino.

Personajes famosos

Esther Williams, Charles Bronson, Astor Piazzolla, Deborah Kerr, Jane Russell, David Nalbandian, Britney Spears, Roger Federer, Simone Signoret, Rachel Meghan Markle, Natalia Volosin, Natalie Portman, Luciano Pereyra, Dionisio Aizcorbe, Tita Tamames, Laura Azcurra, Javier Saviola, Fernando Alonso, Andrés D'Alessandro.

GALLO DE AGUA (1933-1993)

El gallo de agua se adapta y readapta sin problemas a los cambios y a las diferentes ideas; antes de imponerse sabe escuchar a los demás. Le cuesta mucho controlar sus emociones; esto lo aprende en el transcurso de toda su vida. Le resulta difícil confiar en sí mismo, y por eso a veces no triunfa en la vida. No se siente dueño de la verdad, acepta otras opiniones y se une al debate. Le gusta cultivarse, leer y estar rodeado de artistas. Preferirá lo concreto, sobresaldrá en el trabajo manual y se destacará por la honestidad en su carrera. Será más humanista que místico.

Personajes famosos

Alberto Migré, María Rosa Gallo, Montserrat Caballé, Ariana Grande, Jean-Paul Belmondo, Sacha Distel, Julián Serrano, Roman Polanski, Sol Pérez, Quincy Jones, Toni Negri, Tato Pavlovsky, Santo De Fino, Larry King, Joan Collins, Alberto Olmedo, Costa-Gavras, Juan Flesca, Benito Cerati Amenábar, Yoko Ono.

SANDRA MIHANOVICH
Gallo de Fuego

CONTAME UN CUENTO CHINO
Pablo Sirvén • Gallo de Fuego • Periodista

El milagro de existir

Era chico y yo pensaba mientras comía en la mesa junto a mis padres y mi abuela que ellos se iban a morir en algún momento. "Sí, pero no ahora", reflexionaba, y eso me llenaba de gozo. Los miraba con perspectiva histórica y los disfrutaba más.

Me gusta ser consciente de que nada es para siempre, pero no para deprimirme sino para aprovechar mejor el "aquí y ahora", que es lo único tangible que tenemos porque el pasado ya fue y el futuro todavía no sucedió. El presente se nos escabulle entre las manos para ser pasado y su combustible es el futuro, que consumimos aceleradamente.

Cuando pasó el tiempo y ellos partieron, no sabía que era un legado filosófico que me hacía el Pablo niño al Pablo adulto que soy. El legado/regalo es que, de manera figurada, sigo sentándome a esa mesa y ellos están allí.

La vida es una sucesión de experiencias en paralelo que no se terminan de ir, que conviven con lo que somos hoy. En mi cuaderno de la vida, cada día se suman nuevas experiencias, pero las páginas pasadas no se borran porque validan y enriquecen mi presente. Por eso soy una suma de todos esos Pablos, el niño, el adulto y el adolescente.

Ahora este Pablo adulto le habla al Pablo muy mayor, que algún día espero ser si vivo, llego lúcido y razonablemente sano, sin ser una carga para nadie: "Procurá ser útil, alegre y agradecido hasta el último suspiro por la experiencia milagrosa de existir". Todo eso perdurará en algún lugar. Lo sé.

TABLA DE COMPATIBILIDAD

	karma	salud holística	amor pos COVID	trueque	nuevos vínculos
Rata	regular	regular	bien	bien	bien
Búfalo	regular	regular	regular	bien	bien
Tigre	regular	bien	mal	regular	excelente
Conejo	regular	regular	regular	regular	bien
Dragón	regular	regular	regular	regular	bien
Serpiente	mal	regular	regular	regular	regular
Caballo	regular	regular	regular	regular	muy bien
Cabra	regular	regular	regular	bien	excelente
Mono	regular	bien	regular	regular	muy bien
Gallo	bien	excelente	bien	regular	regular
Perro	muy bien	regular	bien	mal	regular
Chancho	muy bien	muy bien	bien	regular	regular

mal · regular · bien · muy bien · excelente

PERRO

FICHA TÉCNICA

Nombre chino del perro
GOU

Número de orden
UNDÉCIMO

Horas regidas por el perro
19.00 A 21.00

Dirección de su signo
OESTE-NORDESTE

Estación y mes principal
OTOÑO-OCTUBRE

Corresponde al signo occidental
LIBRA

Energía fija
METAL

Tronco
POSITIVO

ERES PERRO

SI NACISTE

28/01/1922 - 15/02/1923
PERRO DE AGUA

14/02/1934 - 03/02/1935
PERRO DE MADERA

02/02/1946 - 21/01/1947
PERRO DE FUEGO

18/02/1958 - 07/02/1959
PERRO DE TIERRA

06/02/1970 - 26/01/1971
PERRO DE METAL

25/01/1982 - 12/02/1983
PERRO DE AGUA

10/02/1994 - 30/01/1995
PERRO DE MADERA

29/01/2006 - 17/02/2007
PERRO DE FUEGO

16/02/2018 - 04/02/2019
PERRO DE TIERRA

Moviendo el rabo muy feliz el perrito llegó en el undécimo lugar a la convocatoria del horóscopo chino.

Las madres que esperan un bebé perrito transitarán muy plácidamente los nueve meses de embarazo. En el proceso de parto no causarán molestias, cuando menos lo piensen ellos descansarán tranquilamente en brazos de su madre, muy cerca del corazón, para demostrarle desde ese momento todo su amor y apego.

Si tienen hermanos, por su carácter y buen humor siempre serán los preferidos de sus padres, situación que causará celos y envidia, a tal punto que será una batalla: todos contra el consentido. El perrito, a pesar de tener mucha personalidad, necesita del apoyo y cariño de sus hermanos porque es bastante inseguro, pero igual se las arregla sin su atención y ayuda. A ellos les cae de perillas el dicho "Cuanto menos bulto más claridad".

Muy diplomáticos y reservados ante los demás, nunca contarán si alguno de sus hermanos les causa problemas. Gracias a su olfato perruno, antes de que lo quieran atacar su escudo intuitivo contraataca primero, entonces nunca salen heridos, situación que enardece a sus adversarios.

Son muy queridos por su grupo de pertenencia, todos los considerarán su mejor amigo, porque de verdad lo son; ayudan incondicionalmente a sus pares. En la escuela, cuando planean una salida, los eligen como líderes para organizar. Si el plan es pasar un fin de semana en la playa, no olvidarán nada, un perrito llevará –para todos– protector solar, gel de aloe vera para las quemaduras, bebidas, barritas proteicas, un botiquín de primeros auxilios y cargadores extras para los celulares. Además, como siempre están muy bien informados, sabrán el estado del tiempo, la altura de la marea y la temperatura de la arena. Todo lo saben.

Son muy inteligentes, no dudarán en ayudar a sus amigos con las tareas escolares o les soplarán en algún examen. Cuando alguien de su grupo está triste o preocupado, antes de que cuente el motivo el perrito sabiamente lo sanará con una palabra de aliento, su olfato e intuición siempre alertas para socorrer a quien lo necesite.

Tienen un humor muy especial que no todos entienden y les puede causar problemas. Su mente aguda es muchas veces sarcástica en sus comentarios. Por ejemplo, a modo de broma, una niña le dirá a una de sus amigas: "No todas pueden ser inteligentes, finas, educadas y tener mucho *glamour* para vestir como yo, algunas parecen disfrazadas. Perdoná, no lo digo por vos, pero la verdad es que ese vestido no te queda nada bien". Luego, con una sonrisa, le dice: "No pongas esa cara, era un chiste". Siempre detrás de una broma hay una verdad. Así son las perritas. Y un varón le dirá a otro: "No sé para qué insistís en jugar al fútbol si sabés que sos de madera… Era un chiste, no me mires así. Bueno, no sos Messi, pero con práctica, mucha suerte y viento a favor, a lo mejor algún día podés llegar a jugar bien". Así son los perritos, bastante criticones.

Hay muchos perros famosos que muestran claramente su empatía con los perritos del horóscopo chino.

Para todo son los primeros. Laika (en ruso significa ladradora) fue una perrita callejera que, luego de muchas prácticas, el 3 de noviembre de 1957 orbitó la Tierra en el satélite ruso Sputnik. Fue el primer ser vivo terrestre en realizar dicha hazaña; lastimosamente murió en el espacio.

Si hay una superestrella perruna, esa es Lassie, personaje creado por Erik Knight en 1938, en el cuento *Lassie vuelve a casa*, historia que luego fue una reconocida novela. Esta hermosa collie en realidad era un macho llamado Pal. Lassie está presente en películas, revistas, libros, series de televisión, radio, juguetes y series animadas.

Las niñas perro adoran a Lassie; todas quisieran tener una collie igual a ella. Para los niños perro, su ídolo es Rin Tin Tin, un pastor alemán tan famoso que sus huellas están en el Paseo de la Fama en Hollywood.

La historia comienza en el año 1918, en Francia. El soldado Duncan, que participaba en la Primera Guerra Mundial encuentra abandonados a cinco cachorros de pastor alemán y a su madre. Los lleva al campamento y los adiestra mientras van creciendo. Al regresar a Estados Unidos se lleva a Rinti, uno de los cachorros, y a su madre, Nannete. Allí comienza una seguidilla de más de veinte películas con las aventuras de Rin Tin Tin, que sucedían en un fuerte en el oeste de Estados Unidos. Su inteligencia, habilidad y espíritu aventurero lo convirtieron en un héroe. La colección de revistas de Rin Tin Tin está valuada en una cifra millonaria.

Y el tercer perro famoso, amado por perritos y perritas, es el gigante Beethoven. En el año 1992 se estrenó esta familiar película, *Beethoven,* que cuenta la historia de un San Bernardo que vivía en una tienda de mascotas, y allí se produce un robo; aprovechado la situación escapa y se mete en la casa de la familia Newton. Todos aman a este gigante y bello perrazo menos el padre, por los destrozos que hacía en la casa. Emily, la más pequeña de la familia, una noche toca en el piano la *Quinta sinfonía* de Beethoven, y allí nace el nombre de este can cariñoso, dulce, tolerante, muy rápido para defender y proteger a los miembros de la familia. Así son los perritos, protectores.

En 1955 se estrenó *La dama y el vagabundo,* la más bella y dulce historia de amor perruna, película basada en la novela de Ward Greene. Es la historia de Reina, una hermosa perrita de raza que se enamora de Golfo, un perro vagabundo. Él le enseña cómo es el mundo de la calle, que era desconocido para ella. El amor se concreta en la escena donde comparten un plato de pastas y comiendo un mismo fideo chocan sus hocicos en un dulce beso. Esta película nos muestra la sensibilidad y los sentimientos de los perritos.

La noche de las narices frías, basada en el cuento de Dodie Smith, se estrenó como dibujo animado en 1961 y en el año 1996 se realizó *101 dálmatas,* la nueva versión, con actores y perros verdaderos. Cuenta la historia de Pongo, perro de Roger, y Perdi, la perra de Anita, ambos dálmatas, que con astucia e inteligencia hacen que sus amos se conozcan, se enamoren y se casen. Luego viene la parte dramática en la cual la malvada Cruella de Vil rapta a los cachorros hijos de Pongo y Perdi para hacerse un tapado de piel. Con la ayuda de todos los perros de diferentes condominios logran rescatar a los cachorritos. En un final feliz vemos a Roger, Anita y los 101 dálmatas viviendo en una hermosa casa de campo.

Las niñas perro se sienten muy identificadas con *Beverly Hills Chihuahua*, película que se estrenó en 2008. Cuenta la historia de Chloe, una prepotente, malcriada y consentida chihuahua de la alta sociedad, que se pierde en México y es raptada. Delgado, un perro pastor alemán vagabundo pasa numerosas situaciones de peligro para salvarla.

Chloe ignora, mandonea y menosprecia a su salvador porque no pertenece a su clase social. Al fin en libertad, vuelve a su mansión en Beverly Hills, cae rendida a los pies de su salvador y nace el amor. Delgado es aceptado en la mansión y Chloe le sirve un jugo mientras él toma sol junto a la piscina. Así son los perritos cuando quieren a alguien.

Los perritos del horóscopo chino son adorables, sensibles y de gran corazón, hay que tenerles confianza. Nunca te darán un tarascón a traición. ¿Saben por qué? Porque el perro es el mejor amigo del hombre.

E. V.

PERRO

LOS NIÑOS Y LA MÚSICA

HORÓSCOPO MUSICAL
León Fernández

¿Cómo fue tu primera conexión con la música?
Mamá y papá me cantaban canciones para dormir, siempre me acuerdo de que una noche de campamento la pasamos en un fogón escuchando música de Miguel Abuelo.

¿Qué música escuchás o compartís con tus amigos?
Reguetón, Ozuna, y nos pasamos todas las nuevas cuando salen.

¿Qué tipo de música es el que más te representa?
Reguetón, *rock* y bandas sonoras de películas.

¿Cuál fue el primer recital de tu vida?
Los que primero vi fueron Onda Vaga, Kapanga, La Versuit y un par más que tocaron en un festival.

¿Qué banda o músico que no hayas visto te gustaría escuchar en vivo?
Katupecu, o Lisandro Aristimuño, ciento por ciento.

¿Cómo imaginás el comienzo de la música?
Supongo que se juntaron un par de locos aburridos de escucharse a ellos mismos y decidieron empezar a cantar y hacer ritmos con distintos elementos. Después habrán venido la afinación y la creación de sonidos más armados, ¿no?

¿Escuchar música tiene beneficios?
Mi mamá es maestra de teatro y siempre me despierta con música que me encanta. Empezamos cada día de una manera creativa y diferente, con ritmos nuevos cada vez.

¿Influye en el estado de ánimo?
Hoy justamente conocí canciones de comedias musicales ¡y me pareció tan genial! Es una historia que se cuenta cantando.

¿Qué sensaciones te provocan los distintos géneros musicales?
Me relaja mucho la música teatral, y las bandas de sonido de cine también me alucinan.

¿Músico se hace o se nace?
Imagino que estudiando desde chico todos los sueños se pueden cumplir, aunque a veces parezca difícil el camino, porque los que más admiro ¡parece que ya nacieron sabiendo!

EL PERRO Y SU ASCENDENTE

PERRO ASCENDENTE RATA: 23.00 a 1.00
Tendrá un espíritu aprovechador y muy crítico. Participará en eventos populares y sabrá escuchar consejos. Será muy sentimental y estará apegado al pasado.

PERRO ASCENDENTE BÚFALO: 1.00 a 3.00
Vivirá exigido por las responsabilidades propias y ajenas y no descansará nunca. Sus principios son sólidos, nobles y desinteresados. El amor será para él la recompensa más preciada y difícil de obtener. Sus reglas son flexibles, y su humor, corrosivo.

PERRO ASCENDENTE TIGRE: 3.00 a 5.00
Un soldado de la justicia y los derechos humanos. Hará todo por convicción y nunca se entregará. Amará apasionadamente y tendrá un espíritu altruista. Nació para la política y las artes.

PERRO ASCENDENTE CONEJO: 5.00 a 7.00
Un perro sibarita y discreto que necesitará mucho afecto para realizarse. Tendrá suerte, trabajará lo necesario y no se privará de nada. Es sumamente vulnerable a la influencia de los demás.

PERRO ASCENDENTE DRAGÓN: 7.00 a 9.00
Este perro inquieto, innovador y egocéntrico buscará prestigio, fama y poder. Amará el lujo, el confort, y tendrá relaciones efímeras y superficiales, aunque trate de profundizarlas. Su realización será en los negocios, las ciencias o los deportes. Un inconformista.

PERRO ASCENDENTE SERPIENTE: 9.00 a 11.00
Lleno de prejuicios y contradicciones, necesitará dominar sus impulsos para no agobiar a otros con exigencias. Hábil para los negocios o la política. Buscará escalar socialmente; será una burbuja de champaña.

PERRO ASCENDENTE CABALLO: 11.00 a 13.00
Un increíble y magnético perro que no dejará de hacer algo

en la vida por los demás. Egocéntrico, autoritario, avasallador; su humor es genial, y su capacidad para resolver problemas, admirable. Despertará pasiones irrefrenables.

PERRO ASCENDENTE **CABRA**: 13.00 a 15.00
Servicial, inconstante y sentimental, le hace falta tener seguridad material para no desequilibrarse. Antojadizo, caprichoso, informal y muy selectivo, necesitará que lo admiren y aplaudan para tomar decisiones.

PERRO ASCENDENTE **MONO**: 15.00 a 17.00
Este profundo y sagaz perro hará siempre lo que se le antoje. Será creativo, original, inquieto, y vivirá peripecias sentimentales que decidirán su destino.

PERRO ASCENDENTE **GALLO**: 17.00 a 19.00
Quisquilloso, calculador y muy inseguro. Necesitará comprobar, para creer; y le costará arriesgarse cuando tome la decisión. El amor será un tormento si no acepta al otro como es.

PERRO ASCENDENTE **PERRO**: 19.00 a 21.00
Un trashumante que se enriquecerá con su propia experiencia. Será un idealista, vivirá al día y siempre tendrá tiempo y espacio para los amigos. Un sabio consejero al que habrá que escuchar con atención.

PERRO ASCENDENTE **CHANCHO**: 21.00 a 23.00
Un generoso, auténtico y talentoso perro que concretará sus aspiraciones si tiene apoyo afectivo. Hará dinero y lo donará a instituciones de beneficencia. Se casará varias veces y tendrá muchos hijos.

EL PERRO Y SU ENERGÍA

PERRO DE MADERA (1934-1994)
Un perro que muchas veces entabla feroces discusiones por aferrarse a lo que piensa. Es ingenioso, original e irónico en su

manera de hablar, pensar, vestirse y seducir. Después de dejar un tendal de enamorados se refugiará en su casa de madera, lejos del caos y la vida mundana.

El más comunicativo y afectuoso de todos los perritos. Tiene mucha capacidad y equilibrio para establecer vínculos duraderos con personas afines, a las que ama profundamente y protege durante toda la vida.

Personajes famosos

Elvis Presley, Horacio Accavallo, Rocío Jurado, Shirley MacLaine, Brigitte Bardot, Charly Squirru, Enrique Macaya Márquez, Franco Masini, Chunchuna Villafañe, Mónica Cahen D'Anvers, Justin Bieber, Sophia Loren, Federico Luppi.

PERRO DE FUEGO (1946-2006)

Un perro honesto y muy seguro al momento de tomar decisiones. No es una persona fácil para convivir. Estimulado por fuertes pasiones y broncas repentinas, se tornará un lobo rabioso al que habrá que acorralar para que se calme. Resulta difícil hacerlo cambiar de opinión, y no permite ninguna forma de oposición. En un minuto puede pasar por varios estados de ánimo diferentes: es ciclotímico, impulsivo, vertiginoso. Vive grandes historias de amor, porque no existe un can más ardiente. De todos modos, parece más sexual de lo que realmente es.

Personajes famosos

Tomás Abraham, Camilo Sesto, Gianni Versace, Freddie Mercury, Cher, Javier Martínez, Miguel Abuelo, Pipo Lernoud, Susana Torres Molina, Martin Seppi, Oliver Stone, Bon Scott, Pablo Nazar, Eduardo Costantini, Susan Sarandon, Jorge Asís, Gerardo Romano, Rolando Hanglin, Sylvester Stallone, Moria Casán, Donald Trump.

PERRO DE TIERRA (1958-2018)

Este perro tiene las patas bien asentadas sobre la tierra y se adapta maravillosamente a la realidad. Prudente y reflexivo antes de tomar una decisión, resulta un excelente consejero. Como es astuto y escéptico, no se comprometerá con facilidad. Aunque tenga altas aspiraciones e ideales, será más observador que protagonista. Necesita estar protegido de las inclemencias del destino, buscar seguridad afectiva y material. Es cariñoso, familiero y capaz de transformarle la vida a alguien que viva junto a él. El más tranquilo, fiel y servicial de todos los perros.

Personajes famosos

Madonna, Gipsy Bonafina, Tim Burton, José Luis Clerc, Prince, Michelle Pfeiffer, Kate Bush, Michael Jackson, Rigoberta Menchú, Gary Numan, Reina Reech, Eduardo Blanco, Petru Valensky, Silvana Suárez, Ana Obregón, Gustavo Belatti, Marcelo Zlotogwiazda, Pipo Cipolatti.

PERRO DE METAL (1910-1970)

Un perro muy valiente, corajudo y capaz de sacrificarse para cambiar el universo y el mundo. Su inteligencia es brillante, emana una energía divina e instintivamente sabe lo que quiere. Defiende su territorio con ferocidad y ladra tanto a sus enemigos que estos se asustan y retroceden. Se hace respetar mostrando sus colmillos y se toma la vida muy seriamente. Por lo general, está preparado para enfrentar los desafíos más duros por la autodisciplina que se impone. Sabe encontrar los medios para concretar lo que emprende.

Personajes famosos

Juan Castro, Martín Churba, Gabriela Sabatini, Martín Lousteau, Luis Miguel, Uma Thurman, Jacques Cousteau, Lola Flores, Ernesto Alterio, Paola Krum, Matt Damon, Javier Milei, Andre Agassi, Paul Thomas Anderson, Muriel Santa Ana, Maribel Verdú, David Niven, Madre Teresa de Calcuta, Juan Cruz Bordeu, Verónica Lozano, Matías Martin, Sócrates, Andy Chango, Marley, Andy Kusnetzoff, Chiang Ching-Kuo, Gerardo Rozín, Juan Pablo Varsky, Leonardo Sbaraglia.

PERRO DE AGUA (1922-1982)

Olfato e intuición al máximo. Capta las ideas antes de que sean expresadas, siente los temblores antes de que se produzcan, oye un ruido antes de que llegue a nuestros oídos, es difícil que caiga en una trampa. Es un perro al que le faltará un poco de confianza en sí mismo, por lo que deberá estar muy contenido y estimulado para no perder el rumbo de su existencia. Muy popular gracias a su respeto por la humanidad, su sentido del humor y su talento. Famoso por su belleza y su sensualidad.

Personajes famosos

Ava Gardner, Juana Viale, José Saramago, China Zorrilla, Marcela Kloosterboer, Jack Kerouac, Marilú Dari, Paloma Del Cerro, Vittorio Gassman, Victor Hugo, Alejandro Dumas, Sol Mihanovich, Malena Pichot, Pierre Cardin, Luciana Rubinska, Julieta Pink, Paula Morales.

JUANA VIALE
Perro
de Agua

CONTAME UN CUENTO CHINO
Gustavo Tubio • Perro de Metal • Periodista

Getulio ya no está.

Dicen que los perros no tienen alma y que por eso no van al cielo.

Un raro concepto que nunca entendió Jorge, el dueño de Getulio. Jorge le había enseñado a su perro a rezar y este no se atrevía a probar ni un solo bocado si, previamente, no habían orado juntos; solo al escuchar la palabra "amén" el perro disfrutaba del manjar de carne, arroz y huesos que Jorge le había preparado.

Getulio era un perro al que a Jorge le gustaba definir como de raza "purbal". Cuando la gente le preguntaba cuál era esa raza Jorge respondía: "Puro baldío", mientras se reía, solo, de su ocurrencia.

El "purbal" llegó a la vida de este carpintero correntino unos meses después de la muerte de Claudia, su esposa. Su casa se había convertido en un campo de dolor y llanto. El compadre del carpintero llegó un día con un cachorro en un brazo y una botella de vino tinto en la otra. El malbec duró media hora, y el perro se quedó catorce años. Unos meses antes de morir, el perro no podía caminar y su amigo lo sostenía en sus brazos a la hora de los rezos. Envuelto en esos mismos brazos se fue una tarde de otoño. Ahora descansa a la sombra de un nogal. Jorge lo enterró y puso una cruz de madera donde escribió:

"Aquí descansa Getulio, el perro sin alma, que solo vivió para amar a un hombre que tenía la suya rota".

Soy un neutrón.
canalizo todas las ondas negativas
que me encajan en el melón.
Soy un neutrón,
larga tu guano
que te lo voy a convertir
en una flor de manzano.
Soy un neutrón, recibo palanganas
    de vidrios rotos
y los transformo en algodón.
Soy un neutrón,
me inyectan destinos en mi laberinto
y quisiera encontrar mi PROTÓN.
L. S. D.

TABLA DE COMPATIBILIDAD

	karma	salud holística	amor pos COVID	trueque	nuevos vínculos
Rata	bien	mal	bien	bien	bien
Búfalo	regular	bien	bien	bien	bien
Tigre	regular	muy bien	muy bien	regular	excelente
Conejo	regular	bien	regular	regular	muy bien
Dragón	regular	bien	bien	bien	regular
Serpiente	muy bien	bien	mal	bien	regular
Caballo	muy bien	bien	bien	muy bien	bien
Cabra	excelente	regular	bien	bien	regular
Mono	excelente	bien	bien	regular	excelente
Gallo	regular	muy bien	bien	regular	bien
Perro	muy bien	bien	bien	muy bien	excelente
Chancho	muy bien	excelente	regular	bien	excelente

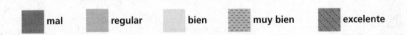

mal   regular   bien   muy bien   excelente

DÍA ESTRELLA,
guíame.
Escucha una brisa suave para llevarme
a los brazos de mi amante;
el que cuida el hogar, las plantas y los animales.
El que en silencio descubre rastros míos
para recuperarme
en ausencias que asientan el misterioso lazo
de amor que parece invisible pero nos ata.
Estrella amarilla que sacude mi corazón arrítmico
y sin hangar
planeando en parapente.
Extraño tu olor, tu boca, tus movimientos dentro
y fuera de la casa.
Tu presencia, testigo de mi vida sin revelar.
L. S. D.

FICHA TÉCNICA

Nombre chino del chancho
ZHU

Número de orden
DUODÉCIMO

Horas regidas por el chancho
21.00 A 23.00

Dirección de su signo
NOR-NORDESTE

Estación y mes principal
OTOÑO-NOVIEMBRE

Corresponde al signo occidental
ESCORPIO

Energía fija
AGUA

Tronco
POSITIVO

ERES CHANCHO
SI NACISTE

16/02/1923 - 04/02/1924
CHANCHO DE AGUA

04/02/1935 - 23/01/1936
CHANCHO DE MADERA

22/01/1947 - 09/02/1948
CHANCHO DE FUEGO

08/02/1959 - 27/01/1960
CHANCHO DE TIERRA

27/01/1971 - 14/02/1972
CHANCHO DE METAL

13/02/1983 - 01/02/1984
CHANCHO DE AGUA

31/01/1995 - 18/02/1996
CHANCHO DE MADERA

18/02/2007 - 06/02/2008
CHANCHO DE FUEGO

05/02/2019 - 24/01/2020
CHANCHO DE TIERRA

Último pero feliz –porque mejor tarde que nunca– llegó el chanchito para ocupar el puesto número doce.

Las embarazadas de niños/niñas chancho tendrán los mil antojos. Atención, papás, mejor hagan una siesta porque a las mamitas a cualquier hora de la madrugada se les puede ocurrir, por ejemplo, comer un asadito a las brasas.

A las madres de chanchitos bebés se les recuerda que, cuando los lleven a pasear, además de mamaderas, pañales, talco, chupetes de repuesto y baberos, lleven unas cuantas mudas para ellas, porque estos bebés son muy propensos al vómito. A los chanchitos el movimiento los desestabiliza.

Tener un hermanito no es algo que haga feliz a los chanchitos, ellos prefieren disfrutar la soledad y privacidad de su cuarto, su mundo, su chiquero. Pero si los tienen, no les importa ser los menores y heredar la ropa que usaron sus hermanos mayores, son muy sencillos y agradecidos con lo que les toca.

Les gusta compartir su vida con una mascota: perros o gatos que vivan con ellos serán bendecidos con la atención y el amor de los chanchitos. Son muy responsables con su cuidado.

En la escuela, sus materias serán botánica y zoología. Nada los entretiene más que ver cómo una semilla germina y se convierte en una planta. Tienen muy buena mano verde. Los padres pueden incentivar este amor a las plantas armando una pequeña granja orgánica en el patio o balcón de su casa. Albahaca, perejil, tomillo, cilantro serán sus aromas favoritos.

¡Pero cómo les cuesta crecer! Requieren siempre la atención de sus padres, serían felices si fueran Peter Pan. Son muy quejosos y bastante malcriados. En una reunión con amigos los padres deberán estar muy atentos a los comentarios del pequeño chanchito; en medio de una cena puede decir ingenuamente algo comprometedor sin medir las consecuencias: "Mi mamá le dijo a mi papá: 'vas a ver que solo traen una botella de vino y se comen todo, son muy miserables'. Mi mamita tenía razón, ¡cómo comen ustedes!". Regla número uno: hay que enseñarles a guardar silencio y no contar intimidades del hogar.

Con su grupo de pertenencia serán fieles y, sin saberlo, psicólogos de los problemas ajenos. Las chanchitas pueden guardar el secreto más secretísimo de una amiga, pero que no la traicione, porque entonces –en el aula y con todos sus compañeros escuchándola– dirá: "¿Sabían que Marcela gusta de Luis?", y si no: "Perdoname, Marce, ayer me dijiste que no podías venir a casa porque estabas resfriada, y era mentira". A una mentira le corresponde una traición. Así de vengativas son las chanchitas enojadas.

Y los chanchitos no se quedan atrás. Por miedo a la traición son muy precavidos; siempre están a la defensiva. Cuando los amigos hacen la promesa "Todos para uno y uno para todos", mejor que sea así. Ellos no perdonan, se muestran de entrada como son, y eso mismo esperan de los demás.

No esperen un gran festejo en el cumpleaños de un chanchito, y menos que asista a uno. Las multitudes los agobian y los ponen de mal humor. Aman los nuevos servicios de videoconferencia. Festejarán sus cumpleaños con todos sus compañeros presentes, pero no en su casa sino en una reunión virtual con la aplicación Zoom. Todos juntos, pero no amontonados.

Para no quedar mal por no asistir al cumpleaños de un amigo, los chanchitos lo invitarán a su casa y disfrutarán juntos viendo el video del cumple. Si son niñas, le prepararán una torta –ya que son excelentes cocineras y amas de casa–, y si son varones lo agasajarán con panchos, jugos y papas fritas.

No traten de convencer a los chanchitos para ir de campamento y dormir bajo la luz de la luna en una carpa. Ellos son muy inteligentes para hacerlos cambiar de idea. Armarán una carpa en su cuarto y pondrán un fondo de montañas en su televisor. Todos felices y ellos siempre en su chiquero dominando la situación.

Les atraen mucho los juegos y juguetes *vintage*, no son tan amantes de los videojuegos. Las niñas adoran jugar a la rayuela, el elástico, saltar a la soga y coleccionar figuritas con brillantes. Y los varones jugar un cabeza en el patio, a la payana, el balero, el trompo y las bolitas.

Los tres chanchitos es una fábula que muestra las diferentes características de estas criaturas. Se cree que es anterior al siglo XIX. En el año 1933 Disney la llevó al cine. Es la historia de una madre que como no tenía dinero para mantener a sus tres hijos cerditos los mandó al bosque para que se ganaran la vida. Allí vivía el lobo, que deseaba comérselos.

Para salvarse, ellos decidieron hacerse una casa cada uno. El menor hizo una de paja, la terminó rápidamente y corrió a jugar, el del medio hizo una de madera y también al terminarla se fue a jugar con su hermanito; el mayor hizo una casa de ladrillo, que le llevó más tiempo y trabajo y no pudo ir a jugar al bosque con sus hermanos.

El lobo destrozó las casas de paja y madera y persiguió a los chanchitos, que buscaron refugio en la casa del hermano mayor. Este sabiamente puso una olla con agua hirviendo al pie de la chimenea. Cuando el lobo se deslizó por esta, se quemó, salió corriendo y se internó en el bosque. Nunca más intentó comer un chanchito.

La moraleja de este cuento es la sentencia del chanchito mayor: "Hay que pensar las cosas antes de hacerlas. Primero la obligación y luego la diversión".

Miss Piggy, una de las protagonistas más importantes de la serie de televisión *Los Muppets*, es una digna representante de la personalidad de las chanchitas.

En 1979 Frank Oz contó su historia en un especial del diario *New York Times*. Miss Piggy nació en un pequeño pueblo de Iowa, su padre murió cuando era muy pequeña y su madre no la trató muy bien. Tuvo que participar en varios concursos de belleza para sobrevivir. Ella es muy vulnerable pero nunca pudo mostrar al mundo ese aspecto de su vida, su única meta fue ser una gran estrella.

Tuvo muchos encuentros y desencuentros con su novio Kermet The Frog, la Rana René. Posee la gracia, la belleza y el encanto femeninos, pero también es quejosa, egocéntrica, manipuladora y anda siempre con ganas de pelear con los demás si no coinciden con su manera de pensar. Así son las chanchitas.

Los chanchitos del horóscopo chino tienen mucho de Porky, un personaje de dibujos animados creado por los estudios

Warner Bros. Es un chanchito tartamudo y muy indeciso que tenía dos personalidades, según quién fuera su dupla. Con el Pato Lucas era sumiso y solo obedecía sus órdenes, como si fuera su cadete. Con el gato Silvestre era todo lo contrario, malhumorado y quejoso, él manejaba la situación. Así de cambiantes son los chanchitos.

Piglet –el pequeño chanchito amigo del oso goloso de las aventuras de Disney, *Winnie The Pooh*– es muy miedoso, pero también manipulador; cuando todos intentan empezar una aventura, él los convence para que se queden en casa.

Pero el chancho por excelencia es Babe.

Babe, el cerdito valiente es una de las películas familiares con más nominaciones para los premios Oscar.

Cuenta la historia de un chanchito huérfano que Arthur Hoggett adopta y lleva a su casa. Como se cría con Fly, el perro, se cree también un perro. En la granja cada animal tenía una misión que cumplir. Babe es diferente y no acepta ser la cena de Navidad. Él quiere ser un cerdo pastor para guiar y proteger a las ovejas. Así son los chanchitos; cuando se proponen algo, lo logran; no hay obstáculos que se los impidan.

Y como decía Porky al final de los dibujos animados de Looney Tunes y Merrie Melodies: "ESO ES TODO, AMIGOS".

E. V.

LOS NIÑOS Y LA MÚSICA

HORÓSCOPO MUSICAL
Sienna Kohan

¿Cómo fue tu primera conexión con la música?
En mi familia siempre fueron de escuchar canciones y música sentimental, como canciones italianas, así que crecí con esas influencias.

¿Qué música escuchás o compartís con tus amigos?
Toda la que me llame la atención o me llegue por algo especial. Me gusta Louta, porque además de que baila divertido, los videos son recoloridos, lo más.

¿Qué tipo de música es el que más te representa?
Lo relaciono bastante con los estados de ánimo, así que puedo elegir desde algo de piano tranquilo a la música más movida de Tash Sultana y Billie Eilish.

¿Cuál fue el primer recital de tu vida?
Fuimos en familia, con mis abuelos, a ver al cantante Litto Nebbia, en un pueblo del interior.

¿Qué banda o músico que no hayas visto te gustaría escuchar en vivo?
Lady Gaga, Lana Del Rey, Jay Z.

¿Cómo imaginás el comienzo de la música?
Me imagino que alguien se despertó un día de buen humor y quiso reír cantando, y después se habrían ido agregando ruidos que siguieron desarrollándose.

¿Escuchar música tiene beneficios?
¡Totalmente! Mi tía escucha una música llamada ThetaHealing, y leímos que está comprobado que sirve para curar la mente y el espíritu.

¿Influye en el estado de ánimo?

¡Recontra! Hace poco discutí con mi mejor amiga, y cuando llegué a casa me había enviado un WhatsApp con nuestra canción favorita, la verdad es que me aflojó todo y nos reconciliamos por eso.

¿Qué sensaciones te provocan los distintos géneros musicales?

La música más tranqui me calma y relaja mucho; de las canciones que escuchan mis viejos, algunas son copadas y otras me dan bajón. El Gangsta rap es lo que más me divierte.

¿Músico se hace o se nace?

Cincuenta se nace, y al otro cincuenta agregale un diez por ciento más porque vas a necesitar ayudita extra, o sea: ¡no es para cualquiera!

EL CHANCHO Y SU ASCENDENTE

CHANCHO ASCENDENTE **RATA**: 23.00 a 1.00

Un chancho vicioso, astuto y muy entrometido. Trabajará cuando lo necesite e inspirará protección. Le encantará ser el primero en enterarse de las cosas, y le costará bastante guardar un secreto.

CHANCHO ASCENDENTE **BÚFALO**: 1.00 a 3.00

Un chancho autoritario y responsable que pensará en el deber por sobre todas las cosas. Disciplinado, estudioso, obsesivo, no claudicará en sus objetivos. Buscará el apoyo de la familia y los amigos cuando esté deprimido.

CHANCHO ASCENDENTE **TIGRE**: 3.00 a 5.00

Este chancho rebelde y corajudo buscará la justicia y la defenderá incondicionalmente. Será muy inconstante, ciclotímico y vicioso. Tendrá que hacerse cargo de las pasiones que despierta y de los hijos que trae al mundo.

CHANCHO ASCENDENTE **CONEJO**: 5.00 a 7.00
Refinado, sibarita y estético, le costará encontrar su vocación. Estará apegado a la familia y necesitará encontrar amor para su realización holística.

CHANCHO ASCENDENTE **DRAGÓN**: 7.00 a 9.00
Un chancho con ambición. Protagonizará sucesos extraordinarios, cambiará de trabajo, país y amigos con asombrosa rapidez. Hará fortuna, la gastará, y empezará de nuevo.

CHANCHO ASCENDENTE **SERPIENTE**: 9.00 a 11.00
Un chancho posesivo, celoso y muy exigente. Tendrá gustos caros, ambiciones desmedidas y mucha suerte para conseguir lo que se proponga. En el amor desplegará sus encantos, conquistando lo imposible.

CHANCHO ASCENDENTE **CABALLO**: 11.00 a 13.00
Un eterno inconformista al que habrá que seguir o abandonar. Ambicioso, egocéntrico, déspota, no soportará perder. Necesitará triunfar en su vocación y hará todo lo posible para lograrlo. El amor le llegará cuando menos lo espere.

CHANCHO ASCENDENTE **CABRA**: 13.00 a 15.00
Este chancho sensual, gracioso y artístico desbordará generosidad y camaradería. Tendrá una casa confortable y gente que lo protegerá. El amor será su refugio y su estímulo creativo.

CHANCHO ASCENDENTE **MONO**: 15.00 a 17.00
Original, inteligente y profundo, sabrá los secretos de las relaciones entre los seres humanos. Descollará en su profesión, tendrá amores y amigos que lo adorarán y protegerán.

CHANCHO ASCENDENTE **GALLO**: 17.00 a 19.00
Un minucioso, programado y extravertido chancho al que habrá que darle pautas de vida. Encontrará tarde su vocación y se dispersará en los laberintos de su imaginación.

CHANCHO ASCENDENTE PERRO: 19.00 a 21.00

Solitario y arisco, vivirá observando a los demás para luego criticarlos. Trabajará intensamente y guardará el dinero para la vejez. Tendrá varios amores y matrimonios; pero con los años puede volverse avaro, miserable, y terminar solo.

CHANCHO ASCENDENTE CHANCHO: 21.00 a 23.00

Un diamante en bruto al que habrá que saber pulir sin dañar. Necesitará más amor que otras cosas para ser feliz, desarrollarse y crecer artísticamente. Un espécimen sabio e intelectual.

EL CHANCHO Y SU ENERGÍA

CHANCHO DE MADERA (1935-1995)

Este chancho es bienintencionado, original, creativo y muy ambicioso. Su vida se construirá sobre la base del esfuerzo, la profesión, los conocimientos y las relaciones públicas. Su imaginación será su principal patrimonio y concretará sus sueños convirtiéndolos en oro. Posee buen gusto y un refinamiento exquisito. Prefiere vivir en contacto con la naturaleza antes que en la ciudad. Sabe improvisar en los momentos difíciles y se defiende a los hocicazos cuando lo atacan.

Personajes famosos

Woody Allen, Eduardo Gudiño Kieffer, Julie Andrews, Alain Delon, Dua Lipa, Maurice Ravel, Luciano Pavarotti, Isabel Sarli, Jerry Lee Lewis, Pinky, Mercedes Sosa, Dalái Lama, Elvira Domínguez, Bibi Andersson, José Mujica, Antonio Ravazzani, Julio Mahárbiz.

CHANCHO DE FUEGO (1947-2007)

Estamos ante un porcino muy talentoso e inteligente. Es hiperactivo, y cuando se le mete una idea en la cabeza no conoce el descanso. Sorprenderá por su coraje, originalidad y vitalidad. Muchas veces actúa a partir de los impulsos y es susceptible al enojo. Tiene un corazón de oro y se entrega ciegamente, por esto se convierte en presa fácil de algunos inescrupulosos y sufre ante reiterados desengaños. Ama la aventura y cree en el amor al prójimo. A veces resulta un poco autodestructivo y puede herir de muerte, pero logra que lo quieran y perdonen.

Personajes famosos

Glenn Close, José Carreras, Brian May, Giorgio Armani, Steven Spielberg, Georgia O'Keeffe, Mijaíl Baryshnikov, Deepak Chopra, Hillary Clinton, Carlos Santana, Le Corbusier, Ronnie Wood, Iggy Pop, Keith Moon, Paul Auster, Steve Howe, Mick Taylor, Jorge Marrale, Oscar Moro.

CHANCHO DE TIERRA (1959-2019)

La suerte le sonríe a este chancho, y casi siempre parece estar en el lugar correcto a la hora exacta. Responsable, innovador y creativo, le fascina la política y por su mente metódica y clara es muy buen organizador de grupos, proyectos y seminarios. A veces resulta un poco inseguro y le cuesta tomar decisiones, por lo que puede ser influenciable. Acrecentará su patrimonio y sus riquezas. Es un trabajador implacable que logrará sus metas con éxito. Le encanta pasarla bien y viajar.

Personajes famosos

Humphrey Bogart, Juan José Campanella, Fred Astaire, Jorge Luis Borges, Pedro Aznar, Victoria Abril, Gustavo Cerati, Alfred Hitchcock, Semilla Bucciarelli, Indra Devi, Michelle Acosta, Angus Young, Fabiana Cantilo, Nito Artaza, Ramón Díaz, Darío Grandinetti.

CHANCHO DE METAL (1911-1971)

Si la vida le tira misiles, él demuestra que es impermeable, resistente, que no tiene miedo a los riesgos de la existencia. Su fortaleza, principios e ideales son firmes, y sus decisiones llegan intempestivamente. Le gusta dominar a los demás y es un tanto incisivo. Triunfa cuando se lo propone y resulta arbitrario en sus juicios. Adora ser el centro de las fiestas y reuniones, otro de sus gustos es romper corazones. Muy primitivo en sus sentimientos, ama y odia con ardiente intensidad.

Personajes famosos

Ernesto Sabato, Ricky Martin, Robert Taylor, reina Máxima

de Holanda, Diego Sehinkman, Florencia Bonelli, Mario Moreno "Cantinflas", Carolina Peleritti, Martín Ciccioli, Winona Ryder, Diego Torres, Wally Diamante, Claudia Schiffer, Pablo Trapero, Juan Manuel Fangio, Julieta Ortega, Gastón Pauls, Dolores Cahen D'Anvers.

CHANCHO DE AGUA (1923-1983)

Es un chanchito instintivo e intuitivo, que tiene un radar para captar las cosas. De perfil bajo, es solitario, tímido y poco mundano, pero educado y sobreexigente consigo mismo. Espiritual y desinteresado, adora la música, el deporte, el arte. Es profundo, poético, y le gustan los desafíos. Sueña compartir la vida con un amor, amigos, hijos propios o adoptivos. Su mayor sabiduría radica en vivir exactamente con lo que necesita, sin sacrificar su ocio creativo. Le interesan su libertad y su tranquilidad y se esforzará para resguardarlas.

Personajes famosos

René Favaloro, Richard Avedon, Maria Callas, Eduardo Falú, Carlos Páez Vilaró, Sabrina Garciarena, príncipe Rainiero de Mónaco, Celeste Cid, Julieta Zylberberg, Agustina Cherri, Marina Fages, Alberto Ajaka, Natalia Lafourcade, Gustavo López, Piru Sáez, Darío Barassi, Henry Kissinger.

DIEGO SEHINKMAN
Chancho
de Metal

CONTAME UN CUENTO CHINO

Sebastián Fest • Chancho de Metal • Periodista deportivo

La vida del chancho

Hace ya muchos años que me enteré de que era un jabalí. O un chancho. O un cerdo, que suena bastante menos elegante, pero para este caso viene a ser lo mismo. Me enteré por Ludovica, claro, y fue un buen ejercicio, algo parecido a eso que nos sucede cuando nos sacamos una foto.

"¡Es que siempre salgo mal en las fotos!", nos decimos, sin darnos cuenta –o sin querer darnos cuenta– de que la foto refleja la realidad. Somos eso, aunque nos parezca que somos Brad Pitt y que la foto se equivoca al no reflejarlo.

En el caso del horóscopo chino yo me veía más como dragón o tigre. Pero soy un chancho, y seguramente está bien que lo sea.

La primera impresión al encontrarse uno frente a frente con un jabalí o chancho es que son más grandes e impactantes de lo que se esperaba. Yo, con los años, fui entendiendo que mi altura y tamaño generaban una impresión en los demás que yo no acertaba a calibrar. Con los años comencé a encontrarme con gente más alta y más corpulenta, pero sigue siendo la excepción. Sigo siendo el que suele mirar desde las alturas.

Nadie vería al chancho o al jabalí como un animal simpático o dulce. Y, sin embargo, bien tratados y en confianza muestran una ternura y una necesidad de cariño que echa por tierra varios prejuicios. Hay que acariciarnos un poco: a los jabalíes, como a los perros o a los conejos, nos gusta que nos traten bien.

No he hablado con un jabalí, aunque ellos sí lo hacen con nosotros: se comunican con gruñidos más suaves o fuertes y a veces con gritos desgarradores cuando se los trata mal. Sin entender ese lenguaje, pero como orgulloso jabalí del horóscopo chino, puedo decir esto sin temor a equivocarme: somos algo retraídos ante el desconocido, pero completamente lo opuesto cuando entramos en confianza; somos amigos de nuestros amigos y la persona que siempre tiene un comentario o una solución a mano ante problemas que parecen insuperables; y somos sinceros, a veces en exceso, pero convencidos de que a largo plazo estamos haciendo el bien. Somos, también, muy viajeros: este jabalí que me tocó ser no es capaz de pasar toda su vida limitado a un chiquero. Su campo de acción es el mundo entero, los aviones simplemente un sobreentendido, y la playa y el verano, un objetivo permanente.

Y dos cosas más: no somos solo un buen jamón, aunque podemos ser sabrosos. Y no somos Brad Pitt, aunque haya días en que nos sentimos a su altura.

TABLA DE COMPATIBILIDAD

	karma	salud holística	amor pos COVID	trueque	nuevos vínculos
Rata	muy bien	bien	bien	muy bien	muy bien
Búfalo	regular	muy bien	muy bien	muy bien	muy bien
Tigre	regular	regular	regular	excelente	muy bien
Conejo	regular	mal	mal	bien	regular
Dragón	regular	mal	regular	mal	regular
Serpiente	regular	regular	regular	excelente	excelente
Caballo	regular	regular	regular	bien	bien
Cabra	regular	regular	mal	regular	regular
Mono	muy bien	muy bien	muy bien	bien	muy bien
Gallo	regular	bien	bien	bien	muy bien
Perro	bien	regular	regular	bien	regular
Chancho	excelente	muy bien	excelente	bien	excelente

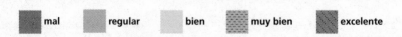

mal   regular   bien   muy bien   excelente

1. Novak Djokovic / 2. Lionel Messi / 3. Tony Bennett / 4. Fernando Peña / 5. Francis Ford Coppola / 6. Quentin Tarantino / 7. Orson Welles / 8. Henry Miller / 9. Frank Sinatra / 10. Billie Hollyday / 11. Judy Garland / 12. Anaïs Nin / 13. Hilda Lizarazu / 14. Fernando Samalea / 15. Confucio/ 16. Bugs Bunny /

17. Enrique Pinti / 18. Esteban Villarreal / 19. Andrés Percivale / 20. Diego Peretti / 21. Brad Pitt / 22. Johnny Depp / 23. Nicolas Cage / 24. Michael Bublé / 25. Mirtha Legrand / 26. Angelina Jolie / 27. Luisana Lopilato / 28. Alessandra Rampolla / 29. Sebastián Borensztein / 30. Sting / 31. Raúl Alfonsín / 32. Emilia Attias

LAS CARACTERÍSTICAS DE LOS ANIMALES DEL HORÓSCOPO CHINO Y CÓMO ALGUNOS PLANES DE ESTUDIO LAS APROVECHAN PARA FACILITAR EL APRENDIZAJE

El horóscopo chino es una herramienta pedagógica y de reconocimiento de rasgos de personalidad.

Cuando le conté a Luli que las generaciones de alumnos que estaban en cada grado en nuestra escuela eran muy singulares, y que a cada una correspondían los rasgos de personalidad de los animales del horóscopo chino, le pareció muy interesante y divertido; le dije que cuando teníamos un grupo de "perritos" en el aula, todos se movían en armonía; jugaban, salían al recreo juntos, y observábamos que si peleaban también lo hacían en grupos, pero rápidamente se reconciliaban, y se volvían a reunir.

En cambio, los "tigres" que ahora tenemos en la preadolescencia, son líderes; resultan muy independientes, muy aguerridos; hemos observado que con ellos el trabajo es más enfocado a que brillen por sí mismos. Así, la manifestación de sus talentos está matizada por la personalidad del animal del zoo del horóscopo chino.

¡Ay, ay, ay de nosotros los maestros con el grupo de los "dragones"! Ellos ponen a prueba al maestro y a todos en la escuela, de tal manera que evolucionamos ¡¡queramos o no!!

¿Y qué pasa con nuestras queridas "ratitas"? Son imparables, inquietas, juguetonas, y nada es suficiente para mantenerlas un poco enfocadas en algún contenido de aprendizaje.

Las inteligentes "serpientes", que todo lo analizan y observan, tienen la respuesta adecuada a cada desafío y a cada pregunta a través de su sentido del humor sarcástico, divertido y profundo… ¡que resulta muy seductor!

Nuestro grupo de "gallitos" alborotan el gallinero, sabemos que son muy activos, conversadores y suelen ser muy populares; ellos invitan a manifestar lo que creen que está equivocado. Quieren planes claros y perfectos; así que un grupo de "gallos" en el aula es un debate permanente.

Los "chanchitos", realistas y muy ruidosos, trabajan duro y hacen todo de manera entretenida; necesitan diversión en los métodos de aprendizaje y no toleran que les digan que algo está mal.

Los "conejos" son fuertes y se dirigen hacia sus objetivos; sumamente detallistas, ellos requieren un trato muy suave de parte de los docentes y la escuela.

Los grupos de alumnos regidos bajo el horóscopo chino del buey sin duda alguna se identifican por su autoexigencia, determinación y fortaleza. Son muy confiables y honestos, lo cual genera un buen ambiente en el aula, vínculo y conexión entre ellos. Para su aprendizaje es importante saber que son muy inteligentes y les gusta mucho aprender y descubrir cosas por ellos mismos.

Cuando comenzamos a observar la claridad con la que las generaciones de alumnos se comportaban respecto de su horóscopo chino, pudimos ir adecuando las materias y estrategias docentes para que pudieran aprovechar y disfrutar de su formación académica; incluso observamos que había generaciones que necesitaban más trabajo físico, que tenían que moverse para aprender mejor, y entonces recordé lo importante que fue para mí hacer gimnasia cuando iba a la escuela; era una actividad que me permitía canalizar mi energía y enfocarme hacia un objetivo, ¡nosotros, los "caballos", podemos tener una energía desbocada! Esto mismo lo pude entender con los caballos que tenemos en la escuela, ya que aprenden demasiado rápido, tanto, que a veces no logran comprender por qué los otros no pueden seguir su ritmo; ¡son muy estudiosos y sin duda para ellos es muy importante cumplir sus metas y sus sueños!

Las "cabras" no se nos van al monte, desde que identificamos los rasgos característicos de esta generación: son analíticas, siempre piensan en los demás, y pueden completar tareas con éxito. Las cabras son amantes de la naturaleza, de los animales y de la comunidad, por eso en la escuela hemos fomentado la creación de proyectos estudiantiles guiados por ellos mismos para hacer campañas de sustentabilidad y proyectos sociales. Para ellos, es esencial aportar a su comunidad.

Cuando tenemos un grupo de "monos", ¡todos quieren hacer sus monerías! Son excelentes en actividades como teatro musical, baile y actuación; disfrutan trabajar solos, por lo que hemos creado estrategias para que dentro del trabajo en equipo sean tareas que puedan distribuirse y resolverse de manera individual. Saben autoplanificarse; ser autodidactas es una de sus mejores condiciones; eficaces y únicos en la manera de resolución en los proyectos. ¡Son pícaros y bromistas; no hay un mono que no te dibuje una sonrisa en la cara!

Sin duda, el horóscopo chino es una maravillosa guía en el proceso de enseñanza-aprendizaje dentro del aula.

Angélica Olvera de Malpica
Licenciada en Ciencias de la Educación
Especialidad en Estrategias Psicopedagógicas
Subdirectora General Académica de CUDEC

En el mundo de los cuentos ese día pasaron cosas muy distintas a lo que sucedió en las conocidas historias infantiles.

El Lobo no comió a Caperucita y a su abuelita, sino todo lo contrario, las invitó a comer a su restaurante, que llamó Juguemos en el bosque.

La Cenicienta no se casó con el príncipe porque los pies se le habían hinchado y no le entró el zapatito de cristal.

Blancanieves hizo una compota con la manzana que le convidó la bruja y la comieron juntas mientras miraban una serie en Netflix.

Peter Pan se hizo amigo del Capitán Garfio y armaron un equipo de fútbol que llamaron Los Campanita.

Hansel y Gretel dieron a los niños de un orfanato todas las golosinas que la bruja había dejado como anzuelo en el bosque.

Y el Mono Relojero, mientras jugaba con los distintos relojes, tuvo una idea que parecía imposible pero que hizo realidad: cuando el reloj padre de la tienda donde trabajaba dio las doce campanadas, el monito realizó una videoconferencia con los otros once animales del horóscopo chino: la RATA, el BÚFALO, el TIGRE, el CONEJO, el DRAGÓN, la SERPIENTE, el CABALLO, la CABRA, el GALLO, el PERRO y el CHANCHO.

Cuando todos estuvieron comunicados, los invitó a su árbol a comer galletas de avena y banana porque les tenía que compartir una idea que sería la mejor aventura de sus vidas.

A la hora indicada puntualmente llegaron todos a la cita, desde lo alto de su árbol el mono los recibió y con un megáfono anunció: "¡Amigos, preparen una maleta, nos vamos a Córdoba, una hermosa provincia de la República Argentina!".

Todos se miraron sin entender el mensaje, y como líder del grupo el búfalo dijo, luego de deliberar sobre el tema: "Amigo mono, sería muy lindo que hiciéramos un viaje todos juntos, pero es imposible. Nosotros vivimos en un mundo de fantasía, y Córdoba es una provincia de la Argentina del mundo real".

El mono se rio y bajando del árbol les dijo: "Justamente por eso es posible, queridos amigos, en los cuentos todo puede suceder, y si nosotros doce nos concentramos, mañana a las seis de la mañana estaremos en Córdoba".

El caballo, agitando sus crines, preguntó: "¿Por qué y para qué iremos todos juntos a Córdoba?".

El mono sacó de su abrigo un libro de *Horóscopo chino* de Ludovica y les dijo: "Iremos a visitar a la autora de este libro que siempre está hablando de nosotros. Los espero en una hora para emprender el viaje".

Intrigados por conocer a Ludovica, partieron a sus respectivas casas y en una hora estuvieron listos al pie del árbol, donde el mono con un reloj de cristal turquesa los esperaba para la travesía.

La serpiente pegó un grito y todos quedaron paralizados: "Me olvidé el *rouge* y el rubor en casa, voy a buscarlos y regreso".

El mono gentilmente le dijo: "Pero si tú eres bella y hechicera con o sin maquillaje, además, seguro que Ludovica te prestará uno de los suyos. Amigos, cerremos los ojos, contemos hasta tres y comencemos nuestro viaje intergaláctico al mundo real".

Amanecía en Traslasierra, Córdoba, y como todas las mañanas, Ludovica se preparó el mate y salió a ver el amanecer. Grande fue su sorpresa cuando se encontró con los doce animales del horóscopo chino frente a su casa, y a coro le dijeron: "Buenos días, Ludovica, vinimos a visitarte".

El perro comentó: "Tú sabes mucho de nosotros, nuestras virtudes y defectos, pero nosotros no sabemos nada de ti. Por eso llegó la hora de conocernos en persona y de que nos cuentes toda tu vida".

Ludovica pensó que estaría soñando y refregó sus ojos, pero no... era realidad. Estaba frente a los doce animales del horóscopo chino que la miraban ansiosos por saber algo de ella.

La rodearon en círculo y Ludovica les contó dónde y por qué nació su amor por el horóscopo chino. Cuando termino su relato, ya el sol se había escondido y la luna los iluminó con su luz plateada. Todos la aplaudieron y comentaron la sabiduría de la escritora.

El Dragón con una reverencia se acercó y le dijo: "Yo prometo darte fuego para que siempre tu salamandra esté encendida y nunca sufras el frío".

Y así uno a uno le dijeron cómo le demostrarían su amor y agradecimiento.

El Caballo: "Te llevaré a cabalgar por todos los espacios bellos de Traslasierra que aún desconoces. Serás una amazona que al galope o al trote mostrarás tu equilibrio.

El Perro: "Yo seré tu fiel compañero, estaré a tus pies mientras escribes tus libros y poemas. Te cuidaré, seré tu sombra de cuatro patas".

El Tigre: "Te protegeré de todo peligro, seré tu guardaespaldas y escudo guerrero. Sabré distinguir lo bueno y lo malo. Así siempre vivirás en armonía".

La Cabra: "Yo te daré leche fresca, la podrás mezclar con almendras o frutillas. Podrás tomar riquísimos licuados frutales bajo la parra".

El Gallo: "Nunca te quedarás dormida, prometo que te despertaré con un kikirikí de música *soul* y te levantarás con ganas de bailar y cantar".

El Búfalo: "Yo cargaré la leña y todo lo que necesites para que no tengas que usar tu fuerza. Así tu cuerpo nunca sufrirá dolores".

La Rata: "Guardaré todas tus cosas en orden y clasificadas para que puedas encontrarlas rápidamente cuando las necesites. Nunca tendrás desorden en tu hogar".

El Conejo: "Me haré amigo de todas las perdices que hay en tu campo y te ayudaremos con el sembrado. Obviamente tendrás las mejores zanahorias de Córdoba".

El Chancho: "Yo sé cocinar muy bien, te prepararé manjares y las mejores tortas que hayas comido en tu vida para acompañar tu mate mañanero".

La Serpiente: "Voy a enseñarte todos mis trucos de maquillaje para que salgas más bella en las tapas de tus libros. Y como sé pintar, pintaré en tus paredes mágicas historias de amor".

El Mono: "No estarás un solo día triste, te contaré cuentos que te harán reír y olvidar alguna pena, si las tuvieras. Además, te voy a enseñar acrobacia en los distintos árboles de tu campo".

Ludovica nunca imaginó que esos animales que la acompañaron en sus libros durante tantos años y libros hoy estuvieran en su casa. Pidió que todos se tomaran de la mano, y en círculo, mirando a la Luna, sellaran una amistad eterna.

Como un regalo para su anfitriona por tan hermoso encuentro, los doce animales le dijeron que cada uno contaría una fábula inspirada en el amor a pequeñas o grandes cosas de la vida.

LA FÁBULA DE LA RATA: POR AMOR AL QUESO

La rata Florencia era famosa en el vecindario por lo bien que lavaba y planchaba la ropa. Su meta era tener su propia tintorería. Por eso guardaba pesito sobre pesito para lograr su sueño, pero hasta ese entonces trabajaba en el patio de su casa.

Sus tres hijas, las trillizas Rete, Riti y Rutu, la ayudaban haciendo entregas a domicilio. Florencia le daba a cada una un dinerito que debían guardar en sus alcancías para que algún día con lo ahorrado pudieran cumplir su deseo más grande.

Las trillizas eran fanáticas del queso, ese fanatismo las llevó a tener una mala experiencia que jamás olvidarán.

Una tarde, cuando iban a la escuela, un aroma especial las llevó hasta una nueva panadería que hacía pan de queso. No lo dudaron. Rete gastó todos sus ahorros comprando todo el pan de la panadería, que –por comer demasiado– les causó una fuerte molestia estomacal.

Otra tarde, la música del heladero ambulante también las llevó a la perdición, el especial del día era helado de queso… Riti no dudó un instante y gastó todos sus ahorros comprando ese helado tan especial. Se empacharon y tuvieron que permanecer una semana en cama.

Y Rutu gastó todo lo que tenía ahorrado en su alcancía cuando al kiosco del lagarto Pedro llegaron los chupetines de queso.

Entonces las tres alcancías estaban vacías y sin un peso.

Un día, a la hora del almuerzo, Florencia les comunicó a las ratitas una noticia que se suponía sería maravillosa para sus hijas.

Había comprado cuatro pasajes de ida y vuelta en la compañía aérea del Águila veloz para visitar Disney. Y las trillizas cumplirían el sueño de conocer a Mickey, su ídolo. Pero ellas tendrían que hacerse cargo de las entradas a los parques con el dinero ahorrado en sus alcancías.

Avergonzadas, le contaron a su madre que habían gastado todo lo ahorrado y que juraban no hacerlo nunca más. Pero que por favor las llevara a Disney para conocer a Mickey, el amor de sus vidas.

Florencia no las retó, solo les dijo que tendrían que volver a juntar el dinero y que no sabía cuándo volverían a tener la oportunidad de viajar a Disney.

La tentación y la gula por el queso les hizo perder a las ratitas su sueño más importante: conocer a Mickey.

Por eso, guardemos los ahorros para algo que sea necesario.

LOS QUE NO SABEN GUARDAR SON POBRES, AUNQUE TRABAJEN.

LA FÁBULA DEL BÚFALO: POR AMOR AL ARTE

Carlitos, el búfalo, siempre soñó con ser un famoso bailarín. Desde que era muy pequeño su abuela le hizo escuchar música clásica, y con sus zapatillas de punta bailaba frente a su nieto, que la aplaudía y trataba de imitar sus pasos.

En el pueblo donde vivía solo había una academia de danza, y como por su tamaño no podía tomar clases con los demás alumnos, que eran más pequeños que él, su maestra Gala la Garza le daba clases particulares por la noche.

Sus padres siempre apoyaron su sueño; hasta sus amigos del vecindario le pedían a Carlitos que hiciera algunos pasos de baile después de jugar un partido de fútbol.

La noticia esperada llegó. El Teatro Colón, el más importante de la Argentina, tomaría pruebas para formar una nueva compañía de baile.

Todo el pueblo colaboró para que Carlitos pudiera viajar y tener un hospedaje en la gran ciudad. Al despedirse de sus padres les prometió que pronto verían su foto en la portada de los diarios.

Hasta ese momento había logrado todo lo que se había propuesto, como buen búfalo, contra viento y marea.

Consiguió una habitación en el hotel del hipopótamo Pedro, donde se hospedaban todos los aspirantes a ser artistas: bailarines, cantantes, músicos, pintores y actores.

La noche previa a la audición, por los nervios no pudo pegar un ojo.

Cuando se quiso dar cuenta, estaba en el escenario con un grupo de aspirantes. En la platea, directores, coreógrafos y productores observarían y evaluarían a los participantes.

Para el búfalo Carlitos no fue un buen día. En la primera parte de la prueba, por su tamaño, se llevó por delante a los demás bailarines y luego, en un salto rompió parte del escenario.

Fue descalificado, se marchó llorando con sus zapatillas de punta en las manos.

Sentado en un banco de la plaza, sus lágrimas formaron un charco tan grande que las palomas lo usaron de piscina.

Una mano se apoyó en su hombro, Carlitos levantó la cabeza y reconoció a uno de los jueces que había estado en la audición. Este le preguntó: "Además de la danza, ¿qué otra actividad artística estudiaste?".

Compungido respondió: "Teatro, en la escuela siempre me elegían para los actos escolares".

El señor se sentó a su lado, le ofreció un pañuelo para que secara sus lágrimas y le dijo: "Voy a filmar una serie inspirada en Búfalo Bill y tú eres el ideal para el rol protagónico, ¿te gustaría ser parte de mi proyecto?".

Y Carlitos filmó la serie que se dio en las plataformas de video más importantes del mundo, y ocupó en todas el primer lugar. Lo había logrado.

El diariero de su pueblo no dio abasto, se le agotaron todos los diarios donde estaba el búfalo Carlitos en la portada con el título "NACE UNA ESTRELLA".

Lo había logrado otra vez, siempre luchó para conseguir sus sueños. QUERER Y PODER HERMANOS VIENEN A SER.

LA FÁBULA DEL TIGRE: POR AMOR AL REENCUENTRO

Después de muchos años de lucha de las entidades protectoras de animales, el Zoológico Animals cerraba sus puertas, y en su lugar comenzaría a funcionar un gran parque de diversiones en el que los niños podrían ver a los animales, pero en tercera dimensión, ya no más en jaulas, alejados de su hábitat natural.

Los animales fueron transportados a diferentes santuarios, donde poco a poco se irían acostumbrando a vivir en su hábitat.

Beli, el tigrecito que acababa de nacer, estaba dentro de una pequeña jaula y junto con otros animales viajaba en un camión sin entender lo que sucedía; lo único que sabía era que su madre no estaba junto a él.

Juanu, su madre, había fallecido en el parto, y Beli empezaría su vida sin las enseñanzas de su mamá.

En el camino, una peligrosa tormenta con estruendosos rayos y truenos hizo que el camión, con una maniobra, saliera de la ruta. Las puertas se abrieron y Beli salió despedido dentro de su jaula, que rodó y rodó hasta llegar al jardín de la casa de Sebita, un niño de ocho años cuyo sueño era ser veterinario.

Por la mañana cuando Sebita partía al colegio oyó un llanto, y grande fue su sorpresa al encontrar una jaula con un hermoso tigrecito que lloraba y lo miraba fijamente, pidiéndole ayuda.

Corrió a contarles a sus padres lo que había encontrado en el jardín, y entre todos llevaron a Beli dentro de la casa, lo cubrieron con mantas por el frío y Sebi le dio leche tibia en la que había sido su mamadera. El tigrecito pidió repetir cinco veces, luego se quedó dormido.

Ese día Sebi tuvo el permiso de sus padres para no ir al colegio. Les rogó a ambos quedarse con Beli y cuidarlo hasta que creciera, pero entendió que Beli debería estar en el santuario antes de ir a su vida en la selva.

El santuario estaba cerca de su casa, todos los fines de semana iba a visitarlo y así lo vio crecer hasta que Beli ya no era un tigrecito sino un señor tigre.

Era hora de llevarlo a la selva, su hábitat natural.

Por última vez cruzaron sus miradas, tristes por la despedida, pero llenas de amor y gratitud.

En la selva ya se comentaba que un nuevo tigre llegaría; la encargada de dar las noticias era Felicia, la hipopótama reportera.

Y Beli llegó a la selva, lo recibieron con un gran banquete con manjares preparados para la ocasión por Cecilia, la jirafa cocinera.

Julieta, la joven tigresita, con la orquesta de los monos cantó bellas canciones que enamoraron a Beli.

Así nació el amor entre Julieta y Beli, quien ya era un habitante más de la frondosa selva donde se respiraba aire de libertad.

Una cálida mañana Beli estaba con Julieta, enseñándoles el abecedario a los pequeños tigrecitos, cuando oyó que alguien lo llamaba... Beliii, Beliii, ¿dónde estás? ¡¡Beliii!!

Beli reconoció la voz de Sebi, que ya era veterinario y junto a su novia se instalarían en la selva como parte de una fundación que Sebi había creado para ayudar y curar a los animales que lo necesitaran.

Cuando se encontraron, Beli saltó sobre Sebita y, revolcándose en el suelo, lo llenó de besos.

Otra vez sus miradas se cruzaron, pero esta vez decían: "Hola, cómo te quiero, amigo, cuánto te extrañé".

Nunca más se separaron.

EL TIGRE NO NECESITA PROCLAMAR SU FIEREZA.

LA FÁBULA DEL CONEJO: POR AMOR A LA MAGIA

El conejito Juancito era muy desobediente, con solo ocho años ya había cometido bastantes travesuras por las que sufrió regaños y penitencias de sus padres.

En el nuevo año escolar ellos le prometieron que si tenía buena conducta y buenas notas lo llevarían a conocer el mar; ese era el sueño más importante de Juancito.

Durante meses su conducta fue intachable y tuvo las notas más altas de su grado, obviamente el premio prometido lo había inspirado.

Una tarde, cuando salía de la escuela, se le acercó un señor muy elegantemente vestido y se presentó: "Soy el mago Tris Tras –le entregó una tarjeta y continuó–: Voy a dictar clases de magia gratis, aquí tienes la dirección".

Sabía que no debía hablar con desconocidos, y menos recibir algo de ellos. Pero el mago había llamado su atención. En la tarjeta se leía: "Clases de magia dictadas por el famoso mago Tris Tras". Y con letras rojas, esta frase: "Es un secreto, no se lo cuentes a nadie".

Guardó la tarjeta en su mochila y saltando regresó a su casa.

Al día siguiente iba a entrar en la escuela, pero la curiosidad pudo con él y, sin que sus compañeros lo vieran, escapó decidido a tomar su primera clase de magia.

Llegó agotado y casi sin respiración, pensando que debía regresar a su casa a la misma hora que habría vuelto si hubiera ido a la escuela. El mago lo recibió con un bello traje de luces y con una amplia sonrisa le dijo: "Bienvenido, conejito, ¿vienes a tomar clases de magia?".

Juancito asintió y le preguntó si con la magia podría convertir una zanahoria en cien zanahorias. Riendo, el mago le dijo: "En mil o en un millón, pero empecemos con la clase número uno. Tú debes meterte en mi galera y pensar en una zanahoria, cuando salgas tendrás a tu alrededor cientos de ellas".

De un salto el conejito se metió en la galera, nunca supo que cuando quisiera salir de ella no iba a poder. Un aroma especial, mezcla de tabaco, jengibre y menta, lo adormeció.

Despertó en la oscuridad del interior de la galera, sin saber cuánto tiempo había pasado. Escuchó fuertes aplausos y música, de pronto la mano del mago lo tomó de las orejas y lo sacó de la galera. Una luz muy brillante lo enceguenció. El mago Tris Tras, exitoso, le dijo a la gran platea que lo aplaudía, sorprendida por su número de magia: "Convertida la zanahoria en este tierno conejito me despido de Las Vegas. Hasta pronto, querido público".

Juancito, sorprendido, se preguntó: "¿Estoy en Las Vegas? ¿Cuánto tiempo pasó desde que me metí en la galera? Mis padres deben estar muy preocupados".

No pudo preguntarle nada al mago porque este enseguida lo metió en una oscura caja con unos agujeros para que pudiera respirar y le dijo enérgicamente en tono amenazante: "Dormí y no hagas ruido que mañana tenemos cuatro funciones, después nos vamos a Los Ángeles".

Había pasado una semana y los padres del conejito habían hecho lo imposible para encontrarlo, pero no había ninguna pista de él.

El conejito Andrés, su mejor amigo, corriendo y agitado llegó a la casa de Juancito y mientras le mostraba la portada de un diario a su familia, dijo: "Miren, este es Juancito, está feliz trabajando en Las Vegas".

La madre conocía muy bien la mirada de su hijo y se dio cuenta de que no era de felicidad; estaba triste y pedía socorro.

El hermano de la maestra del conejito vivía en Las Vegas, él se iba a encargar de encontrar a Juancito. Denunció al mago que lo había raptado y en unas horas Tris Tras estaba en prisión y Juancito en libertad.

De regreso a su hogar, prometió ser el mejor alumno y el mejor hijo. Nunca más desobedecería a sus padres. Y lo cumplió.

Y tuvo el premio prometido, lo llevaron a conocer el mar.

Una cálida noche, iluminados con la luz de la luna, los tres, abrazados, dijeron: "Sin un mago que haga magia, la luna es mágica".

LA VIDA OFRECE UNA MAGIA ESPECIAL PARA AQUELLOS QUE SE ATREVEN A SOÑAR.

LA FÁBULA DEL DRAGÓN: POR AMOR AL AMOR

En el Reino de la Luz, el rey Meritas y su familia eran muy queridos por el pueblo. La reina Esperanza y sus damas de compañía recorrían diariamente las calles ayudando a las familias más humildes.

Los condes de Zalamea vivían en el castillo, como muchos otros miembros de la nobleza. La condesa Zulema siempre había envidiado a la reina, que era su hermana mayor. Nunca perdió la esperanza de ser la reina y de que su pequeño hijo César fuera el príncipe heredero.

Los reyes tenían un hijo, el príncipe Sirio, bautizado con el nombre de la estrella más brillante del universo; él sería el sucesor de su padre en el trono. Sirio amaba a la princesa Flor de Azahar desde que eran pequeños, y se habían prometido pasar toda la vida juntos.

La única salida que la condesa Zulema vio para poder convertirse en reina era que su esposo y su hermana murieran. Ella conquistaría entonces el corazón del rey Meritas y ocuparía su tan ansiado lugar en el trono.

Pero para eso debía encontrar a Réculas, la hechicera más malvada de la región. Luego de meses de investigación averiguó que la bruja vivía en una cueva en lo más sombrío del bosque.

A escondidas, una noche se internó en la oscuridad, y era tan grande su deseo de ser reina que no les tuvo miedo a las almas negras que vivían en el bosque y que trataron de ahuyentarla con sus gritos. Nada la detuvo. Finalmente llegó a la cueva, y estaba frente a Réculas, la bruja hechicera.

Esta le dio una poción que, al ser bebida, dormiría eternamente a su esposo y a su hermana, la reina.

Mientras celebraban la Nochebuena en el palacio, en el brindis, su plan dio resultado. Ya nada se podía interponer entre ella y el rey.

El rey, en soledad, de a poco se fue enamorando de Zulema, y una noche, bajo las estrellas, le propuso casamiento.

Ahora ya era reina, pero ¿cómo hacer para que su hijo fuera el príncipe heredero, si existía Sirio?

Nuevamente le pidió un hechizo a la bruja. Con las palabras mágicas que ella le dio, una noche en el parque del castillo Sirio fue transformado en un dragón, y pasó a ser una de las estatuas del palacio.

Nunca más se supo nada del príncipe. Supuestamente había muerto en el hundimiento del barco en el que viajaba de regreso con el anillo que le había comprado a la princesa Flor de Azahar para proponerle matrimonio.

La princesa juró que no se casaría con nadie que no fuera Sirio, pero las reglas de la nobleza la obligaban a que se casara con el príncipe César, que ahora era el heredero.

Zulema la encerró en la torre más alta del castillo hasta que decidiera casarse con su hijo.

El príncipe Sirio, convertido en una estatua de dragón, escuchaba los pedidos de auxilio de Flor de Azahar, pero nada podía hacer. Estaba inmovilizado en una efigie.

Una paloma se posó en la estatua del dragón, sus plumas le hicieron cosquillas en la nariz, y al estornudar cobró vida.

Debía rescatar a Flor de Azahar, voló hasta la torre y con una llamarada derritió los barrotes de la ventana que la encerraban.

Ya en libertad, la princesa se montó en su lomo y volaron hasta la orilla de un lago donde siempre jugaban cuando eran niños.

Ella miró los ojos del dragón y vio que se llenaban de lágrimas. Reconoció esa mirada: era su amor, el príncipe Sirio.

Al besar y abrazar al dragón, este se convirtió en el príncipe. Y ese día la luna y el sol se encontraron.

Le contaron toda la historia al rey, que como castigo desterró a Zulema y a su hijo.

El príncipe Sirio y la princesa Flor de Azahar se casaron.

Colorín colorado este cuento no ha terminado.

DESPLIEGA TUS ALAS BAJO EL CIELO, DESPEGA TUS GARRAS DEL SUELO, Y ENTONCES, SERÁS UN DRAGÓN...

LA FÁBULA DE LA SERPIENTE: POR AMOR A SER HIJA ÚNICA

Marlene era una hermosa serpiente, hija única de una familia muy adinerada y respetada en el serpentario. Su piel cambiaba sus brillantes colores y sus dorados ojos hipnotizaban al universo. A pesar de que era creída y desobediente, sus padres le concedían todos sus desmesurados caprichos.

Con sus millonarias amigas serpientes disfrutaba de largos paseos por el bosque. Todos los insectos se inclinaban ante ellas cuando pasaban, pues eran consideradas de la nobleza.

Marlene tenía un guardarropa digno de una estrella de Hollywood y no se cansaba de decirles a sus padres: "Ufa, no tengo qué ponerme; esa ropa ya pasó de moda, mis amigas se van a reír de mí si uso el mismo vestido dos veces".

Una tarde, mientras Marlene pintaba sus labios de rojo carmesí frente a su espejo, y una y otra vez le preguntaba: "Espejito, espejito, dime ¿quién es la más hermosa del bosque?", su madre ilusionada y feliz entró en su cuarto y le dijo: "Hija, tengo una sorpresa que te va a encantar".

Ella pensó que se trataría de ese vestido amarillo a lunares que tanto le había gustado, pero no fue grata la sorpresa cuando su madre le presentó a María, una tímida lombriz que temblaba al ver la mirada de odio de Marlene.

Empujando a la pequeña lombriz hacia Marlene, continuó: "Sus padres tuvieron que viajar de urgencia y no tenían con quién dejarla. Por eso me ofrecí a que viviera con nosotros hasta que ellos regresen".

Marlene, enojada, le dijo a su madre que de ninguna manera dormiría con ella en su cuarto, que la podía hacer dormir en una caja en el patio de su casa. Y a los gritos continuó: "Ella es una simple lombriz y yo una famosa serpiente. ¿Qué dirían mis amigas si se enteraran de que comparto mi cuarto con un gusano que vive enterrado y se alimenta de materia orgánica? ¡Qué asco!".

Su padre irrumpió en la habitación y por primera vez contradijo a su hija. Le dijo que el cuarto era muy amplio y que allí dormirían las dos, y que si no le gustaba, ella dormiría en una caja en el patio. Cuando las dos se quedaron solas en el cuarto, María –con un hilo de voz– le dijo que ella no la iba a molestar, que podía dormir en un rincón en el que no la viera.

Marlene, desafiante, sentenció: "Mejor que no te vea, y no toques mis cosas; con tu pegajosa baba las podés ensuciar".

Al día siguiente Marlene les contó a sus amigas lo terrible que era su vida compartiendo su cuarto con una inmunda lombriz, que tendría que pensar algo para hacerla desaparecer.

Elvirita Álzaga, su mejor amiga, le dijo: "Tengo una idea genial, mañana comienza la temporada de pesca, y el lago estará lleno de pescadores que buscarán carnada para sus anzuelos, y las lombrices son ideales… el alimento preferido de los peces".

Todas rieron con complicidad; habían encontrado la manera de deshacerse de María.

A la mañana siguiente Marlene le preguntó a María si quería acompañarla al bosque, así juntaban un ramo de margaritas que tanto le gustaban a su madre. María, emocionada por la invitación, se puso un sombrerito rosa y presta dijo: "Me encanta el plan; vamos".

Llevó a María cerca de un pescador para que fuera su carnada, pero sucedió lo menos pensado, el hombre, con una trampa, cazó a Marlene y la puso en una jaula.

Era un cazador de serpientes que se alejó feliz para contarles a los otros cazadores que había encontrado a una serpiente Nagini, una de las más caras del mundo.

María aprovechó la oportunidad para rescatar a Marlene. Como era muy pequeña y flexible, su cuerpo tomó la forma de una llave abrió la jaula y así, quien tanto la despreciaba quedó en libertad.

Desde ese día fueron inseparables, como dos hermanas.

Cuando los padres de María regresaron de su viaje y fueron por su hija Marlene les rogó a sus padres que no se llevaran a María, que era su hermana, y no se imaginaba la vida sin ella.

Y como casi todos los cuentos, debe tener un final feliz.

María y sus padres se quedaron a vivir en una hermosa casita al lado de la mansión de Marlene. Crecieron juntas, ambas se casaron y tuvieron hijos, y así vivieron hasta el final de sus días.

ASÍ COMO CAMBIÓ DE PIEL, CAMBIÓ SU MANERA DE PENSAR.

LA FÁBULA DEL CABALLO: POR AMOR AL UNICORNIO

En el Pueblo Mágico de Aculco de la Ciudad de México había dos fincas que se distinguían por tener los caballos más bellos y mejor cuidados. No estaban a la venta, todos eran parte de sus respectivas familias: los Roldán y los Ugarte.

El mismo día y a la misma hora nacieron dos potrillos: Cassandra, en la finca de los Roldán, y Pancho, en la de los Ugarte.

Desde muy pequeños fueron amigos inseparables, saltaban la cerca que dividía los terrenos de ambas casas y juntos corrían felices haciendo las mil travesuras.

Nadaban en el lago, daban volteretas entre las flores y contaban las estrellas; a todas les habían puesto un nombre.

La estrella de Cassandra era muy brillante y bastante misteriosa, a veces costaba encontrarla, pero la de Pancho siempre estaba presente, iluminando a sus compañeras.

Tenían el mismo adiestrador que les había enseñado saltos, riendas y rodeos; siempre comentaba que eran perfectos, la pareja ideal, el uno para el otro.

Una noche, en el pueblo, en una gran pantalla al aire libre proyectaron El último unicornio, película que contaba la historia de un mago y una oficinista que se unieron en la búsqueda de un unicornio para liberar a los seres de su especie de la prisión de un rey.

A partir de ese momento, Cassandra quedó prendada y enamorada del unicornio y decidió también encontrar un unicornio para declararle su amor.

Llegaron los carnavales y todos los animales de las distintas fincas lucían sus galas y disfraces. Cassandra había elegido el disfraz de Cenicienta cuando conoce al príncipe en el baile del castillo. Pancho se disfrazó de unicornio. Cassandra lo vio y no lo reconoció, pensó que al fin había encontrado al amor de su vida.

Decidida, se acercó y le declaró su amor, le contó que su amigo Pancho gustaba de ella, pero que no sería jamás el amor de su vida.

En ese momento por los parlantes anunciaron: "Por votación unánime el mejor disfraz de la noche es el de Pancho con su traje de unicornio. ¡Felicitaciones a la finca de los Ugarte!".

Entonces todo cambió: Cassandra estaba avergonzada y Pancho desilusionado; a partir de ese momento nunca más se vieron.

Un virus muy fuerte atacó a la yegüita, que tirada en su cuadra ya no podía dormir de pie como era su costumbre. Siempre tumbada, no probaba bocado y no bebía agua.

Los Roldán la hicieron ver por los mejores veterinarios, pero ninguno tenía la solución para la enfermedad.

Muy lejos, Pancho triunfaba como el caballo más veloz de las corridas. Llegó a sus oídos la noticia de la enfermedad de Cassandra y sin pensarlo dos veces volvió a su pueblo para verla.

No se despegó de su lado por más de un mes, y sorbito a sorbito la hizo beber agua para que se hidratase, y bocado a bocado ella recuperó su peso, y como por arte de magia el virus desapareció.

Cassandra le dijo a Pancho que estaba feliz porque finalmente había encontrado al unicornio de su vida. Pancho tristemente le dijo: "Bueno, amiga, ya estás bien; regreso a mis corridas. Que seas muy feliz con tu unicornio".

Cassandra lo besó y le dijo: "¿Cómo te vas a marchar si tú eres mi unicornio, el amor de mi vida?".

Y nunca más se separaron, los Roldán y los Ugarte quitaron la cerca que separaba las fincas. Muchos potrillos habían nacido ahora y eran una sola familia.

PARA SER UN UNICORNIO NO HACE FALTA SER REAL, SE TRATA DE SER MARAVILLOSO.

LA FÁBULA DE LA CABRA: POR AMOR AL PLANETA MARTE

Muchas veces los sueños se pueden hacer realidad. Y eso le pasó a la cabrita Reina, que sentía fascinación por todo lo que se relacionara con el cosmos.

Su cuarto pintado de azul cielo tenía en el techo cientos de estrellas fluorescentes que brillaban por la noche. Su camita era una nave espacial y todos los planetas del sistema solar adornaban en coloridas pinturas las paredes.

Marte era su favorito porque había leído que sus habitantes eran los marcianos.

En la escuela todos sus compañeros se burlaban de ella, la llamaban Reina la Marciana.

Reina nunca cambió su discurso cuando les decía a todos que en el planeta Marte había vida extraterrestre y que algún día podría probarlo.

Una noche, mientras dormía, un estrepitoso trueno la despertó, y por la ventana de su cuarto vio una luz violeta de forma circular que se prendía y se apagaba, dándole una señal.

A escondidas y en silencio salió de su cuarto para que sus padres no la oyeran y corrió hacia la luz.

Se paró en el centro del círculo luminoso y miró al cielo... la luz se cerró sobre ella y, como si estuviera en un tubo violeta, voló. En menos de unos segundos se encontró rodeada de unos simpáticos y diminutos personajes rosados que sonrientes le dieron la bienvenida.

El paisaje era mágico, enormes flores de todos colores coronaban el aire con un perfume dulce como el chocolate.

Feliz y atropelladamente se presentó con los pequeños habitantes, y cuando quiso contarles su vida, a coro la interrumpieron: "No hace falta que nos cuentes nada; lo sabemos todo, y siempre quisimos que conocieras nuestro planeta".

Emocionada expresó: "¡No me digan que estoy en Marte!".

Riendo dijeron: "Sí, Reina, estás en el planeta de tus sueños, y ahora te lo vamos a mostrar".

Reina nunca supo en qué idioma hablaban, solo supo que se entendían.

De repente estaba en su cama. Despertó y pensó: "¿Todo era un sueño?, incluso así fue maravilloso".

Al día siguiente el grado entero fue de picnic a la montaña; la maestra propuso un juego que consistía en tomarse de las manos y formar un círculo.

Nuevamente la luz violeta. Esta vez envolvió al círculo de

las cabritas y fueron los marcianitos los que bajaron a la Tierra. Durante unos minutos las agujas de todos los relojes del mundo se detuvieron. Cuando la luz desapareció todo volvió a la normalidad.

Las cabritas comentaban que habían estado con unos hermosos marcianitos rosados que les dejaron un mensaje y una tarea.

Sus amiguitos de la escuela le pidieron perdón a Reina por haberse burlado, pero ella, sonriente, les dijo: "Ustedes me llamaban Marciana, y para mí era un elogio, no una burla. Ahora, amigas, a cumplir con lo que nos pidieron los marcianitos". Y todas las cabritas juntas gritaron: "¡¡A LUCHAR POR LA PAZ DEL MUNDO!!".

SI ESTUVIÉRAMOS SOLOS EN EL UNIVERSO, SEGURO SERÍA UNA TERRIBLE PÉRDIDA DEL ESPACIO.

LA FÁBULA DEL MONO: POR AMOR A LA NATURALEZA

La monita Libertad era muy popular en la majestuosa ciudad de Nomos. Sus ojos celeste cielo eran la admiración de todos.

Era hija de una adinerada y respetada familia y tenía una belleza deslumbrante. Su inteligencia, muy superior a la del resto, hacía que rápidamente se adaptara a lo último en cibernética y en los avances de la ciencia.

Se acercaba su cumpleaños número veinte y ya tenía organizada la fiesta que haría en su majestuosa mansión. El DJ más famoso, el vestido más caro y los invitados más exclusivos serían parte de tan esperado evento.

Pero sus planes cambiaron cuando unos días antes de la fecha, en el desayuno, sus padres le informaron que su abuela Nana estaba enferma y deberían ir a cuidarla.

Libertad amaba a su abuela, pero nunca iba a visitarla porque vivía en el campo, y para ella nada era más aburrido y tedioso que estar en un solitario lugar donde solo se escuchaba el canto de los pájaros.

Nana los recibió con una gran sonrisa y confesó que por no usar su bastón había tenido un accidente, pero que su médico le había dicho que en un mes volvería a caminar y podría dejar su silla de ruedas.

Libertad, muy enojada, dijo que no contaran con ella para nada, que estaría por un mes encerrada en su habitación, contando los minutos para regresar a su amada y sofisticada ciudad.

Llegó el día de su cumpleaños y despertó porque muchos pájaros de distintos colores llegaron a su ventana y a coro le cantaron el "Feliz cumpleaños".

En la mesa de la cocina, pan casero, un budín de calabaza, almendras y chocolate, jugos de frutilla, manzana, naranja, mango, durazno y pera la estaban esperando, y muy orgullosa la abuela Nana le dijo: "Es todo casero; espero te gusten, los preparé para vos... Ah, y también te tejí esta bufanda, ¿acerté con los colores?".

Libertad besó a su abuela y luego de degustar los deliciosos manjares le propuso a Nana llevarla a pasear con su silla por el campo.

El cielo era una acuarela de celestes, violetas y rosados, la huerta olía a choclo, papa, lechuga, tomate, calabaza y cilantro. Llegaron a la orilla del lago y Libertad ayudó a su abuela para que ambas mojaran sus pies, y así rieron y recordaron muchas historias...

Nana tomó las manos de su nieta y le dijo: "Libertad, sé que en algún tiempo viajaré a otro plano, y quisiera que cuides este lugar, que es mi vida".

A partir de entonces, Libertad todos los fines de semana iba a visitar a su abuela y juntas pasaron momentos maravillosos, pero ese día, el del viaje final, llegó. Y Nana partió.

Liberad cada vez soportaba menos los ruidos de la gran ciudad y decidió mudarse al campo, a la casa de su abuela.

Allí una noche, mientras sentada a la orilla del lago observaba las estrellas, Rocco, un mono agricultor, le comentó que era su nuevo vecino, y que le quería ofrecer su ayuda para lo que necesitara.

Visita tras visita, se enamoraron y se casaron. Llegaron cuatro monitos que felices jugaban bajo ese cielo respirando el aire puro del campo.

Todas las noches Libertad, en familia, iba a la orilla del lago y le contaba historias alegres a la abuela Nana. Y el lago sonreía.

PLANTA, CRÍA, Y TENDRÁS ALEGRÍA.

LA FÁBULA DEL GALLO: POR AMOR A LA ÓPERA

El gallo Ramón era el despertador de Plumas, un pequeño pueblo rodeado de montañas donde todas las aves del planeta convivían en perfecta armonía.

Su kikirikííí se escuchaba con las primeras luces del día y todo se ponía en movimiento.

Lo único que necesitaba Plumas para su crecimiento industrial era un tren que lo comunicara con los otros pueblos de la comarca.

Durante muchos años esperaron la oportunidad de demostrar que sus cultivos y manufacturas eran dignos de exportación.

Fue un lunes al atardecer cuando Ramón cantó su kikirikííí que sorprendió a todos. Ramón solo cantaba al amanecer. Ese canto era distinto, por eso todas las aves fueron al gallinero, donde él era amo y señor.

Ramón tenía entre sus plumas un pergamino, y con voz pausada, cual un locutor radial, leyó a la audiencia, que ansiosa esperaba conocer el motivo del llamado:

Como llegó a mis oídos que Plumas es un pueblo trabajador y con productos exportables, y que solo necesitan un tren para conectar con los demás pueblos vecinos, mañana al mediodía iré con la primera dama y mi comitiva a ver su orden y funcionamiento. Si todo es como cuentan, comenzaremos de inmediato a construir una línea férrea.

Firmado: El Rey de las Aves.

Las aves se abrazaron y volaron levantando un remolino multicolor que lo cubrió todo.

Pero algo que tenía que suceder no sucedió. Ese amanecer no se oyó el kikirikííí de Ramón. Todo el pueblo se quedó dormido y cuando despertaron ya no había tiempo de poner en marcha la maquinaria para que el rey de las Aves viera la seriedad del pueblo.

Enojados, increparon a Ramón y le preguntaron por qué no había cantado ese amanecer, que era tan importante. Con un hilo de voz totalmente afónico contó que para festejar cantó ópera toda la noche en el gallinero para sus gallinas, y por esforzar de más sus cuerdas vocales su canto matutino no tuvo el volumen para despertarlos.

Ya era tarde, el rey y la comitiva llegaron al pueblo y el soberano con disgusto vio que no era todo como se lo habían contado; pensó que le habían mentido. Eso, más el desorden y la falta de seriedad hicieron que el rey decidiera que la línea férrea no se construiría. Plumas no se la merecía.

Cuando el rey, enojado, se iba a marchar, un coro de pollitos le cantó una bella canción a Lady Matilda, la gallina primera dama, que emocionada no solo agradeció la canción, sino que le pidió al rey que construyera la línea férrea. Y así fue.

A partir de entonces, todas las mañanas, con un parlante de gran potencia, los pollitos despiertan al pueblo de Plumas, y desde ese día Ramón es el encargado de limpiar los gallineros.

Por amor a la ópera, pudo haber dejado al pueblo sin un tren.

AL QUE MADRUGA DIOS LO AYUDA.

LA FÁBULA DEL PERRO: POR AMOR A LA AMISTAD

Estaba nevando en Nueva York, era uno de los días más fríos de ese invierno.

Rafael, un *homeless* de 70 años, echó más leña a la hoguera que había hecho para entrar en calor, se acurrucó entre sus frazadas y debajo del puente que era su casa se dispuso a descansar.

Un lejano gemido lo despertó, luego un ininterrumpido llanto de dolor; corrió hacia el sitio del que provenían los sonidos y se encontró con un perro blanco que tenía una de sus patas bañada en sangre.

Lo cargó como pudo y lo llevó bajo el puente. Limpió sus heridas y notó un corte muy profundo que seguro necesitaría de la atención de un veterinario.

Rafael era muy querido por todos, con su música y su voz se había hecho de muchos amigos que lo ayudaban; entre ellos estaba Rita, una veterinaria cubana que no dudó en curar las heridas de Nieve, como lo había bautizado Rafael.

En la Quinta Avenida juntos hacían un *show* más completo. Nieve bailaba al compás de las canciones de su nuevo amo. Se volvieron inseparables y ambos disfrutaban de las hamburguesas que les regalaban desde los distintos puestos callejeros.

Rafael nunca había sido tan feliz, pero esa felicidad le duró muy poco.

Una tarde en la que Rafael cantaba *Imagine,* de John Lennon, y Nieve recibía el dinero que le ponían en la canastita que colgaba de su cuello, un grito lo cambió todo. De la multitud que los rodeaba una elegante dama se lanzó sobre Nieve mientras gritaba: "¡Tommy, cuánto te busqué! ¡Cómo te extrañé!".

Cargó en sus brazos a Nieve, que no paraba de besarla.

Melanie Gómez Álzaga Insué, una empresaria millonaria, le agradeció a Rafael el cuidado de su perro y le ofreció dinero que él no aceptó; solo dijo: "¡Qué hermoso que Nieve... bueno, Tommy, regrese con su familia!".

Tommy corrió hacia Rafael y lo llenó de besos, luego subió a un lujoso automóvil y ante la mirada desconsolada de su salvador, se alejó por las calles de Nueva York.

Y se dejaron de ver. Él volvió a las calles, todos le preguntaban por su perro, preguntas que herían su corazón.

Pero un día no hubo *show* en la Quinta Avenida. Rafael desnutrido y con fiebre se había abandonado, y debajo del puente, cubierto con la frazada que había usado Nieve, repetía: "Amigo, sin vos no quiero vivir".

Unos brazos lo alzaron y lo cargaron en un auto, y entreabriendo los ojos vio a Nieve que no paraba de besarlo. Con esos besos le decía: "¡Tenés que vivir, amigo, porque nunca más nos separaremos!".

Y Rafael perdió el conocimiento.

Despertó en una mullida cama con un esponjoso colchón, y a su lado estaban Nieve y Miss Melanie, que le acercó una taza de té caliente con unas galletas de miel.

Rafael fue uno más de la familia, en todas las reuniones él cantaba, y como era su costumbre, Nieve pasaba con su canastita. Ese dinero luego se lo llevaban a los otros *homeless* que dormían debajo del puente.

EL PERRO ES EL MEJOR AMIGO DEL HOMBRE.

LA FÁBULA DEL CHANCHO: POR AMOR A LA SALAMANDRA

La cerdita Lilu tenía seis hijos, cinco niñas y un varón, el simpático cerdito Clyde.

En el pueblito donde vivían todo el año hacía frío, por eso debían tener siempre bien climatizado el hogar.

Era Clyde el encargado de cortar la leña, cargarla en la carretilla y cuidar la salamandra para que nunca se apagara el fuego.

Todos en el hogar cumplían una tarea, Lilu preparaba el pan casero con semillas de sésamo y almendras que vendía en el pueblo, las niñas se encargaban de la limpieza y el orden del hogar. Obus, el cerdo padre, se ausentaba ocho meses del hogar para trabajar en un buque pesquero, así podía juntar dinero para terminar de construir su casa.

Comenzaron las clases y Clyde fue a la escuela feliz, le encantaba estudiar, sus materias preferidas eran historia y geografía, pero no era muy bueno con matemática.

La directora dio la bienvenida a los alumnos. En el aula la maestra dejó que eligieran en libertad a su compañero de banco. Entre gritos y corridas se armó un remolino que hizo volar el mapa de la República Argentina que colgaba de la pared. Luego la calma, todos estaban sentados de a dos, Clyde quedó solito, parado en el centro del aula. No tuvo más remedio que sentarse sin ninguna compañía en un banco que estaba al final del aula.

En el recreo, los cerditos comentaban lo que habían hecho en las vacaciones y se intercambiaban la comida que les habían preparado sus respectivas madres.

Cuando Clyde, para sociabilizar, intentó acercarse a un grupo con la idea de compartir el sabroso pan que preparaba su madre, Peter –que era el líder del grupo– lo empujó y le dijo: "Aléjate de nosotros, gordito, apestas con ese olor a humo".

El pobre cerdito intentó las mil maneras de hacerse un amigo, pero siempre lo rechazaban por su olor a humo.

Una tarde, la directora de la escuela organizó un picnic en la montaña y les pidió a los alumnos que llevaran sus máquinas fotográficas; la mejor foto tendría un premio sorpresa.

Clyde era muy buen fotógrafo, sus hermanitas siempre le hacían de modelos.

En las montañas, el cerdito sacó fotos a las hojas que volaban, al sol que asomaba detrás de una nube rosada, al árbol donde vivía una ardilla, y así a cada rincón de ese mágico lugar.

Unos días más tarde, la directora reunió a todos los alumnos en el patio y anunció al ganador: "Queridos alumnos y alumnas, por su creatividad, magia y originalidad, la mejor foto fue la de Clyde. Y el premio sorpresa se lo va a entregar una estrella del cine y la televisión".

Los demás cerditos no cabían en sus pantalones por la envidia, que aumentó cuando Miss Piggy, la famosa estrella de los Muppets, apareció con un trofeo.

Peter, riéndose por lo bajo, burlón, les comentó a los demás: "Jajaja, ahora cuando se acerque y le huela el olor a humo ella va a salir corriendo, jajaja".

Clyde subió al escenario y no se acercó mucho a Miss Piggy por miedo a que se espantara de su olor a humo. Pero pasó todo lo contrario; Miss Piggy le dijo: "Me encanta ese olor a humo que tenés, me recuerda a la salamandra que había en casa de mi abuela. Mi querida abuela siempre me contaba historias, y yo soñaba con ser una estrella".

Antes de irse le dijo a Clyde: "Tu madre debe estar muy orgullosa de tener un hijo que lleve el calor del amor a su hogar".

Desde ese día Clyde fue el líder de la escuela, no tomó ninguna represalia con los que se habían burlado de él. Pero si querían ser sus amigos, tendrían que ayudarlo con la leña para cargar la salamandra.

SI EL TOPO VIERA Y LA SALAMANDRA OYERA, EL MUNDO PERECERÍA.

Después de contar las historias, los doce animales no volvieron al mundo de los cuentos, pero le prometieron a Ludovica que la llevarían a su mundo para que ella también fuera personaje de algún cuento.

Y en esta historia real irreal, Ludovica Squirru Dari y los doce animales del horóscopo chino vivieron felices. Y colorín colorado, este cuento… no ha terminado; recién ha empezado.

Esteban Villarreal

Predicciones

Predicciones basadas en la intuición y el corazón para el Año del Conejo de Agua 2023

En pleno otoño porteño, con la tibieza del sol en la calle al mediodía, o en la efímera tarde que cambia el ritmo del corazón alocado y vagabundo esperando hangar, intuyo que iniciar las predicciones para el zoo, con el planeta en una transformación que nos incluye en todos los reinos visibles e invisibles, es una misión que me excede.

Cada persona ha tenido en los últimos años, o décadas, nuevas señales y paradigmas para encontrar un lugar donde refugiarse ante la tempestad.

El feroz ciclo de la pandemia, sumado a la invasión de Rusia a Ucrania, nos fagocitó el ritmo natural para planear nuestro presente; el futuro ya pasó.

Por eso, quiero que ustedes –cada uno– despierten la intuición, los oráculos del origen, las plegarias a los dioses, que cansados porque no los escuchan están diseñando otro destino en la Tierra.

Los seres humanos en su mayoría no apreciaron el don de la vida, y guiados por sus ancestros y modelos de consumo o posibilidades en sus caóticas vidas han derrochado el milagro de cumplir con la misión que traemos envuelta en celofán.

He transitado diferentes ciclos y seguí las señales de cada año chino, maya, de los pueblos originarios de América, de los profetas que me guiaron antes de nacer y lo seguirán haciendo después de mi muerte.

Es importante que busquen dentro su propia predicción, como hizo *Alicia en el país de las maravillas* cuando el conejo la tentó a meterse en el hoyo que la esperaba para ser ella misma.

No se dejen llevar por la manada en sus tropelías, mal gusto, indecencias, cuando sientan que el latido de su corazón les dicta otro camino.

Hagan lo posible para alejarse de los ruidos internos que los aturden.

Estén dispuestos a dejar el traje viejo y quedarse desnudos sobre la hierba.

Sientan la frescura de la tierra en la espalda, en los muslos, en los brazos o en la panza.

Depositen su osamenta en campos de flores, tulipanes, en arenas blancas de arroyos y playas que les despierten el niño o la niña que quedó en esa etapa en la que sabíamos quiénes éramos y qué queríamos en la vida.

Las predicciones son apenas una pincelada para que le pongan color al "blanco y negro" que se instaló dentro del alma.

Nadie nos apura; el mundo dejó de ser un lugar seguro, alegre, de placeres y consumo.

El año del tigre nos arrancó lo más querido, seguro, sustentable, para facilitarle al conejo de agua su influencia mágica en nuevos sueños y utopías.

Bienvenidos al inicio, el 22 de enero de 2023, y a su desarrollo, hasta el 9 de febrero de 2024, cuando el dragón de madera queme nuestras quimeras.

L. S. D.

Predicciones mundiales 2023
para el Año del Conejo de Agua
basadas en la intuición, el I CHING y el ba zi

EL FENÓMENO HUMANO DEBE MEDIRSE EN UNA ESCALA CÓSMICA.
Teilhard de Chardin

LA ASTROLOGÍA TIENE ASEGURADO EL RECONOCIMIENTO DE LA PSICOLOGÍA,
SIN ULTERIORES RESTRICCIONES, PORQUE LA ASTROLOGÍA REPRESENTA
LA SUMA DE TODO EL CONOCIMIENTO PSICOLÓGICO DE LA ANTIGÜEDAD.
C. G. Jung - Comentario sobre *El secreto de la flor de oro*

Cuando estoy en el campo, en mi jardín serrano, y detengo el CRONOS, meditando, respirando, dejando que entre y salga el oxígeno, siento que soy atemporal.

Que estuve, estoy y estaré de distintas formas en este planeta, atravesando experiencias multidimensionales.

Siento al sol del otoño más débil después de los dos eclipses, solar y lunar, de mayo, y los ciclos de la luna más fuertes en el crecimiento de la huerta y de mis estados anímicos y de biorritmo.

Entonces me conecto con Gaia, como planeta en transformación y transmutación, siendo parte de las causas de su enojo con los humanos.

Millones de años desde el Big Bang y los diferentes estados: líquido, gaseoso y sólido, que conocemos con continentes y mares, que fueron a través del último milenio un lugar en la galaxia dotado de abundancia de climas, especies naturales, de flora y fauna dignas de la descripción del paraíso terrenal.

Muchas civilizaciones poblaron el planeta desde entonces, y han dejado su huella en descendencia, arte, religión, cultura, formas de organización social, política y militar.

Conquistas, guerras, invasiones, violaciones, trata de personas; devastación de recursos naturales, expediciones al Ártico y a la Antártida, cambios de sexualidad, universos paralelos descubriendo formas de comunicación a través de sistemas inteligentes, diseños de aviones, autos, trenes, naves que salen de la órbita terrestre para ver el PLANETA TIERRA.

Cuánto amor siento por ti, planeta.

Como civilización, hemos llegado a un punto SIN RETORNO para vivir con lo que nos diste en armonía.

LAS LEYES CÓSMICAS actúan en LA TIERRA, como los designios del I CHING: LO CREATIVO, hexagrama 1 influencia a LO RECEPTIVO, hexagrama 2.

Los chinos, a través de mil años, crearon *El libro de las mutaciones* OBSERVANDO LOS CAMBIOS CÓSMICOS EN LA TIERRA. Sumaron la vida familiar, social, política.

LOS 64 HEXAGRAMAS SON LAS 64 POSIBILIDADES HUMANAS QUE TENEMOS EN EL ADN; LOS CAMBIOS POSIBLES QUE SE REPITEN INEXORABLEMENTE.

El planeta está hace más de un siglo en extinción debido a la revolución industrial y al vaciamiento de los recursos naturales llevados a cabo por gobiernos y empresas cómplices por negocios con los habitantes de cada país.

Por eso, el año del conejo de agua –que llegará el 22 de enero de 2023 y se extenderá hasta el 9 de febrero de 2024– determinará el final de una era terrestre hacia otra en la cual se extinguirán los últimos intentos de salvación.

Lo desconocido será conocido a la luz de los humanos.

Manifestaciones en sueños, visiones e intuiciones se producirán en simultáneo en distintos países y continentes.

El ser humano será el protagonista en su misión y conciencia para elevarse o degradarse.

El alimento y su forma de producirse finalizarán una etapa y se convertirán en otra en los próximos años.

EL CAMBIO CLIMÁTICO, LAS GUERRAS, LAS SITUACIONES ABRUPTAS E INESPERADAS DE LOS GOBIERNOS DEL PLANETA MODIFICARÁN NUESTRAS COSTUMBRES Y HÁBITOS.

ATENTOS: NOS DARÁN LA ZANAHORIA Y LUEGO VENDRÁ EL CHASCO.

Por eso, a prepararnos para PROCREAR: vida, recolección de ideas, instrumentos antiguos y modernos para vivir con recursos renovables, sustentables, integrando la energía verde, solar, eólica, la de compost en la combustión para generar calor.

LA INVASIÓN DE RUSIA A UCRANIA tendrá consecuencias en todo el planeta.

Desde la producción de granos, la venganza hacia los países

de la OTAN y de Europa, que dependen del gas y del petróleo y sus derivados en materia energética para la producción en fábricas, industrias, empresas estatales y privadas.

CAMBIÓ EL EJE DE PODER: Estados Unidos se debilitará y China y Medio Oriente serán los protagonistas de la gran expansión territorial, económica, social, tecnológica, produciendo una nueva REVOLUCIÓN CULTURAL.

En el planeta continuarán en extinción los recursos más necesarios para la población.

Surgirán más ONG, movimientos ecologistas, de defensa del medio ambiente, habrá integración de comunidades a territorios fiscales, sin agua ni luz, en búsqueda de posibilidades de vivir con salud, educación y medios sustentables.

NOS CAEREMOS DEL MAPAMUNDI.

El plan mundial de exterminio continuará, a pesar de la procreación humana del año del conejo de agua.

Es fundamental que se integren planes de estudio en escuelas, universidades, en cooperativas, dispensarios, lugares públicos y privados para la educación sexual, la sustentabilidad desde lo casero hasta lo regional.

LA GENTE EN EL MUNDO SE UNIRÁ PARA ENFRENTAR CAMBIOS CLIMÁTICOS, SOCIALES, ECONÓMICOS, DE DEFENSA TERRITORIAL, PARA LUCHAR CONTRA EL NARCOTRÁFICO, LA TRATA DE NIÑOS, el cruel exterminio de la última década en todo el mundo y, sobre todo, contra la llegada de TANATOS, que tiñe a EROS y bloquea la posibilidad de amar, proyectar, soñar y sentir que tenemos UNA MISIÓN en la tierra.

John Lennon y Yoko Ono, con la creación de *Imagine*, serán los inspiradores de los cambios de paradigma en el mundo.

Además de las consecuencias de los viejos y nuevos virus que dejaron la pandemia, la viruela del mono y las atávicas enfermedades que persisten: mal de chagas, sarampión, hepatitis, diabetes, enfermedades mentales en aumento, la inteligencia artificial y sus derivados, el ser humano sentirá que deja un traje viejo para ponerse otro más funcional a su realidad humana, artística, espiritual, social y económica.

El deporte será el camino de muchos jóvenes que busquen salir de la depresión y tengan la esperanza de ser Messi o Di María, o alguna sobresaliente acróbata que pueda dar saltos cuánticos para despertar de una vida sin destino.

El conejo convocará a artistas, escritores, filósofos, científicos, artesanos, diseñadores, gente del campo y de la cultura para proponer una gran reunión mundial y continental de cambio de paradigma.

El planeta atravesará situaciones de peligro con desprendimientos de masas estelares: asteroides, meteoritos o radiaciones solares que complicarán las comunicaciones entre centros de informática.

VOLVEREMOS A LA TELEPATÍA.

La confusión, el caos, las revueltas continuarán como en una película de ciencia ficción.

China dominará el mundo.

Las alianzas de potencias y países emergentes sorprenderán a último momento.

Las invisibles alianzas que ya existen y se sumarán entre Oriente, Occidente, Latinoamérica, África, Australia y Oceanía estarán relacionadas con intereses de extracción de los recursos NO RENOVABLES del planeta.

Los reinos mineral, vegetal y animal se sacudirán ante el saqueo, la explotación, la violación a su riqueza; el conejo de agua, que es subfluvial, estará sacudiendo a la Pacha para que no sea tan fácil este proceso.

Habrá que recapacitar y convocar a quienes tienen CONCIENCIA PLANETARIA.

La gran batalla será entre el hombre y la mujer. Un rayo exterminador definirá la nueva forma de relacionarse: sin violencia, con sanaciones terapéuticas, chamanismo, constelaciones familiares y seminarios sobre antropología y meditación.

Año de reiniciar, resetear la vida, el origen y el rumbo de la humanidad.

LA SOLIDARIDAD, EL DESAPEGO, LA CREATIVIDAD, LOS SUEÑOS SERÁN PARTE DEL CAMBIO SUTIL QUE NOS REGALARÁ EL MÁS SENSIBLE Y ESOTÉRICO SIGNO DEL ZODÍACO CHINO.

L. S. D.

El ı CHING **nos aconseja**
2. K'un / Lo Receptivo

EL DICTAMEN
Lo receptivo obra elevado éxito,
propiciante por la perseverancia de una yegua.
Cuando el noble ha de emprender algo y quiere avanzar,
se extravía; mas si va en seguimiento encuentra conducción.
Es propicio encontrar amigos al Oeste y al Sur,
evitar los amigos al Este y al Norte.
Una tranquila perseverancia trae ventura.

Las cuatro direcciones fundamentales de lo Creativo: "Elevado éxito propiciante por la perseverancia", se encuentran también como calificación de lo Receptivo. Solo que la perseverancia se define aquí con mayor precisión como perseverancia de una yegua. Lo Receptivo designa la realidad espacial frente a la posibilidad espiritual de lo Creativo. Cuando lo posible se vuelve real y lo espiritual se torna espacial, se trata de un acontecimiento que se produce siempre merced a un designio individual restrictivo. Esto queda indicado por el hecho de que aquí a la expresión "perseverancia" se le añade la definición más concreta "de una yegua". El caballo le corresponde a la tierra así como el dragón al cielo; en virtud de su infatigable movimiento a través de la planicie simboliza la vasta espacialidad de la tierra. Se elige la expresión "yegua" porque en la yegua se combinan la fuerza y velocidad del caballo con la suavidad y docilidad de la vaca.

Únicamente porque está a la altura de lo que es esencial en lo Creativo, puede la naturaleza realizar aquello a lo cual lo Creativo la incita. Su riqueza consiste en el hecho de alimentar a todos los seres y su grandeza en el hecho de otorgar belleza y magnificencia a todas las cosas. Da así origen a la prosperidad de todo lo viviente. Mientras que lo Creativo engendra las cosas, estas son paridas por lo Receptivo. Traducido a circunstancias humanas, se trata de conducirse de acuerdo con la situación dada. Uno no se encuentra en posición independiente, sino que cumple las funciones auxiliares. Entonces es cuestión de rendir algo. No se trata de conducir –pues así uno solo se extraviaría– sino de dejarse conducir: en eso consiste la tarea. Si uno sabe adoptar frente al destino una actitud de entrega, encontrará con seguridad la conducción que le corresponde. El noble se deja guiar. No avanza ciegamente, sino que deduce de las circunstancias qué es lo que se espera de él, y obedece este señalamiento del destino.

Puesto que uno debe rendir algo, le hacen falta ayudantes y amigos a la hora de la labor y del esfuerzo, una vez firmemente definidas las ideas que deben convertirse en realidad. Esa época del trabajo y del esfuerzo se expresa con la mención del Oeste y del Sur. Pues el Sur y el Oeste constituyen el símbolo del sitio donde lo Receptivo trabaja para lo Creativo, como lo hace la naturaleza en el verano y en el otoño; si en ese momento no junta uno todas sus fuerzas, no llevará a término la labor que debe realizar. Por eso, obtener amistades significa en este caso, precisamente, encontrar el rendimiento. Pero aparte del trabajo y del esfuerzo, también existe una época de planificación y ordenamiento; esta requiere soledad. El Este simboliza el sitio donde uno recibe los mandatos de su señor y el Norte el sitio donde se rinde cuentas sobre lo realizado. Ahí es cuestión de permanecer solo y de ser objetivo. En esa hora sagrada es necesario privarse de los compañeros a fin de que los odios y favores de las partes no enturbien la pureza.

LA IMAGEN
El estado de la Tierra es la receptiva entrega.
Así el noble, de naturaleza amplia, sostiene al mundo externo.

Así como existe un solo Cielo, también existe una sola Tierra. Pero mientras que en el caso del cielo la duplicación del signo significa duración temporal, en el caso de la tierra equivale a la extensión espacial y a la firmeza con que esta sostiene y mantiene todo lo que vive y actúa. Sin exclusiones, la tierra, en su ferviente entrega, sostiene el bien y el mal. Así el noble cultiva su carácter haciéndolo amplio, sólido y capaz de dar sostén de modo que pueda portar y soportar a los hombres y las cosas.

Predicción general para
el Año del Conejo de Agua *yin* 2023/4721

QUE VIVAS EN TIEMPOS INTERESANTES.
Maldición china… inventada por los ingleses

Vivimos en tiempos interesantes, pero al conejo le repugnan la mentira, el desorden, la violencia. Llegará el fin de la pandemia pero la energía agua atrae eventos infecciosos graves en zonas muy habitadas. El año del conejo de agua anterior –1963– tuvo un evento infeccioso, pero en la mente, ya que el agua también es la energía de la ansiedad. La guerra fría estuvo bien instalada en la conciencia colectiva de todos los humanos. Los jóvenes de la generación del *baby boom* llegaron a la edad reproductiva. La música escandalizaba a los adultos: Los Beatles lanzaban su primer LP, *Please Please Me*, el *rock and roll* dejó de ser una moda pasajera y se transformó en discurso político. Martin Luther King conmovió al planeta cuando dijo: "I have a dream…". El espíritu conciliatorio y a la vez curioso del conejo empapó al mundo. El año que viviremos, en el colectivo humano y en nuestro hogar, la tierra seguirá por el camino de lo sorprendente y no nos dará tregua. Liberados ya de esta pandemia, iremos dispuestos a descubrir más bichos, más guerras, más inventos sorprendentes. El espíritu del conejo es hogareño, pero la casa que quiere para sí mismo también la desea para todos los demás. Si pudiéramos describir al *avatar* del espíritu del conejo de agua, ese sería el Conejo Blanco de *Alicia en el País de las Maravillas*. Nos llevará a una aventura interesante y nuestra grandeza o pequeñez dependerá de lo que nos metamos a la boca o de lo que salga de ella.

Lo Shu para el año 2023 del calendario gregoriano o el año 4721 en el calendario chino.

La estrella voladora xuan kong fei xing 玄空飞星 y el el feng shui 风水 nos ayudarán a tomar decisiones más prudentes durante 2023, el cuadro Lo Shu o Luo Shu 洛書 es una herramienta usada por el feng shui que nos ayuda a saber cómo será la energía en cada uno de los puntos cardinales. Describe por medio de palabras clave qué tenemos que hacer para tornar más propicios nuestros espacios durante el año en curso. Nuestra recomendación es que con ayuda de una brújula revisen en qué parte de la casa está cada uno de los puntos cardinales: Norte, Sur, Este, Oeste, Nordeste, Sudeste, Noroeste, Suroeste. También en este capítulo veremos qué ocurre en cada punto cardinal del planeta. Por ejemplo, el Sur del planeta abarca a las naciones australes y la Antártica, el Norte, al polo norte y la Europa nórdica, una buena porción de Rusia; el Noroeste es ocupado por Canadá, Estados Unidos y, de nuevo, una porción de Rusia. Hay zonas delicadas que deberemos atender.

Este año, la energía de la estrella 巽 Xùn ☴ 4 Verde se encuentra en la casa de la estrella 5 de Tierra. El cuatro representa a la energía madera y la madera atrapa con sus raíces a la tierra. Tendremos un año más contenido, más ordenado que el anterior… pero también mucho más neurótico. La madera es la energía de la ira. Debemos hacer uso de toda nuestra prudencia porque la combinación de energías madera-agua-tierra puede pasar de la perfecta fertilidad a la competencia por recursos, y esa competencia contradice lo que se espera del espíritu del conejo, el cual tiende a la cooperación y a la empatía.

El siguiente es el cuadro Lo Shu para el año 2023/4721.

Sureste: 震 Zhèn ☳ 3 Jade 4 Madera	Sur: 艮 Gèn ☶ 8 Blanco 9 Fuego	Suroeste: 坎 Kǎn ☵ 1 Blanco 2 Tierra
Este: 坤 Kūn ☷ 2 Negro 黑色二劲 y Hēi Sè Èr jìn Gran Duque—太歲 Tài Suì 3 Madera	Centro: 巽 Xùn ☴ 4 Verde 5 Tierra	Oeste: 乾 Gān ☰ 6 Blanco Suì Pò Rompe Año 歲破 y 3 Asesinos Sān Shà 三殺 7 Metal Rojo
Nordeste: 兑 Duì ☱ 7 Rojo 8 Tierra	Norte: 離 Lí ☲ 9 Morado 1 Agua	Noroeste: 五黃 Wǔ Huáng 5 Amarillo 6 Metal

El color negro señala las zonas más peligrosas, el color gris, las más complicadas, y el blanco, las zonas con menos problemas.

Remedios de feng shui para aplicar durante el año 2023/4721
El siguiente cuadro describe todo lo que podemos hacer para mejorar nuestro tránsito por el año del conejo.

Nombre en chino y dirección transitoria	Nombre en español	Descripción	Contramedida para 2023
Tài Suì 太歲 Dirección: Este	Gran Duque Júpiter	Tránsito de la energía primordial proveniente de Júpiter sobre el signo zodiacal que rige el año. Afecta la integridad de los que agreden el domicilio fijo del signo del año en curso. No hay que mirar de frente a donde se encuentre esta dirección, la cual cambia cada año.	No convalecer en esa zona. Evitar conflictos en la puerta de entrada si esta se encuentra viendo hacia el Este. Salir de casa dando la espalda al Este. Los actos violentos atraerán calamidades. No hacer ruido en la zona este. Encender allí incienso y colocar flores con raíz.
Suì Pò 歲破 Dirección: Oeste	Rompe Año	Es el lugar opuesto a la localización del Gran Duque. Afectar esta área produce constantes problemas de salud y de dinero.	La energía destructiva del 5 Amarillo se combina con los Tres Asesinos. Evitar encender fogatas en la zona oeste. Hacer lo mismo que en zona de los Tres Asesinos.
Sān Shā 三殺 Dirección: Oeste	Tres Asesinos Tres Muertes	Indica la energía opuesta a la posición del signo del año y sus signos compatibles. No hay que dar la espalda a esta energía.	Colocar lámparas, luminarias y luces brillantes. En interiores, poner una lámpara blanca en la zona oeste de la casa.
Wǔ Huáng 五黄 Dirección: Noroeste	Cinco Amarillo	Se refiere al tránsito de la energía tierra acumulada. Trae enfermedades y bancarrota.	No dejar dinero, bienes y objetos preciados en la zona noroeste de la casa. Evitar actos violentos. No comer ahí.

Hēi Sè Èr jìn 黑色二劲 Dirección: Este	Dos Negro	Se refiere al tránsito de la energía tierra decadente. Trae enfermedades agudas, contagiosas y congénitas.	Mantener todo muy limpio, no permanecer mucho tiempo en el este de la casa, hay peligro de enfermedades graves.

Zonas auspiciosas y conflictivas para el año 2023/4721, conejo de agua *yin* y sugerencias para seguir en casa.

En cada zona de la casa hay energía fija y energía que cambia con el inicio del año chino. Esta energía se extiende por todas partes y se va replicando desde lo micro hasta lo macro, desde cada rincón de la casa, el vecindario, el pueblo, la ciudad, los países, continentes y finalmente, nuestro hogar común: la Pachamama. Para no perdernos en la búsqueda por una mejor relación con el Qi, podemos observar su influencia en cada uno de los puntos cardinales, tanto en el mundo como en nuestras casas.

Norte: 離 Lí ☲ 9 Morado 1 Agua

En el mundo: Conflictos en la industria energética del norte del planeta. Peligro grave de incendios, fallas eléctricas, accidentes nucleares, posibles erupciones volcánicas y tormentas solares. Bueno para difusión de las artes, aumenta la solidaridad entre desconocidos, atrae asuntos felices en el mundo de la farándula.

En la casa: Propicia divorcios, problemas en riñones, corazón y aparato reproductor, infecciones de transmisión sexual. Bueno para las casas de políticos, actores e *influencers*. Bueno para mejorar la memoria.

Sur 艮 Gèn ☶ 8 Blanco 9 Fuego

En el mundo: La energía fuego alimenta la energía tierra del Cono Sur y países australes. Eso puede ser bueno para todo lo relacionado con bienes raíces, ya que atrae estabilidad y riqueza, aunque no se recomienda construir nada nuevo. Pero puede traer incendios forestales ocasionados por la tala desmedida y la quema de cultivos industriales.

En la casa: Se recomienda usar esta zona de la casa para declarar el amor hacia las personas amadas y proponer matrimonio, pero no se aconseja tener ahí contacto sexual con fines reproductivos. Si hay personas embarazadas en casa se debe evitar que duerman en la zona. No es recomendable parir en casa.

Este
坤 Kǔn ☷
2 Negro
黑色二劲
y Hēi Sè Èr jìn
Gran Duque一太
歲 Tài Suì
3 Madera

En el mundo: Conflictos que derivarán en guerras intestinas, división de naciones en el este de Europa, la costa este de Canadá, Estados Unidos, las dos Coreas, China y Taiwán. En caso de explosiones fuertes, estas afectarán a todo el planeta. Habrá más representación femenina en la farándula, la política e instituciones académicas.

En la casa: Hay más oportunidades para las mujeres de la casa, incluyendo todo lo que represente la energía *yin*, por lo tanto podrían ocurrir apariciones en la zona este de la casa, sobre todo si es una zona húmeda y oscura. La combinación atrae problemas estomacales graves. Hay que evitar actos violentos en esa zona. Las plantas mejorarán el ambiente de esa zona.

Oeste
乾 Gǎn ☰
6 Blanco
Suì Pò
Rompe Año 歲破,
3 Asesinos
Sān Shā
三殺 y
7 Metal Rojo

En el mundo: La energía acumulada de cuatro combinaciones destructivas vulnera al mundo occidental. Europa, Estados Unidos, Canadá y la zona industrial del norte de México tendrán conflictos comerciales graves, devaluación, política social tensa y posibles catástrofes ecológicas en el Atlántico y Golfo de México.

En la casa: Peligro de desperfectos e incendios con aparatos electrodomésticos, computadoras e instalaciones eléctricas. Rebeldía por parte de los hijos adolescentes por falta de comunicación y empatía. Hay peligro de traiciones tanto dentro como fuera de la casa.

Sureste
震 Zhèn
☳ 3 Jade
4 Madera

En el mundo: Esta será la zona menos conflictiva del planeta. Propicia la agricultura en países asiáticos desde Filipinas hasta el sur de China. Atrae eventos frívolos entre los jóvenes y adolescentes, los cuales podrían traer una moda nueva y conflictos con autoridades.

En la casa: Favorece las relaciones de complicidad entre los hermanos jóvenes y adolescentes, pero podrían rebelarse contra los padres e incursionar en temas de sustancias y experiencias límite. Hay que aprender a dialogar, pero no en esta zona de la casa.

Suroeste:
坎 Kǎn ☵
1 Blanco
2 Tierra

En el mundo: Posibilidad de enfermedades contagiosas relacionadas con hígado, bilis y vesícula. Atrae contaminación en bosques y selvas, posibles pérdidas graves en el Amazonas, ya sea por plagas o por tala. Habrá tensiones entre adultos jóvenes y figuras de poder.

En la casa: Conflictos molestos entre madres e hijos, particularmente con los hijos del medio o hijos de mediana edad, disolución familiar temporal. Evitar discusiones o comer en la zona suroeste de la casa.

Nordeste:
兌 Duì ☱
7 Rojo
8 Tierra

En el mundo: Mejorarán las relaciones políticas y territoriales en la zona nordeste del planeta. La vida será más sencilla si las familias se mantienen unidas. A nivel emocional aún prevalecerán los sentimientos lastimados, por lo que la tregua será corta.

En la casa: Las familias con hijos jóvenes mejorarán las relaciones, podrán concluir sus estudios. Para sacar buenas calificaciones, hay que poner a estudiar a los hijos en esta zona. Los matrimonios recientes podrían separarse, aunque de modo amigable.

Noroeste:
五黄 Wǔ Huáng
5 Amarillo
6 Metal

En el mundo: Conflictos podrían llevar al encarcelamiento de personas poderosas mayores de 50 años en el extremo oeste de Europa, Canadá y Estados Unidos. La política y la economía mundiales aún dominadas por esos países se tambalearán por algún malentendido o rumores constantes. Hay que ahorrar o comprar tierra.

En la casa: Se debe cuidar que los abuelos no pasen mucho tiempo en esa zona. Los hombres mayores serán afectados por cambios de fortuna graves e incluso alteraciones emocionales/mentales/neuronales conectadas con la presión sanguínea.

Centro:
巽 Xùn ☴
4 Verde
5 Tierra

En el mundo: Hay peligro de contaminación del agua subterránea en todo el mundo. Los mercados especularán con los hidrocarburos y perderán, ocasionando devaluación y una ola de suicidios en todo el planeta. Surgirán grandes pérdidas en las industrias de la construcción, explotación de recursos naturales y minería.

En la casa: No se recomienda comenzar a construir casas o edificios. La energía no es particularmente mala, pero sí podría provocar cáncer en los habitantes de casas construidas en la década de los 80.

Instrucciones y tabla de localización del Ki de las nueve estrellas de 1924 a 2044.

La tabla del Ki de las nueve estrellas nos puede ayudar a conocer a golpe de vista cómo nos va a ir durante el año del conejo. Recomienda también no viajar a zonas poco auspiciosas. Depende del año de nacimiento; con ese dato podemos saber cuál es nuestro número Ki; y con él cotejar en las siguientes tablas cómo será nuestra fortuna.

Para encontrar el número Ki de las nueve estrellas es necesario buscar nuestro año de nacimiento en la siguiente tabla. Hay que recalcar que las personas que nacieron en enero o febrero necesitan poner atención en las fechas de inicio de cada año, ya que esta tabla se basa en el calendario chino y no en el calendario gregoriano. Por ejemplo, alguien nacido el 8 de febrero de 1986 es estrella Ki (H) 6 o Ki (F) 9. (H) significa masculino y (F), femenino. Las estrellas son distintas para hombres y mujeres; sin embargo, a lo largo de la práctica de este sistema, descubrimos que las personas trans que se identifican con el género opuesto al de nacimiento necesitan tomar el número Ki con el género en el que se sientan más a gusto; las personas no binarias pueden tomar el número Ki según el impulso que sientan en el momento o incluso ambos números al mismo tiempo.

Una vez localizado el número, hay que ver qué es lo que dice la tabla Lo Shu de este año y así se puede saber a golpe de vista la calidad de la energía para cada quien. En caso de caer en una posición destructiva, como ocurre con las personas cuyo Ki es el 7, se recomienda no viajar hacia el Nordeste, evitar lugares peligrosos y mantener la salud en condiciones óptimas.

En todo caso, caer en la mansión de tierra Nordeste ofrece la gran oportunidad de transmutar y evolucionar, aunque cueste trabajo. ¡Om!

Ki de las nueve estrellas para 2023/4721

Sureste Mansión de madera 3 BUENA SUERTE Y VIAJES DE PLACER	Sur Mansión de fuego 8 ALEGRÍA Y FORTUNA FELICIDAD	Suroeste Mansión de tierra 1 PROBLEMAS MALA SUERTE AMOR CON DISGUSTOS
Este Mansión de madera 2 SALUD ALEGRÍA HONORES	Centro Mansión de tierra 4 CAMBIO DE EMPLEO O DOMICILIO FALTA DE DINERO ACCIDENTES, ROBOS	Oeste Mansión de metal 6 DINERO BUENA SUERTE EN TODO AMOR
Nordeste Mansión de tierra 7 DESGRACIAS ENFERMEDADES MUERTE	Norte Mansión de agua 9 MELANCOLÍA TRANQUILIDAD SERENIDAD	Noroeste Mansión de metal 5 FORTUNA BUENOS NEGOCIOS MEJORA LA SITUACIÓN

Año de nacimiento de 1924 a 1983	Ki (Masc.)	Ki (Fem.)	Año de nacimiento de 1984 a 2043	Ki (Masc.)	Ki (Fem.)
Feb 05, 1924 – Ene 23, 1925	4	2	Feb 02, 1984 – Feb 19, 1985	7	8
Ene 24, 1925 – Feb 12, 1926	3	3	Feb 20, 1985 – Feb 08, 1986	6	9
Feb 13, 1926 – Feb 01, 1927	2	4	Feb 09, 1986 – Ene 28, 1987	2 (5)	1
Feb 02, 1927 – Ene 22, 1928	1	8 (5)	Ene 29, 1987 – Feb 16, 1988	4	2
Ene 23, 1928 – Feb 09, 1929	9	6	Feb 17, 1988 – Feb 05, 1989	3	3
Feb 10, 1929 – Ene 29, 1930	8	7	Feb 06, 1989 – Ene 26, 1990	2	4
Ene 30, 1930 – Feb 16, 1931	7	8	Ene 27, 1990 – Feb 14, 1991	1	8 (5)
Feb 17, 1931 – Feb 05, 1932	6	9	Feb 15, 1991 – Feb 03, 1992	9	6
Feb 06, 1932 – Ene 25, 1933	2 (5)	1	Feb 04, 1992 – Ene 22, 1993	8	7
Ene 26, 1933 – Feb 13, 1934	4	2	Ene 23, 1993 – Feb 09, 1994	7	8
Feb 14, 1934 – Feb 03, 1935	3	3	Feb 10, 1994 – Ene 30, 1995	6	9
Feb 04, 1935 – Ene 23, 1936	2	4	Ene 31, 1995 – Feb 18, 1996	2 (5)	1
Ene 24, 1936 – Feb 10, 1937	1	8 (5)	Feb 19, 1996 – Feb 06, 1997	4	2
Feb 11, 1937 – Ene 30, 1938	9	6	Feb 07, 1997 – Ene 27, 1998	3	3
Ene 31, 1938 – Feb 18, 1939	8	7	Ene 28, 1998 – Feb 15, 1999	2	4
Feb 19, 1939 – Feb 07, 1940	7	8	Feb 16, 1999 – Feb 04, 2000	1	8 (5)
Feb 08, 1940 – Ene 26, 1941	6	9	Feb 05, 2000 – Ene 23, 2001	9	6
Ene 27, 1941 – Feb 14, 1942	2 (5)	1	Ene 24, 2001 – Feb 11, 2002	8	7
Feb 15, 1942 – Feb 04, 1943	4	2	Feb 12, 2002 – Ene 31, 2003	7	8
Feb 05, 1943 – Ene 24, 1944	3	3	Feb 01, 2003 – Ene 21, 2004	6	9
Ene 25, 1944 – Feb 12, 1945	2	4	Ene 22, 2004 – Feb 08, 2005	2 (5)	1
Feb 13, 1945 – Feb 01, 1946	1	8 (5)	Feb 09, 2005 – Ene 28, 2006	4	2
Feb 02, 1946 – Ene 21, 1947	9	6	Ene 29, 2006 – Feb 17, 2007	3	3
Ene 22, 1947 – Feb 09, 1948	8	7	Feb 18, 2007 – Feb 06, 2008	2	4
Feb 10, 1948 – Ene 28, 1949	7	8	Feb 07, 2008 – Ene 25, 2009	1	8 (5)
Ene 29, 1949 – Feb 16, 1950	6	9	Ene 26, 2009 – Feb 13, 2010	9	6
Feb 17, 1950 – Feb 05, 1951	2 (5)	1	Feb 14, 2010 – Feb 02, 2011	8	7
Feb 06, 1951 – Ene 26, 1952	4	2	Feb 03, 2011 – Ene 22, 2012	7	8
Ene 27, 1952 – Feb 13, 1953	3	3	Ene 23, 2012 – Feb 09, 2013	6	9
Feb 14, 1953 – Feb 02, 1954	2	4	Feb 10, 2013 – Ene 30, 2014	2 (5)	1

Año de nacimiento de 1924 a 1983	Ki (Masc.)	Ki (Fem.)	Año de nacimiento de 1984 a 2043	Ki (Masc.)	Ki (Fem.)
Feb 03, 1954 – Ene 23, 1955	1	8 (5)	Ene 31, 2014 – Feb 18, 2015	4	2
Ene 24, 1955 – Feb 11, 1956	9	6	Feb 19, 2015 – Feb 07, 2016	3	3
Feb 12, 1956 – Ene 30, 1957	8	7	Feb 08, 2016 – Ene 27, 2017	2	4
Ene 31, 1957 – Feb 17, 1958	7	8	Ene 28, 2017 – Feb 18, 2018	1	8 (5)
Feb 18, 1958 – Feb 07, 1959	6	9	Feb 19, 2018 – Feb 04, 2019	9	6
Feb 08, 1959 – Ene 27, 1960	2 (5)	1	Feb 05, 2019 – Ene 24, 2020	8	7
Ene 28, 1960 – Feb 14, 1961	4	2	Ene 25, 2020 – Feb 11, 2021	7	8
Feb 15, 1961 – Feb 04, 1962	3	3	Feb 12, 2021 – Ene 31, 2022	6	9
Feb 05, 1962 – Ene 24, 1963	2	4	Feb 01, 2022 – Ene 21, 2023	2 (5)	1
Ene 25, 1963 – Feb 12, 1964	1	8 (5)	Ene 22, 2023 – Feb 09, 2024	4	2
Feb 13, 1964 – Feb 01, 1965	9	6	Feb 10, 2024 – Ene 28, 2025	3	3
Feb 02, 1965 – Ene 20, 1966	8	7	Ene 29, 2025 – Feb 16, 2026	2	4
Ene 21, 1966 – Feb 08, 1967	7	8	Feb 17, 2026 – Feb 05, 2027	1	8 (5)
Feb 09, 1967 – Ene 29, 1968	6	9	Feb 06, 2027 – Ene 25, 2028	9	6
Ene 30, 1968 – Feb 16, 1969	2 (5)	1	Ene 26, 2028 – Feb 12, 2029	8	7
Feb 17, 1969 – Feb 05, 1970	4	2	Feb 13, 2029 – Feb 02, 2030	7	8
Feb 06, 1970 – Ene 26, 1971	3	3	Feb 03, 2030 – Ene 22, 2031	6	9
Ene 27, 1971 – Feb 14, 1972	2	4	Ene 23, 2031 – Feb 10, 2032	2 (5)	1
Feb 15, 1972 – Feb 02, 1973	1	8 (5)	Feb 11, 2032 – Ene 30, 2033	4	2
Feb 03, 1973 – Ene 22, 1974	9	6	Ene 31, 2033 – Feb 18, 2034	3	3
Ene 23, 1974 – Feb 10, 1975	8	7	Feb 19, 2034 – Feb 07, 2035	2	4
Feb 11, 1975 – Ene 30, 1976	7	8	Feb 08, 2035 – Ene 27, 2036	1	8 (5)
Ene 31, 1976 – Feb 17, 1977	6	9	Ene 28, 2036 – Feb 14, 2037	9	6
Feb 18, 1977 – Feb 06, 1978	2 (5)	1	Feb 15, 2037 – Feb 03, 2038	8	7
Feb 07, 1978 – Ene 27, 1979	4	2	Feb 04, 2038 – Ene 23, 2039	7	8
Ene 28, 1979 – Feb 15, 1980	3	3	Ene 24, 2039 – Feb 11, 2040	6	9
Feb 16, 1980 – Feb 04, 1981	2	4	Feb 12, 2040 – Ene 31, 2041	2 (5)	1
Feb 05, 1981 – Ene 24, 1982	1	8 (5)	Feb 01, 2041 – Ene 21, 2042	4	2
Ene 25, 1982 – Feb 12, 1983	9	6	Ene 22, 2042 – Feb 09, 2043	3	3
Feb 13, 1983 – Feb 01, 1984	8	7	Feb 10, 2043 – Ene 29, 2044	2	4

Predicciones generales
para cada mes del año 2023/4721

ENERO • Mes del Búfalo. Tronco celeste 10 de agua *yin*, **inicia el 5 de enero. Estrella voladora mensual: 9**

Este será el mes más karmático del año del tigre, que terminará el día 21 de enero, dejando así al año del conejo "ciego", lo cual significa que el año del conejo tendrá una primavera helada en el Norte y poco fértil en el Sur. Todo lo que quedó inconcluso durante los meses anteriores tendrá que ser resuelto durante este mes, así que resultará importante saldar deudas económicas y emocionales antes del comienzo del año nuevo. Costará mucho trabajo crecer, independizarse. No es muy claro si habrá una nueva pandemia o si la que nos viene aquejando desde el año de la rata tendrá una nueva mutación, pero se recomienda cuidar la salud de los que nos rodean.

FEBRERO • Mes del Tigre. Tronco celeste 1 de madera *yang*, **inicia el 4 de febrero. Estrella voladora mensual: 8**

El mes comenzará con conflictos que encontrarán eco en las redes sociales. No será propicio iniciar nada nuevo. Existe peligro de incendios en zonas boscosas o cercanas a cultivos industriales del Sureste, y accidentes eléctricos en el Oeste que también propiciarían incendios. Hay que evitar hacer fogatas. Habrá protestas y revueltas estudiantiles en el Suroeste, además de enfermedades graves que podrían salir de esa zona. Vientos fuertes en el Nordeste. Subirá la fertilidad en el planeta, propiciando otro *baby boom*. En el aspecto positivo, la gente será más amable en el trato personal, aunque en internet los bravucones tendrán toda la atención del mundo.

MARZO • Mes del Conejo. Tronco celeste 2 de madera *yin*, **inicia el 6 de marzo. Estrella voladora mensual: 7**

Este será un mes frenético, con vientos poderosos que arrancarán árboles y vallas. El doble conejo y la madera *yin* atraerán tormentas primaverales que ayudarán a que baje la temperatura ligeramente en el norte del planeta. El Sur se verá un tanto helado y los trópicos, bajo el agua. Por otro lado, la energía nos pondrá a todos a trabajar horas extras. Tal parece que esta energía nos habla también del término definitivo de la pandemia, y con ello las noticias se volcarán más hacia eventos bélicos y todo lo relacionado con el cambio climático. El planeta podría asustarnos en el Este con nuevas enfermedades y en el Oeste con incendios monstruosos.

ABRIL • Mes del Dragón. Tronco celeste 3 de fuego *yang*, inicia el 4 de abril. Estrella voladora mensual: 6

El dragón y el conejo son signos compatibles, pero la combinación de las energías variables agua-fuego chocan y la energía fija madera del conejo azuza ese choque; por lo tanto, se esperan malentendidos a nivel político y económico a escala mundial. El mes propicia accidentes y pérdidas graves de dinero. Hay que mantenerse al margen de las bolsas de valores. Existe peligro de vientos y tormentas eléctricas; mal clima. En particular las zonas suroeste, norte, el centro del planeta y los trópicos podrían tener eventos meteorológicos de consideración.

MAYO • Mes de la Serpiente. Tronco celeste 4 de fuego *yin*, inicia el 6 de mayo. Estrella voladora mensual: 5

El mes de la serpiente continuará con los problemas económicos del mes anterior. Será propicio para viajar, pero también provocará mudanzas y cambios de vida dolorosos para buena parte del zoo. Asimismo, habrá alteraciones en las rutas de animales migratorios. Las bolsas de valores, casinos y casas de apuestas podrían provocar inestabilidad en mercados que normalmente no se ven afectados por estos negocios. Las zonas más alteradas serán suroeste, nordeste, oeste y el centro mismo de la tierra. No hay que prestar ni pedir prestado.

JUNIO • Mes del Caballo. Tronco celeste 5 de tierra *yang*, inicia el 6 de junio. Estrella voladora mensual: 4

Mes ambivalente. La combinación conejo/caballo propicia buenas relaciones amorosas, familiares y amistosas, pero las combinaciones de estrellas voladoras provocan catástrofes que afectan las redes de distribución de alimentos y provocan enfermedades en cultivos y animales de granja. Hay peligro de incendios en el Norte y el Nordeste. Los conflictos energéticos también afectan las relaciones entre políticos y empresarios, por lo que el asunto del cambio climático llegará a un punto peligroso que afectará a todos los seres sintientes.

JULIO • Mes de la Cabra. Tronco celeste 6 de tierra *yin*, inicia el 7 de julio. Estrella voladora mensual: 3
La cabra viene a calmar el fuego del mes anterior. Ella, junto con el signo del conejo y los días del chancho –4, 16 y 28– podrán ayudarnos a reconstruir zonas que pudieron verse afectadas por el clima y las relaciones políticas y comerciales destructivas. Quedarán algunos incendios en el lado oeste del planeta, pero todo será controlable. Las familias seguirán unidas, así como los núcleos amistosos y las comunidades. Este mes se trata de reconciliar y crecer juntos.

AGOSTO • Mes del Mono. Tronco celeste 7 de metal *yang*, inicia el 8 de agosto. Estrella voladora mensual: 2
El mono trae un mes de accidentes. Cuidado con deportes de riesgo o alto impacto. Hay que evitar realizar locuras por el simple hecho de obtener una buena *selfie*, o festivales que podrían desencadenar actos violentos o, por supuesto, participar en guerras (o provocarlas); todo esto, porque será casi imposible frenar lo que se comience. Se debe aprender a descansar. Sube la tendencia a la depresión en personas neurodivergentes. Puede haber catástrofes médicas o pandemias.

SEPTIEMBRE • Mes del Gallo. Tronco celeste 8 de metal *yin*, inicia el 8 de septiembre. Estrella voladora mensual: 1
El gallo viene con desastres en zonas rurales del Suroeste y con enfermedades graves en gente y animales en el Nordeste. Hay contaminación del agua en todo el planeta; la combinación de energías indica que la causa es accidental. Esto podría provocar un cambio migratorio de animales en el centro de África, el Amazonas y la costa del sudeste americano. El gallo atrae malas

relaciones en la casa, la escuela y el trabajo. Tenemos que trabajar más la responsabilidad emocional y la empatía.

OCTUBRE • Mes del Perro. Tronco celeste 9 de agua *yang*, inicia el 8 de octubre. Estrella voladora mensual: 9

La energía del mes, que será de agua *yang*, choca con las energías combinadas del conejo y el perro, que cuando se juntan forman fuego. El conflicto no modificará el comportamiento ni la suerte de las personas y otros seres sintientes, pero repercutirá en el clima, la fertilidad de la tierra y en factores económicos. No será buena idea confiar en la bolsa de valores, solo las economías cerradas y locales estarán libres de problemas. Se debe ahorrar y tener cuidado con la salud del corazón y el sistema circulatorio.

NOVIEMBRE • Mes del Chancho. Tronco celeste 10 de agua *yin*, inicia el 7 de noviembre. Estrella voladora mensual: 8

El chancho se combina con el conejo y la cabra produciendo Qi de madera, esa energía se expresará en forma de vientos fuertes en el Sur y un descenso de temperaturas en el Norte. Los trópicos en cambio alargarán la temporada seca. Los días más susceptibles serán 9 y 21. incluso el 3 de diciembre será afectado por ese fenómeno. En lo personal, la gente tenderá a la ira, por lo que es importante no buscar enfrentamientos y dejar temas importantes para el siguiente mes.

DICIEMBRE • Mes de la Rata. Tronco celeste 1 de madera *yang*, inicia el 7 de diciembre. Estrella voladora mensual: 7

Este será un mes agitado para todo el zoo. Reflejo de la relación entre el conejo y la rata, parecerá todos somos parte de un culebrón televisado. Debido a que diciembre es un mes en que nos reunimos en familia a celebrar, es muy posible que se den pleitos. Hay que aprovechar esas situaciones para quemar karma y resolver temarios familiares que necesitan ser superados antes de la llegada del año del dragón, que será un año para escarbar en las raíces y evolucionar… lo queramos o no.

SAN MARTÍN

Hoy quisiera tomar un mate juntos
saber si te gusta dulce o amargo;
sentarnos junto a un brasero para acompañarte en la
fría mañana.

Hoy, te preguntaría sobre tu madre: ROSA GUARÚ,
la que intentaron ocultarte,
como tantas mentiras que distorsionaron la historia
de nuestro país por la que diste tu sangre.

Hoy, te acompañaría a caballo hasta donde me lo pi-
dieras; porque tengo los ojos llenos de lágrimas que
no puedo vaciar, de tanto dolor por tu hazaña, estratega, visionario de un continente por el que diste tu
vida, cuando hacerlo era el momento histórico para
ser libres e independientes, y unidos seríamos un cri-
sol de razas compartiendo una tierra bendecida.

Acá estoy, JOSÉ, soñando despierta con tu semilla que
en mi corazón germinó como el sol que acarició tu fe
en tu utopía

L. S. D.

Predicciones preventivas para la Argentina basadas en la intuición y el I CHING

A LAS COSAS DE LA TIERRA HAY QUE CONOCERLAS PARA AMARLAS,
A LAS COSAS DIVINAS SE LAS DEBE AMAR PARA CONOCERLAS.
Pascal

Desperté silenciosamente, sintiendo la calma afuera en el jardín.

El día se anunció nublado con retazos de cielo azul, recordan-
do la bandera argentina.

Abrí despacito persianas y postigos, puse la pava para el
mate, prendí una vela celeste y sentí ganas de haber estado
el 25 de Mayo de 1810 en el Cabildo manifestando el grito de
LIBERTAD, INDEPENDENCIA, DE PAÍS NUEVO.

Volví al AQUÍ Y AHORA.

Inmersa en la realidad de aquello en lo que se transformó esa idea de algunos hombres de origen español, criollo, que buscaban la identidad de un nuevo rumbo, supe que nuestro destino (las huellas que uno ha dejado) no prendieron en este territorio inmenso que es la Argentina (de *argentum*, plata).

Recordé mis fechas escolares cuando izaba la bandera, o era escolta primera y desfilaba con orgullo en el patio gélido de la escuela.

El ritual de honrar a los próceres y sentirnos distintos al menos por un día o unas horas.

Predecir qué pasará con el país en el año del conejo un año y medio antes de las elecciones es MISIÓN IMPOSIBLE.

Basada en mis creencias, la Argentina, por la fecha de la independencia, el 9 de julio de 1816, es rata de fuego, y el año que viene es conejo de agua; asocio la relación de BUGS BUNNY corriendo, jugando, persiguiendo, asediando a las ratas que lo rodean, como un tiempo aún más caótico, violento, desorganizado, pleno de traiciones y lleno de corsarios y piratas buscando la horma de queso para repartirla o devorarla.

TODO SE PIERDE, NADA SE TRANSFORMA EN LA ARGENTINA.

El tiempo entre el tigre y el conejo es una trinchera de guerra: valores, sacrificios humanos, *vendetta*, asaltos, violaciones, incertidumbre, depresión, enfermedades, pobreza, avalancha de zombis armados, falta de dirigencia para confiar, admirar y seguir; los argentinos estamos devaluados.

VOLVER A SER CIUDADANOS LIBRES Y SOBERANOS SERÁ LA ODISEA DEL AÑO DEL CONEJO DE AGUA.

En cada rincón, provincia, pueblo o paraje del país se cuecen intereses mezquinos para seguir usurpando los derechos del pueblo.

Llegamos a vivir con la ley de la selva: el más fuerte devora al más débil. Como debajo de un volcán a punto de despertar, la lava está encendida.

LA DESAZÓN, EL DESBORDAMIENTO, LO ABISMAL se conjugan para hacer un cóctel histórico en nuestro destino.

En mis años de predecir el rumbo del país, basándome en el I CHING, noté que salía repetidamente el hexagrama 18: EL TRABAJO EN LO ECHADO A PERDER.

Por eso, viviendo en Las Rabonas, pueblo de Traslasierra, con el tapiz de estrellas que cubre el cielo de noche, visualicé que había que integrar las cosmovisiones de América, la astrología asirio caldea, la ecoespiritualidad para el inicio de una nueva fecha BIEN PARIDA ASTROLÓGICAMENTE PARA EL PAÍS.

Convoqué a CARLOS BARRIOS, astrólogo maya; a ANA TARÁNTOLA, astróloga asirio caldea; a JUAN NAMUNCURÁ, por la cosmovisión mapuche; a MIGUEL GRINBERG, por la ecoespiritualidad, y yo aporté la cosmovisión china para FUNDAR ESPIRITUALMENTE EL PAÍS, el 4 de diciembre de 2003, a las 5 pm en Ojo de Agua, Nono.

Así, la Argentina renacería a partir de una fusión de estudios entre varias astrologías con la idea de que no estuviera influenciada por partidos políticos e intereses económicos, sino por una nueva visión humanista, ecológica, central del país. Nono es el Cuzco argentino, y allí confluyeron el paso de mulas hacia el Alto Perú, los pueblos sanavirones y comechingones, los jesuitas en la provincia de Córdoba.

Entonces, el año 2023 marca veinte años de la idea que germinó lenta, con incendios en su pacha, gente que venía en busca de sexo, droga y *rock and roll*; seres perdidos en las tinieblas de la vida y del campo, espíritus sedientos de prana, ayuda real y espiritual, mujeres valientes, hombres destrozados por las estafas de la vida; en ese rebaño año a año fertilizamos un cambio desde adentro hacia afuera para vivir con recursos humanos, respeto por la naturaleza, el ecosistema, la vecindad, el compañero de vida, la tribu que somos en las elecciones humanas sin imposiciones ni chantaje de planes, siendo genuinos, auténticos en LA BÚSQUEDA DE NUESTRA IDENTIDAD.

Esta idea ya es una realidad anual; los aportes de DEEPAK ANANDA, con su filosofía hindú, VALENTINA MEDRANO, con su arte de mandalas y sanación diksha, la gente del valle, que brinda seminarios de yoga, arco y flecha, ecoespiritualidad, cerámica, danza con tambores y meditación dinámica se acrecientan como el caudal del Curru Leuvu (río Negro).

CREO EN ESTA ARGENTINA, donde también nos guían desde el cielo los más evolucionados, los veamos o no, los que hicieron de cada huella de mula y caballo un sendero o camino que existe, los maestros sin prensa que educan a los niños en los confines de cada paraje del país por vocación más que por un sueldo digno.

CREO en la gente honesta que trabajó como sus ancestros por necesidad y dignidad, y lo sigue haciendo, pues jubilarse con la mínima es UNA ESTAFA MORAL, que será condenada al final de los tiempos.

CREO que hay gente que puede revertir la inercia, A PESAR DE LA DECADENCIA INSTITUCIONAL.

Quienes llegarán al país por guerras, hambruna, escasez de energía, encontrarán un país dispuesto a recibirlos para que siembren, construyan sus hogares, apliquen sus estudios y experiencias, instruyan a quienes no saben para RECONSTRUIR EL TEJIDO DEL PAÍS, QUE ESTÁ DESHILACHADO.

Un país que dejó de serlo para convertirse en tierra de nadie alzará su bandera y sentiremos emoción al cantar el himno nacional, versión CHARLY GARCÍA, en su año, porque un territorio sin amor, sin leyes, sin ética puede recuperarlos.

EL CONEJO DE AGUA será parte de este nuevo despertar, pues ama lo que fluye, lo que es esfuerzo y contenido, lo que da fuentes de trabajo, armonía, paz y diversión, lo que sale de la inteligencia aplicada al bienestar.

Sabremos más de recursos renovables, de energía eólica, solar, lunar. SEREMOS TAN NUEVOS como la luna que nos guiará desde sus fases para sembrar y apostar por el elixir de la inmortalidad.

Inmersa en el otoño final, previo al solsticio de invierno amanezco con el cielo diáfano que presagia un día de sol para seguir sintiendo a LA ARGENTINA REAL, que sigue siendo UNA ESTAFA SIN ESCAPATORIA.

Sin gasoil para la segunda gran cosecha del año en el Norte, de caña de azúcar, cítricos, yerba mate; con la inflación galopante sin jinete que la dome, con las licitaciones que son inmorales como quienes se desangran por ellas para brindarnos gas, petróleo en el país y poder exportarlo al mundo en episodios que nos producen una vez más el retorno del hexagrama 18, EL TRABAJO EN LO ECHADO A PERDER; sazonado con los amistosos del Mundial rumbo a Qatar, con el genio de Messi, sus goles y la euforia paliativa del pueblo, creo que somos responsables de encauzar el destino del país durante el último semestre del año del tigre.

El mundo cambió para siempre.

POR LA PANDEMIA DEL COVID Y DE SUS CONSECUENCIAS EN EL ALMA.
Salir del estado de convalecencia después de haber permanecido en terapia intensiva no será fácil.

Dependerá de guías coherentes, ejemplares, que sin partido político ni intereses económicos despierten el ENTUSIASMO en seguir construyendo la patria.

Algo positivo pasó y seguirá ocurriendo en el país: el éxodo desde las grandes ciudades al campo, a la montaña, al mar, a la naturaleza, que está esperando que la recordemos antes del próximo susto que nos dará.

Recurrir a la BIOINSPIRACIÓN, aplicarla a lo sustentable en sistemas de comunicación, construcción y energía incorporada a la vida cotidiana.

El privilegio de los que pudimos hacerlo hace más de un katún (veinte años), y atravesamos a los cuatro jinetes del apocalipsis (viento, tierra, aire y fuego) y nos quedamos.

Porque las pruebas son para APRENDER Y NO REPETIR.

Y seguir en el lugar donde nacimos aceptando el karma e intentando revertirlo.

DESPERTEMOS, ARGENTINOS, ES EN ESTE MOMENTO EN EL QUE TENEMOS QUE SER DUEÑOS DE NUESTRO PROPIO DESTINO.

L. S. D.

El I CHING les aconseja:
49. Ko / La Revolución (La Muda)

EL DICTAMEN
La Revolución.
En tu propio día encontrarás fe.
Elevado éxito, propicio por la perseverancia.
Se desvanece el arrepentimiento.

Las revoluciones estatales son algo sumamente grave. Hay que recurrir a ellas únicamente en caso de extrema emergencia, cuando ya no queda otra salida. No cualquiera está llamado a ejecutarlas, sino únicamente aquel que goza de la confianza del pueblo, y también este solo cuando haya llegado la hora. Debe procederse al respecto de un modo correcto, causando alegría en el pueblo e impidiendo, mediante el esclarecimiento, los excesos. Por otra parte es menester que uno esté libre por completo de objetivos egoístas y realmente subsane la miseria del pueblo. Únicamente así no habrá nada de qué arrepentirse.

Los tiempos cambian y con ellos las exigencias. Así cambian las estaciones en el curso del año. Así también en el año cósmico hay primavera y otoño de pueblos y naciones, que requieren transformaciones sociales.

LA IMAGEN
En el lago hay fuego: la imagen de la revolución.
Así ordena el noble la cronología
y clarifica las épocas.

El fuego abajo y el lago arriba se combaten y se destruyen recíprocamente. Así también en el transcurso del año tiene lugar una lucha de la fuerza luminosa con la oscura, que repercute en las revoluciones de las estaciones del año. El hombre se hace dueño de los cambios de la naturaleza cuando reconoce su regularidad y distribuye en forma correspondiente el curso del tiempo. Con ello se introduce el orden y la claridad en el cambio, aparentemente caótico, de las temporadas y uno puede tomar anticipadamente las previsiones necesarias, de acuerdo con las exigencias de las diferentes épocas.

Cuando cerraba el capítulo de la Argentina, apareció el dragón FERNANDO MANGUS con las predicciones de WAIRITA, ANTONIO, y propias del cielo, ILLAMPUNSIN (nuevo vuelo del sol):

Esta ceremonia marca el año nuevo en todo lo que es la nación kakana, Sherkay, que comprende, el noroeste y el centro de la Argentina y el norte grande de Chile.

La oscuridad y el frío del amanecer se elevarán al sol (que ha triunfado en su lucha con la oscuridad) al centro de las ventanas cósmicas. Las Siete Pléyades o Cabrillas mostrarán el cuerpo del jaguar antiguo brillando nuevamente con fuerza.

La lectura astronómica de la noche y del amanecer serán la guía del nuevo año.

Ancestralmente y hasta nuestros días, el pueblo kakan ha leído los cielos en cada ILLAMPUNSIN para interpretar el movimiento de las estrellas, el animal que se forma y los augurios del año que se inicia.

El 21 de diciembre de 2020, en el solsticio de verano, hubo un cambio de elemento y ciclo.

Abandonamos el elemento tierra y pasamos al elemento aire, correspondiente a la era de Acuario.

Este suceso traerá a las futuras generaciones todo el conocimiento de todo lo que las rodea y la SABIDURÍA del aire, pero –con ello– el olvido de quienes somos como comunidad terrestre.

¿El hombre puede vivir sin la tierra?

Este es el desafío. Aunque hay muchas puertas en nuestra madre, y aunque encontraran las llaves, el hombre, los animales, las plantas, pertenecen a esta puerta de la vida.

El ILLAMPUNSIN, el solsticio de invierno, es la noche más larga del año, la fuerza del invierno nos hablará de la resurrección pues empezará a amanecer poco a poco más temprano.

Los sherkay (hijos del rayo) pasamos la noche al aire libre, reunidos en pequeñas hogueras compartiendo leña y las narraciones de cómo se ha logrado vivir hasta ahora en el territorio, las luchas, las historias de los guerreros ancestrales, las leyendas, y compartiendo su sabiduría de la vida.

Rita Cejas, Antonio Caro, Fernando Manguz
Círculo de Oraus y Seres Elementales

Predicciones para la Argentina 2023 desde la Astrología hindú

Cuando mi querida y admirada Ludovica me convocó a escribir estas líneas sobre Argentina 2023, me encomendé a mis Maestros y me zambullí de lleno en los antiguos Oráculos de India. ¡Qué odisea! La Argentina nació bajo un kundli (carta natal) que, ni a propósito, se puede escoger con tan malas posiciones astrales, y eso hace de esta nación un subibaja energético que, de extremo a extremo, nunca logra dar con el justo equilibrio.

Este 2023 será, sin duda alguna, un año bisagra para nuestra querida patria. Saturno dejará, lentamente, la adversa posición en la que se encuentra hace años y dará paso a la cosecha de lo sembrado. Nunca me gustaron las noticias grises, pero no será un año fácil… este gobierno llegará con la poca nafta que le queda y muchos de los que hoy gobiernan deberán comenzar a hacer cursos de tejido, falso *vitraux* o cerámica, ya que a la política no volverán nunca más. Será un antes y un después para muchos que juraron por Dios y la Patria; Dios los ayudó, la Patria los demandará y el Karma se encargará del resto.

Themis, la diosa de la Justicia, encarnará en más de un magistrado, y el Poder Judicial tendrá un rol de enorme importancia en los tres próximos años. Muchos que se creyeron intocables caerán a los pies de su espada y otros/as serán salvados por sus propios adversarios para evitar el caos social, ¿me explico? A buen entendedor, pocas palabras.

El Oráculo de India indica que tenemos por delante aún tentaciones, celos, luchas internas y externas, levantamientos sociales y hasta posibles atentados, para luego dar paso a un renacer entre las cenizas. Vendrá una época de paz, pero no será en lo inmediato.

La clave de 2023 girará en torno a la palabra "fidelidad"; será, para quienes no gobernamos, la fidelidad a nuestras intuiciones, metas, sueños y seres queridos. Para quienes tienen el poder, la fidelidad a lo prometido, a los compromisos contraídos y a sus propios colegas y compañeros. ¿Es mucho pedir? ¡No me respondan… creo saber la respuesta sin necesidad de ningún oráculo!

La economía tardará aún más en recuperarse y saldrán a la luz estafas y negociados que todos terminamos pagando. La mejora en la economía tendrá que esperar unos años, ya que el daño causado no es menor. Quisiera traerles buenas nuevas, pero me parece que la verdad siempre debe imperar. Será a partir de los últimos meses de 2023 que surgirán proyectos, planificaciones y estrategias que empezarán a darle oxígeno al fluir económico.

Se deberá prestar especial atención a la condición de los aviones, rutas y autopistas y del transporte público en general para evitar riesgos y accidentes, ya que astralmente estarán atravesando un tránsito adverso.

Pero ¿qué podemos hacer cada uno de nosotros?

Tenemos la posibilidad de hacer de este país un lugar hermoso, como lo fue, y me parece que recordar las palabras de la gran alma, Gandhi, nos puede orientar: *Seamos el cambio que queremos ver en el mundo.* No esperemos que de arriba nos caiga ninguna solución mágica; tomemos, cada uno, el compromiso de hacer nuestro propio cambio (comer mejor, dormir mejor, tratarnos mejor, etcétera) y así estaremos cambiando nuestra familia, el barrio, la ciudad, el país y nuestra humanidad toda.

Les deseo un muy feliz 2023 y que Dios y Ganesh los bendigan con luz, paz y risas.

Om Shanti.

Deepak Ananda
JyotishAcharya (astrólogo hindú)
Profesor de Yoga y Yogaterapia

Los astros y sus influencias en 2023 para Latinoamérica, Estados Unidos de América y España

por Ana Isabel Veny Llabres

Es el tiempo de descubrir quiénes somos en realidad, conectarnos con nuestro verdadero ser y desplegar esa potente luz que subyace en el alma. En esta etapa de nuestra existencia tenemos la misión de transitar por nuestros espacios espirituales, recuperar nuestros poderes aún dormidos y convertirnos en bellos seres luminosos. Demos un paso adelante en nuestra evolución tomando conciencia de que somos multidimensionales. Reafirmemos ese puente que va de corazón a corazón, por el cual transitan las energías del amor. De esa forma elevaríamos nuestras energías en distintos niveles, y las de nuestra Madre Tierra, Gaia. La solidaridad, benevolencia e integración entre los seres humanos marcaría una nueva presencia y volveríamos al sendero que conduce a la verdadera armonía. Los astros con sus actuales posiciones generan nuevos escenarios de vida para la humanidad y sugieren optar por viajes hacia el universo interior. Ya es el tiempo de abandonar dualidades que solo conducen a confusiones y generan separatividad.

Todos los reinos que existen están conectados, y para continuar evolucionando se necesitan mutuamente. En este nuevo ciclo es clave salir del automatismo y descubrir quiénes somos verdaderamente. Con pensamientos positivos y conductas altruistas nos aproximaremos a nuestra verdadera esencia y podremos contribuir con la recuperación del equilibrio a nivel planetario. El ser humano está dentro de procesos de cambio muy significativos y con la oportunidad de reconectarse con su yo interior. Si descubrimos la razón de nuestra existencia en este plano de alta densidad y nos abocamos a nuestra misión personal, podremos transformarnos en muchos aspectos y generar una nueva armonía. Es ahora cuando más se necesita potenciar el amor universal y reforzar en nosotros nuestros talentos creativos. Somos cocreadores en este plano y, siendo conscientes de nuestras capacidades, accederemos a nuevas realidades que nos devolverán las esperanzas, la alegría y los deseos de continuar evolucionando en un amplio sentido.

Los distintos reinos de la naturaleza necesitan nuestro respaldo y conductas criteriosas para permanecer estables y cumplir así con sus diferentes funciones. Aprendamos a escuchar su llamado que muchas veces pasa inadvertido y de esa forma podremos encauzar muchas situaciones que reclaman nuestra atención. Si colaboramos con su buen desarrollo y ofrecemos nuestra protección de forma incondicional, se accederá a múltiples beneficios para ambas partes. Reservemos siempre un espacio para meditar y poder desplazarnos por esa ruta mágica que nos conduce a nuestros parajes interiores más bellos, nos permite resurgir con todo nuestro potencial y fortalecernos cada vez más. Entonces sí tendremos acceso a nuevas formas de vida más convenientes y beneficiosas para cada ser que existe en este plano, y de esa manera podremos realizar esta travesía planetaria de forma agradable. Acortemos distancias con los lugares de naturaleza y revitalicemos nuestro ser con los cuatro elementos: fuego, aire, agua y tierra. De esa forma podremos equilibrarnos en cuanto a nuestras energías espirituales, mentales, emocionales y físicas. Funcionaremos con la claridad necesaria para tomar buenas decisiones, reconstruir diferentes esquemas de vida y dejar atrás etapas demasiado inciertas.

Nota: Las predicciones realizadas se basan en la fecha de independencia de los países que involucran por lo general el año en cuestión a partir de su nueva revolución solar y un tramo del año siguiente, completando así doce meses.

Resumen de las influencias astrales en 2023: Si bien será un ciclo que demandará esfuerzos en muchos sentidos y cambiará estructuras en diversas áreas de la sociedad, se contará con la opción de resurgir al igual que el ave fénix. De forma paulatina se irán reordenando situaciones que han generado retrocesos en diferentes aspectos. Los astros irán transformando con el paso del tiempo diversos contextos que ofrecerán una nueva estabilidad.

ARGENTINA

FECHA DE REFERENCIA: 09/07/1816 - SIGNO SOLAR: CÁNCER - Muy intuitivo, sentimental y bondadoso.

ELEMENTO AGUA: Genera una gran sensibilidad, talentos artísticos y altruismo.

Sus nuevos paisajes anuales

Observando los aspectos astrológicos, en gran parte del año se encuentra la conjunción formada por el Sol con Mercurio, ambos instalados en el signo de Cáncer. Dicho intercambio planetario alude a distintas proyecciones cuya finalidad sería la de generar nuevos escenarios en los sectores de mayor relevancia y así obtener beneficios para la sociedad en general. El aspecto conflictivo entre el Sol y Plutón ya instalado de etapas anteriores se irá debilitando y permitirá retomar diferentes aspiraciones con una mayor seguridad. Aún se deberán enfrentar tiempos que exigirán mucha atención hacia los sectores que generan la mayor productividad. El aspecto que forman el Sol en Cáncer con Júpiter ubicado en Aries siempre advierte que lo mejor será optar por conductas preventivas en cuanto a inversiones y asuntos financieros. De forma progresiva se podrán encontrar soluciones para las áreas que están sometidas a diferentes irregularidades.

En cuanto al comercio exterior, tomará un nuevo impulso y se accederá a métodos más eficaces para obtener mejores resultados y buenas ubicaciones en mercados de mayor interés. Los proyectos conectados a beneficios sociales resultarán muy efectivos y mediante procesos contarán con la opción de lograr mejoras sustanciales. Si bien las gráficas de desempleo aún permanecerán oscilantes, de forma paulatina irán ubicándose en niveles más aceptables con los consiguientes beneficios para gran parte del entorno social. Los sectores educativos se apoyarán en nuevas plataformas y sistemas que ofrecerán seguridad y conducirán a diversos adelantos. En los últimos meses del año, se observan conexiones entre planetas más favorables para lograr un mayor crecimiento económico y fortalecer las principales estructuras que sostienen el país. Esta vez el Sol (nuevas proyecciones) estará en buena relación con Júpiter al igual que con Saturno, por lo que habrá más seguridad al realizar planificaciones y asumir distintos compromisos. Se sentarán nuevas bases para volver a impulsar diferentes planes a nivel general que conduzcan a una mayor estabilidad. De esta forma se irá progresando en los asuntos que solicitan más atención.

Comentarios generales

Habrá un nuevo afán por perfeccionar todo lo relacionado con las áreas científica y tecnológica en sus diversas facetas, lo que conducirá a buenos resultados. Se irán encauzando de forma gradual las situaciones de mayor complejidad asociadas al sector sanitario. En relación con el clima, en muchas regiones de su extenso territorio será más húmedo y las lluvias en determinadas épocas pueden ser muy intensas. En otras zonas predominarán las sequías. Siempre resultará beneficioso prestar atención a las zonas de mayor actividad volcánica y de esa forma se podrán tomar medidas con anticipación. La agricultura en sus diversos sectores y sobre todo en el segundo semestre estará sujeta a muchos adelantos. Las actividades artísticas tomarán más relevancia y serán muy originales. En los campeonatos deportivos habrá talento y una buena dinámica. Los adiestramientos serán muy eficaces.

Resumen de las influencias astrales en 2023: Si bien será un año que solicitará una constante atención y nuevos esfuerzos para acceder a un mayor equilibrio en general, con el transcurrir de los meses habrá muchos avances para sus pobladores. Al finalizar esta etapa se reafirmarán diversas estructuras.

BOLIVIA

FECHA DE REFERENCIA: 06/08/1825 - SIGNO SOLAR: LEO - Protector, muy creativo y con talento para ejercer liderazgos.

ELEMENTO FUEGO: Otorga una gran hiperactividad, y valentía y optimismo.

La influencia de sus astros en su nuevo ciclo

Durante muchos meses en este año, se generan buenas conexiones entre planetas de su revolución solar. Esto promete nuevos avances para aquellos sectores de mayor relevancia en cuanto a la economía y fuentes de trabajo.

Es el caso, por ejemplo, del Sol (planificaciones futuras) y Júpiter (de naturaleza expansiva) en buen contacto, que permitirían llevar adelante nuevos proyectos en cuanto a inversiones y la obtención de buenos resultados. Este aspecto que alude a las finanzas conducirá a una buena administración y a intercambios con otras naciones que brindarán nuevos beneficios.

Se realizarán emprendimientos importantes que darán acceso a mejores posiciones e incidirán muy bien en cuanto a lograr un mayor progreso en general. Los avances serán paulatinos, pero ofrecerán seguridad. En relación con la salud de su población, se irán moderando las situaciones que solicitan más atención. Se ingresa a una etapa de recuperación en muchas áreas, por lo cual es de esperar que se generen beneficios para sus habitantes. De todas formas, siempre se deberá avanzar en distintos proyectos con precaución, ya que Saturno (seguridades) está en oposición al Sol boliviano y exigirá mucho análisis antes de tomar decisiones para así evitar demoras o retrocesos.

En distintos sectores industriales y comerciales habrá buenas innovaciones y un mayor movimiento en sus actividades que ofrecerá más solidez. Continuará el interés por renovar escenarios en lo educativo y contar con nuevas seguridades. Esta vez Mercurio ubicado en su propio domicilio, Virgo, y conectado con el conocimiento promete buenos resultados al respecto. Observando los últimos meses del año, será conveniente sostener esfuerzos para alcanzar distintos objetivos ya trazados y así poder conservar la estabilidad en muchos aspectos. En esta ocasión Júpiter estará disonante con el Sol y será necesario observar muy bien lo conectado con la economía del país. Se deberá analizar al detalle cada decisión en ese sentido. A su vez, la conjunción entre Marte (impulsivo) y Mercurio (actividades comerciales) siempre advierte sobre reflexionar antes de avanzar con diferentes proyectos o realizar nuevos acuerdos, lo cual resultará beneficioso.

Informaciones diversas

Por su originalidad y belleza, muchas de sus regiones naturales continuarán deslumbrando a quienes las visiten. De igual forma en relación con sus tradiciones y cultura ancestral. En cuanto a los aspectos climáticos y por su ubicación geográfica, en determinadas zonas predominará el tiempo cálido y con tendencia a las sequías, mientras que en otras será más húmedo y lluvioso. No cesará el interés en las áreas agrícolas por mejorar su producción. Todo esfuerzo al respecto conducirá a beneficios. Las cosechas más importantes conservarán sus buenos niveles. Habrá muchos adelantos en los sectores de informática. Sus actividades deportivas exigirán buenos entrenamientos que en toda competencia serán muy efectivos.

Resumen de las influencias astrales en 2023: Las perspectivas en cuanto a lograr mejores posiciones en aquellas áreas que sostienen los principales intereses de su sociedad esta vez ofrecen un panorama más alentador.

BRASIL

FECHA DE REFERENCIA: 07/09/1822 - SIGNO SOLAR: VIRGO - Pragmático, detallista y muy racional.

ELEMENTO TIERRA: Genera modalidades muy prácticas y perseverantes, y conductas cautelosas.

Los mensajes de su nuevo cielo

Observando las influencias de sus astros, es importante mencionar en primer lugar la buena conexión que logran los planetas Marte y Saturno. Esto conduce a perseverar en aquellos objetivos que se desea alcanzar y que son necesarios para moderar diferentes altibajos en áreas de mayor relevancia. Con voluntad, mucha habilidad y de forma práctica será posible afrontar distintas exigencias.

En muchos ámbitos de su sociedad, diferentes proyectos que necesitan una mayor atención se apoyarán en bases más firmes, y a lo largo de estos meses recibirán un nuevo impulso.

Marte (planeta de la acción) se relaciona muy bien con Mercurio por lo cual conduce a buenas planificaciones y a realizar emprendimientos con más seguridad, y contando con los recursos necesarios. El comercio en general y en su gran diversidad de rubros (sectores agrícolas, productos manufacturados, entre otros) se proyectaría de manera más efectiva. Se accederá gradualmente a nuevas posiciones dejando atrás diferentes altibajos. Sus distintas actividades industriales (tecnológicas, de minería, con materias primas, por ejemplo) se mantendrán dentro de niveles que serán aceptables y se podrán incorporar nuevas metodologías que conduzcan a un mejor resultado. En el mercado de trabajo, si bien habrá que enfrentar tiempos algo irregulares, no se descarta la posibilidad de un repunte importante en cuanto a la oferta y demanda laboral. En el área de la salud no cesará el afán por mejorar estructuras que ofrezcan una mayor seguridad en muchos aspectos.

En los últimos meses del año, aunque bien lo más conveniente será analizar a fondo las nuevas proyecciones que surjan y evitar decisiones apresuradas, se constatarán avances. Júpiter, que conduce al progreso y promete estabilidad en cuanto a finanzas, estará en un buen aspecto con el Sol (directivas) y Mercurio (buen organizador). Esto pronostica que no se retrocederá en relación con diversos planes de crecimiento económico y aquellas situaciones que solicitan ser contempladas podrán ser encauzadas.

Informaciones de interés

Los proyectos relacionados con el cuidado del medio ambiente tomarán más relevancia y de forma gradual se irán constatando avances. Para brindar una mayor protección a su flora y fauna, las buenas iniciativas estarán presentes. El país cuenta con una gran biodiversidad en ese sentido, que siempre solicita atención y nuevos cuidados para conservar su equilibrio natural. Su clima se conservará cálido y en determinadas épocas en algunos lugares de su extenso territorio será más húmedo y ventoso. En sectores turísticos habrá más dinámica. Continuará el interés por obtener buenas cosechas y se renovarán muchas técnicas de cultivo. Los programas relativos a las áreas académicas accederán a nuevos formatos que serán muy útiles. En cuanto al deporte, las prácticas serán efectivas y conducirán a un buen resultado.

Resumen de las influencias astrales en 2023: Los esfuerzos invertidos a lo largo de este ciclo no serán en vano y conducirán en diversos aspectos a las soluciones que el país necesita. Finalizando el año habrá adelantos significativos en determinados sectores de mayor relevancia.

CENTROAMÉRICA

La región centroamericana está compuesta por Belice, Costa Rica, El Salvador, Guatemala, Honduras, Nicaragua y Panamá. Con sus bellezas naturales y sus historias culturales, dichos países siempre generan un gran interés.

BELICE

Habrá mucho empeño e interés por llevar adelante los proyectos que permitan expansionarse cada vez más en lo económico, lo comercial y en áreas sociales. Sus bellas regiones y agradables temperaturas seguirán promocionando los sectores turísticos y se obtendrán beneficios. Con sus productos del mar, cosechas tradicionales (plátanos, cítricos, caña de azúcar, entre otras) y sus diferentes rubros industriales, en distintos mercados conservará sus buenas ubicaciones. Los avances, si bien serán paulatinos, se irán escalonando en posiciones que garantizarán una nueva estabilidad.

COSTA RICA

Se continuará avanzando en relación con las exportaciones en una gran diversidad de sectores (agrícolas, de electrónica, etcétera) por lo que se irán sumando logros en ese sentido. Su prestigio en distintos mercados internacionales estará vigente. La atención a las canastas básicas estará presente y se obtendrán mejores resultados. De forma gradual se irá moderando lo relacionado con el desempleo. En cuanto a energías renovables (solar, eólica, hídrica, entre otras) y afluencia de turistas, cuenta con un buen panorama. Será un ciclo de cambios que aportarán más seguridad.

EL SALVADOR

Las iniciativas tendientes a generar en el país nuevos avances y conservar buenos niveles de productividad ofrecerán un buen resultado. Será un año de soluciones muy efectivas para su economía, que se reflejará en distintas áreas. Con sus cultivos tradicionales de café, maíz, caña de azúcar entre muchos otros, continuará reafirmando posiciones en sus mercados habituales. En cuanto a sistemas educativos, protección del medio ambiente y ciencias, habrá nuevos adelantos. El arte en sus diferentes manifestaciones estará presente, y de forma muy original.

GUATEMALA

El país podrá consolidarse cada vez más en relación con sus distintas finanzas. Habrá adelantos significativos en lo que concierne a la salud de sus habitantes. Sus exportaciones accederán a mejores rangos y a buenas ubicaciones que otorgarán beneficios. Se contará con nuevos recursos para brindar más protección a su fauna y flora silvestres, lo que conducirá a un nuevo equilibrio. Con sus artesanías tradicionales, bellos parajes naturales y su agradable clima, conservará buenas posiciones en cuanto al turismo.

HONDURAS

Durante este ciclo alternarán períodos en los que se obtendrán avances en relación con su economía y otros en que se deberá realizar previsiones a efectos de conservar la estabilidad. Los sectores de sanidad podrán acceder gradualmente a nuevos adelantos y resolver sus diferentes contratiempos. En el área de las comunicaciones será posible modernizar sistemas para lograr una mayor efectividad. Las exportaciones agrícolas en este período continuarán generando buenos dividendos. En relación con las actividades artísticas se harán buenas proyecciones.

NICARAGUA

En esta nueva fase, el país continuará reafirmando posiciones en cuanto a sus principales productos de exportación. Las finanzas, de forma progresiva, se ubicarán en mejores niveles. Sus industrias, en sus diferentes ramos, conservarán su buena dinámica aportando una mayor seguridad. Las iniciativas conectadas a sectores académicos y tecnológicos ofrecerán nuevos adelantos. Los emprendimientos conectados a la protección de su medio ambiente y sus diferentes recursos resultarán efectivos.

PANAMÁ

Al ingresar en este nuevo año se recibirán buenas señales desde las áreas que tienen mayor incidencia en la economía del país. Se alcanzarán mejores niveles en cuanto a su producción que conducirán a nuevos beneficios, y se irán solucionando diversas contrariedades de etapas anteriores. Las gráficas en cuanto al desempleo comenzarán a moderar sus altibajos. Se incorporarán nuevos recursos a las áreas de sanidad, que contarán con adelantos importantes. El comercio exterior se apoyará en buenas bases y cumplirá con distintas expectativas.

Generalidades: La agricultura en Centroamérica podrá expansionarse y lograr nuevas ubicaciones. Prestar atención a movimientos telúricos siempre resultará efectivo. En el deporte se podrán renovar sistemas de juego y mejorar posiciones. En diferentes campeonatos sus jugadores exhibirán sus talentos.

Resumen de las influencias astrales en 2023: Los países que conforman el bloque centroamericano paulatinamente irán concretando diferentes objetivos que beneficiarán a quienes habitan en esas cálidas regiones. En muchos aspectos habrá más estabilidad.

CHILE

FECHA DE REFERENCIA: 18/09/1810 - SIGNO SOLAR: VIRGO - Muy responsable, ordenado e intelectual.

ELEMENTO TIERRA: Conduce a la reflexión, a obrar con realismo y mucha perseverancia.

Observando sus astros y sus influencias

Durante muchos meses en este año, en su revolución solar las conexiones que se generan entre algunos planetas alientan a expansionarse en las áreas de más relevancia. Por ejemplo, Saturno, que incide en los aspectos administrativos y busca seguridades, logra un buen aspecto con Marte, que siempre conduce a la acción, lo cual resulta muy beneficioso.

Se promoverán nuevas inversiones a fin de fortalecer las bases financieras a nivel general y así poder generar recursos para diferentes necesidades sociales. Se avanzará gradualmente hacia un nuevo progreso económico, aunque se deberán atravesar etapas de avances y retrocesos, que con el paso del tiempo se irán moderando. Siempre que se sostengan los esfuerzos, se accederá a un mejor panorama.

Otro aspecto astrológico a tener en cuenta es la influencia favorable que ejerce Plutón, de esencia regenerativa, sobre el Sol virginiano del país. Esto siempre da la opción de realizar cambios en aquellos contextos de mayor interés y reciclar proyectos aún en espera. Las gráficas de exportación podrán ser mejoradas en cuanto a sus productos agrícolas (arándanos, diversas hortalizas, por ejemplo) y del mar, entre muchos otros. En el mercado laboral, a lo largo del ciclo los trabajadores irán accediendo a nuevas posibilidades de empleo. Si bien para recuperar posiciones en este sentido habrá que adaptarse a procesos, no se descartan los avances al respecto. Los proyectos relativos al sector de salud y educación continuarán vigentes y resultarán muy eficaces. En informática, se podrán modernizar sistemas que aportarán beneficios. Ya al final de este período, es digno de mencionar el buen vínculo que se genera entre Saturno (que siempre reafirma estructuras) y la Luna. Esto nos daría buenos indicios en cuanto a reconfigurar escenarios sociales y reducir diferentes restricciones.

Comentarios generales

Por su gran diversidad de paisajes y diferentes climas, en sus distintos rubros turísticos se reactivarán muchos intereses y esta vez habrá una nueva dinámica. Las actividades relativas al arte en sus diversas facetas estarán presentes, y con mucha originalidad. Para el cuidado de sus distintas especies en zonas naturales y valiosos recursos, todo emprendimiento al respecto será efectivo. Los proyectos conectados a las energías renovables tomarán un nuevo impulso. Lo relacionado con la tecnología satelital y sismología contará con nuevos avances e investigaciones que brindarán beneficios. Las actividades deportivas accederán a buenas técnicas y se podrá escalar posiciones.

Resumen de las influencias astrales en 2023: Finalizando este ciclo, será posible constatar adelantos en muchos sectores de la sociedad chilena. Habrá recuperación y fortalecimiento en cuanto a las actividades que representan una fuente importante de ingresos para el país.

COLOMBIA

FECHA DE REFERENCIA: 20/07/1810 - SIGNO SOLAR: CÁNCER - Muy sensible, creativo y romántico.

ELEMENTO AGUA: Inclina a la introversión, actividades místicas y a una gran solidaridad.

Su nuevo panorama astrológico

En el primer tramo de este nuevo ciclo, es importante destacar el buen aspecto que logran Júpiter y Mercurio. Dicho relacionamiento incidirá muy bien en la reactivación de diferentes inversiones, por ejemplo en sectores industriales, y en aquellos rubros relacionados de forma directa con la economía del país. Habrá más expansión en ese sentido y diversos proyectos (en cuanto a vialidad, transporte, entre otros) que a lo largo de este año se podrán concretar. De esa forma se irán modernizando diferentes infraestructuras en muchas áreas que serán de gran utilidad.

Esto beneficia además todo lo relacionado con acuerdos de carácter comercial. Para sus productos tradicionales, habrá una incesante búsqueda de nuevas ubicaciones en mercados internacionales; esto conducirá a un buen resultado.

Se podrá contemplar lo relacionado con sus canastas básicas, sobre todo para aquellos sectores de su sociedad de bajo poder adquisitivo, y resolver las irregularidades del año anterior. Para avanzar en cuanto a sus programas sociales, se contará con una buena organización al respecto y los medios adecuados para brindar gradualmente distintos beneficios a su población. Continuarán en oposición el Sol colombiano y Plutón, esto si bien demandará esfuerzos a efectos de transformar distintos escenarios en su sociedad, con tenacidad se alcanzarán muchos objetivos.

En el segundo semestre de esta nueva fase, se observa la discordancia existente entre Saturno (de procesos lentos) con Marte (de acciones rápidas) que sugiere obrar con moderación en cuanto a nuevas planificaciones a efectos de conservar posiciones estables en muchos aspectos. Sin embargo, Neptuno y el Sol continuarán en buena relación, lo cual siempre permitirá encontrar soluciones alternativas frente a diferentes desafíos y transitar por estos meses finales del año con respaldo estelar.

Informaciones en rubros de interés

Se podrá implementar nuevos planes para el cuidado de sus recursos naturales (hídricos, forestales, por ejemplo) lo que será muy beneficioso. Sus exportaciones de café, plátanos, palta, entre muchas otras, conservarán su estabilidad. Sus artesanías siempre originales mantendrán su prestigio en diferentes exposiciones. En cuanto al sector de la enseñanza, habrá una nueva dinámica que permitirá actualizar diferentes aprendizajes.

En vulcanología, se implementarán nuevas técnicas, que serán eficaces a efectos de llevar un buen control sobre las zonas expuestas a la influencia de sus diferentes volcanes activos. En el área del deporte y transitando por el segundo tramo del ciclo, los entrenamientos y prácticas darán acceso a buenas posiciones.

Resumen de las influencias astrales en 2023: Será una época de cambios favorables para el país, que con el paso del tiempo conducirán a un nuevo equilibrio en muchos sectores de vital importancia. Se contará con un panorama más auspicioso que permitirá revertir diferentes contrariedades.

ECUADOR

FECHA DE REFERENCIA: 10/08/1830 - SIGNO SOLAR: LEO - Muy independiente, dinámico y humanitario.

ELEMENTO FUEGO: Otorga una buena vitalidad, mucha autoconfianza y una férrea voluntad.

Los anuncios de su nuevo cielo

Serán tiempos en donde se llevarán adelante muchas proyecciones y con gran ahínco. Se deberán sortear diferentes dificultades, pero se contará con los medios adecuados para seguir avanzando hacia los objetivos de mayor importancia para el país. Un buen aspecto astrológico formado por el Sol en Leo con Júpiter, ubicado en Aries, es una señal inequívoca de que se accederá a medida que transcurran los meses a un mayor desarrollo a nivel general. Las iniciativas tendientes a generar nuevas fuentes de trabajo que se adecuen a las necesidades actuales de sus habitantes conducirán a resultados aceptables. Al mismo tiempo, es muy válido observar que se produce un contacto inarmónico entre Marte y el Sol, que siempre aconseja reflexionar en cuanto a decisiones y a perseverar con las distintas aspiraciones a pesar de imponderables.

Otra conexión interesante a tener en cuenta la vemos entre Urano (creatividad) y Mercurio (planificaciones), lo cual indica que será posible renovar diferentes esquemas con mucha inventiva. Habrá adelantos en cuanto a sus programas sociales, que darán acceso a una mejor calidad de vida. Con sus diversos rubros de exportación, el país se reafirmará cada vez más en diferentes mercados y en la obtención de beneficios. A finales de este ciclo se deberá realizar nuevos esfuerzos, pero no declinar en cuanto a proyectos anteriores, ya que con tesón y constancia se podrán concretar. Aquí se cuenta con una buena relación entre Marte y Mercurio que ofrecería garantías en ese sentido. Pueden surgir nuevas investigaciones relativas a las áreas científicas y de informática, que serán muy efectivas y podrán utilizarse de diferentes formas. Habrá una mayor conformidad en cuanto a las actividades educativas, que se adaptarán muy bien a las exigencias de esta nueva etapa.

Informaciones generales

A sus regiones turísticas llegarán visitantes, muy ávidos de transitar por parajes de naturaleza y recrearse de distintas formas. Esto repercutirá muy bien, ya que aportará beneficios para su economía y favorecerá los rubros que intervienen en dichas actividades. Su agricultura con sus principales siembras y cosechas (quinua, cacao, café, entre otras) se conservará estable y podrá renovarse en cuanto a sus diferentes metodologías para así lograr una mayor efectividad. Monitorear sus zonas volcánicas siempre brindará seguridad, y de esa forma se podrán tomar previsiones. En el deporte, habrá un buen desempeño, y en diferentes campeonatos se accederá a ubicaciones más relevantes.

Resumen de las influencias astrales en 2023: Será un ciclo de nuevas proyecciones que, si se sostienen los esfuerzos, luego podrán concretarse. Se irán resolviendo distintos desafíos con originalidad y en beneficio de sus habitantes.

ESPAÑA

FECHA DE REFERENCIA: 11/12/1474 - SIGNO SOLAR: SAGITARIO - Generoso, muy idealista y espiritual.

ELEMENTO FUEGO: Confiere optimismo, talentos ejecutivos y mucha osadía.

Sus nuevas proyecciones estelares

El interés y los esfuerzos en este año por generar nuevos empleos y acceder a inversiones que aseguren el crecimiento económico estarán presentes. Esto solicitará análisis, objetividad y disciplina a fin de obtener los resultados esperados. Júpiter y Neptuno (a veces demasiado utópicos) se encuentran disonantes con el Sol (proyecciones). Por otro lado, se cuenta con un buen vínculo entre Saturno, que siempre trata de obtener seguridad y orden, con Marte, que es energía en acción y lleva a la práctica lo planificado. Esto produce modalidades ejecutivas, mucha precisión y constancia, lo cual garantiza que se puedan concretar diferentes objetivos a lo largo del período. Las situaciones de mayor conflictividad se irán resolviendo, aunque siempre será mediante procesos. Las actividades relacionadas con el comercio exterior y negociaciones al respecto exigirán nuevos formatos a efectos de lograr posiciones más firmes. En este sentido, no se descarta que las gráficas accedan a mejores niveles, si bien en determinadas épocas pueden oscilar.

Los sistemas y las investigaciones conectados con el área de la salud contarán con nuevos recursos que favorecerán a sus habitantes y resolverán desafíos. Los diferentes programas en sectores de aprendizaje esta vez conducirán a nuevos adelantos y actualizaciones muy efectivas. Los avances en tecnología pueden ser más importantes y muy novedosos; toda iniciativa al respecto resultará beneficiosa, y podrá aplicarse a diversos sectores con un buen resultado. A medida que se desarrolle este ciclo, las canastas básicas aportarán nuevos beneficios y podrán organizarse con mayor efectividad. En relación con las áreas de asistencia social, los programas que se implementen a efectos de beneficiar a los sectores más vulnerables de la población cumplirán con muchas aspiraciones.

Pronósticos en diversas áreas

Los avances relativos a energías renovables (eólica y solar, por ejemplo) serán importantes y conducirán a buenas soluciones. El turismo irá recuperando gradualmente sus buenos ritmos y podrá mejorar sus distintas gráficas. Los métodos que se apliquen para conservar una buena producción agrícola en sus diferentes rubros serán efectivos. El arte continuará vigente y renovando sus escenarios con originalidad. Los proyectos relativos a la protección de su medio ambiente se irán concretando con resultados aceptables. A medida que transcurra este ciclo, en sus deportes se perfeccionarán técnicas y se reafirmarán posiciones.

Resumen de las influencias astrales en 2023: Atravesará por períodos que exigirán mucho empeño a fin de lograr diferentes cometidos en beneficio de su sociedad. De todas formas, se contará con una buena perspectiva y se podrán alcanzar distintos objetivos.

ESTADOS UNIDOS DE AMÉRICA

FECHA DE REFERENCIA: 04/07/1776 - SIGNO SOLAR: CÁNCER - Muy cauteloso, introvertido y soñador.

ELEMENTO AGUA: Genera mucha emotividad, talento artístico y una gran intuición.

Analizando los pronósticos de sus astros

Al iniciar el nuevo ciclo, lo relacionado con su mercado de trabajo podrá situarse en posiciones cada vez más firmes y ofreciendo buenas posibilidades en diferentes rubros. Esto tendrá una buena incidencia sobre la economía y aportará beneficios para muchos sectores de su sociedad. Se desarrollarán proyectos al respecto que ofrecerán una buena perspectiva e irán resolviendo las irregularidades de períodos anteriores. El planeta Marte, siempre dinámico, en buen contacto con Mercurio, el gran planificador del zodíaco, garantiza los buenos emprendimientos al respecto, con innovaciones que serán muy efectivas. En servicios relacionados con los sectores de salud, los programas que se vayan implementando darán un resultado satisfactorio y brindarán ya en el primer tramo de esta etapa nuevas seguridades.

Los intercambios de carácter comercial continuarán muy vigentes y, si bien demandarán atención, ofrecerán los resultados esperados. Con sus diversas actividades industriales, el país conservará sus buenas categorías y se accederá a sistemas de funcionamiento altamente eficaces. Se deberá prestar atención en el primer tramo del año a la disonancia entre el Sol ubicado en Cáncer y Júpiter en Aries; esto sugiere optar por modalidades reflexivas y llevar adelante diferentes proyecciones evaluando posibilidades, lo que aportará seguridad.

Analizando el segundo semestre de esta etapa, por los esfuerzos realizados habrá una mayor estabilidad a nivel general. Aquí encontramos a Saturno en concordancia con el Sol y Mercurio, lo cual es un buen indicio en cuanto a poder concretar las aspiraciones de mayor interés. Los sectores educativos accederán a una buena metodología que ofrecerá nuevos adelantos al respecto. Las actividades conectadas con las áreas culturales y los intercambios con diferentes colectividades serán originales y beneficiosos.

Consideraciones generales

Las investigaciones relacionadas con la preservación de los recursos de las áreas forestales resultarán efectivas y tendrán muchos adelantos. Será posible mejorar las infraestructuras conectadas a la conservación y cuidado de sus aguas. Monitorear las zonas de mayor riesgo en cuanto a movimientos sísmicos siempre resultará muy conveniente y de esa forma se podrá tomar precauciones.

En sus distintos rubros artísticos habrá buenas innovaciones y mucha inventiva. Sus gráficas deportivas en diferentes rubros se mantendrán en buenos niveles. A la hora de competir, los talentos estarán presentes y habrá lucimientos.

Resumen de las influencias astrales en 2023: Se podrá revertir lo que ocasiona irregularidades y se avanzará con una mayor firmeza. En el correr del año, los esfuerzos invertidos con la finalidad de impulsar muchos proyectos en beneficio de su sociedad conducirán a buenos resultados.

MÉXICO

FECHA DE REFERENCIA: 16/09/1810 - SIGNO SOLAR: VIRGO - Muy servicial, observador y compasivo.

ELEMENTO TIERRA: Permite funcionar con una gran voluntad, modalidades prácticas y mucha tenacidad.

Análisis de su panorama anual

Será un año más auspicioso en diversos aspectos y en el que aún estarán latentes muchas aspiraciones conectadas con las actividades que siempre han generado una buena rentabilidad. Esto promovería nuevos avances en cuanto a las inversiones en sectores claves para una recuperación real de la economía, y para lograr una mayor estabilidad general. En su revolución solar conservarán una buena relación el planeta Plutón (de influencia regenerativa) y el Sol virginiano de México. Esto indica que estarán presentes las transformaciones necesarias que conduzcan a nuevos escenarios para su sociedad y permitan acceder a un mayor bienestar. Los proyectos en ese sentido con el paso del tiempo ofrecerán buenos resultados. Además de lo expuesto, cabe mencionar que se encuentran bien conectados Saturno con Marte, por lo que en diferentes contextos sociales se podrán afrontar exigencias con mucha objetividad y gran precisión.

En sus diversos sectores industriales habrá una actividad cada vez más intensa y se accederá a niveles satisfactorios. Según sus astros, en base a conductas racionales y prácticas siempre se obtendrán avances. Con sus productos de exportación y en sus mercados tradicionales conservará buenas gráficas y se irán regulando distintos altibajos anteriores. Durante el ciclo pueden generarse mejores oportunidades en cuanto a nuevos empleos, y de esa forma dejar atrás muchas inseguridades. En salud, se podrán implementar nuevos planes e investigaciones en beneficio de su población. En ese sentido gradualmente se irán resolviendo desafíos. Con los intereses y proyectos de índole tecnológica, se irán logrando buenas posiciones y actualizaciones muy efectivas en beneficio de muchos sectores. En cuanto a seguridades sociales será posible reconfigurar esquemas con menos dificultad.

Comentarios en diversas áreas

Los proyectos y estudios relacionados con sus culturas ancestrales siempre vigentes continuarán avanzando, y serán de gran utilidad. Se podrá brindar una mayor protección a sus valiosos recursos naturales (hídricos, entre otros) y en ese aspecto habrá más seguridad. La creatividad en cuanto al arte en sus diferentes espacios estará muy presente y habrá lucimientos. Sus zonas volcánicas continuarán solicitando atención. En las áreas agrícolas será posible renovar sistemas de cultivos y lograr avances.

Habrá buenos desempeños en el deporte e innovaciones en cuanto a métodos que conducirán a resultados más alentadores.

Resumen de las influencias astrales en 2023: Se ingresará a un ciclo que permitirá impulsar diversos emprendimientos con el fin de restablecer el orden y la seguridad en un amplio sentido. Si bien se deberán invertir esfuerzos, los resultados que se obtengan serán muy beneficiosos.

PARAGUAY

FECHA DE REFERENCIA: 14/05/1811 - SIGNO SOLAR: TAURO - Muy voluntarioso, objetivo y sumamente tenaz.

ELEMENTO TIERRA: Inclina a obrar con mucha practicidad, constancia y sentido común.

Análisis de su nueva revolución solar

Los tiempos venideros ofrecerán la posibilidad de sortear diferentes desafíos anteriores y fortalecer las bases en donde se apoyan los principales intereses del país. Los programas tendientes a beneficiar a los sectores más vulnerables de su sociedad en muchos aspectos (salud, educación, canastas básicas, por ejemplo) se irán concretando con el paso de los meses, y de manera efectiva. Habrá un buen monitoreo sobre sus finanzas, lo cual permitirá subsanar irregularidades y fortalecer estructuras para un mejor funcionamiento. En su mapa astrológico anual se observa la conjunción que logran Júpiter (crecimiento) con Mercurio (planes), ambos ubicados en el signo de Tauro, que representa una buena señal para recuperar posiciones en ese sentido. Además, esto favorecería las diferentes negociaciones del ámbito comercial generando una mejor perspectiva en cuanto a sus exportaciones, y de esa forma reactivar la dinámica en muchos de sus sectores. Se debe tomar en cuenta el aspecto que se genera entre Marte (muy impulsivo) y Júpiter (deseoso de expansionarse), que estaría recomendando obrar con cierto recato y análisis para acceder siempre a mejores resultados.

La conexión que logran el planeta Urano (innovaciones) con el Sol de Paraguay, ambos en conjunción en el signo de Tauro, indica que habrá mucha originalidad en todo nuevo proyecto, y más libertad de acción para llevarlo a la práctica. En las áreas de la salud se contará con buenos servicios y estarán bajo control las situaciones de mayor riesgo. A lo largo de este período se podrán generar nuevas fuentes de empleo para sus habitantes, con un resultado aceptable. Las inversiones relacionadas con sus infraestructuras tecnológicas serán muy efectivas en una gran diversidad de sectores, y aportarán muchos beneficios.

Informaciones diversas

Sus actividades turísticas se continuarán promocionando, y esta vez con resultados más alentadores. Su agricultura con sus cosechas más importantes (soja, maíz, yerba mate entre otras) avanzará de forma constante y podrá recuperar sus buenos ritmos. Tomarán un nuevo impulso los proyectos relacionados con las obras de vialidad, que cumplirán con muchas expectativas. Su clima continuará dentro de sus parámetros habituales. Las actividades relacionadas con el deporte pueden exigir más empeño, pero con tenacidad y buenas prácticas se obtendrán adelantos.

Resumen de las influencias astrales en 2023: Las posibilidades que ofrece esta nueva etapa son alentadoras en el sentido de poder recuperar espacios que generen una mayor estabilidad a nivel general. A medida que se despliegue este ciclo, sus habitantes accederán a nuevas seguridades.

PERÚ

FECHA DE REFERENCIA: 28/07/1821 - SIGNO SOLAR: LEO - Muy valeroso, innovador y de gran nobleza.

ELEMENTO FUEGO: Genera mucha dinámica, espíritu aventurero y entusiasmo.

Observando sus nuevas configuraciones planetarias

Los proyectos para reactivar y dar nuevo impulso a las actividades más importantes del país, y que representan un buen sostén para la economía, continuarán vigentes. Aunque por momentos haya que enfrentar retrocesos por el antagonismo existente entre los planetas Mercurio y Marte, estos serán pasajeros. Dicha conexión siempre invita a reflexionar para obtener los mejores resultados posibles a toda iniciativa al respecto. Se debe tomar en cuenta, además, la oposición que se genera entre Mercurio y Saturno, por lo que será conveniente obrar cautelosamente. De todas formas, Júpiter (que siempre aporta beneficios) y el Sol peruano están muy amigables, y este es un aspecto astrológico que garantiza una mayor expansión. A pesar de que se deban invertir nuevos esfuerzos para lograr el crecimiento deseado, irán quedando atrás los períodos de mayor inestabilidad.

Un nuevo formato acompañará a sus exportaciones, que irán recuperando sus buenos espacios en lo regional e internacional. Por ejemplo, los sectores agroindustriales, entre otros, obtendrán mejores ubicaciones. En las áreas de la salud, las infraestructuras accederán a buenos adelantos, y los planes tendientes a resolver las situaciones de mayor relevancia resultarán eficaces. En los meses finales de este ciclo se encauzará mejor lo concerniente a sus finanzas, y en sus mercados laborales habrá una mayor actividad. Lo expuesto cuenta con el respaldo del buen aspecto entre Saturno y Júpiter (objetividad y expansión). Las canastas familiares gradualmente accederán a nuevos beneficios. Será un tiempo de reajustes en relación con sus sistemas educativos, que irán accediendo de manera paulatina a nuevas seguridades. Mercurio ya estará ingresando en Virgo, su propio domicilio, lo que ofrecerá garantías al respecto.

Comentarios en diversos sectores

Será un tiempo de nuevos cuidados para sus recursos hídricos y sus valiosas especies en cuanto a su fauna y flora. Los adelantos y beneficios en ese sentido estarán presentes. En investigaciones astronómicas y en informática, se continuará avanzando y se alcanzarán diversos objetivos. A medida que transcurra este ciclo, los sectores agrícolas con sus diferentes cosechas accederán a posiciones más firmes. Sus volcanes activos siempre solicitarán vigilancia y nuevos estudios. Si bien sus deportes exigirán esfuerzos y constancia, se obtendrán buenos puntajes y habrá avances.

Resumen de las influencias astrales en 2023: Aún continuarán los procesos tendientes a generar un mayor equilibrio para los grupos más vulnerables de su comunidad, pero será un año que en ese sentido ofrecerá buenos avances. Se transitará por un sendero más firme.

URUGUAY

FECHA DE REFERENCIA: 25/08/1825 - SIGNO SOLAR: VIRGO - Muy analítico, organizado y reservado.

ELEMENTO TIERRA: Inclina a la introversión, modalidades pacientes y a la objetividad.

Analizando el porvenir de acuerdo con sus astros

Ya en los primeros meses del año, habrá un constante interés por reconfigurar esquemas que ofrezcan a sus habitantes nuevas seguridades en muchos aspectos. Se irán dejando atrás las etapas más conflictivas conectadas con las áreas de la salud, y será posible implementar proyectos que fortalezcan muchas estructuras al respecto. En el mercado laboral se observarán mejores condiciones y ofrecerán una buena perspectiva para ir regulando las tasas de desempleo en distintos niveles. La ubicación de Marte en Géminis favorece los diferentes emprendimientos que se lleven a cabo, y aporta mucha dinámica en ese aspecto. De todos modos, hay que tomar en cuenta la discordancia de dicho planeta con el Sol, que sugiere siempre obrar con mucha mesura. Las proyecciones conectadas con las seguridades sociales en distintas áreas continuarán vigentes, y de forma progresiva darán los resultados esperados. Sus exportaciones en rubros tradicionales (granos, lácteos, entre otros) tomarán un nuevo impulso y continuarán accediendo a buenos destinos. Las canastas básicas se podrán organizar de manera efectiva y beneficiarán a muchos sectores de la población. En el tramo final de este ciclo, las iniciativas anteriores en cuanto a proyectos educativos reflejarán buenos avances y se irán recuperando posiciones al respecto. Júpiter, desde su ubicación en Tauro, estará bien conectado con Mercurio en Virgo y se encauzará muy bien lo conectado con las áreas intelectuales y el aprendizaje.

Las nuevas tecnologías irán ganando cada vez más espacio y será posible modernizar esquemas de funcionamiento en muchas direcciones. Se obtendrán beneficios por las inversiones efectuadas con anterioridad para mejorar distintas infraestructuras a nivel general; un ejemplo de ello serían las obras de vialidad en diferentes espacios.

Informaciones diversas

Los sectores agrícolas accederán a buenas técnicas para mejorar sus cosechas. Los proyectos relacionados con la protección de los recursos naturales contarán con suficientes garantías para poder concretarse, y serán de una gran efectividad. Se pondrá más énfasis en las zonas que necesitan de un mayor cuidado y diferentes irregularidades podrán ser solucionadas. Las actividades artísticas en su gran diversidad de rubros (musicales, teatrales, cinematográficas, pictóricas) se lucirán por su gran originalidad. En todo campeonato deportivo habrá buena preparación, destreza y mucha dinámica, lo que conducirá a posiciones más relevantes.

Resumen de las influencias astrales en 2023: A medida que se despliegue el año, se irán obteniendo buenos resultados de las proyecciones realizadas, con los consiguientes beneficios para muchos sectores de su población. Se podrán reafirmar distintas estructuras y habrá más estabilidad.

VENEZUELA

FECHA DE REFERENCIA: 19/04/1810 - SIGNO SOLAR: ARIES - Muy entusiasta, independiente y de gran vitalidad.

ELEMENTO FUEGO: Conduce a la impulsividad, la franqueza, y a obrar con determinación.

Los pronósticos de sus astros

Será para el país un tiempo más auspicioso para poder resolver diferentes estancamientos en sectores que siempre han sostenido sus principales estructuras económicas. De forma paulatina se irán generando nuevas fuentes de empleo que favorecerán a sus habitantes, y será posible recuperar espacios que siempre han ofrecido importantes beneficios. En este ciclo las proyecciones al respecto resultarán beneficiosas. En las áreas de sanidad habrá una mayor cobertura en cuanto a las necesidades básicas, ya que se irán sumando recursos y se podrán afrontar mejor las situaciones que solicitan una atención inmediata. Esta vez se observa la buena relación entre Saturno (que genera estabilidad) con Marte (de naturaleza dinámica y ejecutiva), que es una buena señal en el sentido de ir alcanzando de forma muy práctica los objetivos de mayor importancia. Los planes para mejorar la calidad de vida en cuanto a vivienda tomarán más impulso y se podrán concretar de manera efectiva. A medida que transcurra esta etapa, las infraestructuras conectadas a la educación se irán reafirmando en distintos aspectos, y con métodos más eficaces. En el área de exportaciones y en sus diversos rubros se irán comprobando adelantos. Sus cosechas tradicionales (de café, arroz, plátano, cebada, entre otras) continuarán vigentes y contarán con buenos mercados. A lo largo del año, las medidas tendientes a brindar una mayor protección a su agricultura y a sus suelos conducirán a los resultados esperados. Otro aspecto astrológico a tener en cuenta es la conjunción formada por Urano, siempre innovador, con Mercurio, de naturaleza intelectual. Esto favorecería lo conectado con nuevas tecnologías y actualización de sistemas, lo cual conduciría a buenos avances en esa dirección.

Consideraciones generales

Los estudios en sismología aportarán buenas informaciones y serán de gran utilidad frente a fenómenos de esa naturaleza. En sus distintas regiones su clima conservará sus gráficas habituales. Los programas relativos a la preservación de sus parajes naturales y las distintas especies de su fauna y flora continuarán vigentes. Lo relacionado con sus energías renovables (solar, hidroeléctrica, entre otras) contará con planificaciones que permitirán un buen uso de estas. En las diferentes áreas del deporte estarán presentes los buenos entrenamientos, que permitirán acceder a nuevas ubicaciones durante el año. Los esfuerzos en este sentido serán recompensados.

Resumen de las influencias astrales en 2023: Durante el transcurrir de este ciclo y para resolver los asuntos de mayor prioridad dentro de su sociedad, se contará con nuevos recursos. Si bien se deberán invertir esfuerzos, se lograrán adelantos.

Predicciones preventivas para la Rata basadas en la intuición, el I CHING y el ba zi

Hola, ratitas queridas, bienvenidas al año del conejo de agua. Durante este tiempo vivirán episodios dignos de BUGS BUNNY. A inhalar CHI, animarse a ser lúdicas, y no caer en trampas ni embrujos.

Este año, la astucia, la agilidad y la rapidez de reflejos que las caracterizan se conjugarán con el ritmo y la habilidad para saltar de un proyecto a otro de la mano del patrocinador del año.

El entusiasmo crecerá a medida que cierren un ciclo afectivo, familiar o de sociedad que las mantenía con energía baja, dispersa, y malhumoradas.

Han despedido seres queridos, soltado amarras de puerto seguro, y en medio del naufragio, una vez más, han sobrevivido.

Para cada ratita, armar su madriguera será una misión amorosa, adorable; conseguirá lo esencial y se despojará de cofres de libros, bisutería, utensilios de cocina y herramientas oxidadas.

Alivianará su equipaje con conciencia ecológica.

Aparecerán distintas tentaciones y propuestas para caer en vicios ocultos y desviarse del TAO (camino).

Será óptimo su radar para encontrar la horma de gruyere y administrarla con sensatez con el zoo; podrá diseñar la economía de guerra que necesita la sociedad, proponiendo ideas originales y creativas.

El conejo admira a las ratitas y también desconfía de su espíritu ventajero. Tendrán que mantener alianzas que equilibren el caos familiar, laboral y sistémico.

Estarán más extravertidas, generosas con su tiempo, y podrán reunir un equipo creativo que marcará la vanguardia en arte, tecnología, permacultura y energías renovables.

Su *charme* y *sex appeal* estarán acentuados con el cortejo del conejo y sus artimañas amorosas; saldrán de la madriguera y volverán con alguna presa que las mantendrá estimuladas entre el sueño y la vigilia.

Podrán adoptar huérfanos reales y emocionales y encauzarlos en su vocación y estudios.

Recuperarán la salud holística, la rutina con ocio creativo y los viajes por el mundo.

Nuevos amigos, socios y más libertad en la pareja las convertirán en arquetipos del *savoir vivre*.

La metamorfosis del año del tigre detonó sus siete cuerpos.

Comenzarán por reconstruir su constelación familiar, pues allí quedaron asignaturas pendientes.

Debatirán entre el deber y las apuestas que les cobrará el conejo por dejar un tendal de deudas entre socios y jefes.

Su salud –en el punto más alto de estrés– influenciará en el zoo, y las cuentas pendientes deberán ser saldadas a tiempo.

Una herencia llegará para organizar su economía.

Volverán a reunirse con amigos que les darán ánimo para seguir desarrollando su vocación, talento y convicción.

Un viaje al extranjero las colmará de nuevos estímulos, vivencias, desafíos.

Es posible que tiendan su red virtual y real para planificar un tiempo de "ratita andariega" para coleccionar ideas que desarrollarán en sus terruños.

Año de cambios que producirán más estabilidad emocional.

Florecerá una rata más tierna y compasiva.

L. S. D.

El I CHING les aconseja:
36. Ming I / El Oscurecimiento de la Luz

EL DICTAMEN
El Oscurecimiento de la luz.
Es propicio ser perseverante en la emergencia.

Es preciso que ni aun en medio de circunstancias adversas se deje uno arrastrar indefenso hacia un doblegamiento interior de su voluntad y conducta. Esto es posible cuando se posee claridad interior y se observa hacia afuera una actitud transigente y dócil. Mediante tal actitud es posible superar aun el peor estado de necesidad. Ciertamente, en determinadas circunstancias dadas, se hace necesario que uno oculte su luz con el fin de poder preservar su voluntad frente a las dificultades que surgen en el contorno inmediato, y a pesar de ellas. La perseverancia ha de subsistir en lo más íntimo de la conciencia sin llegar a destacarse hacia afuera. Únicamente así podrá uno conservar su voluntad en medio de las contrariedades.

LA IMAGEN
La luz se ha sumergido en la tierra:
La imagen del Oscurecimiento de la Luz.
Así el noble convive con la gran muchedumbre;
oculta su resplandor y permanece lúcido sin embargo.

En tiempo de tinieblas es cuestión de ser cauteloso y reservado. No debe uno atraer inútilmente sobre sí poderosas enemistades por causa de una conducta o de modales desconsiderados. Si bien en tales épocas no debe uno compartir las costumbres de la gente, tampoco deben estas sacarse críticamente a la luz. Son momentos en que es necesario no pretender, en el trato con la gente, que uno lo sabe todo. Muchas cosas hay que deben dejarse como están sin acceder, no obstante, al embaucamiento y caer así en el engaño.

El tránsito de la Rata durante el año del Conejo

PREDICCIÓN GENERAL
La rata sentirá el llamado de su amigo roedor, el conejo. La energía agua, concentrada en riñones y el aparato reproductor vendrá en exceso, y con eso aumentará su velocidad, capacidad para improvisar y anticipar los movimientos de los que probablemente serán enemigos imaginarios. Cuidado con la imaginación. Necesita ser más prudente ya que la ansiedad que la caracteriza se volverá en su contra, particularmente durante la segunda mitad del año. También será un año propicio para encontrar pareja y retenerla, al menos durante el tiempo de hormonas y enamoramiento. Caerá simpática, renovará amistades y tendrá buenas oportunidades de trabajo que podrían implicar una vida profesional más estable.

Enero

Afortunadamente para la rata, la influencia del signo propio deja de interferir el día 4 de enero y el año del tigre deja de influir el día 22 de enero. A partir de entonces la rata sentirá que la dejan salir de la jaula. Una vez lejos de la trampa o laboratorio en donde estuvo enjaulada, podrá comenzar a satisfacer sus sentidos como siempre. A partir del 22 también comienza la influencia de la energía tierra, la cual la ayudará a cruzar las grandes aguas. Será un buen mes, pero deberá tener cuidado con imaginarse cosas, la paranoia constituirá un lastre emocional inútil que deberá dejar para siempre.

Febrero

El mes del tigre traerá cuentas pendientes del año pasado y las deberá pagar sí o sí. Seguramente ha afectado su salud con malas costumbres, por lo que este mes desmejorará un poco. Se sentirá lenta, pesada.

Para mejorar su capacidad de movimiento es importante que se aleje de influencias negativas, de personas o ambientes pesimistas, y también que busque ayuda para cambiar de hábitos o por lo menos para encontrar gente y actividades que la hagan reír mucho. Lo más importante es que no se quede estancada; muévase mucho, baile y visite viejas amistades que no le cobrarán por la terapia.

Marzo

Este es un mes de doble conejo, estos días llevarán todo rastro de tristeza lejos de su sistema. El roedor estará tranquilo, despierto y en paz.

Mejorará su capacidad para entablar relaciones cordiales con compañeros de trabajo, familiares y condiscípulos. Las ratas de 1972 aún tendrán algún problema relacionado con rupturas amorosas que pudieron haber ocurrido tras la pandemia, pero nada que no puedan resolver con una visita al boliche o al bar más cercano. Las ratas de 1996 y 2008 tendrán oportunidad de entablar nuevas amistades. Las demás contarán con buen poder de convocatoria.

Abril

La primera mitad del mes la rata podría hacer buenos negocios gracias a la energía del fuego que acompañará al dragón; sin embargo, pasadas dos semanas, comenzará a sentir que de nuevo suben la ansiedad y sus inseguridades que, aunque solo ella las conoce, podrían ser percibidas por otros. Necesitará hacer uso de toda la diplomacia posible, ya que deberá trabajar en equipo. Si tiene alguna enemistad en el trabajo o en la escuela, se le recomienda buscar quien la ayude a hacer las paces o al menos a negociar una tregua. Mejores días: 15 y 27. En los demás hay que ir con prudencia.

Mayo

El mes serpiente choca con el año del conejo y eso pondrá a la rata en medio de una disputa energética. Para protegerse es necesario no enemistarse con nadie, en especial con miembros de la familia. Las ratas de 1960 y 2020 se sentirán agotadas sin razones aparentes, las de 1948 y 1996 tendrán más energía durante la primera mitad del mes, pero irónicamente eso las hará imprudentes y podrían sufrir pequeños accidentes, las de 1972 necesitarán tener cuidado con robos o pérdidas menores. En general es un mes complejo, que requerirá atención y astucia.

Junio

La energía del mes caballo se incrementará por la influencia del año del conejo. A partir de este mes, necesitará protegerse. No será prudente firmar papeles importantes, comprar bienes raíces (mucho menos construir nada nuevo). Se verá a sí misma como atrapada, tanto en su trabajo como en su mente; esta no sanará si solo ignora su ansiedad o enojo; es importante que busque ayuda de personas capaces. El exceso de imaginación la meterá en problemas emocionales, por lo que se le recomienda que utilice su ingenio para escribir ficciones.

Julio

La cabra será benéfica, ya que viene acompañada de energía tierra, que frenará la inquietud de la rata, por lo que le dará tiempo extra para reflexionar y estar más calma. Con suerte, hasta podrá gozar de unas merecidas vacaciones. Las ratas de agua de 1972 podrían tener algún revés en sus finanzas, pero nada que no resuelva la ayuda de algún dragón o gallo bienintencionado. Las demás ratas tendrán la mente más tranquila, enfocada únicamente en el trabajo o el eventual divertimento en redes sociales o en plataformas de entretenimiento en línea.

Agosto

El mes del mono atrae contención, ayuda y, en el caso de las jóvenes ratas de 2008 y 2020, ayuda de sus madres y mujeres mayores que curarán todas las heridas que pudieron haberse hecho durante los meses anteriores. Este mes es para buscar benefactores; en algunos casos, para pedir aumento de sueldo. El mono trabajará a su favor, pero en vez de sentarse a descansar, las ratas tienen que poner más empeño en liberar su cabeza de tensiones innecesarias. Será buena idea buscar consejo y guía por medio de terapias, deporte de mediano impacto y una dieta baja en grasas saturadas e irritantes.

Septiembre

El mes del gallo por lo general es buenísimo para la rata, pero el signo del gallo y el conejo no son compatibles, lo cual trae problemas para los demás signos, y la rata puede aprovechar para ayudar al prójimo. Los conflictos a su alrededor irán desde corazones rotos hasta problemas legales fuertes. Ya hemos mencionado que necesita poner su mente a trabajar en escribir ficciones, así no se obsesionará inventando escenarios desastrosos para la vida real; pero en este mes es recomendable que utilice su ingenio para resolver problemas, propios o ajenos. El TAO le reservará recompensas agradables.

Octubre

El mes del perro le traerá una noticia o encuentro incómodo con algún fantasma del pasado, tal vez un viejo amor, una amistad fracturada. Es importante que piense primero en su salud emocional y que no se aventure a reconstruir lo que fue demolido muchas veces antes. De no poner límites, es posible que se enfrasque en una regresión desastrosa que le robará el sueño y la salud física. Se sentirá influenciable, cosa rara porque normalmente es la rata quien marca tendencias o inventa modas. Más le vale tranquilizarse y evitar pasar por lugares en los que la nostalgia le haga cometer alguna tontería.

Noviembre

El chancho pondrá frenéticas a las ratas de todo el orbe, en especial a las de 1972. Las ratas de 1996 tendrán buenas oportunidades de empleo o de azar. Las de 1984 y las muy longevas de 1924 podrían tener algunos problemas con el hígado, por lo que se les suplica poner atención en su higiene y dieta. Las de 1960 podrían tener problemas con el dinero, ya sea por pérdidas o robo. Cuidado. En general será un mes desordenado y acelerado, por lo que necesitarán ayuda para concluir los mil y un proyectos y compromisos que hayan hecho antes o que hayan procrastinado hasta ahora.

Diciembre

La doble rata, en vez darle más velocidad, la detendrá un poco. Todas las ratas, en especial las de madera de 1984, tendrán que parar en su carrera, ya sea por cuestiones de salud o de políticas internas en sus trabajos. Si les es posible, sería bueno que tomaran unas vacaciones, que aprendieran algún pasatiempo, un oficio sencillo, algún proyecto de emprendimiento que, si está ligado a la ecología, fructificará muy bien y podría atraer amistades nuevas y reconocimientos, aunque también podría atraer rumores y una necesidad de un poco más de frivolidad en su vida.

Predicciones para la Rata y su energía

Rata de Madera (1924-1984)

La rata llegará eufórica a celebrar el año del conejo de agua, pero sus aventuras en el año del tigre deberán ser balanceadas con mayor atención en sus zonas erróneas, sus vicios, desbordes, cambios de humor y de conducta con el zoo y en la comunidad de los hombres.

Habrá canto de sirenas para desviarla de su plan; sepa administrar su energía para que no la aparten del camino.

En la familia habrá rebeliones, enfrentamientos y situaciones de discordia.

Tendrá una buena oferta para desarrollar su vocación, talento, astucia, y expandirlos a través de las redes, plataformas, escenarios, aplicaciones, *streaming* y canales en línea.

El mundo cambió de costumbres, códigos, y en la convivencia.

Encontrará la alcantarilla para adaptarse con sensatez, sentido común y del humor a una nueva era llena de oportunidades para acrecentar su patrimonio, invertir, viajar y cambiar lo que es viejo por algo nuevo.

Su salud tendrá altibajos; intente mantener la disciplina y compartir salidas al exterior con amigos, parientes y gente que la inspire en sus noches de insomnio.

El conejo la espiará desde su madriguera y la pondrá a prueba.

Rata de Fuego (1936-1996)

Año de cambios programados e inesperados.

La buena fe para firmar contratos y sociedades no basta; deberá estar asesorada por especialistas.

Tendrá muchas ofertas que deberá seleccionar y no perder tiempo en las que no estén relacionadas con su vocación, oficio, profesión o búsqueda interior.

Su familia le reclamará más presencia, compromiso y sustento.

Tendrá una crisis que la enfrentará al deber o al ser; busque ayuda terapéutica para resolver mandatos que la desvían del TAO.

Un romance, flechazo o relación fugaz en un viaje podría cambiar su constancia en la pareja y en el hogar.

Recurra a su *charme, sex appeal* e inteligencia emocional para no causar hantavirus en el círculo íntimo.

Deberá confiar en nuevas propuestas de sustentabilidad en la comunidad de los hombres. Y abrir el corazón y la cabeza para adaptarse a tiempos de crisis, imprevisibles y caóticos.

Su pasión por el arte, la comunicación y el intercambio cultural la transportará a otro continente, combinando viajes, seminarios chamánicos, de sanación, eneagrama, registros akáshicos para resolver nudos del pasado.

Año de hiperactividad y cambios en el rumbo de su vida.

Rata de Tierra (1948-2008)

Durante el año del conejo desafiará la ley de gravedad.

Sentirá que tiene alas en su cuerpo y decidirá ascender al Aconcagua.

Deberá tomar recaudos, medidas, ser más preventiva y medir las consecuencias.

Cambios imprevistos en la constelación familiar, nacimientos y muertes la obligarán a retornar a la madriguera; será esencial para dar ayuda afectiva y espiritual.

El conejo la mantendrá ágil, dinámica, *sexy* y con nuevas tareas de planificación, sustentabilidad, desarrollo social y económico en la comunidad.

La salud deberá ser atendida holísticamente.

Tendrá que enfrentar litigios por herencias, divorcios, sociedades *off shore*, apuestas y negocios que no tuvieron respaldo legal.

Es recomendable que salde karma para estar más liviana de equipaje en el año del dragón, su aliado, amigo y socio.

Rata de Metal (1900-1960)

Llegará al año del conejo con una mochila liviana para tomar un descanso en "su lugar en el mundo".

Sentirá que tiene que rebobinar su épica existencia y enfocar en sus prioridades. La naturaleza la espera.

Finalmente podrá echar raíces en la tierra, sembrando, cultivando y dando lugar a una convocatoria de socios y amigos que formarán nuevos emprendimientos, pymes o consultoras.

Soltará amarras de la familia, de una relación que le impedía fluir con su deseo, y podrá conocer nuevos amigos, maestros, y continuar con su sueño, vocación y utopía.

El conejo la admira y será su patrocinador en su obra maestra. Habrá que convivir con desafíos, espejismos, el canto de las sirenas para encontrar su lugar en un mundo que le brindará nuevas oportunidades para desplegar su talento.

Año de recuperación del sentido del humor, el reloj de arena y el pasaporte al futuro del éxtasis.

Rata de Agua (1912-1972)

Año de revolución interior.

Estará atenta a las señales del tiempo y podrá compartir sus logros con su pareja en la madriguera y en festivales por el mundo.

Sentirá ganas de iniciar una nueva etapa laboral; convocará gente de diversas culturas, oficios, profesiones para diseñar una forma de adaptación al nuevo tiempo.

Ayudará a inmigrantes y a gente sin tierra ni destino en ONG, fundaciones; con la sociedad civil colaborará para mantener una vida sustentable con proyectos ecológicos, de permacultura, ingeniería social y recursos de reciclaje.

Estará ansiosa, con cambios bruscos de humor, sensaciones paranoicas y modificaciones antojadizas que podrían perjudicarla a corto plazo.

El conejo le tomará examen, la provocará con sus artilugios para que caiga en su trampa y sea su prisionera.

Agudice el tercer ojo y la percepción.

Podrá mantener el equilibrio si se anima a renunciar a su fama de directora de orquesta *full life*.

Año de cambios y señales claves para su futuro.

L. S. D.

Retirado del mundo disfruto silencio y soledad.
Amarro mi puerta.
Helechos y raíces cubren mi ventana.
Mi espíritu está en armonía con la primavera.
Al final del año el estío llega a mi corazón.
Imito esos cambios cósmicos y hago de mi cabaña
el Universo.

Lu Yün (262-303) - *Viento del Valle*

Predicciones preventivas para el Búfalo basadas en la intuición, el I CHING y el ba zi

Junio. Me desperté a las 6 am, en día gallo, abrí persianas y la noche aún no me dio señales para ver cómo estará el día desde mi cuarto rosa. Avivé la salamandra, inspiré eucalipto medicinal, preparé el mate y en el silencio más profundo pensé en los búfalos amigos, en los que no están, pero siguen acompañándome y me guían en el TAO.

Durante el año del tigre, el búfalo tuvo que enfrentar situaciones imprevisibles, incómodas, fuera de su agenda y planes.

La adaptación a situaciones límite familiares, laborales, de sociedades que se desintegraron o desaparecieron por la crisis nacional y mundial lo descolocó y le enseñó el WU WEI (no acción) hasta la llegada del año del conejo de agua.

El búfalo sabio tuvo un tiempo de contemplación y búsqueda personal que lo apuntaló para no descuidar al zoo, su patrimonio y los valores que cultivó en la vida.

Hizo la plancha en la tempestad, puso las prioridades de sus necesidades y confió en su intuición.

El conejo admira y respeta al búfalo.

Sabe que siempre lo protegerá, le dará un lugar en la constelación familiar, en las sociedades, en las empresas para que desarrolle su imaginación, talento y buen gusto.

Por eso, en su reinado, el conejo le abrirá las puertas que tuvo cerradas, y será su principal patrocinador.

Renacerán el optimismo, el buen humor, la alegría de encauzar nuevos proyectos: la bioinspiración será un plan ligado a la vida en la naturaleza aplicando la sustentabilidad.

Podrá organizar el año entre los lugares donde pasta, descansa, abre nuevas empresas, sociedades y pymes integrando gente capacitada y *amateur.*

Su trabajo firme y perseverante dará sus frutos.

El mundo y el país necesitan líderes que prediquen lo que practican y sean ejemplo para conducir al pueblo.

El búfalo escuchará las necesidades del tiempo y encauzará con creatividad una nueva etapa con rendimiento espiritual y estabilidad económica. Su vida familiar se renovará, oxigenará; tendrá ganas de compartir viajes, ser testigo de bodas y confesor de parientes que confían en su honestidad.

Llegarán del otro lado del mar ardidos en llamas, sin trabajo, sin casa, sin futuro. Su corazón estará atento para ser parte de nuevos movimientos de participación social, comedores, asilos, escuelas, hogares para recibirlos.

En la familia habrá despedidas y nacimientos.

Sentirá que dio lo posible para estar con los siete cuerpos asistiendo a los más necesitados.

A pesar de programar un giro de 180 grados en su oficio o profesión, lo llamarán para continuar con su especialidad en asesoramiento de empresas, administración de bienes o *coach* en constelaciones familiares. Los búfalos de ambos sexos o los trans, a quienes todo les cuesta tanto, durante este año flotarán a un metro de la tierra.

Retornarán los romances, las relaciones *part time*, los encuentros con exparejas o amigos que los sacarán de "la insoportable levedad del ser". Sentirá la liberación de tabúes, mandatos y épocas en las que vivía solo para el deber.

Estará más liviano de equipaje, más divertido, con ganas de incursionar en ámbitos artísticos y deportivos. Cambios en la dinámica familiar le brindarán más energía para inclinarse a profundizar su vocación o rescatar alguna utopía del pasado y concretarla.

A veces el búfalo es autoritario, frío y distante con la gente que lo rodea. El I CHING le aconseja que cambie de actitud para acercarse a quienes le brindan su admiración y solidaridad.

Domesticar el carácter es parte del desafío del año.

Incorporar nuevas técnicas de autoayuda, tener empatía con la gente que trabaja, o compartir un tiempo de recreo, estar al servicio en la comunidad de los hombres es parte de su progreso, consolidación profesional y desapego.

Disfrutará de recuerdos del pasado con compañeros de escuela primaria, secundaria o universitaria. Su rol social y humanista en el año del conejo será apreciado, premiado y valorado.

Los búfalos que aún no estén casados o en pareja formarán una familia y traerán conejitos al planeta.

La libertad y la independencia serán sus mayores conquistas.

AÑO DE LOGROS MERECIDOS Y GRATAS SORPRESAS.

L. S. D.

El I CHING les aconseja:
4. Meng / La Necedad Juvenil

EL DICTAMEN

La Necedad Juvenil tiene éxito.

No soy yo quien busca al joven necio, el joven necio me busca a mí.

Al primer oráculo doy razón.

Si pregunta dos, tres veces, es molestia.

Cuando molesta no doy información.

Es propicia la perseverancia.

En la juventud la necedad no es nada malo. A pesar de todo, puede incluso lograr el éxito. Solo que es preciso dar con un maestro experto y enfrentarse con él del modo debido. Para ello hace falta, en primer lugar, que uno mismo advierta su propia inexperiencia y emprenda la búsqueda de un maestro. Únicamente semejante modestia y diligencia acreditarán la necesaria disposición receptiva, que habrá de manifestarse en un devoto reconocimiento hacia el maestro.

Así, pues, el maestro debe esperar, tranquilamente, hasta que se acuda a él. No debe brindarse espontáneamente. Solo así la enseñanza podrá llevarse a cabo a su debido tiempo y del modo que corresponde.

La respuesta que da el maestro a las preguntas del discípulo ha de ser clara y concreta, como la respuesta que desea obtener del oráculo un consultante. Siendo así, la respuesta deberá aceptarse como solución de la duda, como decisión. Una desconfiada o irreflexiva insistencia en la pregunta solo sirve para incomodar al maestro y lo mejor que este podrá hacer es pasarla por alto en silencio, de modo parecido a como también el oráculo da una sola respuesta y se niega ante preguntas que denotan duda o que intentan ponerlo a prueba.

Cuando a ello se agrega la perseverancia, que no cesa hasta que uno se haya apropiado del saber punto por punto, se tendrá asegurado un hermoso éxito. El signo da, pues, consejos tanto al que enseña como al que aprende.

LA IMAGEN
En lo bajo, al pie de la montaña, surge un manantial:
la imagen de la juventud.
Así el noble, mediante su actuación escrupulosa, sustenta su
carácter.

El manantial logra fluir y superar la detención rellenando todos
los sitios huecos que encuentra en el camino. Del mismo modo el
camino hacia la formación del carácter es la escrupulosidad que no
saltea nada sino que paulatina y constantemente rellena todos los
huecos como el agua, logrando así avanzar.

El tránsito del Búfalo durante el año del Conejo

PREDICCIÓN GENERAL
Todos los asuntos quedarán pendientes, como si la carrera por la
vida se llevara a cabo en arenas movedizas. El búfalo tendrá que buscar ayuda, no podrá hacer nada por sí solo. En casos graves, los que
sean patriarcas y grandes hombres de negocios o políticos podrían
pasar por una racha de mal agüero. Necesitarán llevar de amuleto a
sus abogados y contadores. El año será más benéfico para los que de-
seen hacer caso a su cuerpo, que busquen el placer en lo mundano y
lo pequeñito. Así, en el camino del justo medio, podrán pastar tranquilos, a menos que se les meta entre oreja y oreja algún pensamiento demasiado ambicioso. WU WEI, este no es el año para salir al ruedo.

Enero
El búfalo aún estará unos días bajo el reinado caótico del tigre,
pero su energía vital seguirá las órdenes de sí mismo porque este
es el mes que rige su propio signo. Es ahora cuando tendrá ánimo
suficiente para poner en orden cualquier asunto pendiente importante. Papeleos, deudas, impuestos; todo tiene que ser resuelto en
lo posible antes del día 22, ya que a partir del año nuevo chino todo
se volverá más complicado. Si consigue ayuda de gente con mayor
influencia social o política que la de los bovinos, mejor. En aspectos
domésticos, busque cooperación.

Febrero

El mes del tigre trae la dosis de siempre: mal de amores, ganas de compromiso, pequeños y grandes accidentes, pero esta vez viene acompañado del conejo, quien a su vez atrae una combinación que nos habla de encierro, aislamiento y problemas legales o económicos. Estarán más expuestos los búfalos que vivan en zonas con mucho viento y cerca del mar. La unidad familiar es muy importante para el búfalo, pero su familia gozará de más libertad y se sentirá abandonado. Paz y conciencia: todo es pasajero; tras la desunión, surge de nuevo la unión.

Marzo

Afortunadamente este mes no será caótico como el anterior, pero la sensación de aislamiento será más dura, en especial para los búfalos de 1949 y 2009, que son los más hogareños y que además sentirán que todos a su alrededor abusan de su solidaridad y disciplina. Los búfalos de 1973 tal vez puedan darse unas escapadas al campo o al mar. Aun así, por favor: todos los bovinos del corral cósmico necesitan tener cuidado con el tránsito, los accidentes y la policía en general. Un paso en falso implicaría un sinfín de multas o, peor aún, pasar un tiempo en la comisaría por algún problema de tránsito.

Abril

El mes del dragón será neutro, perfecto para resolver o sanar los problemas que pudo haber tenido en los dos meses anteriores. Ya bajo el amparo de lo que es sabio y legal, los búfalos podrán sentarse a descansar. Se podrá llegar a acuerdos en la familia, con los amigos y el trabajo; solo será necesario que sea más abierto a los cambios ineludibles. El búfalo podría llegar a perdonar a quienes lo han lastimado. Todo este mes dependerá de las decisiones que tome y, por lo tanto, asumirá la posición de líder. Solo es importante que no se eche encima más trabajo.

Mayo

El mes de la serpiente lo ayudará a ser flexible, a trabajar bajo las condiciones que el propio búfalo pueda manejar. Sin embargo, el mes choca con el año en curso, por lo tanto, el búfalo podría verse enredado en toda clase de malentendidos y problemas que, si bien no serán suyos, se los podrían adjudicar, y eso será peligroso. La prioridad de los búfalos de 1949 y 2009 será su salud estomacal; para los de 1961 y 1921, su salud emocional, porque estarán algo tristes. Los demás tendrán más energía, pero en vez de aprovecharla para resolver la vida de otros, tienen que atender sus necesidades personales primero.

Junio

El mes equino será de contradicciones. El caballo hace buena combinación con el conejo, eso reforzará la energía del ambiente, lo que dará al búfalo un mayor *sex appeal*. Pero los búfalos de 1973, 1985 y 1997 podrían presentar problemas hormonales muy molestos. Los de 1925 y 1937 podrían tener memorias de amores pasados que les darán mucha melancolía. Los de 2009 estarán rebeldes y precoces, muy hormonales y difíciles de tratar, por lo que suplicamos paciencia. Los nenes de 2021 estarán exentos de problemas, pero aun así hay que cuidarlos mucho.

Julio

La cabra regente del mes se combinará con la energía del conejo, afectando su vida social y laboral. En especial los días 12, 16 y 28 presentarán problemas fuertes con la ley, o que afectarán los bolsillos de la mayoría de los búfalos, en especial a los de tierra de 1949 y 2009. Otros días difíciles e incluso peligrosos serán 11, 15 y 27, pero afectarán más a los búfalos de 1973; en este caso, la salud será delicada y podrían pasar esos días completamente detenidos en casa o en el hospital. Cuidado con la dieta y las aprensiones, serán días duros y convendrá pasarlos en el corral.

Agosto

El mono le traerá felicidad y ayudará para que se relaje un poco; además, la energía metal del simio tranquilizará la influencia controladora de la energía madera del conejo. Sin embargo, eso hará que, al tener más libertad de movimiento, el búfalo intente realizar más actividades de las recomendadas y podría perder energía y dinero con tal de aprovechar más el tiempo. También será un mes frívolo.

Para mantener los gastos a raya, le recomendamos socializar más con gente deportista o que invierta en cursos y talleres en los que pueda aprender una nueva habilidad y conocer personas interesantes.

Septiembre

Este mes gallo puede servir para continuar con la buena racha del mes anterior, aunque se puede dificultar un poco ya que el mes choca con el año, y la gente a su alrededor podría ser mucho menos cooperativa con el búfalo. Los mejores días serán el 8 y el 20; en ellos podrá firmar papeles importantes, inscribirse o comenzar a estudiar algo nuevo. Tendrá la cabeza más clara, pero también se sentirá un poco inseguro, nada que no pueda resolver haciendo equipos solidarios con sus amigos gallo, serpiente, rata y chancho, los cuales también necesitarán su ayuda.

Octubre

Si bien el mes del perro no crea reacciones negativas con el año del conejo, el búfalo podría resentir algo la energía que provoca esa combinación, digamos sexual, en el ambiente. Se sentirá aislado; la punzada de la envidia podría quitarle un poco el sueño; en especial los búfalos de 1961 y 1973 podrían deprimirse un tanto. Los días 4, 16 y 28 tendrá ganas de socializar, mejorar las relaciones laborales o escolares, pero todo este mes bajará su capacidad de convocatoria y carisma, por lo que será mejor que se dedique a resolver el día a día discretamente y descansar lo más posible.

Noviembre

Nuestros queridos búfalos podrán comenzar a guardar energías por medio del ejercicio y una mejor relación con su cuerpo físico. Necesitarán dormir mucho, algo que podrían lograr si durante las horas del chancho (21 a 23) tratan de relajarse, meditar o hacer ejercicios simples de respiración. También será de ayuda ir a la cama sin haber comido demasiados carbohidratos. Podrán buscar disciplinas y terapias, de preferencia cognitivo conductuales, que los ayuden a controlar la ansiedad. Los días 2, 14 y 16 serán los mejores para comenzar con lo recomendado y buscar ayuda profesional.

Diciembre

Con la llegada del invierno boreal el Qi ayudará a todos los búfalos a encontrar un balance saludable. Esta energía benéfica será mucho más fuerte en el norte del planeta que en países australes; sin embargo, el TAO no dejará solos a todos los búfalos del orbe, quienes poco a poco sentirán cómo van recuperando la fuerza desde aquí al comienzo del año del dragón. La energía que sentirán los ayudará a sobrellevar cambios de vida importantes sin salir demasiado lastimados en el proceso, y con sus seres queridos a su lado. Paciencia y amor propio serán la clave para lo que quieran lograr.

Predicciones para el Búfalo y su energía

Búfalo de Madera (1925-1985)

Llegará empoderado al año del conejo.

Nuevos rumbos, propuestas asociadas a su profesión, vocación y *hobbies* lo despabilarán para conectarse con el mundo, a pesar de su timidez y tiempo de ermitaño.

El amor será la grata sorpresa que necesitaba indexar: reconciliación con la constelación familiar; saldará deudas afectivas con el pasado y podrá proyectarse para un nuevo tiempo con el zoo, el trabajo y los servicios en la comunidad.

Su entusiasmo crecerá al identificarse con líderes que respalden la ecología, el cambio climático, las nuevas formas de energía renovables y la educación.

Decidirá enraizar en algún lugar que esté asociado a sus ancestros, su infancia, y construirá su casa con permacultura.

Un año de nuevos paradigmas, ayuda social, recuperación de salud holística, de proyectos ligados al deporte y a la comunicación que florecerán junto a su patrocinador, el conejo de agua.

Recapacite ante las situaciones en las que aparecerá LA NECEDAD JUVENIL.

Búfalo de Fuego (1937-1997)

Año del yoga del desprendimiento con el mundo terrenal, material y de interferencias afectivas.

Comenzará por organizar su pradera con arte, amigos, patrocinadores y nuevas ideas de bioinspiración.

Emprenderá un tiempo de recolección de recuerdos: mirará fotos, videos de amigos, de viajes y de la familia en épocas de amor.

Su liberación llegará cuando ponga en orden asuntos legales y jurídicos que lo ataron un tiempo y le chuparon prana (energía). Surgirá una propuesta artística, comercial o relacionada con su profesión que le cambiará el humor, la agenda, y plasmará exitosamente su proyecto.

Cambios imprevisibles por amor, estudio, becas o *hobbies* serán la sal de la vida en el mágico y divertido año del conejo.

Búfalo de Tierra (1949-2009)

Año de gratas sorpresas y cambios en el rumbo de su vida.

Avanzará en un proyecto relacionado con la biosfera, el cambio climático, la agroindustria, la biodiversidad, que había quedado detenido, y será parte de su organización y difusión.

Tendrá un grato reencuentro con la constelación familiar, y saldará cuentas pendientes.

Su decisión de realizar cambios en la vida dependerá del lugar que elija en la naturaleza para arraigarse y trabajar con técnicas sustentables. Afianzará su patrimonio, podrá vivir sin estrés del trueque y de trabajos artísticos, técnicos o de asesoramiento en su especialidad.

Sentirá mariposas en la panza, liviandad del ser y liberación.

El conejo de agua será su patrocinador día y noche, y además lo invitará a fiestas en las cuales sentirá que rejuvenece años luz.

Búfalo de Metal (1901-1961)

Año de grandes cambios en el rumbo de su vida.

Elegirá vivir en la naturaleza enseñando, aprendiendo nuevas artes y ciencias. Formará parte de una tribu fundacional en la que podrá integrar con éxito su experiencia, conocimiento y trabajo.

La familia lo liberará de responsabilidades económicas y podrá construir su establo o corral con permacultura.

Se reencontrará con amigos del pasado que lo invitarán a viajes por el país, y lo llevarán al inframundo junto a *Alicia en el país de las maravillas*, para su renacimiento existencial.

Tiempo de hándicap para programar el futuro.

Búfalo de Agua (1913-1973)

Año de despegue y viento a favor en su vida.

Su corazón latirá al compás de un tambor africano; renacerán el eros, la seducción, los encuentros clandestinos y las promesas de amor eterno.

Después de que cumpla las tareas cotidianas, familiares y profesionales con entrega y dedicación, su amigo el conejo lo llevará de viaje a nuevos países y culturas, donde podrá pasar un tiempo renovando energía y aprendiendo nuevos oficios.

Contagiará entusiasmo; elegirá un lugar en la naturaleza para empezar un proyecto agrícola, avícola, de huertas orgánicas y producción de alimentos. Resultará esencial que no se imponga con empleados ni socios. La humildad es la base del éxito durante el año en el que renovará desde la dermis a la epidermis con contención de su pareja, amigos y parientes.

Los búfalos solitarios aceptarán contratos temporales para desarrollar su conocimiento. Asesorando a pymes y empresas aportará originalidad y cambios sistémicos.

AÑO DE GRATAS SORPRESAS Y FLORECIMIENTO DEL EROS.

L. S. D.

En los prados de este mundo,
buscando al buey, sin descanso,
voy apartando las altas hierbas.
Siguiendo ríos sin nombre,
perdido entre los confusos senderos
de lejanas montañas,
desesperado y exhausto,
no puedo encontrar al buey.
Oigo únicamente el canto nocturno
de los grillos, en el bosque.

Kakuan Shien - *Buscando al buey*

Predicciones preventivas para el Tigre basadas en la intuición, el I CHING y el ba zi

Hola, tigres que sobrevivieron a su reinado.

¿Cómo están?

¿Han quedado con unas rayas más en su cuerpo o se les han borrado algunas con el estrés emocional de tantos desbordamientos y resoluciones que tomaron promediando el año?

Llegarán con el último aliento de las batallas que debieron librar, dignas del MAHABARATTA.

Su amigo, el conejo de agua, quiere, admira al tigre, y sabe que le brindará una etapa de recuperación de sus hazañas, actos solidarios, épicos, de revoluciones en el cambio de paradigma.

El caos de su año, que abarca a la humanidad, dejó huellas profundas en su piel, dentadura, chakras, garras, cuerpo físico y etérico.

Ha tenido que soltar el apego a sus bienes, seres queridos, lugares de confort para ser coherente con su prédica hacia la comunidad de los hombres.

Su reputación osciló entre el inframundo y el supramundo.

La vorágine de cada día, hora y minuto lo mantuvo alerta, en vigilia, agazapado para ser un volcán en erupción cuando llegó el momento de actuar.

La inestabilidad por situaciones ásperas, dobles mensajes y traiciones lo confundió y lo llevó por mal camino.

Desprenderse de aliados, socios, amigos tuvo un costo político.

La REBELIÓN EN LA GRANJA le produjo cambios en su *modus operandi*.

Es cierto que la nutrición del cuerpo prevaleció sobre la del alma.

Las consecuencias están actuando en su presente y serán las pisadas que dé en el año del conejo las que le posibiliten restaurar su salud holística.

La despedida de seres queridos lo liberó de un tiempo de cautiverio.

Hará propuestas en la familia y en la pareja para comenzar un nuevo ciclo de proyectos artísticos, de intercambio cultural, viajes por estudio e investigación, participación en seminarios holísticos, constelaciones familiares, registros akáshicos, eneagrama, ferias del libro o de agroindustria.

Será convocado para dar su visión, inspirar a los principiantes, estimular a los jóvenes despertando el eros, la curiosidad, el cambio de rumbo. Su experiencia se cotizará alto en el Merval.

Las apuestas serán concretas: una mudanza, una reconciliación con el amor, un viaje alrededor del mundo, el orden para seguir su intuición más que ofertas que podrían desviarlo de su esencia, provocando somatizaciones capaces de debilitarlo.

El conejo lo buscará como cómplice para saciar sus vicios ocultos, sus travesuras y arrebatos de pasión que lo transformarán en un tigre de Bengala. Sus resoluciones no tendrán retorno.

En su año aprendió que las oportunidades pasan como un tren bala; y si no pudo subirse a tiempo, lo mirará como una serie en alguna plataforma que lo tuvo de protagonista sin elenco.

Su entusiasmo se notará en el segundo semestre debido al agotamiento y al estrés residual que le dejó su año.

Convocará a amigos del pasado, de la escuela, de hazañas deportivas para recuperar el buen humor, la vida social y las relaciones –a su estilo– públicas.

Nuevos emprendimientos y sociedades nacerán bajo la luz de la luna, con una copa de champán.

Podría implicarse en algún triángulo que lo tendrá entre las sogas; es importante que sea sincero desde el primer momento que inicia un romance o una relación virtual para no sufrir las consecuencias de una "atracción fatal".

Se le recomienda que delegue responsabilidades en ámbitos empresariales o de la comunidad de los hombres.

Es un año para suavizar las diferencias ideológicas, sociales, raciales y de cambios en la percepción del mundo que viene.

Disolverá el ego en gotas homeopáticas o rocío del alba.

Cambios en hábitos, horarios y costumbres serán parte de sus aventuras junto al conejo de agua, que lo llevará a universos psicodélicos y de poliamor.

Durante este año se dejará domesticar, apreciando las pequeñas cosas de la vida; un mate en soledad, una salida al teatro o recital, un reencuentro con amigos que le darán vitaminas y nutrientes para que sea el rey de la tierra en su esplendor.

L. S. D.

El I CHING **les aconseja:**
27. I / Las Comisuras de la Boca (La Nutrición)

EL DICTAMEN

Las Comisuras de la Boca. Perseverancia trae ventura.
Presta atención a la nutrición y a aquello con que trata de llenar su boca uno mismo.

Al dispensar cuidados y alimentos es importante que uno se ocupe de personas rectas y se preocupe en cuanto a su propia alimentación, del modo recto de realizarla. Cuando se quiere conocer a alguien, solo es menester prestar atención a quién dispensa sus cuidados y cuáles son los aspectos de su propio ser que cultiva y alimenta. La naturaleza nutre todos los seres. El gran hombre alimenta y cultiva a los experimentados y capaces, valiéndose de ellos para velar por todos los hombres.

Mong Tse (VI, A, 14) dice al respecto: "Para reconocer si alguien es capaz o incapaz, no hace falta observar ninguna otra cosa sino a qué parte de su naturaleza concede particular importancia. El cuerpo tiene partes nobles e innobles, partes importantes y partes nimias. No debe perjudicarse lo importante a favor de lo nimio, ni perjudicar lo noble a favor de lo innoble. El que cultiva las partes nimias de su ser, es un hombre nimio. El que cultiva las partes nobles de su ser, es un hombre noble".

LA IMAGEN

Abajo, junto a la montaña, está el trueno: la imagen de la Nutrición.
Así el noble presta atención a sus palabras
y es moderado en el comer y el beber.

"Dios surge en el signo de Lo Suscitativo". Cuando con la primavera se agitan nuevamente las energías vitales, vuelven a engendrarse todas las cosas. "Él consuma en el signo del Aquietamiento". Así, a comienzos de la primavera, cuando las semillas caen hacia la tierra, todas las cosas se tornan cabales. Esto da la imagen de La Nutrición expresada en el movimiento y la quietud. El noble toma esto por modelo en lo relativo a la alimentación y al cultivo del carácter. Las palabras son un movimiento que va desde adentro hacia fuera. El comer y el beber son el movimiento que va desde afuera hacia adentro. Las dos modalidades del movimiento han de moderarse mediante la quietud, el silencio. Así el silencio hace que las palabras que salen de la boca no sobrepasen la justa medida y que tampoco sobrepase la justa medida el alimento que entra por la boca. De este modo se cultiva el carácter.

El tránsito del Tigre durante el año del Conejo

PREDICCIÓN GENERAL

El tigre tiene la capacidad extraordinaria de aparentar que no le duele caer. Tratar de ocultar lo que siente después de un año agitado y en ocasiones hasta trágico no es recomendable en estos tiempos; primero, porque la gente ya está acostumbrada a escucharlo protestar todo el tiempo, y segundo, porque los que sí quieren escucharlo son más empáticos que en décadas anteriores, en especial los jóvenes nacidos en este siglo. Todo girará alrededor de sus emociones y de cuán receptivo esté con respecto a la ternura, la aceptación de los errores propios y a un poco de pasión. Este será un año disfrutable, siempre y cuando no se estacione en el pasado, y logre ver que el futuro le sonríe.

Enero

Afortunadamente su reinado chino terminará el día 21 de este mes. Durante las semanas ocupadas por la energía del búfalo, bajará un poco la energía del año propio y aunque crea que no merece hacerlo, el felino descansará a pierna suelta; pero si no lo hace a propósito, lo hará por alguna infección menor en vías respiratorias, aunque es posible que los tigres de 1974, 1950 y 1938 estén tan cansados que requerirán tratamiento emocional, más que físico. El mes se presta para hacer maratones de series en plataformas digitales, entregarse a algún pasatiempo y recobrar energía después de las fiestas.

Febrero

El mes comenzará el 4 de febrero, sentirá que vuelven las fuerzas. La concentración y el estado de ánimo fallarán, lo cual será más evidente en los felinos de 1962, que son los que se distraen con más facilidad. A los papás de tigrecitos de 2022 se les recomienda no usar remedios caseros, mejor vayan con un médico competente. En cuanto a lo profesional, este mes podría ayudarlos a regularizar cualquier proyecto que tengan atrasado y a sacar adelante tareas, compromisos y papeleos con burócratas. Hay que tratar de regularizar el sueño y la hora de las comidas.

Marzo

El mes del conejo se sumará al año del conejo, lo cual duplicará la energía madera, que también es la energía fija del tigre, que vuelve al felino iracundo y sensible. Cuidado. Para evitar confrontaciones, es recomendable que busque sacar la energía destructiva en el gimnasio o corriendo al aire libre. Se le aconseja ir a zonas boscosas cuando sienta que la ira le impide tener relaciones sanas con quienes lo rodean. Los días más susceptibles serán: 6, 11, 18, 23 y 30. Mejor que haga trabajo voluntario en lugares donde su ira encuentre el valor de la gratitud y el servicio.

Abril

El mes del dragón se suma con la energía conejo, aumentando la energía madera, y con ello, la frustración. Generalmente el año siguiente al año propio es una especie de regalo energético que le da el TAO, pero es probable que los tigres lleven a rastras varios años de trabajo sin descanso y hasta los bebitos de 2022 tendrán a todos consternados con sus rabietas. Sin embargo, si se junta con amigos o colaboradores de los signos cabra, caballo y perro, los tigres podrán encontrar más razones para reírse del pasado, ser más amables y trabajar con más motivación.

Mayo

Este mes será marcado por la frivolidad, los chismes y el mal de amores (más en el caso de los hombres); no hay que creer ningún rumor, sobre todo las conspiraciones de internet. En el caso de los tigres de 1974 y 1998, los descalabros amorosos provocarán que no pueda manejar la ira de manera saludable. Es mejor mantener la mente fría por medio de deportes de mediano a alto impacto. Nadar o patinar sobre hielo son buenas actividades para todos los tigres durante este mes de la serpiente, salvo tal vez los tigres de 1950, que son de constitución más delicada y podrían sufrir una caída.

Junio

A partir del mes del caballo, la energía madera *yin*, que es la energía fija del conejo, será más fuerte que la energía móvil acuática del año 2023. Por eso, las actitudes y chances de los tigres dependerán más de la energía del año de nacimiento que de su entusiasmo. Los tigres de 1974 seguirán malhumorados, pero encontrarán momentos alegres. Los de 1926 y 1986 deberán cuidar más su sistema circulatorio y corazón. Los de 1950 y 2010 serán los más saludables y podrán tener buenas oportunidades. Los de 1962 y 1922 podrán dormir mejor y serán más asertivos.

Julio

La cabra que rige este mes hará una combinación benéfica con el conejo, pero eso podría provocar cambios intensos o desagradables en la vida del tigre únicamente durante ciertos días. A los tigres les recomendamos no hacer planes importantes y mantener el perfil bajo los días 4, 16 y 28. Durante el resto del mes es importante que eviten ambientes cargados de agresividad. También tendrán sueños vívidos, casi reveladores. Les sugerimos llevar un diario de sueños, sobre todo a los más sensibles de la jungla, que son los tigres de 1950 y 2010.

Agosto

La influencia metálica del mes del mono ayudará al tigre a ver con más claridad lo que lo rodea y las intenciones de la gente cercana. Será un mes para acceder a una mejor disciplina, iniciar algún hábito de higiene o salud que podría modificar su vida para bien. Logrará el máximo en lo que se proponga si aprende a cooperar mejor con la gente con la cual convive diariamente. Si necesita algún consejo, sus amigos cabra, búfalo, dragón y perro tendrán la sabiduría necesaria para resolver sus problemas inmediatos. Podrá ganar más dinero si pone atención y aprende a ser más diplomático.

Septiembre

El mes regido por el gallo será caótico en el exterior, pero resultará benéfico para todos los tigres, en especial para los de 1950, 1974 y 2010, que son los más relacionados con las energías madera y agua, y los más propensos a autosabotearse debido a que la energía del conejo los hace más iracundos y a veces hasta rencorosos. El gallo contendrá al conejo y eso le permitirá al felino actuar con más responsabilidad o, por lo menos, con más conciencia del efecto que tiene en las personas que conviven con él. Será un mes que le ayudará con la autocrítica.

Octubre

El mes del perro le dará un impulso especial porque subirá su autoestima de una manera saludable. Las energías que acompañan este mes: tierra, fuego y agua *yang* suben el estado de ánimo de todos los signos del zodíaco, pero al tigre, por ser amigo del perro, lo ayudará a ver la vida con más optimismo. Es importante que se aleje de espacios oscuros y de personas nerviosas o ansiosas, ya que estará muy sensible. Para equilibrarse aún más, se le recomienda ver películas cómicas, leer cosas alegres, asistir a funciones de *stand up*. Reír en este mes sí que será la mejor medicina.

Noviembre

Este mes afectará primordialmente a los tigres de 1950, 1962, 2010 y 2022. La energía del chancho viene acompañada de mucha agua *yin*: los hará susceptibles a tener premoniciones, buscar asuntos esotéricos y, en general, a ponerse nerviosos con cualquier cosa. Los tigres de 1974 harán un cortocircuito emocional y es posible que sufran algún cambio inesperado, una pérdida, o que una amistad de años se quebrante. Los más ecuánimes en esta travesía acuática serán los de 1938 y 1998, pero aun así se les recomienda evitar situaciones y espacios en los que no se sientan totalmente seguros.

Diciembre

La rata siempre le trae algo de paz, no porque su energía le levante el ánimo, sino porque el exceso de energía agua del roedor provoca que el tigre no tenga tanta facilidad de movimiento. Eso significará que, con la energía combinada del conejo, el tigre tendrá que descansar o esconderse en el corazón de la selva sí o sí. Este es un mes para lamer las heridas, buscar ayuda médica, descansar, dejarse querer por caballos, perros y cabras; permitir la ayuda de gallos, búfalos y dragones. Un mes para dejarse llevar por el WU WEI. Tranquilos, ya vendrán tiempos de conquista.

Predicciones para el Tigre y su energía

Tigre de Madera (1914-1974)

El conejo le brindará sorpresas gratas: un milagro que esperó durante años luz que se concretara.

Su buen humor será contagioso, tendrá un merecido descanso de años de hiperresponsabilidad y actividad, y practicará el WU WEI (la no acción).

Conciliará la armonía familiar; habrá despedidas, reencuentros y ceremonias con los antepasados que brindarán protección e inspiración a su comunidad.

Estará más sociable, dinámico, participará en foros internacionales, seminarios, ONG y redes sociales que serán aportes a la sanación, al cambio climático, a pensar nuevos rumbos en la economía familiar y de su empresa.

Sentirá ganas de comenzar una nueva actividad física integral como taichí, *za zen*, yoga, *trekking*, equitación, natación. Eso lo ayudará a estar con más energía para los imprevistos que surgirán en el hogar, la constelación familiar y la pareja, que le pedirá más tiempo juntos y viajes por el mundo.

Su trayectoria será reconocida y dará un salto de tigre en su profesión. Podrá reverdecer sus planes de enraizar en nuevos territorios y construir su casa con la técnica del feng shui.

Integrará nuevas culturas a sus costumbres y será líder en la comunidad de los hombres.

Tigre de Fuego (1926-1986)

Año de cambios en su vida que marcarán una etapa muy positiva.

Después de batallas, desencuentros, pérdidas y naufragios logrará estabilizarse emocionalmente.

Conseguirá ser adoptado, contratado y valorado en la comunidad.

Podrá ser líder en ideas, nuevos proyectos de permacultura, sustentabilidad, energía renovable y relaciones diplomáticas que movilizarán nuevas rutas comerciales.

Tendrá una vida social muy activa, habrá romances de una semana o de un día, será buscado por su *sex appeal* y carisma para integrar grupos de arte, teatro, festivales de música clásica y moderna.

El amor lo mantendrá en estado de gracia.

Formará una familia, viajará por el país y se radicará en algún lugar donde sienta inspiración y ganas de compartir su experiencia con la comunidad.

Llegarán la vida hogareña y los cambios internos para lograr éxito en la nutrición del cuerpo y del alma.

Tigre de Tierra (1938-1998)

Después del tsunami de su reinado, encontrará nuevos horizontes para plasmar sus ideales.

El mundo lo reclamará para ayudar a los más débiles, los inmigrantes, *homeless*, náufragos, enfermos, y será un puente de solidaridad y proyectos reales en el año del conejo.

Tendrá que reconciliarse con el zoo. Problemas legales, de herencias, estafas o enojos de hace tiempo deberán encontrar vías de reconciliación y sanación.

Buscará nuevos socios, aliados y amigos para consolidar una empresa virtual desde formatos de venta hasta propuestas artísticas, deportivas, espirituales, que actuarán en la comunidad de los hombres.

Su rebeldía se domesticará; formará una familia cósmica con gente nueva, abriendo el corazón en el dar y recibir, cultivando el dharma y aceptando lo que siempre soñó.

Por años de aventuras en la selva y su dosis de ego que le impidió aceptar los límites, la salud será su talón de Aquiles.

Su perseverancia en la vocación le brindará nuevas ofertas relacionadas con el servicio social, la búsqueda de valores humanos y defensa de la ecología.

Tendrá más responsabilidades profesionales y deberá administrar su tiempo para el ocio creativo.

Año de recuperación del eros y el buen humor.

Tigre de Metal (1950-2010)

Después de batallas dignas del BAGHAVAD GITA, llegará con más rasguños y cicatrices a refugiarse en la madriguera del conejo de agua.

Pondrá en la balanza el deber, el placer y las aventuras en tierras lejanas para recuperar el eros, los amigos, los amores que lo esperan en cada puerto.

La familia le pedirá horas extras; su participación en decisiones del futuro de hijos y nietos será clave en la constelación familiar.

Sentirá deseos de recolectar las enseñanzas de maestros, gente que le cambió la vida, le dio casa, techo y comida cuando estaba sin fuerzas para la sobrevivencia.

La nostalgia lo llevará a repasar su vida; hará las paces con íntimos enemigos y sanará su corazón tatuado de pasión, rencor y venganza.

El año del conejo será la posibilidad de crecer en estudios, aceptar becas y trabajos en otras especialidades que serán parte de la laborterapia.

Nuevas fuentes de inspiración cambiarán su rigidez para practicar nuevos deportes y técnicas de autoayuda.

Tigre de Agua (1962-2022)

HELLO, HELLO!

¿Cómo llegaron a sus 60 años?

¿Aprendieron algo más de la vida?

La experiencia es su mejor patrimonio, y por eso arribará al año del conejo con más energía que la de la pubertad.

Es un tiempo de reciclar lo que no sirve en su mochila; desde lo material hasta las relaciones tóxicas o imposibles que lo limitan en su despegue hacia una vida más armónica y con proyectos a corto plazo que lo inspiren.

Tendrá tiempo para visitar amigos en el mundo, viajar, invertir en bienes raíces y construir su casa bajo los acantilados o en la montaña.

Compartirá con gente cercana su ONG, su empresa, y recibirá a personas del exterior que le darán una inyección en inversiones, proyectos y planes para mejorar las condiciones de producción en su área.

Se alejará del caos mundial, de la política antigua, y sentará las bases de un nuevo paradigma.

La pareja será un espejo para aprender, y soltar lo que más le cuesta.

Sentirá mayor libertad, encontrará tiempo para iniciar estudios de filosofía, arte, baile, canto o para aprender a cultivar la huerta, construir con permacultura y desarrollar EL TAO DEL AMOR Y DEL SEXO.

L. S. D.

En el Reino de Chin
se hacían combates ante el pueblo
para expresar poderío.
Los tigres alados,
los Toi Tsu,
amarillos y negros,
pelearían con los cerdos rosas,
que eran débiles y pesados.
Por orden de Dseng Shen,
los cerdos debían morir
ante el pueblo.

Anónimo

Predicciones preventivas para el Conejo basadas en la intuición, el I CHING y el ba zi

Hoy al mediodía con el sol tibio del otoño, salí al jardín a buscar hongos para secar.

Intuí que las liebres me espiaban desde las madrigueras, donde se refugian con las primeras heladas del año.

Pensé en los representantes del signo más afortunado del zoo, y supe que antes, durante, y en el final de su reinado deberán ejercitar la paciencia china para la espera.

Son tan ansiosos, curiosos, multifacéticos, que llegarán a estrenar su año el 22 de enero de 2023 con un baúl de proyectos que les quedaron pendientes "allá lejos y hace tiempo".

Aún no están preparados para "el cruce de las grandes aguas", dar el salto cuántico que tanto soñaron para afianzar su empresa, proyecto artístico, ONG o pyme asumiendo responsabilidades legales.

El conejo que no haya dejado *net* las deudas kármicas del año del tigre recursará y repetirá materias que creía aprobadas.

Sentirá inquietud: días de bruscos cambios de humor, imprevisibles noticias familiares podrían desestabilizarlo emocionalmente.

La espera requiere "estar atento a las señales cósmicas y terrenales para actuar".

Es un tiempo *inside*, un viaje como el de Alicia, tentada por el conejo blanco para su búsqueda interior y la renuncia a un mundo que no era para ella.

Las influencias de gente espiritual beneficiarán a nuestro conejo, que se acercará a las técnicas de autoayuda: yoga, taichí, meditación, biodecodificación, registros akáshicos, y sumará deportes como tenis, golf, *paddle*, polo, navegación a vela.

Estará dispuesto a transformar el tiempo viejo hacia uno nuevo lleno de sueños y utopías.

El secreto será acompañar cada momento con sus artilugios, dones, ejerciendo el WU WEI (la no acción), nutriendo su cuerpo y espíritu con equilibrio emocional.

La intuición y percepción serán sus aliadas durante su año.

El conejo no correrá la coneja durante su año.

La suerte no lo abandonará: aparecerán patrocinadores, mecenas y amigos que le brindarán I-SHO-KU-JU (techo, vestimenta y comida) y le regalarán viajes por el mundo de ciencia ficción o cruceros de lujo por las islas griegas o el Caribe.

Mantendrá su refinado estilo, su buen gusto en el *look*, y será *influencer* de nuevas generaciones que lo tendrán como ícono o ídolo.

Alerta meteorológico para parejas de conejos y conejas u otros signos que tengan largos años de convivencia o matrimonio; aparecerán nubarrones que crearán conflictos, peleas y riesgos de gatas en celo por terceros en discordia.

Es aconsejable que mantengan el diálogo, que enfrenten los malentendidos y defiendan con garras y dientes la paz familiar.

Serán influenciados por el caos en su entorno, en el país, el mundo y el planeta, y necesitarán sentirse a resguardo.

Los conejos privilegiados económicamente podrán tomarse un año sabático para renovar desde el ADN hasta los retoques necesarios de botox, plasma o cirugía para sentirse divos y divas dignos de la época de oro del cine argentino y volver a los escenarios hipnotizando al público.

Sus apariciones públicas cambiarán de *on* a *off*, de *light* a *heavy duty*; sorprendiendo a quienes apostaron por su dirigencia, profesionalismo y constancia.

El conejo tendrá que rendir cuentas ante la DGI, la AFIP y por posibles escándalos mediáticos.

Se rebelará ante el sistema. No soportará horarios, jefes, maltrato ni la anarquía que reinará en escuelas, universidades, fábricas, empresas, hospitales, comedores, templos e iglesias.

Será líder en marchas por la defensa de la ecología, los derechos de la mujer, en contra de la trata de niños y la sumisión ante la esclavitud sexual, que crecerá exponencialmente.

Movimientos por el cambio climático y la defensa al consumidor serán parte de su agenda durante este año.

En la familia habrá sorpresas gratas, cambios en los roles familiares; la sanación de adicciones requerirá ayuda terapéutica o constelaciones familiares.

Deberá cuidar su aura y los siete cuerpos para llegar a las siete vidas, y administrar vicios y placeres, ocio creativo y trabajo, salidas diurnas y nocturnas para no excederse.

Será un año de metamorfosis, despedidas, reencuentros y saldo positivo a su afortunada existencia.

Es recomendable que agilice trámites, herencias, juicios para disfrutar del placer, placer, placer que lo caracteriza en la vida.

L. S. D.

El I CHING les aconseja:
5. Hsü / La Espera (La Alimentación)

EL DICTAMEN
La espera.
Si eres veraz, tendrás luz y éxito.
La perseverancia trae ventura.
Es propicio atravesar las grandes aguas.

La espera no es una esperanza vacua. Alberga la certidumbre interior de alcanzar su meta. Solo tal certidumbre interior confiere la luz, que es lo único que conduce al logro y finalmente a la perseverancia que trae ventura y provee la fuerza necesaria para cruzar las grandes aguas.

Alguien afronta un peligro y debe superarlo. La debilidad y la impaciencia no logran nada. Únicamente quien posee fortaleza domina su destino, pues merced a su seguridad interior es capaz de aguardar. Esta fortaleza se manifiesta a través de una veracidad implacable. Únicamente cuando uno es capaz de mirar las cosas de frente y verlas como son, sin ninguna clase de autoengaño ni ilusión, va desarrollándose a partir de los acontecimientos la claridad que permite reconocer el camino hacia el éxito.

Consecuencia de esta comprensión ha de ser una decidida actuación perseverante; pues solo cuando uno va resueltamente al encuentro de su destino, podrá dominarlo. Podrá entonces atravesar las grandes aguas, vale decir tomar una decisión y triunfar sobre el peligro.

LA IMAGEN

En el cielo se elevan nubes: la imagen de La Espera.

Así come y bebe el noble y permanece sereno y de buen humor.

Cuando las nubes se elevan en el cielo es señal de que va a llover. En tales circunstancias no puede hacerse ninguna otra cosa más que esperar, hasta que se precipite la lluvia. Lo mismo ocurre en la vida, en momentos en que se va preparando el cumplimiento de un designio. Mientras no se cumpla el plazo no hay que preocuparse pretendiendo configurar el porvenir con intervenciones y maquinaciones personales; antes bien es menester concentrar tranquilamente, mediante el acto de comer y beber, las energías necesarias para el cuerpo, y mediante la serenidad y el buen humor, las que requiere el espíritu. El destino se cumple enteramente por sí solo, y para entonces uno se encuentra dispuesto.

El tránsito del Conejo durante su propio año

PREDICCIÓN GENERAL

Los conejos no resienten tanto su año propio salvo en momentos clave: cuando cumplen 24 (los chinos dicen que entonces comienza la adultez) y cuando llegan a los 60 años. El fenómeno se llama ben ming nian 本 命 年, que significa "en esta vida" o "año propio". El año de conejo de agua afectará a los conejos de 1963, porque este ben ming nian representa la suma de todas las experiencias al haber vivido un ciclo de sesenta años completo. Los longevos conejos de 1927 y los de 1987, que también poseen energía fuego, podrán reflexionar sobre lo que les es indispensable y lo que ya les pesa en exceso. Los demás conejos aprenderán a no dejarse explotar, y en muchos casos serán el ejemplo a seguir. Bienvenidos a su año propio.

Enero

El conejo no podrá arreglar lo que dejó sin atender en el año del tigre, por más que quiera hacerlo, así que desde hoy le recomendamos que se tome las cosas con calma organizando todos los papeles importantes o por lo menos que haga un organigrama que acentúe las fechas clave del año entero. Este mes tendrá que navegar las aguas turbulentas de la burocracia, así que más le vale aprender a no aferrarse a lo que los demás pretendan de él, sino a hacer y deshacer bajo su propio ritmo. Su amuleto especial será una agenda con calendario, y amigos y colaboradores que lo ayudarán a delegar tareas.

Febrero

El tigre del mes traerá la energía de apoyo que el conejo va a necesitar, por lo que lo veremos más apresurado que de costumbre. También estará de mal humor, en especial los conejos de 1975. Los de 1939 y 1999 se podrían sentir agotados, tal vez por alguna bacteria, nada demasiado serio, pero sí es necesario que protejan su estómago. Los conejos de 1951 y 2011 tendrán buenas oportunidades para cambiar de trabajo o ganar un dinero extra que será muy bienvenido. La conejera completa tendrá muy buenas oportunidades, pero deberán ser más diplomáticos y suaves al dirigirse a otros.

Marzo

Este es el mes propio, así que la influencia del conejo con energías agua/madera viene por partida doble. Es mejor que evite aglomeraciones, nuevos negocios, firmar papeles importantes, dar conferencias o clases. En fin, lo mejor que puede hacer es tomarse unas vacaciones, delegar responsabilidades, evitar a gente susceptible, y sobre todo necesitará tranquilizarse. Los conejos no son amenazadores, pero cuando se sienten amenazados muerden, y eso es algo que la gente juzgará con fuerza, en estos tiempos más que nunca. Lo más urgente será cultivar la diplomacia, el WU WEI y la paciencia. Ya pasará el mal trago.

Abril

El mes trae problemas agravados por accidentes menores y malentendidos. Para evitar momentos amargos, el conejo puede delegar actividades que no son de gran importancia y también tener mucho cuidado al andar, conducir vehículos y viajar. Se le recomienda en especial no viajar hacia el Este-Nordeste por ningún motivo, esto se debe a que hay energías muy fuertes que circulan en y hacia esos puntos, y el conejo estará vulnerable a ellas, que podrían tratarlo como el mar picado trata a cualquier nadador desprevenido. Los más jóvenes podrían contratar un seguro de gastos médicos.

Mayo

El mes de la serpiente con fuego *yin* atrae descalabros económicos, pérdidas y robos. El conejo será un signo altamente susceptible a sufrir problemas económicos. Se le recomienda no pedir préstamos y mucho menos que él mismo preste dinero o bienes a otras personas, a menos que los considere como regalos, porque jamás verá ese dinero de vuelta. Tampoco será buena idea invertir, comprar propiedades o vehículos, y mucho menos construir algo. Este mes es mejor para convivir con otros, planear proyectos emocionantes y reír mucho con ayuda de comediantes y actividades divertidas.

Junio

Este será un mes sumamente interesante para la mayoría de los conejos. Es posible que los conejos de 1963 y los conejitos nacidos a partir del 4 de febrero se sientan incómodos en general y con problemas gástricos en particular, para lo cual es recomendable que vean a un médico capacitado y no intenten remedios caseros que podrían arruinarles el resto del mes. Los demás conejos podrán aprovechar para aprender una nueva disciplina o mejorar sus capacidades por medio de la práctica y el estudio. Tendrán más capacidad de concentración, aunque es posible que algunos quieran sacar provecho de ellos.

Julio

Este mes el conejo recibirá mucha atención. Ya sea por parte de compañeros de trabajo, de la escuela o familiares. Cuando aparece la combinación cabra y conejo las personas *yang* reciben admiración, y las *yin*, envidia. Los conejos son en su mayoría puramente *yin*, por lo que este mes representará un reto, sobre todo a nivel profesional. Para llevar la cosa en paz, les recomendamos usar más ropa de color rojo, mantener las relaciones laborales en términos de cordialidad y diplomacia, estar alejados de *bullies* y en especial no tomarse nada a pecho, pero al mismo tiempo, no permitir abusos.

Agosto

El mono le atrae energías que provocan accidentes. Estas pequeñas y grandes calamidades podrían arruinarles el resto del año, por lo que suplicamos que no se les vaya a ocurrir practicar deportes de alto impacto. Prohibido brincar de paracaídas o nadar con tiburones. Esto en especial se los advertimos a los de 1963, los más aventureros del grupo. Los conejos de 1975 también suelen arriesgarse mucho, pero en su caso la aventura involucrará asuntos políticos, por lo tanto, lo que está en peligro es su reputación. Los demás solo fíjense por dónde pisan.

Septiembre

El gallo viene a sacudirlos. Este será el mes más caótico del año. A los conejos que tengan algún problema de impuestos, materias reprobadas en la escuela o deudas les aguarda una acumulación de problemas que podrían ser graves. Esperemos que lean esto con anticipación y tomen precauciones en enero o febrero, por ejemplo, que son meses menos complicados. Si los conejos atienden con tiempo esas deudas kármicas, es posible que el mes del gallo solo les provoque estar en embotellamientos de tránsito y pequeñas frustraciones que no pasarán de una sensación molesta, como de encierro.

Octubre

Este mes los conejos de agua de 1963 comerán por ansiedad, lo cual podría hacerlos subir unos cuantos kilos. Los bebés nacidos después del 4 de febrero estarán inquietos, llorarán mucho, más que nada durante las dos primeras semanas del mes. Más adelante la influencia del signo del perro mejorará las cosas y durante este mes se puede comenzar a trabajar en la seguridad, autoestima y paz mental de la conejera completa. Es un buen mes para conocer gente nueva, mantener un buen ritmo en la escuela o el trabajo y para buscar viejas amistades que aún están pendientes de ellos a pesar de la distancia.

Noviembre

El mes del chancho viene a ayudar al conejo. Tanto el chancho como la cabra –compinches energéticos del conejo– estarán tan apaleados por este año como el conejo mismo. Las asociaciones de estos tres signos ayudarán a sobrellevar mejor la influencia de la energía agua, subiendo así la energía madera, que hará del trío un conjunto mucho más sólido y que podrá controlar todos los problemas que se presenten. Eso quiere decir que el conejo puede utilizar los días 9 y 21 para asegurar mejor sus proyectos y los días 4, 16 y 28 para tomar valor en caso de que necesite hacer algo arriesgado.

Diciembre

La rata ayudará a que el conejo se sienta seguro y le regresará mucho del carisma que se ha visto opacado durante los meses anteriores. Tendrá entusiasmo, vitalidad, y dormirá mucho mejor. Solo necesitará adquirir rutinas de salud y sueño más beneficiosas. En estos tiempos basta con ver las aplicaciones de telefonía celular para encontrar alguna que ayude a cumplir metas, así que una aplicación para dormir mejor y otra para monitorear cuántos pasos da al día o cuántas calorías ha consumido bastarán para ayudarlo a pasar por las fiestas decembrinas sin sufrir indigestiones y desvelos.

Predicciones para el Conejo y su energía

Conejo de Madera (1915-1975)

Año de grandes alegrías; reencuentros con amigos del pasado y familia que estaba alejada aportarán fuerza vital a su vida.

Desarrollará nuevas ideas que se plasmarán a mediano plazo con colegas, directores ejecutivos, ONG y pymes, renovando planes sociales por trabajo genuino.

Su corazón latirá al compás de un tambor africano; renacerán el amor, la pasión, el sexo y el *rock and roll*.

Su imaginación volará lejos: podrá tender puentes de intercambio cultural, cibernética, crecimiento agroindustrial, deporte, congresos y seminarios de salud e idiomas.

Su humor y carácter serán ciclotímicos; deberá atender sus arrebatos con autoayuda o especialistas para mantener el equilibrio emocional, a fin de que no perjudiquen su trabajo, familia y amigos.

Año de visiones, intuición y cambios en su hábitat, y de especial atención a su salud holística y ánimo.

Se destacará por un gesto noble en la comunidad de los hombres aportando su caudal de conocimiento, solidaridad y experiencia.

Un golpe de azar le brindará cambios en su vida personal.

Conejo de Fuego (1927-1987)

Año de cambios en su agitada existencia.

Será parte del cambio del mundo con sus ideas, planes sociales, arte y visión.

Su patrimonio será donado a gente excluida del sistema: definirá su posición ante el nuevo paradigma y podrá recuperar el entusiasmo, la alegría y la capacidad laboral logrando un hito en su vida.

En la familia habrá reencuentros, despedidas, conflictos que se solucionarán con asesores jurídicos y con desapego.

Habrá que asistir a los más vulnerables, débiles, y también aceptar las pérdidas.

Conocerá diversas facetas del "amor después del amor", participará en festivales de cine, teatro, seminarios de cambio climático y aportará nuevas ideas de permacultura y energía renovable en la comunidad.

En su año deberá tomar decisiones que pueden acelerar o restringir su economía. Atento a los espejismos.

Su sensibilidad estará a flor de piel; no entre en chicanas ni peleas callejeras.

Conejo de Tierra (1939-1999)

Año que recordará siempre por los cambios que le traerá.

Empezará por el hábitat: una mudanza, radicarse en otro país o región abrirá puertas a nuevas relaciones de amistad y laborales que serán claves en su año.

Sentirá deseos de renovación; desde el *look* hasta iniciar nuevos emprendimientos, estudios, investigaciones en ciencia y tecnología.

Participará en concursos de belleza, de ajedrez, *bridge*, canasta, e incorporará la dieta *gourmet* a su vida.

En la familia habrá que poner orden en las necesidades y problemas que se presenten.

Es fundamental que busque ayuda terapéutica; crisis, depresión y enfermedades deberán ser atendidas con urgencia.

Un amigo le ofrecerá cargos públicos o un puesto que no está a su altura. Desconfíe, recuerde aquello de "cuando la limosna es grande…".

Será un año de introspección, de preservar los ahorros y no dejarse tentar por el canto de las sirenas.

Conejo de Metal (1951-2011)

Llegará con ganas de celebrar su año como la fiesta inolvidable.

Reunirá a amigos del pasado, del presente, extraños, nuevos amantes y amores que lo esperaron para agradecerle tanto prana, buenos momentos, talento y noches en los tejados de zinc caliente.

Su prioridad será la salud holística; el tiempo le indica que hay que renovar sangre, hacer más deporte, yoga, equitación, golf o caminar bajo la luz de la luna.

Estará más dispuesto a cambiar de hábitat, a realizar una mudanza; un patrocinador le abrirá nuevas puertas a su profesión y será reconocido por su originalidad y buen gusto.

El peaje de situaciones inconclusas afectivas y familiares aparecerá en su vida sorpresivamente.

El año será un repaso de su agitada existencia, sanando lo posible y aceptando lo imposible.

Conejo de Agua (1963-2023)

Bienvenidos a su TAI SUI (año celestial); en nuestra cultura los sesenta años es edad de saber qué se quiere en la vida.

Sentirá primero un poco de bajón, tristeza, añoranza de los tiempos de juventud eterna.

Luego, podrá agradecer a la vida que le dio tanto, y disfrutarlo junto al zoo.

Su realización será a través del arte, los viajes, reconquistar un amor del pasado y decretar que quiere vivir en armonía junto a él.

Llegarán noticias buenas y malas; tendrá que ser sabio para transmutar lo que no le hace bien a su salud y revivir sus logros profesionales con gratitud.

Es un año para poner en práctica sus ideas en el país y ser parte del nuevo tiempo.

Lloverán flechas envenenadas, cáscaras de banana, traiciones y, al final del túnel, recompensas.

Su obra será reconocida y premiada.

L. S. D.

Era un campesino del Reino de Song.
Un día, una liebre que corría atolondrada
se estrelló contra un árbol de su campo,
se desnucó y cayó muerta.
Entonces el campesino abandonó su azadón
y esperó bajo el árbol que apareciera otra liebre.
No llegaron más liebres,
pero el campesino llegó a ser el hazmerreír del reino.

Han Fei Zi - *Esperando que apareciera la liebre*

Predicciones preventivas para el Dragón
basadas en la intuición, el I CHING y el ba zi

¿Cómo están los reyes del cielo después del safari terrenal? Imagino que con las escamas renovadas, llenos de entusiasmo, fuerza vital y trofeos para coleccionar.

Los excesos los han pagado con peaje e indexados; vivieron entre el infra y el supramundo, quemando karma, y llegarán al año del conejo con saldo a favor.

La expansión de sus ideas, programas de planificación social, política y económica pasaron por escenarios en los cuales el dragón pudo brillar y ser cuestionado.

Logró sorprender a los amigos, a la familia y a los escépticos con nuevas ideas, emprendimientos, investigaciones y gestión en la empresa que lo contrató confiando en su visión y talento.

El año del conejo lo enfrentará con LA VERDAD INTERIOR.

Su participación en múltiples eventos, situaciones de riesgo y de servicio en la comunidad florecerán en la medida que postergue su EGO para ser parte de la condición humana.

Vivirá situaciones duales, de ciencia ficción, surrealistas; el clima que rodeará el mundo, el país y su casa serán imprevisibles; su capacidad de adaptación tendrá beneficios para su salud holística.

El conejo lo invitará a fiestas o lugares inaccesibles para el resto de los mortales. Habrá gente muy diversa, de diferentes culturas, etnias y religiones que le abrirá la percepción, y encontrará nuevas formas de sobrevivencia que le permitirán ser inspirador para los más jóvenes. Los guiará en la crisis de la economía, la educación, las nuevas formas de construcción con permacultura.

Acrecentará su caudal imaginativo, su conciencia cósmica, y será médium de nuevas formas de desarrollo en la comunidad.

El conejo lo quiere y admira; sabe que tiene que halagarlo, darle ofrendas y promesas que lo estimulen para que arriesgue su fortuna, patrimonio, honor, disponibilidad para las grandes causas humanitarias.

La vida cotidiana lo abrumará; pagar impuestos, facturas,

hacer balances con acreedores y deudores, dejar sus huellas digitales para abrir o cerrar cuentas bancarias o planes de salud. Asesórese legalmente para no caer en trampas, en jaqueos virtuales o en estafadores reales.

Necesitará buscar la magia desde el amanecer hasta que se apague la última estrella, remontar reinos de elfos, duendes y hadas y no conectarse con la realidad del país ni del mundo.

VIVIR EN UN ESTADO DE ENSOÑACIÓN.

El conejo lo invitará a recitales, al teatro, a la ópera y al circo, donde podrá ser protagonista o actor invitado para plasmar su talento histriónico y de gran orador.

El dragón deberá cuidarse de los excesos en el año del conejo.

La ansiedad, los estados alterados producidos por cambios abruptos en el zoo, muertes, nido vacío, separaciones podrían causarle nuevas enfermedades y cambios de humor.

Es fundamental que lea libros de medicina naturista, de alimentación según los ciclos lunares o de ayuno o dieta a base de jugos naturales, verduras, macrobiótica, y que equilibre su naturaleza hiperactiva con deporte, *trekking*, equitación, yoga, meditación dinámica y EL TAO DEL AMOR Y DEL SEXO.

Un flechazo podría distraerlo de su vida cambiando su residencia hacia otro país o región.

Vivirá una pasión, un amor E.T. que le hará olvidar su condición humana para transformarse en un superhéroe.

Tendrá que decidir si deja atrás una vida o acepta los cambios mágicos que le brindarán el conejo con su tribu.

Pondrá en la balanza los factores en pro y en contra del desapego; sabe que llegó el tiempo de ser fiel a su naturaleza antes de que empiece su reinado de resurrección o extinción.

Cada día será un reencuentro con su esencia, sus zonas oscuras, elecciones, cambios de rumbo sin medir las consecuencias.

El caos mundial le enseñará que tiene instrumentos para su equilibrio emocional y para ayudar a quienes están en medio del Ganges.

L. S. D.

El I CHING **les aconseja:**
61. Chung Fu / La Verdad Interior

EL DICTAMEN
Verdad interior. Cerdos y peces. ¡Ventura!
Es propicio cruzar las grandes aguas.
Es propicia la perseverancia.

Los cerdos y los peces son los animales menos espirituales y por lo tanto los más difíciles de ser influidos. Es preciso que el poder de la verdad interior haya alcanzado un alto grado antes de que su influjo alcance también a semejantes seres. Cuando uno se halla frente a personas tan indómitas y tan difíciles de ser influidas, todo el secreto del éxito consiste en encontrar el camino adecuado para dar con el acceso a su ánimo. En primer lugar, interiormente hay que liberarse por completo de los propios prejuicios. Se debe permitir, por así decirlo, que la psiquis del otro actúe sobre uno con toda naturalidad; entonces uno se le acercará íntimamente, lo comprenderá y adquirirá poder sobre él, de modo que la fuerza de la propia personalidad llegará a cobrar influencia sobre el otro a través de esa pequeña puerta abierta. Cuando luego ya no haya obstáculos insuperables de ninguna clase, podrán emprenderse aun las cosas más riesgosas –como la travesía del agua grande– y se obtendrá éxito. Pero es importante comprender en qué se funda la fuerza de la verdad interior. Esta no se identifica con una simple intimidad o con una solidaridad clandestina. Vínculos íntimos también pueden darse entre bandidos. También en este caso significa, por cierto, una fuerza. Pero no es una fuerza venturosa puesto que no es invencible. Toda asociación basada en intereses comunes solo puede llegar hasta un punto determinado. Donde cesa la comunidad de intereses, también termina la solidaridad, y la amistad más íntima se transforma a menudo en odio. Tan solo allí donde lo recto, la constancia, constituye el fundamento, la unión seguirá siendo tan sólida que triunfará de todo.

LA IMAGEN
Por sobre el lago está el viento:
La imagen de la verdad interior.
Así el noble discute los asuntos penales,
con el fin de detener las ejecuciones.

El viento mueve el agua porque es capaz de penetrar en sus intersticios. Así el noble, cuando debe juzgar faltas cometidas por los hombres, trata de penetrar en su fuero interno con gran comprensión para formarse un concepto caritativo de las circunstancias. Toda la antigua jurisprudencia de los chinos tenía por guía esa idea. La más elevada comprensión, que sabe perdonar, se consideraba como la más alta justicia. Semejante procedimiento judicial no carecía de éxito; pues se procuraba que la impresión moral fuese tan fuerte como para no dar motivos de temer abusos como consecuencia de tal lenidad. Pues esta no era fruto de la flaqueza, sino de una claridad superior.

El tránsito del Dragón durante el año del Conejo

PREDICCIÓN GENERAL
Las relaciones con el signo del conejo son extrañas. Por un lado, cuando estos dos se conocen, crece un gran cariño entre ellos y no es extraño que formen matrimonios, amoríos y amistades que duran años; pero cuando hablamos del calendario chino, y nos referimos a los días, horas, meses y años del dragón junto al conejo, su influencia provoca un sinfín de situaciones que, si bien son interesantes, pueden atraer problemas de todo tipo. Los tiempos más complicados serán febrero y marzo. Por el lado amable, el dragón ganará una mayor disposición para la disciplina. Por el lado desagradable, podría alejarse de los amigos más fieles y cambiarlos por amistades más superficiales.

Enero
Este mes atrae mal de amores, al menos a partir del 22. Al principio del mes, todo ocurrirá como pasa habitualmente: los

dragones están completamente agotados, pensando qué continúa. A veces alegres y otras veces abrumados, siempre seguirán adelante, pero a partir de la llegada del año del conejo, todo cambiará de golpe. El dragón comenzará a vivir como en una comedia de situaciones en la cual, como protagonista, sentirá que las cosas se complican cada día, y a la mañana siguiente todo comenzará de nuevo. Paciencia, tendrá que aprender a adaptarse.

Febrero

Un mes agitado, marcado por la frustración. Podría comenzar con un cambio fuerte, una mudanza o un nuevo empleo. Más tarde, el dragón sentirá que le faltan las fuerzas. Los nativos de 1940 y 2000 serán los más afectados por ese fenómeno. Los de 1976 vivirán el fenómeno como si nada pasara y los de 1952, 1964 y 2012 andarán de mal humor. Eso se debe a que la energía de madera absorberá su Qi de tierra y agua. Para evitar problemas de concentración y controlar el mal humor, necesitará buscar ayuda de sus amigos gallo, cabra, búfalo, rata y mono.

Marzo

El mes del conejo activará una combinación de energías que hará que se sienta un poco atrapado. Los dragones de 2000 serán los más afectados porque podrían ser forzados a permanecer en una relación tóxica, amorosa o laboral. Los demás dragones necesitarán mucha paciencia ya que estarán de muy mal humor, en especial los de 2012, que tendrán a los adultos muy consternados con su rebeldía. A todos se les recomienda practicar meditación, *mindfulness,* y aprender a reclamar un mejor trato por medio del diálogo y no con ausencias y silencios incómodos.

Abril

El mes propio elevará su fuerza, confianza y ese carisma que todos admiramos en los dragones. Estará muy solicitado en redes sociales y en actividades presenciales. Tendrá facilidad de palabra, y sería bueno que la pusiera en práctica, sobre todo para eliminar cualquier malentendido provocado en los dos meses anteriores. Le irá bien en los negocios o cuando quiera iniciar un *hobby* que podría atraer algo de dinero extra. Deberá explotar esta racha de buena suerte con cuidado, porque algunos querrán gastar mucho dinero o apostar, y este no es el momento.

Mayo

El mes de la serpiente oscilará entre la felicidad y las decepciones amorosas. Algunos dragones se sentirán tentados y buscarán resucitar algún viejo amor. Este no es el año como para arriesgarse a romper su corazón, ya que la energía del conejo y su combinación con la serpiente dan al dragón una inclinación fuerte hacia el drama y la tragedia. Esto parece increíble en un ser tan estoico, pero precisamente por eso no sabrá manejarse bien con emociones tan intensas. Mejor que se concentre en las rachas de felicidad que tendrá con pequeños logros inmateriales y sus amistades más leales.

Junio

El mes del caballo tiene una combinación de energía inestable que se activará en ciertos días: todos los dragones deberán tener cuidado durante los días 2, 8, 12, 14, 20, 22 y 26. Debido a que son muchos días, es recomendable que ande con pies de plomo durante todo el mes y procure no socializar demasiado para evitar problemas y envidias. Eso será más complicado para los dragones dedicados a la política y al activismo o para los muchos dragones aplicados a la actuación y la música, pero nada que unas vacaciones largas no puedan solucionar.

Julio

Si no hizo caso a las recomendaciones anteriores, es posible que el dragón esté agotado. El mes de la cabra será benéfico siempre y cuando los dragones dediquen su tiempo libre en enfocarse en su salud mental y física. Pueden aprovechar para hacer meditación, yoga, taichí; visitar al médico para un chequeo de rutina y revisar si tienen alguna alergia. El mes también se presta para visitar amigos o familia distante. Solo se les recomienda no viajar hacia el Oeste y no hacer actividades arriesgadas, sobre todo a partir del día 7 y hasta que termine el año del conejo.

Agosto

A pesar de no gozar de una protección completa pues el conejo forma una combinación de energía que provoca accidentes, el mes del mono causa parte de una combinación positiva que ayuda a detener un poco esa propensión a accidentes. Esa combinación únicamente ocurrirá los días 10 y 22. La confianza y osadía que pudiera sentir esos días solo los puede aprovechar para avanzar en el modo en que se relaciona con sus compañeros de trabajo o escuela. No le recomendamos que haga deportes extremos o que apueste dinero, aunque se sienta con suerte.

Septiembre

El mes del gallo detiene por completo la influencia del signo del conejo, lo cual será de ayuda en todo lo que tenga que ver con asuntos legales, laborales o sus estudios. Se sentirá lleno de energía, estable y menos propenso a cavilar o desvelarse, pero el mes choca con el año. La gente a su alrededor se sentirá incómoda o tendrá muchos problemas. El dragón se convertirá en un amuleto viviente para muchos, quienes además ya se sentían atraídos hacia él debido a su carisma natural e inteligencia. Este mes podrá "quemar karma" haciendo servicio social, donando tiempo o dinero hacia otras causas.

Octubre

El mes del perro podría ser complicado, como siempre, pero la energía del mes, agua *yang*, tiende a detener la energía del perro, entonces esta vez el año le regalará una tregua para retozar y lo ayudará a resolver, al menos temporalmente, asuntos del corazón. Podrá descansar y hacer cosas que normalmente no puede, como ver series o dedicarse a juegos de video o de mesa. Será capaz de hablar tranquilamente de sus sentimientos, por lo que podría aprovechar para tomar terapias o iniciar *podcasts* o videos cortos que podrían hacerse virales sin mayor esfuerzo.

Noviembre

El mes del chancho será complicado debido a que este signo se alía con los signos cabra, tigre, caballo y gallo, y eso provoca un fenómeno energético que causa pleitos, problemas por culpa del ego, malentendidos con seres amados y silencios prolongados e incómodos que tendrán al dragón aislado y malhumorado. Eso ocurrirá en especial los días 5, 9, 10, 12, 17, 21, 22, 24 y 29. El mes atraerá relaciones que podrían llegar al altar, en especial para los de 2000 e incluso los de 1976, que si bien no se sienten cómodos con la soltería, no ceden su espacio con facilidad.

Diciembre

El mes de la rata siempre pone a trabajar al dragón, pero ha estado tan gruñón que tal vez nadie se atreva a molestarlo. Si siente que se ha aislado demasiado y que no está bien ser el *Grinch* de la familia, podría inaugurar sus propias fechas especiales con ayuda de la energía de sus amigos del año del mono, o bien los días del mono, que serán 4, 16 y 28. En estos días también tendrán suerte si realizan algún acto de gratitud o ayudan a alguien muy necesitado, ya sea conocido o desconocido. Asimismo, deberán prepararse para su año propio, que comenzará muy pronto.

Predicciones para el Dragón y su energía

Dragón de Madera (1904-1964)

Llegará al año del conejo con conciencia de la nutrición del cuerpo y del alma. Su equilibrio emocional dependerá de la administración de su energía para cada área de su vida.

Es fundamental que haga yoga, meditación, taichí, medicina china, *trekking* y equitación.

Estará atento a las propuestas originales y diversas que le brindará el conejo; asesórese legalmente antes de meterse en un laberinto.

Tendrá ganas de estar libre, volar hacia donde lo convoquen los maestros, mensajeros del tiempo y amores de todas las eras, y no dejar huellas ni rastros.

Su vida será más telepática que virtual. Tendrá fuertes presentimientos, premoniciones que se cumplirán, y podrá adelantarse al tiempo. El conejo logrará que se reúna con la familia, salde deudas económicas y de tiempo de ausencia.

Crecerá en su profesión u oficio, y tendrá que convocar nuevos ayudantes para la vorágine en su empresa.

Podrá contratar especialistas del exterior en áreas de salud, planificación urbana, ingeniería, medicina y agroindustria.

Será candidato a nuevos emprendimientos, ONG o pymes que apreciarán su profesionalismo y talento.

Año de travesuras, romances y cambios desde lo interior hacia una nueva dimensión.

Dragón de Fuego (1916-1976)

Llegará al año del conejo exhausto.

Es recomendable que tome vacaciones en enero, así podrá celebrar el 22 de enero la llegada de su aliado y socio, el conejo.

Buscará estabilizar su situación familiar con constelaciones, terapias, y una nueva nutrición que limpie sus sistemas digestivo, respiratorio y urinario.

Deberá graduar los excesos: desde los verbales hasta los de alcohol, drogas, comidas de estilo *fast food*.

La templanza que conseguirá a través de técnicas de autoayuda será clave para equilibrar el *yin/yang*. Sentirá que el año lo desbordará en situaciones de ira, bronca, impotencia y de cambios abruptos en el carácter.

Será benefactor de inmigrantes a través de ayuda concreta y palpable. Su capacidad organizativa traerá ideas para alojar, alimentar y dar salud y educación a niños y mujeres que llegarán en busca de una nueva tierra.

Aparecerán socios que se sumarán a sus proyectos humanistas. Es esencial que tenga claro los roles para no entrar en litigios. La pareja pasará por una crisis que deberá ventilar.

Un tiempo de MOUNA (silencio), constelaciones, viajes para equilibrar reclamos y deudas pendientes ayudará a estabilizar su corazón. Podrá capitalizar años de trabajo y elegir un lugar para enraizar con el zoo en la naturaleza.

Tendrá que estar atento a no excederse en vicios ni tentaciones que podrían debilitar su CHI.

Dragón de Tierra (1928-1988)

Llegará al año del conejo con objetivos claros y un caudal de ideas que se irán concretando al promediar el año. Afirmará su autoestima, la relación con el zoo y sus derechos en el trabajo.

Su imaginación se acrecentará; estará más flexible a propuestas que surgirán de amigos en el exterior por intercambio cultural, deportivo o empresarial.

A pesar de ciertos vaivenes en su equilibrio emocional, podrá desarrollar su agenda con éxito.

En ámbitos culturales, políticos y literarios conocerá gente influyente que constituirá un gran aporte a su crecimiento personal y profesional.

Cambios de estado, formas y hábitos surgirán en un viaje trascendental. El desapego será su mayor logro.

El conejo le enseñará nuevas formas de aparecer y desaparecer de situaciones que lo transmutarán.

Dragón de Metal (1940-2000)

El año del conejo será un tiempo de alineación y balanceo de tantas aventuras, despedidas y viajes astrales.

Necesitará estar rodeado de amor, amigos, gente con afinidades para atravesar un ciclo de reacomodar su vida holísticamente. Nuevas propuestas dentro de su ámbito y desde el extranjero harán que detenga su vuelo. Es aconsejable que se asesore legalmente.

Pondrá atención en su *look*, nuevos hábitos de vida mejorarán su imagen. Abra la puerta para que lo acompañen en un tiempo en el cual es necesario que escuche a quienes lo quieren y desean que pueda florecer en su vocación y talento.

El amor se vestirá de formas variadas y exóticas.

Necesitará un tiempo de paz en su agitada y exuberante existencia. Busque gente que desarrolle técnicas de autoayuda y conviva con el arte oriental en todas sus facetas.

Es recomendable que revise qué partes de su cuerpo están pidiendo más atención para mejorar su estabilidad emocional.

Año de saltos cuánticos para despertar CONCIENCIA.

Dragón de Agua (1952-2012)

Tiempo de recolección de frutos a través de su vocación, viajes, amigos y redes.

Estará abierto para transmitir nuevas voces, mensajes que sean necesarios para el equilibrio ecológico del planeta.

Una relación del pasado aparecerá reciclada, con nuevas propuestas de amor, convivencia y sentido del humor. Abra su corazón, su casa, y disfrute esta etapa.

La vida lo llevará a un nuevo lugar donde se radicará, aprenderá el idioma, la cultura y un nuevo oficio que será de gran utilidad en la comunidad.

Año de logros y balance positivo lleno de sorpresas gratas y chubascos.

L. S. D.

Cabalgó en un dragón hacia el reino de las nubes
y alcanzó con sus manos la gloria de los cielos.
Vestido con ropas de oro de las estrellas
el viento le llevó hasta el trono del Señor de lo Alto.
Limpió la ignorancia y los prejuicios de su tiempo
y su nombre creció por toda la tierra.
Insultó a Buda y ofendió a su Príncipe
y fue desterrado allá lejos del Sur
donde vio la tumba de Shun
y lloró a las hijas de Yao.
El dios de las aguas se humilló en su presencia
y el dragón escapó como un manso cordero.
Arriba en el cielo no había música y entonces
la paz interior lo llamó a su trono.
Ahora, con esta humilde ofrenda,
te saludo con frutas rojas y flores amarillas.
Corta fue su jornada en la tierra
y muy pronta su partida
hacia el gran misterio.

Su Shi (Dinastía Song) - *Poema en honor a Han Yü*

Predicciones preventivas para la Serpiente basadas en la intuición, el I CHING y el ba zi

Nihao, hello, ciao.

QUERIDOS OFIDIOS: ¿Hay alguien por allí?

Su amigo, el conejo de agua, los espera para iniciar el año y tenerlos como invitados VIP en la fiesta inaugural.

Deberán lucir su nueva piel brillante, tersa y perfumada; sacar del ropero las lentejuelas, los sombreros, los mantones de Manila, las plumas y ajorcas para volver al centro de la escena.

Como GRETA GARBO después del autoexilio.

El año del tigre eyectó a la serpiente a HUNAB KU, el centro de la galaxia, y desde allí como KUKULCÁN, la serpiente emplumada, renacerá para iniciar un nuevo ciclo en el año del conejo.

La nutrición del cuerpo y del alma será el camino a recorrer.

No es solo la ingesta de manjares a los que está acostumbrada, a pesar del tiempo de vacas flacas; será un cambio profundo en el sistema digestivo a través de terapia colónica, de hígado, de desintoxicación de vicios, LA NUTRICIÓN conlleva un acompañamiento espiritual para recuperar el humor, la energía, el entusiasmo y la vida social que tanto extraña.

Se preparará para el campeonato: se reseteará para comenzar una nueva carrera u oficio, levantará la autoestima y atraerá como un faro en la tempestad a un nuevo público, en el que habrá extranjeros, niños y adolescentes que la seguirán por sus convicciones, ideas y despliegue escénico.

Su esfuerzo y deseo de renacer será valorado por el conejo, que le conseguirá patrocinadores en sus nuevos emprendimientos.

La ternura, el cariño, la solidaridad de su entorno la despabilarán para ponerse al servicio del prójimo desinteresadamente.

Tendrá más capacidad de acción y decisión en momentos críticos.

Su *charme* y *sex appeal* causarán revuelo en su círculo rojo, y deberá controlar sus pasiones, reacciones ante ofensas, persecuciones, y a los íntimos enemigos, que estarán esperando su caída.

En el año del tigre sintió que perdía el control ABSOLUTO de personas, situaciones y de sí misma.

Su EGO se disolvió entre las garras del tigre y los cambios imprevistos del mundo y aprendió a decir PERDÓN, GRACIAS, PERMISO.

Su actitud ayuda a que retornen las ofertas, propuestas, la confianza de personas que estuvieron muy cerca y se alejaron por su soberbia y despotismo.

La soledad, el tiempo que pasó viendo cómo se desintegraban su casa, su pareja, pyme y rol social, se infiltraron en su dermis hasta que pudo reconocer sus desaciertos.

Las serpientes pura sangre dejaron atrás tabúes, la diplomacia, y sacaron la verdad interior en el año del tigre, y dieron cátedra de valores, valentía y justicia.

El envión de rebeliones sociales, estudiantiles, de trabajadores en distintos ámbitos: textiles, artísticos, gremiales despertó su capacidad política y de computadora para guiar a los más vulnerables dentro y fuera de la familia.

El conejo le brindará protección, estabilidad emocional, seguridad económica para moverse preventivamente.

Sabemos que entre las piedras siempre tiene escondidos sus ahorros, horas extras, trabajos en negro o las ganancias de la lotería, la quiniela o el cinco de oro.

Nuevos mercados bursátiles, intercambios, trueques, inversiones inmobiliarias serán la apuesta del ofidio.

Su reputación estará en el centro de atención. Buscará refugiarse en otro país, región, o pedirá asilo en algún monasterio o abadía.

Es recomendable que no se quede sola: amigos, algún examante o familiar la asistirán y podrá compartir sus pecados y escribir sus memorias.

El año del conejo le hará ver su vida por capítulos, recomponer su autoestima, valorar las pequeñas cosas de los tiempos en los que fue feliz, y agradecer la salud holística para continuar en el agitado mundo que tanto teme.

Es necesario que cierre capítulos que quedaron abiertos con parte de la constelación familiar.

El resentimiento, la envidia, los rencores del pasado la limitan en su crecimiento y expansión.

La nutrición será para los que se acerquen a escuchar su

sabiduría, consejos, experiencias, y también sus recitales por el mundo, como los de PALITO ORTEGA cantando: *LA FELICIDAD AHH AHHH*.

L. S. D.

El I CHING les aconseja:
4. Meng / La Necedad Juvenil

EL DICTAMEN
La Necedad Juvenil tiene éxito.
No soy yo quien busca al joven necio,
el joven necio me busca a mí.
Al primer oráculo doy razón.
Si pregunta dos, tres veces, es molestia.
Cuando molesta no doy información.
Es propicia la perseverancia.

En la juventud la necedad no es nada malo. A pesar de todo, puede incluso lograr el éxito. Solo que es preciso dar con un maestro experto y enfrentarse con él del modo debido. Para ello hace falta, en primer lugar, que uno mismo advierta su propia inexperiencia y emprenda la búsqueda de un maestro. Únicamente semejante modestia y diligencia acreditarán la necesaria disposición receptiva, que habrá de manifestarse en un devoto reconocimiento hacia el maestro.

Así, pues, el maestro debe esperar, tranquilamente, hasta que se acuda a él. No debe brindarse espontáneamente. Solo así la enseñanza podrá llevarse a cabo a su debido tiempo y del modo que corresponde.

La respuesta que da el maestro a las preguntas del discípulo ha de ser clara y concreta, como la respuesta que desea obtener del oráculo un consultante. Siendo así, la respuesta deberá aceptarse como solución de la duda, como decisión. Una desconfiada o irreflexiva insistencia en la pregunta solo sirve para incomodar al maestro, y lo mejor que este podrá hacer es pasarla por alto en silencio, de modo parecido a como también el oráculo da una sola respuesta y se niega ante preguntas que denotan duda o que intentan ponerlo a prueba.

Cuando a ello se agrega la perseverancia, que no cesa hasta que uno se haya apropiado del saber punto por punto, se tendrá asegurado un hermoso éxito.

El signo da, pues, consejos tanto al que enseña como al que aprende.

LA IMAGEN
En lo bajo, al pie de la montaña, surge un manantial:
la imagen de la juventud.
Así el noble, mediante su actuación escrupulosa, sustenta su carácter.

El manantial logra fluir y superar la detención rellenando todos los sitios huecos que encuentra en el camino. Del mismo modo el camino hacia la formación del carácter es la escrupulosidad que no saltea nada sino que paulatina y constantemente rellena todos los huecos como el agua, logrando así avanzar.

El tránsito de la Serpiente durante el año del Conejo

PREDICCIÓN GENERAL

El año anterior fue muy complicado, así que las serpientes llegarán al año nuevo completamente agotadas. Pero tomarse un año sabático representa un verdadero lujo en estos días. Debido a la combinación de energías del año del conejo de agua, la serpiente tiene por delante un año más complicado que el del tigre. Todo lo que haga en los 365 días que siguen a partir del 22 de enero repercutirá en su libertad de movimiento, ya sea por cuestiones de salud física y mental, asuntos económicos e incluso legales, o por cuidar de familiares ya ancianos o hijos, sobrinos o nietos. Le será difícil salir de casa, ver amigos, ser puntual. WU WEI, todo es pasajero.

Enero

El mes del búfalo será neutro. Si puede organizar bien su agenda de trabajo, cumplir con los engorros de la burocracia y separar su vida personal de la profesional, definitivamente el año que entra será un poco mejor, pero cuidado: este mes podría atraer envidias molestas. Es posible que haya ganado alguna enemistad a lo largo del camino, sobre todo las serpientes que se dediquen a la política y el activismo o las que tengan una vida social muy intensa; si es así, este mes le costará trabajo hacer las paces.

Febrero

Este mes marca el fin energético del año del tigre, y menos mal, porque se vienen tiempos emocionalmente intensos. A partir del 4 de febrero, la energía de mes combinada con la del conejo levantará de sopetón al ofidio, que se sentirá como una antorcha. Ese exceso de energía la hará propensa a sufrir accidentes por todos lados, así que las serpientes que tengan algún problema con el calcio en los huesos necesitan poner mucha atención a cada paso. Las más vulnerables a sufrir fracturas serán las de 1965. Las demás solo necesitan meditar y poner atención.

Marzo

El mes del conejo en el año del conejo provocaría que la serpiente perdiera casi por completo su capacidad para moverse con libertad de un lado a otro, por lo cual cualquier viaje o incluso fiestas o visitas que quiera programar este mes quedarán en espera hasta nuevo aviso. La emoción a trabajar durante estos días será la paciencia. Las serpientes de 1929, 1977 y 1989 estarán propensas a tener obstáculos más graves, por lo que es necesario que se cuiden al ciento por ciento, sobre todo en lo referente a su vida profesional y su salud integral. Los demás ofidios estarán muy sensibles y poco sociables.

Abril

Este mes el conejo se asocia con el dragón de una manera que no es conveniente para casi nadie, pero la serpiente encontrará momentos agradables y ayuda para remediar cualquier problema que pudo haber tenido durante el mes anterior. Si ella misma no puede hacer las paces con otros es recomendable que busque alguien mucho más diplomático que sea capaz de abogar por ella. En cuestiones laborales o profesionales las cosas mejorarán, pero lo que tiene que ver con emociones y relaciones amorosas podría complicarse, sobre todo si la serpiente no aprende a medir sus palabras.

Mayo

La combinación conejo/serpiente afectará a todos los ofidios del nido: sus capacidades para la política se verán afectadas de manera negativa, cosa que puede lastimar las relaciones internacionales en el mundo debido a que muchas serpientes, en especial las de 1941, 1953 y 1989 eligieron el camino de la política y el activismo como su vocación principal. Las serpientes saben bien cómo medir los problemas que enfrentan, pero este mes las tendrá fuera de balance, por lo que les pedimos que trabajen en equipo y aprendan a delegar cuando no sepan solucionar el problema al que se estén enfrentando.

Junio

Por fin un mes en el que las serpientes podrán salir un poco y divertirse. Las serpientes de todas las edades estarán propensas a enamorarse y desenamorarse a voluntad, lo que podría lastimar a quienes confían en su fidelidad y lealtad; cuidado con eso, porque las tentaciones serán muchas. Los más propensos a salir de cacería serán los ofidios de 2001 y los ya experimentados de 1977. Las demás serpientes podrían tener encuentros con viejos amores, lo cual podría meterlas en situaciones incómodas más adelante. Hay que enroscarse en nidos más saludables y no cargar con karmas innecesarios.

Julio

El de la cabra será un mes relativamente neutral, cosa que la serpiente deberá aprovechar para poner en orden emociones, papeles y cuentas. No es un mes para pasarlo dormitando, necesita responsabilizarse de cada cosa que le compete en todas las esferas. Esto va con más fuerza para los ofidios de 1953 y 2001, que se encontrarán con más asuntos emocionales que sus pares de los demás años, que en grupo están resintiendo los efectos de la mediana edad. Las de 2013 andarán un tanto rebeldes o con problemas de *bullying* en la escuela y por lo tanto necesitarán ayuda, aunque no la pidan.

Agosto

El mes del mono atrae ocasiones frívolas. La influencia del conejo atrae encierro y problemas para socializar, sobre todo a las serpientes más jóvenes. Esto se puede interpretar como problemas con alcohol y otras sustancias, y podría escalar al grado de que las serpientes preadolescentes de 2013 se verían tentadas a probar, lo que afectaría su vida y salud para siempre. Este no es ni el mes ni el año como para andar experimentando con sustancias y actividades adictivas. En estos días, aunque su capacidad de concentración estará disminuida, podría dedicarse a aprender *mindfulness*, taichí o meditación en cualquiera de las técnicas existentes.

Septiembre

La serpiente tiene buenas relaciones con el gallo, entonces, si ha perdido su empleo anteriormente o es muy joven y está buscando una buena oportunidad, es probable que este mes consiga trabajo, y en el caso de las serpientes de 2001, ese sería un trabajo que podría durar muchos años. Para las serpientes de 1965, esta podría ser la oportunidad para conseguir un empleo con mejores compañeros de trabajo, pero deberá buscar ayuda de personas con signos mejor aspectados para el año del conejo, como la cabra o incluso su opuesto complementario, el chancho.

Octubre

El mes del perro sigue con la buena tónica del mes anterior, solo que ahora las serpientes podrán encontrar más solidaridad por parte de sus amistades y colegas, además de mejores relaciones emocionales aquellos que tienen pareja. Sin embargo, este no es el mes ni el año adecuado como para que la serpiente decida comprometerse con alguien nuevo; hay que esperar más tiempo a que la situación sea óptima, por ejemplo, en el año del caballo. Esto es así porque el conejo crea una situación que detiene a la serpiente. Perder la libertad por un amor que podría ser pasajero o tóxico no vale la pena.

Noviembre

El signo del chancho que rige el mes es el opuesto complementario de la serpiente, y a su vez, es buen amigo del conejo (año) y la cabra, por lo que los días de la cabra, el 9 y el 21, completarán la energía que hará todo más complicado para el ofidio. Durante ese tiempo es posible que las serpientes tengan reacciones tempestuosas o impulsivas que podrían meterlas en problemas graves. Para evitar accidentes o roces con la ley, es recomendable que no beban ni conduzcan, que no confíen en desconocidos y, sobre todo, que no se arriesguen en ningún momento, porque aun estando sobrias podrían meterse en problemas con todo lo que esté relacionado con maquinaria pesada y medios de transporte.

Diciembre

Habrá mucho drama en todos lados, lo que involucrará a las serpientes de uno u otro modo, porque, como habíamos comentado antes, muchas se dedican a la política y diversos activismos en gran variedad de temas, Seguramente detrás de cada movimiento social siempre hay serpientes involucradas. Este mes todo se podría complicar y dejar a las serpientes agotadas, por lo que se perderían las celebraciones decembrinas. Es recomendable que atiendan todo lo referente a la familia y amigos como prioridad, y que aprendan a descansar. El mundo sobrevivirá un rato, no se preocupen.

Predicciones para la Serpiente y su energía

Serpiente de Madera (1905-1965)

Llegará al año del conejo *net* de karma y de deudas afectivas. Su búsqueda interior, la aceptación de lo que no pudo cambiar le dieron seguridad para tener prioridades claras y apostar a una nueva etapa de renacimiento holístico.

La familia le demandará más presencia y tiempo compartido.

Necesitará salir de la madriguera a conquistar el mundo; viajes laborales, por estudio, becas, seminarios o exposiciones la tendrán entretenida, con una vida social más intensa y divertida.

Años de contener mucha presión en ONG, pymes, empresas que se fundieron o debieron reprogramar su personal le quitaron tiempo para sus *hobbies*, estudios o el ocio creativo.

Recuperará el eros, la autoestima, los momentos con maestros y gente que conoció por ayuda social, marchas o centros de autoayuda.

Soñará con planear una vida en la naturaleza y cultivar una huerta orgánica, plantar cítricos, tulipanes y criar animales domésticos.

Serpiente de Fuego (1917-1977)

Después de tantas vivencias agridulces y situaciones familiares difíciles llegará al año del conejo buscando un lugar lejos del mundo para reciclar su piel y sistema nervioso, que somatizaron y afectaron sus siete cuerpos.

Su capacidad contenedora, de bombero o enfermera sin goce de sueldo llegó a su fin.

Logrará aceptar ayuda de gente que conoció y creyó en usted; comenzará a rearmar una nueva empresa, pyme, ONG, y tendrá logros muy positivos a mediano plazo.

Se enamorará, volverá a sentir ganas de compartir planes, proyectos, tal vez tener hijos o adoptar mascotas.

Su capacidad para enroscar a nuevas generaciones y ser líder crecerá durante el año, y podrá acumular más poder e influencias. Administrará su caudal energético; retornarán la rutina, las salidas, los viajes cortos, asados, juegos de cartas y azar, caminatas, cabalgatas, yoga, pilates, y recuperará su belleza física y su *sex appeal*.

Un negocio oportuno le brindará apoyo para encauzar su economía y la del zoo.

Año de sorpresas, viajes inesperados y reencuentro familiar.

Serpiente de Tierra (1929-1989)

Durante el año del conejo tomará decisiones clave en su destino.

Un viajero, amigo, amor golondrina le removerá la madriguera y la llevará lejos de su casa.

Tendrá que enfrentar situaciones legales, cambios de roles familiares con hijos y padres y recuperar la autoestima.

Tendrá nuevos horizontes laborales: una oferta estable de trabajo con planes de salud, ser parte de un movimiento social, cultural, de cambio climático o defensa de la ecología.

Sentirá que renueva piel, ideas, el feng shui de su casa, y que se adapta a nuevas personas para planes de estudio de lenguas, intercambio estudiantil, becas y pasantías.

Despedirá a seres queridos, aceptará los límites económicos para administrar con el zoo.

El conejo sabe que tiene energía positiva para un año de saltos cuánticos.

Serpiente de Metal (1941-2001)

Año de cambios desde el ADN, el *look* y la visión del mundo.

Dejará en orden temas legales y comenzará a prepararse para el desapego.

Su patrimonio es más cultural, afectivo, espiritual que material.

Viajará para despedir gente de "allá lejos y hace tiempo"; abrirá nuevas puertas para su futuro laboral, social, y adoptará gente excluida del sistema a través de ONG, pymes o distintas fuentes de ayuda humanitaria.

Tendrá un flechazo histórico. Tal vez consiga enroscar a esa persona y planificar una familia.

Año de grandes transformaciones y reconocimiento a su trayectoria.

Podrá revivir fiestas inolvidables en ceremonias, festivales de cine, ferias del libro y cruceros por el Mediterráneo.

Serpiente de Agua (1953-2013)

Llegará al año del conejo de agua agotada de nadar contra la corriente.

Es necesario que planifique un tiempo de descanso, salud holística, *spa* en algún lugar lejano, y recupere el tercer ojo para continuar con sus planes.

Podrá comenzar una etapa de reconciliación con el zoo; quedaron asignaturas pendientes que afectaron su patrimonio.

El conejo le brindará ofertas de trabajo afines a su vocación: turismo, organización de empresas, negocios de indumentaria, gastronomía, cibernética.

Desarrollará una tarea solidaria en la comunidad de los hombres: construcción con permacultura, energía solar, eólica, huerta orgánica, apicultura y telar.

Sentirá empatía con la llegada de mujeres viudas, niños huérfanos, heridos de la invasión de Ucrania, y abrirá nuevos centros de ayuda, hogares para su recuperación.

Es una buena idea pedirle ayuda al conejo para recobrar el sentido del humor, las salidas nocturnas y el pasaporte hacia otra dimensión, como Alicia al entrar en el hoyo del conejo blanco.

L. S. D.

Mi soledad es una serpiente larga,
silenciosa y callada.
Si por casualidad aparece en tu sueño,
no te asustes de ninguna manera.
Es mi fiel compañera,
que sufre una apasionada nostalgia
por la tierra natal, la pradera lozana,
la seda negra que cubre tu cabeza.
Ligera, cual la sombra de la luna,
pasa a tu lado, y me trae tu sueño,
una flor sonrosada.

Feng Zhi - *La serpiente*

Predicciones preventivas para el Caballo basadas en la intuición, el I CHING y el ba zi

Las tropillas de caballos, yeguas y potrillos llegarán al galope al año del conejo. SOOO POTROS. CALMA.

Habrá que volver al trote y al paso para iniciar una relación armónica con su amigo, cómplice, confesor: el conejo de agua.

El saldo del año del tigre es positivo, a pesar de las oscilantes situaciones afectivas, familiares que lo mantuvieron una temporada en el establo sin posibilidad de sanar las heridas aún abiertas.

Su vida cambió mucho; una despedida familiar, sobresaltos económicos, modificaciones en la vida cotidiana le dieron tiempo para repensar y soñar un futuro más acorde con su edad, posibilidades, situación económica, internas laborales y proyectos en la sociedad.

Después de un descanso en otro país o provincia REFORMULARÁ SU VIDA. El conejo lo inspirará para iniciar un viaje hacia adentro.

Es fundamental que tome el año como "medicina preventiva" para atender sus somatizaciones y vicios ocultos más saludables.

Los eternos Peter Pan y Mesalina del zoo chino saben que han madurado a pesar de su insistencia en permanecer en LA EDAD DE LA INOCENCIA.

Las responsabilidades familiares han sido cursadas con "10 Felicitado", están más livianos en su montura y también en quien sea su jinete o amazona.

El caballo tendrá muchas ganas de aceptar las invitaciones de su amigo el conejo para ser un trotamundos, salir de viaje sin marcar tarjeta y conocer gente joven, artistas, músicos, directores de cine y orquesta para compartir la vida en la comunidad de los hombres.

LA LIBERTAD será el bien más preciado que tendrá durante este año. Dejará cuentas pagas, relaciones sin culpa ni *revival*, y logrará un cambio en el humor y carácter.

Se levantará sin despertador; la energía del sol lo mantendrá activo, servicial, compañero de su pareja y amigos.

Es bueno que sea previsor y ahorrativo; a pesar de rachas de suerte por trabajos *part time* en distintos países y regiones del mundo, de su tiempo en el establo por la pandemia y sus consecuencias, no se desboque ni se juegue los ahorros familiares.

Estará en estado atlético, *sexy*, carismático, lleno de fanes y admiradores que lo seguirán al fin del mundo.

EL PODER DE LO GRANDE marca tiempos favorables para grandes emprendimientos; siempre asesorado por especialistas, juristas, letrados; habrá trampas y situaciones imprevisibles sobre la marcha y todo podría empantanarse en la recta final del hipódromo.

Los caballos que hayan incumplido la ley impositiva o salteado algún tema legal serán enlazados y sufrirán consecuencias.

LA SALUD HOLÍSTICA será la manera de preservarse de situaciones psicosomáticas, pérdidas afectivas, cambios de lugar por mudanzas, inmigración o adaptación a nuevos trabajos o estudios.

Es un año para el romance, la pasión, los flechazos y las travesuras. Tal vez se anime a recuperar la estabilidad emocional con horarios, una familia con hijos propios y ajenos, adoptar a chicos de la guerra de Ucrania o crear una ONG solidaria de comedores y albergues. Su esencia benefactora y cariñosa podrá plasmarse durante este año con resultados positivos.

El mundo estará más caótico, crítico, cruel; es fundamental que realice técnicas de autoayuda: yoga, meditación, registros akáshicos, biodecodificación y EL TAO DEL AMOR Y DEL SEXO.

El conejo lo mantendrá dinámico, hiperactivo, con ganas de comenzar una nueva etapa de planificación en el hogar, estudiando el feng shui y aportando su materia prima.

Las hormonas de ambos estarán al rojo vivo; podrán hacer travesuras en establos y madrigueras a la luz de la luna y seguir siendo cómplices, amigos y socios.

Promediando el año podría tener alguna noticia del exterior para asistir a familiares, amigos, o para ser parte de un movimiento por la paz, la ecología y el cambio climático.

Nuevas transformaciones por dentro cambiarán su trote en el excitante año del conejo. Incorpore a su rutina otros hábitos de nutrición, dieta, seminarios, talleres, y conozca gente que le aporte NUEVAS FORMAS DE SUSTENTABILIDAD en tiempos de cambios acelerados.

Sentirá un renacimiento integral, estará más vital y divertido.

Año de revelaciones familiares y cambios de hábitat.

Mantenga la calma antes de confrontar con sus opositores.

Saldrá más joven, vital e imaginativo al terminar el año del conejo de agua.

L. S. D.

El I CHING les aconseja:
34. Ta Chuang / El Poder de lo Grande

EL DICTAMEN
El Poder de lo Grande. Es propicia la perseverancia.

El signo señala un tiempo en el cual ascienden formidablemente y llegan al poder valores interiores. Pero la fuerza ya ha sobrepasado el centro. Por eso corresponde pensar en el peligro que implica el confiar en el propio poder, sin preocuparse en todo momento por lo recto; en el peligro de embarcarse en el movimiento sin aguardar el tiempo adecuado. Por este motivo se añade la sentencia: es propicia la perseverancia. Pues un poder realmente grande es aquel que no degenera en mera fuerza prepotente, sino que antes bien permanece íntimamente ligado a los principios de derecho y justicia. Si se comprende este punto –o sea que grandeza y justicia han de presentarse inseparablemente unidas–, se comprenderá el verdadero sentido de todo acontecer universal, en el cielo y sobre la tierra.

LA IMAGEN
El trueno se halla en lo alto del cielo:
la imagen del Poder de lo Grande.
Así el noble no pisa los caminos
que no corresponden al orden.

El trueno, la fuerza eléctrica, asciende en primavera hacia lo alto. Este movimiento guarda armonía con la dirección del movimiento del Cielo. Es, pues, un movimiento coincidente con el Cielo, lo cual origina un gran poder. Pero la verdadera grandeza se funda en el estar en armonía con lo que es recto. Por eso el noble, en tiempos de gran poder, se cuida de hacer algo que no esté en concordancia con lo que corresponde al orden.

El tránsito del Caballo durante el año del Conejo

PREDICCIÓN GENERAL

El año del tigre rompió las riendas. De todos los signos del zoo chino, es posible que el caballo sea el que más resintió la cuarentena comenzada por la rata y continuada hasta estas fechas. El conejo será benevolente. Compañero de parrandas y amores, le dará la oportunidad de lucir las crines, estrenar herraduras, llevar amores y amistades al carrusel. Este será un año también práctico, la salud resultará primordial y tendrá la capacidad de discernir entre urgencia e importancia. Tal vez los equinos de 1966 sean los más conscientes de esto y por fin una luz les indique qué es lo que deben que hacer. Los demás caballos podrán volar como Pegaso adonde les dé la gana.

Enero

El búfalo del mes será como un portero que evitará la entrada del caballo al club un sábado en la noche. No se impacienten, caballos, no pasa nada si se quedan en sus caballerizas un mes. El tigre sigue dominando y ahora, emparejado con el búfalo, parece que actúa como un amigo traicionero, pero no es eso. Todo este encierro corresponde a la energía de enero, que siempre le pone vallas imposibles de saltar, pero a partir del día 22 comenzará a sentirse más optimista. Vendrán tiempos tan agitados más adelante que va a terminar por extrañar estos días tranquilos.

Febrero

A partir del 4 de este mes, los caballos de 1954 y 2014 serán los más impulsados por la energía agua que gobernará la primera mitad del año; en cambio, los de 1942 y 2002 retomarán proyectos y estudios como si no hubiera pasado nada los últimos tres años. Los de 1966 estarán aún impacientes, cansados, confundidos. Solo les podemos recomendar que administren las emociones con base en la salud de sus corazones. Los demás caballos podrán pastar tranquilos, engordar un poco y, casi literalmente, quitarse de encima las moscas molestas como cualquier equino real.

Marzo

Este mes, el caballo verá que ha logrado salir de sus problemas como el potro que, a unos pocos minutos de nacido, ya es capaz de correr a la par de cualquier adulto. Recuperará mucho de la inocencia perdida, su optimismo, su capacidad para reír a pesar de todo. Esta alegría acompañará incluso a los caballos de 1942 y 2002, que son más ansiosos. Los caballos de 1954 y 2014 podrían tener ayuda por parte de personas con poder o dinero. Los de 1966 tendrán energía para iniciar alguna rutina saludable. Los demás podrían tener valor para cambiar algo que no les guste de sí mismos o sus circunstancias.

Abril

Salvo uno que otro descalabro amoroso o falta de vida social, el caballo no resentirá mayormente el mes del dragón. Estará, como muchos, algo desconcertado porque el planeta pasará por una racha de mala pata. Para estar a salvo es recomendable mantenerse alejado de compañías superficiales y personas con intenciones no muy claras. No podrá prestar dinero ni pedirlo prestado. Es mejor que ahorre lo poco o mucho que tenga y que deje pasar las tormentas ajenas porque, al final de cuentas, pocos apreciarán su lealtad. Mejor enfocarse en la limpieza de su propio espacio de trabajo o su casa.

Mayo

Este mes podría significar una pérdida de motivación por culpa de vampiros energéticos y emocionales que puede alejar de sí con solo dejar de desperdiciar su vida, dinero y energía en negocios o problemas que no son suyos. Necesita también bloquear malos consejos médicos y rumores de internet. La solución de todo será tratar de enfocarse en lo realmente valioso: su tiempo, el cual puede administrar usando una buena agenda y aplicaciones para gestionar mejor su productividad o su salud mental. Los más vulnerables serán los caballos de 1966 y 1990 debido a asuntos de salud cardíaca y emocional.

Junio

La energía del conejo se combinará con la energía de su propio mes, lo cual sumará energía para terminar con proyectos domésticos y laborales. Es posible que la ráfaga de energía también aumente su carisma, y eso hará que le sea menos difícil convencer a la gente que lo rodea. Será bienvenido en círculos sociales que se habían olvidado de él y hasta los potros de 2014 tendrán un mejor desempeño en la escuela debido a que lograrán formar un grupo de amigos que serán entrañables para siempre. Los caballos que peinan canas mejorarán su salud física y mental.

Julio

La cabra es una gran amiga energética del conejo, y al mismo tiempo hace una combinación de energía de tierra benéfica con el caballo. Cuando estos tres signos se juntan, sube la energía fértil. El caballo podrá abonar el campo, dedicarse a sembrar hortalizas y recobrar con eso su paz mental. Será un mes amoroso, ya sea que recupere a un amante del pasado o que se aventure a comenzar algo nuevo, será el foco de atención en todos lados. Los caballos de 2002 podrían engendrar dragoncitos con esta súbita energía fértil, así que deberán cuidarse, porque caballos y dragones no son tan compatibles.

Agosto

El signo del mono domina al caballo, lo hace entrar en disciplina y bajo su influencia deja de ser un *mustang* desbocado para transformarse en un caballo de salto como para competir en las olimpíadas. Si bien la energía lo ayudará con su carrera o a mejorar sus calificaciones en la escuela, es muy probable que su vida emocional y amorosa se resienta un poco más porque al caballo le será fácil entrar en pánico. Tranquilos. Todo es pasajero. Este año aún lo tendrá como a uno de los favoritos del zodíaco y este mes es solo un descanso o algo así como una corta resaca.

Septiembre

El mes del gallo será tormentoso para todo el zoo menos para el caballo. El año y el mes les traerán amor, sensualidad, *sex appeal* y oportunidades para encontrar al amor de su vida en caso de seguir solteros. Los ya comprometidos podrán afianzar lazos y resarcir cualquier resentimiento añejo. Tendrán frente a ellos treinta días perfectos, contando a partir del 8 de septiembre y hasta el 8 de octubre. Los más beneficiados serán los caballos nacidos en el siglo xx, los jóvenes de 2002 andarán desbocados, necesitarán protección profiláctica, y a los nenes de 2014 no hay que descuidarlos nunca.

Octubre

El mes del perro activará energía fuego, por lo que los caballos de 1942, 1954 y especialmente el caballo de fuego de 1966 necesitan cuidar su corazón y su sistema circulatorio, sobre todo los días 2, 4, 7, 14, 16, 19, 26, 28 y 31. La energía fuego será benéfica para los caballos más jóvenes, pero los demás podrían tener problemas de salud y no se les recomienda hacer mucho esfuerzo ni cirugías innecesarias, ni andar por ahí sin hidratarse correctamente; deben evitar golpes de calor. Sus destinos estarán ligados al clima del planeta; tienen que observar su estado de ánimo y procurar que no decaiga.

Noviembre

El mes del chancho se asociará con la energía agua del año del conejo y formará con ese signo más energía madera. Esto tendrá un resultado ambivalente en los caballos; por un lado, a los nacidos en el siglo xx recuperándose mejor de los problemas de salud atraídos por la intensidad de la energía y, por el otro, a los nacidos en el siglo xxi, superansiosos. A toda la caballeriza le decimos que será mejor que tomen vacaciones y se tranquilicen; esta etapa les ayudará a ver qué es realmente importante y qué es solo una carga sobrante que hay que tirar.

Diciembre

El mes de la rata mantendrá entretenida la energía del año del conejo. Esto hará que las relaciones laborales y familiares mejoren en calidad. El caballo estará más solidario con otros y más respetuoso de sus propios biorritmos. A pesar de que la rata es su signo opuesto, este diciembre será más tranquilo, podrá pastar y recuperarse, hacer asociaciones, compartir anécdotas y socializar durante las fiestas de temporada sin necesidad de hacer tanta parranda. Si se queda en casa a descansar, resultará mejor aún si logra convencer a nuevos amores y viejos amigos para que compartan su mesa. Felicidades.

Predicciones para el Caballo y su energía

Caballo de Madera (1954-2014)

Las batallas sin tregua del año del tigre lo transformaron en un nuevo ser. Su percepción del mundo es otra; ha modificado sus hábitos y costumbres, las relaciones familiares han pasado "la tempestad" y desde la contemplación del establo tomó riendas en un nuevo rumbo.

Las ofertas abundarán en el año del conejo; propuestas decentes e indecentes lo sorprenderán.

Es aconsejable que busque asesores legales antes de firmar algún contrato o si decide hacer alguna operación inmobiliaria.

El corazón galopará alocado.

A través de redes, o de alguna fiesta o evento cultural o deportivo, conocerá a quien será el dueño de sus sentimientos.

Programará un tiempo en común; espacios compartidos, viajes de trabajo y placer o alguna situación fortuita del destino harán que se enamore perdidamente.

Ordenará su patrimonio; herencias o donaciones llegarán para mejorar su establo, oficina, hábitat.

Su voz se amplificará; tendrá público, fanes que aceptarán sus ideas para mejorar el ecosistema, la educación, la salud y para trocar los planes sociales en trabajo genuino.

Año de adrenalina, nuevos amigos, salidas divertidas y renovación celular.

Caballo de Fuego (1906-1966)

Año de aumento en cada situación personal y profesional.

Llegará galopando a visitar a su amigo, el conejo de agua, que lo elegirá para las grandes aventuras fundacionales y de desafíos en su búsqueda de armonía, belleza y arte.

Establecerá los mojones de un nuevo establo: mudanza a otra ciudad, región o país le darán alas para el desapego de años de estancamiento.

Surgirán dudas con la elección de su pareja; tal vez acepte nuevas formas de género o trans para compartir su vida, o integrará a los amores del pasado en una forma diferente de convivencia.

Sentirá deseos de viajar a lugares donde los recuerdos invaden sus días, resucitando "cien años de soledad".

Decidirá cambiar de *look*, estará de buen humor y deberá seguir los cambios abruptos de su vida con autoayuda o ayuda terapéutica.

Año de reconquistar sus derechos y encauzarlos con éxito.

Caballo de Tierra (1918-1978)

Año de movimientos sistémicos; desde el ADN, la familia, la pareja y su cosmovisión del mundo.

Encontrará eco a sus ideales: podrá plasmar un sueño laboral o construir su nuevo establo con permacultura, feng shui y socios con ideas afines.

Llegará al año del conejo al galope, deberá hacer una pausa y ordenar el caos del año del felino antes de seguir con nuevos emprendimientos sin fines de lucro.

El mundo lo necesita; desde ayuda humanitaria, sanitaria, de asesoramiento digital a nuevas formas de expansión en el arte, el deporte y la comunicación.

Tendrá trofeos, medallas y reconocimiento entre sus colegas, y será solicitado en otros países para trabajar en condiciones de mejor remuneración y estabilidad laboral.

SE ENAMORARÁ PERDIDAMENTE; es necesario que viva un gran amor para seguir disfrutando del arte de vivir y crecer en cada etapa de su vida.

Tendrá noticias de familiares que lo necesitan y buscan su apoyo en momentos de crisis, enfermedad y cambios de vida.

El año del conejo renovará su pelaje y cosmovisión.

Caballo de Metal (1930-1990)

Año de gran crecimiento y aumento de su patrimonio.

Podrá elegir con criterio entre las ofertas; estará dedicado a desarrollar con pasión su vocación y será reconocido mundialmente. Su tiempo estará exigido entre la familia y sus múltiples actividades; no descuide lo cercano.

Su temperamento deberá ser dosificado, amansado ante situaciones injustas o impredecibles.

Tendrá que estar atento a los cambios del año y no dudar cuando deba ir hacia lo desconocido, buscar fuentes de inspiración y confiar en quienes lo aman y apoyan. Viajará por trabajo, becas, o en busca de antiguas civilizaciones para desarrollar nuevas técnicas en el arte, la música, tecnología y comunicación.

Año de alegría, reencuentro con la constelación familiar y amigos del pasado.

Caballo de Agua (1942-2002)

Durante el año del conejo se sentirá el mejor amigo de BUGS BUNNY. Sentirá que tiene un motor en las crines que lo transportará a un mundo de arte, conocimiento, maestros y gente de diferentes culturas en las que aprenderá a ser parte de ellas.

Su corazón latirá fuerte; conocerá a una musa inspiradora que lo convencerá de formar una pareja real o virtual compartiendo el establo, viajes, escenarios y largas cabalgatas al lado del mar o en una excursión al Champaquí.

Su salud deberá ser atendida holísticamente.

Aprenderá la técnica del zazen, taichí, arco y flecha, meditación y, sobre todo, EL TAO DEL AMOR Y DEL SEXO.

Año de hacer balance entre el deber y el placer, la pasión y la razón. El conejo lo protegerá de situaciones metafísicas y del mundo, que le exigirá más prana.

L. S. D.

El caballo ya no obedece a la fusta
y rompe, retrocediendo, las ramas del sauce.
Desmonta su corcel y coge la luenga flauta,
triste hasta la muerte el joven viajero.

Del *Che King* o *Libro de odas*

Predicciones preventivas para la Cabra
basadas en la intuición, el I CHING y el ba zi

Abrí los ojos en el penúltimo día de mayo y supe que la diafanidad del cielo con cintas fucsias y doradas duraría poco.

Me detuve agradeciendo el calor de la salamandra con sus brasas mantenidas durante la noche y preparé el mate mientras Catman se despertaba de una pesadilla que apaciguamos juntos.

MIS QUERIDAS CABRAS: imagino el alud de situaciones límite que atravesaron en el año del tigre: la salud y sus somatizaciones, la constelación familiar y sus berrinches ante lo inesperado, inmanejable del TAO, los episodios de socorrer como bombera voluntaria a hermanos, hijos, padres y a la pareja que siente a veces su ausencia, aunque siempre está a su lado. La vida se puso seria.

A pesar de su gran corazón, de su espíritu samaritano y la solidez para estar presente en momentos críticos, el devenir de los últimos años la alejó de muchas responsabilidades y revivió su etapa de adolescencia desprejuiciada y con liviandad del ser.

Un gran sismo interno cambió de lugar LOS ÓRDENES DEL AMOR, SUS NECESIDADES BÁSICAS, EL I-SHO-KU-JU (techo, vestimenta y comida), y sabiendo que el conejo es su cómplice, aliado, amigo de aventuras galácticas, soltará amarras para acompañarlo en las correrías que le propondrá al comenzar su reinado.

La cabra está atravesando la transmutación de oruga a mariposa. Sabe que nada es eterno; pero decidirá DISFRUTAR cada segundo de la vida, dejarse mimar, agasajar, invitar a cuanta propuesta decente e indecente tenga.

Encauzará proyectos postergados: algún estudio, viaje, construcción de su corral con permacultura, huerta orgánica, artesanía, baile, canto, telar, el retorno a un deporte, *hobby* o a la enseñanza de su oficio, profesión o experiencia traumática que ayude en la comunidad.

Dejará el reloj, la alarma y el despertador.

Tendrá biorritmo acorde con la salida y puesta de sol; con los llamados de tambores o cuencos tibetanos para ahuyentar las malas ondas, con encuentros para tomar té, café, mate o algún vino de una bodega amiga.

Podrá recuperar el sentido del humor, el ocio creativo, los recuerdos gratos del pasado y sentirse liviana de equipaje para cerrar un ciclo en algún lugar y enraizar en otro.

Su buena estrella la acompañará durante todo el año.

El conejo la inspirará a la PROCREACIÓN, no necesariamente de hijos o adopción de mascotas o gente vulnerable; será un cielo de fecundidad en su creatividad.

Sentirá que las musas retornan después de un largo exilio.

Vivirá nuevas sensaciones afectivas, un reencuentro con un amor del pasado, una nueva relación con compañeros de trabajo, estudio o seminarios le moverán el kundalini.

Participará en importantes movimientos en defensa del medio ambiente, la ecología, el desarme nuclear, los derechos de las mujeres, contra la explotación de la minería a cielo abierto, la portación indiscriminada de armas, la deforestación de bosques nativos.

Tendrá sed de ejemplos: retornará a los maestros en forma presencial o virtual, recuperará la fe en causas perdidas, desplegará su sentido práctico y humano para ayudar en situaciones climáticas que serán protagonistas del año del conejo de agua.

Su sensibilidad estará a flor de piel.

Tendrá nostalgia, buscará el álbum de la familia y se dedicará a rendir homenaje a los ancestros y a conocer más sobre sus vidas sin juzgarlos.

Su espíritu curioso y aventurero indagará nuevas ciencias, caminos de introspección, técnicas de autoayuda para mejorar su vida, la de la familia y la de la sociedad.

Recibirá el llamado o mensaje de un amigo o pariente para comenzar un proyecto telúrico, de hotelería o de gastronomía.

Es la gran oportunidad para realizar un cambio de vida en la naturaleza, y seguir trabajando en forma virtual para empresas, pymes, ONG.

Estará *sexy*, radiante, chispeante, creativa llena de *glamour,* y despertará pasiones a su paso.

Año de grandes logros a corto, mediano y largo plazo.

BEEEEBBEBEBBEBE.

L. S. D.

El ı CHING **les aconseja:**
32. Heng / La Duración

EL DICTAMEN
Éxito. No hay falla.
Es propicia la perseverancia.
Es propicio que uno tenga adónde ir.

La duración es un estado cuyo movimiento no se atenúa a causa de impedimentos, de frenos. No es un estado de quietud, pues una simple detención constituye de por sí un retroceso. Duración es, antes bien, el movimiento de un todo rigurosamente organizado y acabado en sí mismo, que se lleva a cabo según leyes fijas, concluye en sí mismo y, por tanto, se renueva a cada momento: un movimiento en el cual cada terminación es seguida por un nuevo comienzo. El fin es alcanzado por el movimiento dirigido hacia adentro; la inspiración del aliento, la sístole, la concentración; ese movimiento se vuelca hacia un nuevo comienzo, en el cual el impulso se dirige hacia afuera: la espiración, la diástole, la expansión.

Así los cuerpos celestes conservan sus órbitas en el cielo y en consecuencia pueden alumbrar de un modo duradero. Las estaciones obedecen a una rigurosa ley de cambio y transformación y por esa razón pueden obrar de un modo duradero.

Y así también el hombre de vocación, el predestinado, encuentra en su camino un sentido duradero y gracias a ello el mundo cumple su formación cabal. Por aquello en lo cual las cosas tienen su duración, puede reconocerse la naturaleza de todos los seres en el cielo y sobre la tierra.

LA IMAGEN
Trueno y viento: la imagen de la duración.
Así el noble permanece firme y no modifica su rumbo.

El trueno retumba y el viento sopla: ambas manifestaciones representan lo sumamente móvil, de modo que, según las apariencias, se trataría de algo opuesto a la duración. Sin embargo, su aparición y desaparición, su avance y retroceso, su ida y venida obedecen a leyes duraderas. Así la independencia del hombre noble tampoco se basa en inmovilidad o rigidez. Siempre vive de acuerdo con el tiempo y varía con este. Lo duradero es el rumbo firme, la ley interior de su ser, la que determina todos sus actos.

El tránsito de la Cabra durante el año del Conejo

PREDICCIÓN GENERAL

Considerando lo ocurrido en los últimos tres años, podemos decir que a las cabras las acompaña el mejor ángel guardián. Sin embargo, este año podría ser ligeramente complicado debido a que la cabra es una de las compañeras de la tríada de madera, formada por los signos del conejo, el chancho y ella misma. Cuando el año del jefe de cualquier tríada llega, los otros dos signos necesitan estar siempre alerta, no permitir que la fortuna, buena o destructiva, los arrastre; deben mantener los pies en la tierra. En este caso, el conejo es el líder de la tríada de madera, esa energía provoca valor e ira. La cabra tendrá mucha fuerza, pero necesita fijarse sobre qué o quién aplica esa fuerza.

Enero

Este es el último mes bajo la tutela del tigre. A partir del 22 de enero, la cabra deberá poner atención y este mes, que es su contrario, le dará una pequeña muestra de lo que será la aventura que le espera. Habrá algunas jornadas complicadas: los días 4, 16 y 28. Aun así tendrá lindos momentos de diversión, algo de frivolidad y buenas noticias. En cuanto comience el año del conejo, se le recomienda atar un listón rojo en la muñeca, de preferencia bendecido por un monje budista. Aunque también le servirá estar atenta y evitar lugares húmedos y oscuros.

Febrero

El mes no será propicio para andar explorando en zonas a las que solo las cabras pueden llegar. No hay peligro, pero seguramente estará comprometida con el trabajo de forma intensa o le ocurrirán pequeños incidentes, como embotellamientos o inconvenientes en el transporte público. Sin embargo, esos asuntos no serán graves, a menos que se trate de una cabra de 1955, que posiblemente tendrá algunos problemas con tendones y músculos. Las demás cabras querrán abarcar más de la cuenta y podrían llegar tarde a todos lados. Salud, paciencia y organización serán la clave si quieren llegar lejos.

Marzo

A partir del 6 de marzo la gente alrededor de la cabra se dará cuenta de que algo anda raro en ella. Estará ofuscada de la noche a la mañana. Las cabras son buenas para la introspección, por lo que solas se darán cuenta de que tienen poca resistencia para la frustración. Eso les podría traer problemas de salud o estarán propensas a moverse de forma súbita y lastimarse. Necesitarán hacer feliz a su hígado comiendo muy poca grasa y alimentos irritantes, y evitar permanecer inactivas. Les ayudará mucho dar largas caminatas y, a las más jóvenes, correr maratones.

Abril

Este mes será un quebradero de corazones. Por más que intente tener buenas relaciones con quienes la rodean o estar más tiempo con sus amores, amigos y pasatiempos, el dragón combinado con el conejo la tendrán tan ocupada que solo se relacionará con series de televisión o videojuegos. Esto dejará a las cabras todavía más agotadas. Para recuperarse necesitan poner atención a la salud del hígado, buscar ayuda de un nutricionista y aprovechar mejor la energía obtenida con el sueño y la comida.

Mayo

La serpiente activa una racha de energía de fuego que afectará a las cabras según su año de nacimiento. Las cabras de 1943 y 1991 se sentirán agotadas. Podrían sufrir alguna infección en el sistema respiratorio, por lo que deberán tomar medidas precautorias. Las cabras de 1955 y 2015 estarán ciclotímicas, a veces inspiradas, a veces desanimadas, todo dependerá del clima local; mientras más lluvia, más desánimo. Las cabras de 1967 y 2003 irán mejorando mucho su salud y estado de ánimo. Las mejor paradas serán las de 1979, que podrían saldar deudas y obtener reconocimientos por su buen trabajo.

Junio

El mes del caballo continuará con la misma tónica que el mes anterior. Al subir la energía fuego, las cabras reaccionarán de distintas maneras; sin embargo, estas reacciones serán más fuertes durante los días 4, 13 y 23. El mes se presta para estar en contacto con la naturaleza: podría planear un campamento en el bosque. Para las cabras de 1955, este podría ser un buen momento para visitar al doctor e iniciar un tratamiento largo para reencontrar el balance. Para las demás cabras la salud no será un tema importante, pero sí lo será la paz mental.

Julio

La energía que nutre al mes de la cabra junto a la energía propia del año la ayudará a ser más persistente, a terminar lo que comienza, hacer algún cambio positivo en su apariencia y terminar cualquier trabajo atrasado. Este mes es perfecto para iniciar o retomar alguna disciplina deportiva, visitar al médico o terapeuta, hacer viajes cortos, descubrir alguna maravilla, aunque sea pequeñita, en una biblioteca o museo. Su imaginación estará despierta y su corazón dispuesto a ser feliz. Es bueno que se asocie con sus amigos conejo y chancho, algún mono o un tigre.

Agosto

Desde el 8 de agosto, las cabras se sentirán enamoradas, alegres, receptivas. Esa resiliencia con la que vivirán cada instante evitará que personas pesimistas les bajen el ánimo. Este será un buen mes para iniciar compromisos, comenzar a leer un libro, visitar familiares y adelantar trabajo para poder descansar en vez de presionarse con fechas límite. Podrían pasar por alguna racha de accidentes menores por andar distraídas, pero nada será muy grave, solo necesitan mirar con mucha atención por dónde caminan. También es conveniente que eviten los lugares peligrosos, y salir a la aventura sin avisar.

Septiembre

El mes del gallo afecta la salud, las finanzas y la libertad de toda la tríada formada por el conejo, la cabra y el chancho. Los días 2, 14 y 26 serán peligrosos, en particular el 26, porque la economía será trágica y es posible que las cabras –incluso los países fundados en años de la cabra– sufran pérdidas de dinero, igual que los conejos y chanchos. Si tienen alguna inversión inestable por ahí, es mejor que inviertan ese dinero en su salud y en mejorar sus papeleos y trámites burocráticos. Deberán, a toda costa, evitar el alcohol, otros estimulantes y la automedicación.

Octubre

El mes del perro provocará una combinación de energías destructivas que se activarán los días 10 y 22; esta combinación no solo afectará a la cabra, sino al zoo completo, pero la cabra, gracias a su capacidad para leer y comprender las emociones, estará más dispuesta a ayudar a los demás. Para que su labor altruista y a veces heroica funcione bien, es importante que se prepare del mismo modo que si estuviera en un avión que acaba de perder presión en cabina: primero debe ver si está perfectamente oxigenada y después ayudar a los más vulnerables.

Noviembre

Pasados los problemas mundiales del mes anterior, la llegada del mes del chancho subirá la energía madera, y con eso la cabra gozará de más fuerza, estabilidad y cercanía con sus emociones y capacidad para planificar a futuro. Esto podría ser complicado para las cabras de 2015 debido a su juventud; a pesar de ser tan inteligentes, su nivel de empatía podría hacerlas blanco de bravucones en la escuela y necesitarán aprender a defenderse. Las cabras de 1955 también estarán algo susceptibles; por lo tanto, si no quieren deprimirse, se les aconseja que no vean noticieros y series sobre crímenes.

Diciembre

Aunque el mes de la rata representa un choque de energías con la cabra, las posibilidades de vivir un mes divertido serán elevadas para todas las cabras. Quizá tengan algunos problemas menores con el tráfico y con objetos punzocortantes, pero nada de importancia; con poner atención y no dejar nada librado al azar, bastará. Tendrá sus impulsos sexuales al máximo, podrá reconciliarse con viejos amantes, satisfacer a su pareja si la tiene, o querrá conocer más gente. De cualquier manera, podrá relajarse y disfrutar las fiestas de fin de año. Felicidades.

Predicciones para la Cabra y su energía

Cabra de Madera (1955-2015)

Durante el año del conejo, la cabra cantará EL TIEMPO ES VELOZ, LA VIDA ESENCIAL. Su vida será más calma, armónica, equilibrada entre el deber y el placer.

Podrá compartir parte de su tiempo en el corral con el zoo, amigos, examores, y salir haciendo mutis por el foro cuando sienta ganas de un poco de adrenalina y vértigo.

A través del año tendrá rebeliones; no responderá demandas, asuntos legales que le cayeron como un meteorito mientas pastaba en las praderas junto al rebaño.

El conejo le dará el pasaporte vip para entrar en lugares exclusivos: festivales de cine, recitales, estadios de fútbol, conciertos y seminarios de maestros a los que admira.

Estará más liviana de equipaje; cambios de lugar, mudanzas, una temporada en el exterior por trabajo la mantendrán atlética, jovial, curiosa y con una lista de admiradores esperándola para compartir su prana.

Su humor será tan ciclotímico y variable como el año.

Es necesario que continúe con laborterapia, yoga, taichí, *fitness*, baile y EL TAO DEL AMOR Y DEL SEXO.

Año de renacimiento espiritual y avances profesionales con reconocimiento.

Cabra de Fuego (1907-1967)

Sentirá mariposas en la panza y ganas de reformular su vida con un plan integral. Será la *star* del año: nuevas propuestas laborales en las que podrá expresarse a su medida, cambios en la relación de pareja para mejorar la convivencia, nuevos patrocinadores que le darán un lugar en la comunidad para organizar una nueva forma de economía basada en el trueque y en pymes, en la cual la cabra será la madrina y fortalecerá su autoestima.

Después de un largo tiempo de alejamiento, tendrá una reconciliación con la constelación familiar que la aliviará.

Sentirá que el conejo la observa desde la madriguera para ser su patrocinador, amigo, amante o mecenas.

Respirará nuevamente un aire que le faltaba y programará su vida en la naturaleza.

Año de pequeños, medianos y grandes logros.

Cabra de Tierra (1919-1979)

Comenzará el año del conejo celebrando un cambio de lugar; un viaje, una mudanza, un reencuentro con parte del zoo podrán estimularla para tomar decisiones que estaban esperándola.

Será premiada en su profesión y podrá tener ascensos en diferentes niveles que le abrirán nuevas puertas del corral.

Conocerá gente que llegará a su vida por crisis climáticas, de guerra, exclusión del sistema, y armará grupos de ayuda, de nutrición, estudio, *hobbies*, redes solidarias que la convertirán en una persona notable en la comunidad.

Podrá emanciparse económicamente de su familia; una herencia, un golpe de azar o un patrocinador la sorprenderá a mitad de año, dándole la libertad de elegir nuevo hábitat y ayudándola a crecer profesionalmente.

Un amor, una pasión o amistad inesperada le dará ganas de proyectar una familia y deseará traer conejitos al mundo.

Año de alegría, nuevos brotes de vida y reencuentros que sanarán el alma.

Cabra de Metal (1931-1991)

Año de cambios desde el ADN hasta el *look*, el feng shui de su corral, auto, moto o *sulky*.

Podrá visualizar "el futuro del éxtasis"; nadie la detendrá para concretar las hazañas humanas que la esperan. Será representante de los excluidos, enfermos, débiles, luchará contra los femicidios, la trata de personas y la explotación de niños. Su voz resonará en la galaxia y logrará sacar a la luz años de oscuridad e injusticia.

Su corazón latirá al ritmo de un cuarteto; se enamorará más de una vez, tendrá ganas de ser acompañada en nuevos emprendimientos fuera y dentro del país.

Buscará a los maestros que la guiaron con telepatía y a través de experiencias chamánicas para recuperar el sentido sagrado de la vida. Un año de gran apertura mental, emocional y física.

El conejo la agasajará desde el inicio hasta el fin de su reinado.

Cabra de Agua (1943-2003)

El año de su amigo, socio, patrocinador, el conejo de agua, quedará en su vida como el más creativo y divertido en mucho tiempo. Saldrá del corral al mundo para compartir su experiencia, poesía, arte, talento e ideas renovadoras en un tiempo sediento de líderes.

Podrá reencontrarse con la constelación familiar; recuperar el diálogo, la convivencia, los momentos de rituales sagrados y las tardes de juegos, caminatas, tenis, golf o equitación.

Sentirá que su vida recupera el eje, el buen humor y el estado nómada y curioso que enriquecen su visión del mundo.

Año de grandes logros personales, afectivos y profesionales.

Una persona que buscó durante mucho tiempo aparecerá y desaparecerá como por arte de magia, dejándole un legado muy valioso.

Año de saltitos cuánticos y emocionales gratificantes en su TAO.

L. S. D.

Solitario, en el interior
del bosque de bambúes,
me siento.
Rasgo mi laúd y tarareo
una canción.
En medio de la espesura
nadie advierte mi presencia.
Pero brillante, la luna acude
a verme.
¡Cuán feliz me siento
en su compañía!
Wang Wei (699-759)

Predicciones preventivas para el Mono basadas en la intuición, el I CHING y el ba zi

El mono tuvo un año del tigre en el que "SE DESINTEGRÓ MOLECULARMENTE", aceptando los desafíos que su opuesto complementario le regaló de golpe o en incómodas cuotas.

El estrés que atravesó en la familia, en la sociedad y en lo laboral lo dejó retraído en la copa de la palmera o del árbol más alto de la jungla.

Su reputación, fama, honores y trofeos se hicieron polvo.

Está en el purgatorio, finalizando el año rumbo al reinado de su amigo el conejo de agua para resucitar, dejar una vida y lentamente comenzar un nuevo ciclo.

Su sentido del humor lo ayudó en el safari que le deparó el felino; hizo un balance de un año en el que los espejismos se disolvían a medida que creía que alcanzaba las metas, y en el que su visión del mundo cambió para siempre.

El mono sabe que el conejo lo admira, quiere, protege y también le da algunos sustos con sus propuestas decentes e indecentes.

La magia rondará en sueños que antes de comenzar el año del conejo se concretarán uno tras otro.

Su autoestima, que estuvo con bajo perfil y sensaciones extrañas durante el año felino, será estimulada por gente creativa, fanes, amigos que sueñan con un proyecto en el cual sea el protagonista y pueda divertir y hacer pensar a la gente.

Es bueno que no vuele muy alto antes de tener en orden sus ideas, contratos, relaciones laborales, confianza en su capacidad profesional, y muchas ganas de concretar sus planes.

Estará solicitado; tendrá que distribuir muy bien su tiempo para no dispersarse y llegar a cumplir lo que le ofrecen.

El mono sabio se asesorará legalmente antes de firmar convenios. Las cáscaras de banana estarán a la orden del día, habrá dobles mensajes, traiciones del círculo cercano, y despertará envidia.

El arte será tener equilibrio entre sus deseos profundos, ser fiel a sus creencias y animarse a algo nuevo.

Este cóctel que le prepara el conejo será un trago fuerte; es bueno que sepa qué ingredientes tiene para que no resulte una patada al hígado.

Después de muchos años podrá cerrar la venta de un inmueble, una herencia, o invertir en algún bien que sea rentable.

El mono tendrá que atender su salud holísticamente.

Los cambios de clima, países y hemisferios podrían drenar su CHI (energía) y dejarlo débil o convaleciente un tiempo.

La alimentación a base de cereales, verduras, frutas y semillas será fundamental para su equilibrio emocional y físico.

No debe excederse en vicios y placeres que podrían sacarlo de eje y de la órbita profesional.

Es un año propenso a desbordes, excesos, a no cumplir con la rutina y dejarse llevar por el mal camino.

El orden en horarios, las técnicas de autoayuda lo equilibrarán mentalmente para no tener paranoia ni situaciones caóticas con socios y empleados, y lo harán lucir como un brillante para que lo pula el mejor orfebre.

Año de reencuentro con su alma, con amigos valiosos y nuevos sueños que se concretarán a mediano y largo plazo.

UNA DECISIÓN CLAVE DARÁ UN GIRO GALÁCTICO A SU VIDA.

L. S. D.

El I CHING les aconseja:
9. Hsiao Ch´u / La Fuerza Domesticadora
   de lo Pequeño

EL DICTAMEN
La Fuerza Domesticadora de lo Pequeño tiene éxito.
Densas nubes, ninguna lluvia de nuestra región del Oeste.

La parábola de las condiciones reinantes en la China durante la época del rey Wen. Él era oriundo de Occidente, pero en esa época se encontraba en la región oriental, en la corte del Gran Soberano, el rey tirano Chou Hsin. El momento para actuar en grande aún no había llegado. Tan solo podía refrenar al tirano en cierta medida valiéndose de palabras amables. De ahí la imagen de abundantes nubes que se levantan prometiendo al país humedad y bendición, pero sin que por el momento se precipite lluvia alguna. La situación no es desfavorable. Hay perspectivas de éxito final. Pero todavía quedan obstáculos en el camino. Solo es posible realizar trabajos preparatorios. Así, únicamente mediante los pequeños recursos que brindan las palabras de persuasión, amables, puede obtenerse algún efecto. La época de la acción penetrante en gran medida aún no ha llegado. Sin embargo, se consigue por lo menos ejercer, en una medida limitada, una acción refrenadora, amansadora. Al proceder de este modo y para lograr imponer su voluntad, hace falta una firme decisión en lo interior y una suave adaptación en lo exterior.

LA IMAGEN
El viento recorre el cielo:
la imagen de La Fuerza Domesticadora de lo Pequeño.
Así el noble va refinando la forma exterior de su naturaleza.

El viento, si bien va juntando las nubes en el cielo, como solo es aire y no posee un cuerpo sólido, no produce efectos grandes, duraderos. Así también al hombre, en épocas que no permiten una gran acción hacia afuera, solo le queda la posibilidad de refinar en lo pequeño las manifestaciones de su naturaleza.

El tránsito del Mono durante el año del Conejo

PREDICCIÓN GENERAL

El año del conejo pondrá alas en los pies del ya ágil mono. Todas las oportunidades que perdió o los retos que temió enfrentar volverán, aprovecharlos solo dependerá del interés que tenga por construir o reconstruir para el futuro; ese tipo de oportunidades vuelven pocas veces en la vida. En cuanto a asuntos familiares, el mono se impacientará fácilmente y dejará a la gente sin oportunidad de réplica o disculpa. El camino a la paz mental se construirá con comunicación, por lo cual se les recomienda buscar ayuda profesional: un buen terapeuta, un buen médico, un buen contador, un buen abogado; el dinero no faltará, no se preocupen.

Enero

Los primeros 21 días del mes todavía estarán bajo la tutela del tigre, entonces los retos que le ha impuesto el felino continúan; sin embargo, el mono se despedirá de su año opuesto bajo buenos términos. Incluso los monos más jóvenes reconocerán que ahora están más preparados para cualquier reto que se les enfrente.

El conejo traerá recompensas, descanso, salud y tranquilidad. Plata, tal vez a cuentagotas, pero por lo menos las probabilidades de pasar por bancarrota o adquirir deudas devastadoras serán mínimas. Solo necesitarán confiar en sus instintos y su capacidad para entender a los demás.

Febrero

El mes del tigre mantendrá al mono muy entretenido. Irá hasta donde no pudo ir durante años anteriores, haya sido por cambio de trabajo, mudanza o viajes. Podrá mejorar sus finanzas y suposición social. Estos cambios son consecuencia de lo vivido en el año del tigre, así que todo resultado dependerá de su capacidad para discernir qué es importante y qué deberá ser puesto en segundo o tercer lugar. A juzgar por lo que viene más adelante, le recomendamos que ponga atención a su desarrollo y salud emocional, ya que de ahí partirá todo lo demás, dentro de lo que se puede lograr en treinta días.

Marzo

El mono irá sin bagaje emocional ni pesadumbre a lo largo de este mes. El conejo doble será de ayuda porque trae consigo buenas noticias, una posición más cómoda, capacidad para sonreír. El mes del conejo en el año del conejo atrae buena fortuna en todos los sentidos, pero lo más importante es que este mes resulta tranquilo. Los siguientes días podrán meditar en todo lo que han logrado o, en el caso de los monos más jóvenes, serán capaces de aprender a desarrollar su capacidad para la empatía y el trabajo en equipo. Podrán ser líderes en el trabajo y en lo personal. Serán capaces de alentar a familiares y amigos.

Abril

Los monos y monas que hayan formado una familia anteriormente o que estén por traer conejitos al mundo estarán agitados porque a partir del 8 de abril es posible que sus responsabilidades y compromisos sean más arduos. La gente buscará que organicen todo lo mundano, festivales, encuentros sociales y actividades educativas. Serán muy requeridos para agregar ese toque divertido que solo les sale bien a los monos. El dragón lo pondrá a trabajar en ello y esto podría robarle algo de sueño, mas no su tranquilidad, porque estará haciendo lo que le gusta, y al final del mes se sentirá feliz.

Mayo

El mes de la serpiente nunca les ha sido sencillo en ningún año. Si el mono lleva un diario o agenda y da una leída a los de años anteriores, verá que buena parte de los conflictos a los que se ha enfrentado ocurren en este mes. La energía que se produce a partir de la combinación de energías provoca que el mono pierda un poco el brío y la resiliencia que le son característicos. Los monos neurodivergentes de cualquier edad serán los más sensibles del grupo, por lo que deberán alejarse de lugares y situaciones que suban sus niveles de ansiedad. Los demás solo tienen que ser más diplomáticos.

Junio

El caballo viene a tranquilizar los exabruptos del mes anterior. La energía del caballo combinada con la energía propia y la del conejo provoca lentitud, calma, encierro. En pocas ocasiones podría provocar encierro verdadero, ya sea por haber conducido a más velocidad de la permitida o por tener que esperar en casa todo el día al técnico del cable o internet; las cosas no fluirán con la misma facilidad que en meses anteriores. Puede aprovechar esas ocasiones para poner en orden papeles, hacer exámenes, llenar formularios. Si llega a sentirse intranquilo, le vendrá bien ponerse en contacto con los amigos.

Julio

Los independientes monos de 1956 y de 2016 podrían sufrir altibajos emocionales a causa de gente que los envidia por alguna razón que estará fuera del control de los monos. Este fenómeno no molestará tanto a los monos de otros años porque la energía fuego de los monos mencionados es especial, y hace que sean los más alegres del grupo. A los demás monos les importa poco lo que la gente opine, y buscarán refugio en la música, las artes en general y los amigos y familiares con los que han formado verdaderas tribus en las que solo manda el respeto. El secreto del éxito de aquí en adelante es ese: agruparse, no estar solos.

Agosto

El mes del mono con el año del conejo hará que la energía fluctúe mucho, por lo que a veces estarán tan concentrados en sus propios asuntos y preocupaciones que eso mismo los hará propensos a sufrir accidentes medianos o pequeños. Les recomendamos a los monos de 1944 y 2004 que eviten conducir cualquier vehículo si están muy preocupados, eso será tan peligroso como conducir en estado de ebriedad. Los monos de 1968 y 1980 tendrán que poner la salud en primer lugar, comenzando con sus dietas. La distracción podría provocar también pequeños robos. Le será de ayuda meditar, hacer ejercicio intenso y *mindfulness*.

Septiembre

El mono es curioso, y eso también hace que resulte altruista. Debido a esa situación es común que los dramas ajenos lo arrastren al grado de hacer de los problemas de otros una causa por la cual luchar. Está bien, pero los culebrones como de televisión que veremos en este mes podrían hacer que al mono le lluevan cocotazos después. Es importante ser solidario, pero primero tiene que aprender a poner límites. Esto va para los monos de 2016, que son los que apenas están comprendiendo al mundo. La experiencia de otros monos y de signos como la cabra y el búfalo serán importantes para su formación.

Octubre

El perro le trae descanso y la oportunidad de gozar de lo que ha ganado a lo largo del año, sin importar si es dinero, experiencia, nuevas amistades o salud renovada. Este es un tiempo para dejarse llevar por una que otra indulgencia, para reconectar con viejos amigos separados por malentendidos o la pandemia. Es un mes para aprender algo nuevo, pero chiquito, como cambiar una llanta, pulir plata, tejer macramé, es decir, cualquier cosa pequeñita que ayude a ajustar nuevamente algunos receptores de dopamina. También es un mes para meditar, ir a solas de vacaciones o al *spa*, y consentirse.

Noviembre

Si al volver de vacaciones se va directamente al trabajo, podría tener un pequeño *shock*. Es posible que el ambiente laboral no sea el más propicio para establecer relaciones empáticas e introspectivas. Si el medio en el que se mueve es muy competitivo, posiblemente esté conviviendo con vampiros emocionales que le drenarán la energía, entonces necesita cerrarse a socializar con ellos hasta que haya terminado el año del conejo. Tendrá que poner límites claros haciendo uso de una diplomacia que no todo el mundo merece, pero que hace falta para llevar la fiesta en paz.

Diciembre

El signo de la rata que gobierna el mes mantendrá distraída la energía del conejo y subirá la energía agua en el ambiente, lo cual hará del mono un ser mucho más rápido y ágil tanto física como mentalmente, pero les bajará un poquito la resistencia a los monos de 1932, 1980 y 1992.

Podrá debatir como ninguno en redes sociales y tendrá tal facilidad de palabra que podría conseguir empleo como escritor, poeta, editor, inventor o publicista. Le recomendamos a todos los monos que lleven un diario de ideas y vayan apuntando esas maravillas que saldrán de su cabeza, para después venderlas al mejor postor.

Predicciones para el Mono y su energía

Mono de Madera (1944-2004)

El aprendizaje del año del tigre lo dejó en el zaguán de una nueva vida.

Atravesó la *Ilíada* y la *Odisea*, aprendió lecciones humanas y soltó amarras.

Su búsqueda, su curiosidad lo llevarán a un nuevo lugar donde se radicará por un tiempo y aprenderá nuevos idiomas.

Su deseo de renovar su *look*, imagen, currículum, feng shui estará estimulado por el conejo de agua.

Para sentirse bien tendrá que dejar en orden temas legales en la constelación familiar.

Un amor que quedó en el camino de sus viajes exóticos volverá para pedirle matrimonio y algo más.

Es tiempo de hacer una desintoxicación integral: terapia colónica, de hígado, dieta y deporte.

Las dudas existenciales serán parte del interés de su año.

Volverá a tener una agitada vida social y política; sepa graduarse.

Mono de Fuego (1956-2016)

Después del tren bala del año del tigre buscará evaporarse en la selva.

Aprendió y cursó materias que debía y dejó sus siete cuerpos en contratos y trabajos en los que exploró nuevas facetas de su personalidad.

Despidió seres queridos, adoptó niños de la guerra, excluidos y piqueteros galácticos que lo sorprendieron en momentos de crisis.

El envión del año lo reencontrará consigo mismo asumiendo nuevos caminos, estudios, inversiones y sociedades en los que se sentirá pleno y divertido.

Reformulará una relación afectiva: tendrá que tomar conciencia de sus zonas erróneas y aceptar los cambios de ciclo y objetivos.

Podrá viajar a nuevos lugares que lo inspirarán para el arte, la comunicación, los desafíos que le brindará el conejo en su expansión profesional y en su vocación.

Estará dedicado a ayudar a gente que regresa al país, a familia que vive en el exterior, y a animarse a ir al fondo de su ser, como ALICIA EN EL PAÍS DE LAS MARAVILLAS.

Mono de Tierra (1908-1968)

Tiempo de revancha e introspección después del safari del felino.

Sentirá que dejó atrás una vida y que está abierto a escuchar qué le depara el año del conejo para soltar amarras hacia un nuevo destino.

Su talento, vocación y visión se acentuarán; podrá emprender así nuevos desafíos acompañado por su gran amor, pareja o relación E.T.

Estará selectivo en sus elecciones; podrá degustar cada momento con plenitud y seguir desarrollando su vocación, *hobby*, y compartir tiempo con amigos y con la constelación familiar.

El año será más liviano, ágil, lleno de novedades personales y mundiales que le abrirán puertas en el exterior para dar un salto cuántico en su vida.

Mono de Metal (1920-1980)

Año de revolución en sus siete cuerpos y en el alma.

Cambiará de planes sobre la marcha, saldrá de viaje sin boleto de retorno y se dejará llevar por el WU WEI (no forzar la acción de las cosas).

Será reconocido en el país y el exterior por su trabajo, oficio y profesión.

Es fundamental que no pierda la brújula de sus objetivos, pues el conejo lo desviará por distintos laberintos y podría sentirse fuera de la galaxia.

Estará más cariñoso, con ganas de hacer travesuras, tener un harén, olvidarse por un tiempo de la buena conducta y dedicarse a deportes físicos y mentales: ajedrez, bridge, canasta, equitación, golf, tenis y al TAO DEL AMOR Y DEL SEXO.

Mono de Agua (1932-1992)

Después de un tiempo de subibaja emocional, familiar, de estados alterados y ciclotímicos, logrará estabilizarse emocionalmente y resetear su vida.

Aparecerán amigos, parejas del pasado, y podrá saldar deudas pendientes.

En la familia habrá despedidas y nacimientos.

Podrá abrir su oficina, pyme u ONG para dar empleo, capacitación, y conseguirá plasmar ideas para el trabajo virtual, en redes, comunicación, agroindustria, permacultura, energía solar y eólica.

El conejo será su patrocinador, admirador y gran cómplice para compartir las mil y una noches embriagados de pasión y utopías.

Año de posibles logros, puertas que se abren al mundo si logra no perderse entre espejismos y falsos profetas.

L. S. D.

Temprano, en la mañana, salgo de Baidi,
envuelta en celajes para ir a Jiangling
viajando miles de li en un día.
Como oigo a lado y lado el grito de los monos
mi bote se desliza, rápido, ante multitud de colinas.

Li Bai - *Saliendo de Baidi en la mañana*

Predicciones preventivas para el Gallo
basadas en la intuición, el I CHING y el ba zi

Amanece en las sierras precámbricas donde vivo.
Día gris y plomizo del otoño tardío.
NO CANTA NINGÚN GALLO.

Rumbo al año del conejo de agua, su opuesto complementario, el gallo está atravesando "la noche oscura del alma, un período de transición entre una vida y otra".

Los fuertes cambios del año del tigre lo dejaron "PÍO PÍO"; hay que estar atento a mantener la salud holística, el esfuerzo por encontrar con el pico y las patas un grano de maíz, el sustento para los pollos y su tribu cosmicotelúrica.

Al gallo le gusta organizar, planear, imaginar cada paso que da, cada etapa, sumergirse en sus ensoñaciones despierto y salir del gallinero con su presencia que inspira respeto, elegancia, coquetería, a demostrar que puede supervisar la tarea del zoo.

Después de dos años de muchas presiones familiares, asistencia social, mudanzas, cambios de provincia o país, en los que lo desplumaron, sentirá que su renuncia, si es VERDADERA, le producirá LA LIBERACIÓN.

El gran desafío en su vida es entender, aceptar, y aprender del conejo. Son tan diferentes. Sus hábitos, costumbres, horarios, formas de resolver la vida los enfrentan a UN ESPEJO.

LA LIBERACIÓN comenzará cuando no le importe lo que piensan los demás de usted; su carácter, a veces irritable y autoritario, aleja a la gente y lo aísla.

Quedará deslumbrado con el movimiento que traerá el conejo al mundo; cambio de paradigma, nuevas formas de economía, relaciones afectivas, abundancia de oportunidades laborales fuera y dentro del sistema, más niños que adoptar o criar, pues es el año de la PROCREACIÓN.

En medio del torbellino, el gallo buscará un refugio en la naturaleza, en los amigos, en los grupos de arte núbico, meditación, cerámica o corte y confección.

Reconocerá que siempre quiso ser independiente y tener su propia pyme, kiosco, emprendimiento.

Los socios aparecerán en lugares inesperados; un *tour*, un cumpleaños, una conferencia, una marcha, un comedor o un hospital.

LA LIBERACIÓN será desde adentro hacia fuera. Cada día se levantará descreído, sin ánimo, pero cuando salga el sol volverá a cantar con la misma energía de los mejores tiempos.

Entre el año del tigre y el del conejo deberá poner orden en los papeles: sucesiones, herencias, jubilaciones, cambios de domicilio.

Su vida estará llena de nuevas vivencias: un flechazo, un amigo o amiga que le ofrece convivencia, la llegada de parientes del exterior, nuevas formas de relacionarse laboralmente sin fronteras, de abrazar a inmigrantes sin prejuicios, y seguir cada día el latido de su corazón sin dudar.

La familia lo comprenderá y lo dejará libre para que se recicle, intente salir del gallinero sin boleto de retorno, se tome un año sabático o se instale en un país donde vivió en su juventud.

Rebobinará su vida, pondrá énfasis en sus zonas erróneas, en sus peleas familiares en busca de reconocimiento que atrasaron resoluciones económicas y alejaron a la familia en momentos de crisis y enfermedades.

El año del conejo lo inundará de eros, de nuevos estímulos, de gente de diversas culturas que le aportarán cambios en su visión del mundo, en la convivencia, en los pasos a seguir cuando se le quemen los papeles.

Reconocerá que su ego, su soberbia, su espíritu conquistador lo alejaron de su esencia.

Sentirá ganas de volar alto; aún no puede, está débil o en convalecencia.

El año será un torbellino, por los cambios en el planeta.

Sufrirá consecuencias por el cambio climático, algún episodio cerca del mar o de volcanes; estará más influenciable a nuevas cepas, o trastornos mentales, a la despedida de alguien querido o a la llegada de algún nieto o hijo adoptivo.

LA LIBERACIÓN será parte del cambio profundo que realizará antes de la llegada de su aliado, el dragón de madera.

L. S. D.

El I CHING **les aconseja:**
40. Hsieh / La Liberación

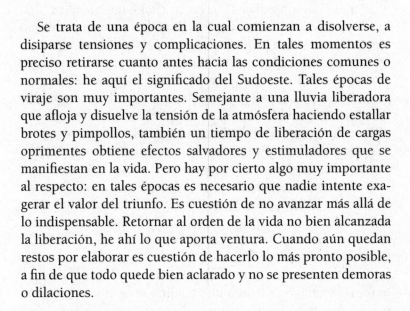

EL DICTAMEN
La Liberación. Es propicio el Sudoeste.
Si ya no queda nada adonde uno debiera ir,
es venturoso el regreso.
Si todavía hay algo adonde uno debiera ir,
entonces es venturosa la prontitud.

Se trata de una época en la cual comienzan a disolverse, a disiparse tensiones y complicaciones. En tales momentos es preciso retirarse cuanto antes hacia las condiciones comunes o normales: he aquí el significado del Sudoeste. Tales épocas de viraje son muy importantes. Semejante a una lluvia liberadora que afloja y disuelve la tensión de la atmósfera haciendo estallar brotes y pimpollos, también un tiempo de liberación de cargas oprimentes obtiene efectos salvadores y estimuladores que se manifiestan en la vida. Pero hay por cierto algo muy importante al respecto: en tales épocas es necesario que nadie intente exagerar el valor del triunfo. Es cuestión de no avanzar más allá de lo indispensable. Retornar al orden de la vida no bien alcanzada la liberación, he ahí lo que aporta ventura. Cuando aún quedan restos por elaborar es cuestión de hacerlo lo más pronto posible, a fin de que todo quede bien aclarado y no se presenten demoras o dilaciones.

LA IMAGEN
Trueno y lluvia se levantan:
la imagen de la Liberación.
Así el noble perdona las faltas y exime de culpa.

La acción de la tormenta purifica la atmósfera. Así procede también el noble con respecto a las faltas y los pecados de los hombres que provocan estados de tensión. Mediante su claridad promueve él la liberación. Sin embargo, cuando las transgresiones surgen a la luz del día, no se detiene para insistir en ellas;

sencillamente pasa por alto las faltas, las transgresiones involuntarias, tal como va perdiéndose el sonido reverberante del trueno, y perdona la culpa, las transgresiones deliberadas, al igual que el agua que limpia todas las cosas y quita toda suciedad.

El tránsito del Gallo durante el año del Conejo

PREDICCIÓN GENERAL

El año opuesto se llama Sui Po en chino, que significa "año roto", "rompe año" o "edad vieja". Los gallos pasarán por el año opuesto inmersos en lo que expresan esas traducciones, y por eso les pedimos especialmente que traten de tomarse un año sabático. Pidan ayuda a sus amigos o por lo menos lleven un proceso de terapia serio, que los tome de la mano a lo largo de un año del conejo que no le dará tregua. La combinación de energías les ofrecerá la oportunidad de deconstruirse: observarán sus virtudes y defectos de la misma manera en que un crítico especializado observa una película.

Deconstruirse significará para el gallo tocar fondo, desarmar lo que no sirve y rescatar lo que es esencialmente bueno, útil y bello.

Enero

El búfalo transmuta la personalidad del gallo siempre que lo toca. El gallo aún tendrá que seguir con la tónica impuesta por los meses anteriores porque el año del tigre de agua continúa hasta el 21 de este mes. Los niveles de congruencia y perseverancia del ave estarán al máximo; entonces, para evitar problemas más adelante se le recomienda organizar papeles, contraseñas, contactos y asuntos burocráticos, pagar deudas en la medida de lo posible y evitar a toda costa los gastos innecesarios.

Solo de esta manera el gallo podrá afrontar lo que se aproxima sin perder una sola pluma; el búfalo, que lo protege, le ayudará a lograrlo.

Febrero

Este mes servirá como una especie de epílogo que redondeará las experiencias vividas durante el año anterior. Para los gallos de 1933, 1945 y 1957 es recomendable escribir reflexiones y memorias, aunque sea en redes sociales, porque el tigre, que ha removido recuerdos y los ha puesto a prueba durante doce largos meses, ahora viene a preguntarles qué es lo que aprendieron. Además, el zoo espera con ansias las enseñanzas del ave. Los gallos más jóvenes tendrán capacidad para comunicarse eficientemente y sin provocar malentendidos. Si toman un curso para hablar en público, llegarán muy lejos.

Marzo

Este mes viene con dos conejos por el precio de uno, por lo que el gallo perderá su capacidad para moverse y su libertad emocional quedará bloqueada. Eso repercutirá en su salud. Es importante que a la primera señal de cambio de hábitos busque ayuda de un especialista.

Ahora la prioridad no será cómo volver las cosas a su estado anterior, sino cómo perseverar emocionalmente ante las pruebas de este mes y lo que viene a futuro. La palabra resiliencia será nueva en su vocabulario. Más que fuerte, el gallo necesita aprender a ser flexible, a ceder sin romperse y a cambiar sin perder su esencia.

Abril

La llegada del mes del dragón ayudará a resolver los problemas del mes anterior, pero es necesario que siga adelante con las recomendaciones antes hechas: buscar ayuda por parte de especialistas y aprender a hablar en público. Conocerse a sí mismo y expresarse con fluidez será esencial ahora y siempre, pero con la ayuda del dragón, estas herramientas podrían transmutar la influencia del conejo y hacer de este un año pasable. Los días 12 y 24 ajustarán la energía a su favor y es importante que sepa que estos son los únicos días buenos en todo el año para firmar documentos importantes.

Mayo

Los días 7, 19 y 31 el gallo hará una combinación con el signo de la serpiente que rige el mes. Esos días será más gallo que nunca, y eso puede resultar ambivalente; por un lado, el gallo se sentirá mejor consigo mismo, pero por el otro, al ser año del conejo, la gente afín a su signo opuesto podría antagonizar con el gallo, lo cual le cerrará algunas puertas. Si por alguna razón tiene que hacer tratos importantes con burócratas o trabajadores de mostrador es necesario que recurra a gestores o, al menos, a personas más diplomáticas. Es mejor que procure descansar.

Junio

El caballo podría ayudar al gallo evitándole conflictos con otras personas y no es que el caballo sea más diplomático que el ave, sino que su sola presencia puede controlar la energía del conejo y la del gallo mismo, calmando cualquier situación que apuntara a convertirse en un culebrón. Siendo así, el mes puede ser aprovechado para mejorar relaciones laborales, contactar a viejos amigos y solidificar tratos profesionales o de negocios, para después volver al gallinero y seguir el descanso. Los más jóvenes pueden hacer intercambio o servicio social.

Julio

La cabra (mes) es un signo que no parece perder la calma con nadie, más que con el gallo, y eso se debe a la combinación casi explosiva que tienen los dos cuando se juntan. Por eso es probable que nuestra querida ave haga enojar a algunas personas a lo largo del camino. En especial los gallos de 2005 y 2017, que podrían sufrir alguna injusticia o castigo por parte de gente mayor que no comprenderá sus argumentos. Los gallos nacidos en el siglo XX, incluso los de 1993, que siguen siendo jóvenes, se sentirán fuera de lugar, incomprendidos. Escribir lo que sienten ayudará a liberar esas emociones.

Agosto

El gallo y el mono hacen una mancuerna espectacular, así que este mes podrían incluso juntarse como pareja o compañeros de habitación. Toda vez que el gallo sienta que las cosas se complican, puede llamar a sus amigos del año del mono. El mono siempre tendrá listas para el gallo alguna receta o palabras de ánimo. Este mes traerá algo de frivolidad a su vida, que siempre está ocupada en algo trascendental. Bajo la tutela del mono el gallo podría mejorar mucho su estado de ánimo, yendo al teatro o a tomar un martini después de caminar por el parque. Lo que sea que se le ocurra es mejor que pelear en el trabajo o la escuela.

Septiembre

El mes del gallo en el año del conejo hará que todo el mundo sienta lo que ocurre cuando estos dos signos se juntan haciendo un efecto de empatía a la inversa, que podría ayudar momentáneamente al gallo. Esto quiere decir que será más fácil que la gente comprenda qué es lo que siente el gallo, y entenderán sus mecanismos de defensa. Eso no significa que el gallo aprenderá a comunicarse efectivamente, sino que la gente le pondrá más atención, y con ese tiempo extra podrá explicar su mente y proyectos. Le será más fácil lograr la cooperación entre colegas o en la escuela.

Octubre

El mes del perro será complicado porque el gallo conseguirá cumplir con metas en cuanto a lo profesional o social se refiere, pero podría sentirse desanimado. Esas rachas de tristeza empeorarán si se le ocurre meterse en lugares con mucha energía *yin*, como templos o iglesias oscuras, o ir a ver películas tristes, bosques de lluvia, cabañas húmedas, por ejemplo. Se le recomienda ir a la playa, al desierto, a fiestas al aire libre, hacer comunión con la luz del sol y convivir con gente alegre, niños, ruido. Así podrá despejar la cabeza y seguir adelante con sus proyectos sin ideas pesimistas en la cabeza.

Noviembre

El mes del chancho será como una montaña rusa de emociones y anécdotas porque combinados con días tranquilos vendrán días de mucho movimiento y cambios fuertes. Hay peligro de contraer enfermedades por bacterias y virus, así que deberá tener cuidado con lo que come, y también fijarse a quién le da la mano. Los días más difíciles serán: 1, 6, 8, 13, 18, 20, 25 y 30. Durante ellos es importante que no coma en la calle, que mantenga una "sana distancia", igual que en tiempos de pandemia, y, especialmente, que no deje que la tristeza se apodere de su ser, pues sus defensas bajarán a causa de las emociones que no pueda manejar.

Diciembre

Conforme el año del conejo se acerque a su fin, el gallo irá sintiendo que sus fuerzas y su determinación van aumentando, y que lo ayudan a sentirse feliz y útil para el mundo. La combinación energética de la rata atrae momentos felices, descanso, tranquilidad psíquica y emocional.

Estos días son para hacer las paces con sus seres amados, pero eso significa también que necesita aprender a poner límites y no permitir jamás que otros abusen de su tiempo o que le roben el prana. También será otro mes para organizar cajones y papeleos, que son el reflejo del estado en que se encuentra su mente. Ánimo.

Predicciones para el Gallo y su energía

Gallo de Madera (1945-2005)

Comenzará el año del conejo pidiendo asilo en la ONU galáctica.

El mundo cambió velozmente y necesitará tiempo y nuevos planes para insertarse en este planeta.

Su corazón estará desbocado: una pasión, un reencuentro o un amor platónico le sacudirá las plumas y el kundalini.

Cambiará de lugar de trabajo; los cambios políticos y sociales lo dejarán a la intemperie por un tiempo.

Su gallinero necesitará ser reciclado con feng shui, aparecerán mecenas, socios y amigos que le aportarán ideas renovadoras y podrá sentirse más estable emocionalmente.

Deberá elegir con lucidez entre dos propuestas laborales: una en el país y otra en el exterior. Dependerá de su necesidad afectiva y de animarse a empezar un nuevo ciclo lejos del zoo.

AÑO DE REVOLUCIÓN Y CAMBIOS SISTÉMICOS.

Gallo de Fuego (1957-2017)

Año de LIBERACIÓN y nuevos planes en su vida familiar, profesional y creativa. Soltará amarras, dejará organizado el corral para reencontrarse con sueños y utopías.

Sorpresas gratas en la familia, nuevos amigos en la búsqueda espiritual y de proyectos que quedaron en el olvido.

Podrá sentir que renace debajo de sus plumas y transforma día a día su vida con técnicas de autoayuda.

Se radicará un tiempo en la naturaleza, en un nuevo lugar, donde podrá integrarse con éxito en la comunidad.

Su profesión se acrecentará con nuevos maestros, colegas, alumnos que apreciarán su experiencia y cultura.

Habrá sobresaltos con el zoo.

Urgencias económicas, préstamos o remates de inmuebles para saldar alguna deuda le demandarán tiempo con contadores y abogados.

Entre intrigas y gallos de medianoche será reconocido un largo proyecto, estudio o tesis.

El conejo le contagiará entusiasmo, originalidad, vida social y travesuras eróticas.

Gallo de Tierra (1909-1969)

Tiempo de acomodar los afectos, los papeles, los amigos y la constelación familiar.

Llegará agotado al año del conejo; la vida le jugó pruebas entre el infra y el supramundo para sacudirlo sistémicamente.

PREDICAR Y PRACTICAR es el mensaje del año; los mensajes serán dictados por los ancestros para que no se desvíe.

En la pareja habrá peleas, diferentes objetivos, aburrimiento y ganas de tomar vacaciones para reciclar la relación.

Su autoestima estará devaluada: es fundamental que pida asistencia cuando sienta que el cosmos cae sobre su espalda.

Intentará nuevas sociedades, alianzas laborales, recomponer pymes o empresas del pasado.

Tenga un cable al cielo y otro a la tierra para no desviarse de sus objetivos; es un año para no volar muy alto.

Compartirá gratos viajes con el zoo, podrá conocer gente de otras culturas y enamorarse en un crucero o viaje en el tren bala entre Madrid y Sevilla.

Gallo de Metal (1921-1981)

Año de revolución en su vida.

Cambiará desde el *look* hasta la forma de seguir en la lucha de causas perdidas.

Estará rodeado de gente que lo ayudará en su tarea cotidiana, trabajo, asistencia en los temas legales, y le darán un nuevo GPS para instalarse en un lugar que lo inspire.

El conejo sacará a la luz lo mejor y lo peor de usted.

Es fundamental que tenga la sabiduría para dejar lo tóxico y nutrir lo saludable que se acerca a su vida.

Tiempo de recolección de afectos, amigos en el exterior, experiencias místicas, chamánicas y de trabajos en redes, cibertecnología y grupos de autoayuda.

Recuperará la salud, la alegría, el tiempo para el deporte, EL TAO DEL AMOR Y DEL SEXO y tendrá deseos de procreación.

También convivirá con espejismos y aventuras, como ALICIA EN EL PAÍS DE LAS MARAVILLAS.

Gallo de Agua (1933-1993)

Tiempo de cambios positivos en su vida.

Dejará atrás el pasado y remontará una nueva etapa llena de sorpresas.

Para que reine la paz, es recomendable que ponga en orden el gallinero: desde los reclamos que provengan de hijos, padres, hermanos hasta la parte legal, sucesiones y subdivisiones de terrenos o inmuebles.

Su necesidad de cambios estará acompañada por el conejo, que podrá valorar su talento, servicio social y capacidad laboral en distintos emprendimientos.

El amor lo visitará disfrazado en sueños, en la feria y en los viajes para que retornen el eros y la seducción a su apacible existencia.

Nuevos amigos le ofrecerán trabajos golondrina que lo estimularán en ideas renovadoras para avanzar en su crecimiento integral: salud, deporte, trabajos manuales y artísticos.

A pesar de los sobresaltos del año del conejo encontrará nuevos caminos para desarrollar su vocación.

L. S. D.

Larga ha sido la noche
y lenta el alba en llegar a esta tierra,
por cientos de años
giraron los demonios en frenética danza
y los quinientos millones de hombres
estaban separados.
Pero ahora ha cantado el gallo
y todo brilla bajo el cielo.
La música que en mil lugares tañen
hasta nosotros llega,
y de Khotan viene la inspiración
que el poeta jamás antes tuviera.

Mao Zedong - *Respuesta al señor Liu Ya-Zi*

Predicciones preventivas para el Perro
basadas en la intuición, el I CHING y el ba zi

GUAUAUA GUAUA GUAU.

El año del tigre fue para el perro un año de grandes riesgos y desafíos.

Salió de la cucha atento a las señales del mundo, que lo requería para que fuera líder de movimientos humanistas, espirituales, sociales, y de diversas voces que no tienen micrófono para proteger a la gente.

Su pedigrí se notó en la nobleza de su corazón; acudió a cada llamado de su familia, amigos, vecinos, y hasta gente *homeless* para brindarles servicios, techo, comida y sobre todo su oreja amiga.

También necesitó ser escuchado, apuntalado en los momentos de ciencia ficción que le deparó su amigo el tigre, en los que debió decidir en segundos un cambio de rumbo de sus planes.

El año del conejo lo recompensará con creces.

Su MODESTIA y SOLIDARIDAD serán premiadas con inesperados golpes de azar, fortuna, becas y patrocinadores.

El perro sabe que su mejor capital reside en su lealtad y confianza; inspira a la gente dando el ejemplo.

Ha desarrollado la virtud de saber escuchar a los más necesitados, indigentes, excluidos, y siempre les brinda un huesito para el puchero.

Sin dejar de lado sus hábitos, su rutina y autodisciplina, ha salido a socorrer y apagar incendios reales y metafóricos.

El conejo será el amigo *light* que el perro necesita para divertirse.

Saldrá a la vida con pasaje de ida, aunque sea a dar la vuelta al perro.

Su entusiasmo por descubrir nuevos artistas, maestros y científicos lo mantendrá en estado de vigilia; necesita sacarse las pulgas, darse un baño en el Arroyo de los Patos y mover la colita como Pochi para ser la *vedette* del lugar.

El perro recuperará el humor ácido, negro, desopilante que lo mantuvo siempre entreteniendo a su público y a desconocidos, pues su carisma atraviesa la Panamericana. Será un año de recolección por tanto dar, dar y dar sin esperar algo a cambio.

Recibirá invitaciones para viajar por el mundo y el país, con gente que le brindará su amistad, estima y también su cucha.

Se convertirá en ANDARIEGO.

A pesar de su espíritu sobreprotector, decidirá que es tiempo de delegar responsabilidades en gente de confianza y salir en busca de experiencias, aventuras, romances que se presentarán en fiestas, reuniones, peñas, asambleas, marchas, y que lograrán conmoverlo.

Todo tendrá nuevo sabor y color, y renovará su ajuar para revolcarse en algún granero, maizal o en las baldosas del patio.

Tendrá que hacerse cargo del rol o lugar que le dan en la sociedad y asumirlo con convicción.

Su ardua tarea de predicar y practicar dará resultados en el año del conejo.

Podrá sanar un vínculo del pasado en forma inesperada y amorosa.

Tensiones, problemas judiciales, jaqueos en las redes y estafas serán superados con lucidez y buen asesoramiento legal.

La SOLIDARIDAD en la comunidad de los hombres le hará desarrollar más el olfato, la intuición, el sentido común para participar en cambios de gestión a corto y mediano plazo.

Su corazón latirá al compás de un tambor africano.

Amores del pasado retornarán en sueños y en premoniciones que se cumplirán con éxito.

Será un año para alivianar el equipaje, los bienes materiales, y ser un perro nómada, educado, modesto y cariñoso para quien desee adoptarlo un rato.

Deberá enfrentar sus demonios, contradicciones, días de impotencia, furia y desazón por la falta de empatía que sentirá en algunas personas desalmadas.

Despedirá a sus seres queridos con desapego.

Su vida de perro guardián *full life* cumplirá un ciclo.

Hará un repaso de su existencia: buscará lugares, personas y citas que le devolverán el entusiasmo.

Retomará un oficio manual, un *hobby* o comenzará a tomar

cursos de escenografía, utilería o corte y confección para colaborar en la economía familiar y aportar un aire nuevo.

El conejo será patrocinador y mecenas de sus nuevas ideas, obras de teatro, revistas digitales, recitales, conciertos u obras de emprendimientos inmobiliarios.

Tendrá el día ocupado en más de un trabajo y en salidas nocturnas, noches de celo, de sexo y *rock and roll*.

L. S. D.

El i CHING les aconseja:
56. Lü / El Andariego

EL DICTAMEN
El Andariego. Éxito por lo pequeño.
Al andariego la perseverancia le trae ventura.

Como viajero y extranjero uno no debe mostrarse brusco ni pretender subir demasiado alto. No dispone uno de un gran círculo de relaciones; no hay, pues, motivo de jactarse. Es necesario ser precavido y reservado; de este modo uno se protegerá del mal. Si uno se muestra atento con los demás, conquistará éxitos. El andariego no tiene morada fija, la carretera es su hogar. De ahí que ha de preocuparse por conservar interiormente su rectitud y firmeza, y cuidar de detenerse únicamente en lugares adecuados manteniendo trato tan solo con gente buena. Entonces tendrá ventura y podrá seguir viaje sin ser molestado.

LA IMAGEN
Sobre la montaña hay fuego: la imagen del andariego.
Así el noble aplica con claridad y cautela las penalidades
y no arrastra pendencias.

Cuando el pasto sobre la montaña se quema, da un claro resplandor. Pero el fuego no permanece allí, sino que continúa su andanza en busca de un nuevo alimento. Es un fenómeno muy fugaz. Lo mismo ha de suceder con los castigos y los pleitos. Es necesario que se trate de fenómenos muy fugaces y que estos no se arrastren a otros lugares. Las prisiones han de ser algo que solo acoge a la gente en forma pasajera, como si fuesen huéspedes. No deben convertirse en morada de los hombres.

El tránsito del Perro durante el año del Conejo

PREDICCIÓN GENERAL

El perro viene de buscar explosivos en campos minados. Los signos afines al tigre –perro y caballo–, tuvieron un año muy difícil, así que este año será un poco más calmo, no por falta de sucesos importantes, sino porque energéticamente el perro estará más claro en lo que necesita y en cómo llegar a salvo a la meta deseada sin perder nada en el camino.

El conejo atrae influencia positiva por parte de mujeres mayores, instituciones y escuelas, por lo que este es un buen año para perros estudiantes o perros que quieren volver a la escuela. Los demás canes necesitarán agrupar fuerzas para mudar pelaje y dejar la cucha.

Enero

Aún sigue el año del tigre, el cual no es el más feliz de su vida, pero al menos ahora sabe con quién cuenta y a quién conviene dejar atrás. Es importante que el perro aprenda a poner límites. Antes de que termine el año del tigre el perro deberá liberarse de cadenas, correas y alimento desabrido; deberá vivir solo como él quiere. Los perros nacidos en el siglo xx podrían tener problemas hormonales que les bajarán la energía un poco, pero eso se soluciona con ayuda profesional y una dieta más sana. Los canes de 2006 y 2018 podrían tener problemas de vista por usar pantallas durante mucho tiempo. Cuidado.

Febrero

La energía del mes del tigre subirá la necesidad de evadirse por medio de aparatos electrónicos, lo cual podría arruinarle muchas oportunidades. En vez de buscar series en línea, sería mejor que buscara becas, concursos y diplomaturas que podrían dar un giro a su existencia. Este mes subirá la cantidad de oportunidades que deberá aprovechar para alcanzar una vida más estable. Incluso los perros de 1934 verán que hay instituciones e individuos que creen en sus múltiples talentos. Podrá brillar nuevamente, ladrar a la luna y disfrutar, siempre y cuando permita que el optimismo llegue de nuevo a su vida.

Marzo

Este mes atrae doble conejo, lo cual sonará muy divertido para los perros de 1982, 1994, 2006 y hasta para los nenes de 2018, pero podría atraer problemas con la salud hormonal, el aparato reproductor y el corazón en perros de 1934, 1946, 1958 y hasta el espectacular perro de 1970, que parece que goza de una salud perfecta. El secreto, según la medicina tradicional china, está en ver el estado de ánimo del perro: si ríe mucho sin razón y su cara se pone roja con cualquier esfuerzo menor, cuidado: el exceso de energía fuego podría meterle un susto espantoso. Será mejor que prevenga con ayuda de dieta y médicos.

Abril

Si pasó el mes anterior sin mayores contratiempos, este mes podría usarlo para salir de vacaciones, visitar amigos o familiares y relajarse, pero es importante que no conduzca solo por carretera entre las 19 y las 21 horas. Este mes es más propicio para hacer equipo con sus mejores amigos; facilitar la carga de trabajo podría ayudarle a tener una mejor relación con quienes lo rodean. También es importante no hacer caso de noticias falsas, apagar el televisor, sobre todo los perros de 1934 y 1946, que están muy metidos en asuntos que en realidad no pueden controlar. Cuidado.

Mayo

El mes de la serpiente será un mes frívolo en el que lo más banal resultará importante, aunque sea por un corto momento, por lo que vivirá un merecido tiempo para relajarse y descansar. A partir de ahora las cosas serán mucho más manejables, en especial si el perro ha puesto mayor atención a su salud y se encuentra bajo tratamientos o terapias que realmente estén dando resultado. Para los perros con una constitución más fuerte, este mes será de cambios amorosos. Conocerá gente nueva, posiblemente iniciará relaciones menos intensas y amistades divertidas que vendrán a quitarle telarañas molestas de la cabeza.

Junio

La combinación de energía propia del mes del caballo sube de nuevo la probabilidad de sufrir accidentes de carretera, sobre todo si es él quien conduce, por eso le recomendamos no arriesgarse y hacer todas las actividades cerca de casa. Los canes de 1970 y los de años anteriores necesitan continuar con tratamientos y terapias para prevenir problemas cardíacos, además de evitar eventos que suban su presión sanguínea, así que no es bueno que den conciertos de cuatro horas o maratones. Los perros más jóvenes necesitan prestar atención a su entorno y no exponerse demasiado al clima: ni muy frío ni muy caliente.

Julio

En todo el zodíaco no hay signo más amistoso que el perro. Se enamoran rápidamente y crean amistades con gente que en realidad no conocen del todo, algo que podría traerle algunos problemas durante este mes, en particular a las mujeres de este signo. La combinación licenciosa de la energía anual combinada con la tendencia al mal de amores del mes de la cabra confundirá a la gente nueva y en muchos casos habrá quienes quieran aprovecharse, entonces será mejor que el perro se acerque a viejos amores y a amistades añejas, que estarán felices por tenerlo de nuevo a su lado y lo protegerán.

Agosto

Este será otro mes accidentado y de mudanzas. Estamos en una era en la que la vida puede transcurrir por medio de videollamadas y mensajes instantáneos, por lo tanto, recomendamos que no empaque las maletas tan seguido y procure usar más el transporte público disponible en su ciudad. La cocina y el baño también podrían ser lugares riesgosos que deberá blindar a prueba de porrazos. Es importante que medite y se tranquilice antes de comenzar a trabajar, cuando tome objetos punzocortantes y cuando tenga que caminar en la calle. Si se concentra, pasará el mes sin una sola visita al hospital.

Septiembre

El mes del gallo atraerá toda clase de dramas en el mundo entero, desde lo político y público hasta lo más íntimo de todos los hogares, y el perro, que quiere conciliar y mediar en todos los conflictos, podría quedar mal parado, sobre todo cuando intente defender a sus amores, su familia y amigos. Para pasar este mes en paz, es recomendable que evite todo encuentro con personas apasionadas que buscarán el carisma del can para atraer clientes, amistades o votos. Será mejor que busque a los amigos gallo y mono, perro y caballo, que estarán en situaciones parecidas, para apoyarse mutuamente.

Octubre

Este mes mejorará su vida laboral, subirá su carisma natural y algunos perros podrían pasar por una transición importante en la cual su aspecto físico mejorará mucho; eso le abrirá más puertas en el aspecto personal y profesional. Tendrá capacidad de mando, buenas ideas, y lo mejor: sus superiores y colegas podrían de verdad escucharlo y usar esas ideas, lo cual tendrá buenos resultados en general. Las mujeres de este signo tal vez encuentren algo de competencia y envidia, pero es muy probable que consigan lo que necesitan para convencer hasta a las piedras.

Noviembre

El mes del chancho trae mal de amores con un toque de persuasión. También levantará un poco el peligro de sufrir accidentes y problemas relacionados con la salud cardíaca; por lo tanto, este es el mes adecuado para ir de vacaciones, tomar una terapia que se enfoque más en su desarrollo personal y no en resolver problemas inmediatos. Se podrá conectar con sus amores, familiares y amigos, y volver un poco a esa normalidad que tanto extraña. Será un mes tranquilo, que tal vez le dejará espacio para cambiar la decoración de la casa y hacerse rodear de belleza y de un ambiente más saludable.

Diciembre

El mes de la rata será un retroceso comparado con el mes del chancho anterior, sobre todo para los perros de la farándula. Para evitar problemas deberá replegarse, no resolver la vida de todos, dejar a un lado querellas y entrevistas y, en general, no hablar en público.

Este mes es para pagar impuestos y hacer trámites, pero sin protestar, sin ser el paladín de brillante armadura. Si puede contratar a terceros para resolver ese tipo de asuntos, resultará mejor para salvar su integridad emocional y evitarse tragos amargos. Cumpliendo con todo eso podrá disfrutar de las fiestas decembrinas en calma.

Predicciones para el Perro y su energía

Perro de Madera (1934-1994)

Llegará con la lengua afuera al año del conejo de agua.

Tuvo que atravesar la *Ilíada* y la *Odisea* para no perder lo esencial: la cucha, el trabajo en blanco y negro y los amores que consiguió en la vida y especialmente en el año del tigre.

El año del conejo le brindará gratas sorpresas: reencuentros con amigos del pasado, viajes por el mundo y una nueva visión de su rol familiar.

Las despedidas serán con amor y compasión; tendrá ofertas para iniciar nuevos emprendimientos artesanales en ONG, sociedades y cooperativas.

Promediando el año cambiará su cucha por otros paisajes que lo inspiren en reformular su existencia.

Sorpresas gratas por reconocimiento a su trayectoria profesional, al aporte a la cultura y a la investigación científica le darán prana (energía).

Será protagonista activo de los cambios en el país; su consejo certero y oportuno ayudará a mejorar condiciones sociales y económicas.

Año fecundo en nuevos caminos que necesitarán de su participación real y virtual.

Perro de Fuego (1946-2006)

Comenzará el año del conejo con entusiasmo y planes renovadores. Su vocación viajera encontrará eco para planificar largas temporadas en el exterior.

Se le abrirán puertas, contactos y patrocinadores para estudios, becas e intercambio estudiantil en diversos países, que serán un gran aporte a su enriquecimiento cultural.

La familia estará unida y le dará un rol esencial por su modestia y sentido común.

Un amor aparecerá y lo sorprenderá cambiando su GPS; una nueva familia de diversas raíces étnicas y culturales lo adoptará para su establecimiento en un nuevo país.

Su vocación solidaria y original será un gran aporte a los cambios sistémicos del planeta y del país.

Es recomendable que ante una crisis acuda a técnicas de autoayuda: biodecodificación, yoga, meditación dinámica, arte núbico, tambores africanos, danza, canto, terapia de flores de Bach.

Año de florecimiento interior y certeza en su vocación.

Perro de Tierra (1958-2018)

Queridos canes: El deseo y decretar lo que se quiere tiene valor para el año del conejo.

JULIO, mi amigo serrano, me susurró:

En lo colectivo, que terminen la violencia y la barbarie, que ocurra el fin de la guerra.

Que dejen de someter a la gente, para que en nuestro país se pueda trabajar, estudiar, comer y vivir libremente. Elegir qué hacer y vivir libremente, que se pueda andar por la calle sin que otro quiera robarle hasta la vida.

No quiero vivir contrarreloj, con la lengua afuera para la sobrevivencia.

Disfrutar el paraíso: cada día debe ser superador de lo vivido; para eso me preparé física, mental y espiritualmente con toda la experiencia para dar ese salto cuántico.

El perro encontrará en el conejo su espejo, aliado, cómplice para soltar amarras de deberes y responsabilidades que le chuparon el prana, y así soñar con la transformación que vivió ALICIA EN EL PAÍS DE LAS MARAVILLAS.

Año de nuevos rumbos y viajes interiores que nutrirán sus células, pensamientos y sentimientos.

EL TAO DEL AMOR Y DEL SEXO será parte de su retorno al eros.

Perro de Metal (1910-1970)

Año de cambios profundos en su vida.

La solidaridad desplegada en la comunidad de los hombres dará sus frutos. Sentirá que llegó el tiempo de compartir el esfuerzo de su trabajo con discípulos, extranjeros y personas que compartan su cosmovisión.

Deberá atarse al mástil para no escuchar el canto de las sirenas que buscarán atraparlo en sus redes, provocando una desestabilización emocional.

Su carisma le abrirá puertas que le facilitarán acortar el camino hacia la libertad.

Concretará una relación afectiva que lo desveló día y noche; puede formar una familia *part time* y seguir con sus obligaciones y vocación en armonía.

Crecerá en su empresa, ONG, escuela o universidad desplegando su talento y creatividad. La familia lo cuestionará cuando sienta que no los atiende ni contiene como en otros años.

El fruto de su trabajo florecerá con apoyo de movimientos que estén en sintonía con sus ideas y su planificación a mediano y largo plazo en áreas de arte, cultura, turismo, salud y ecología.

Año de placeres terrenales y celestiales.

Perro de Agua (1922-1982)

Durante el año del conejo necesitará explorar el mundo, buscar nuevas alianzas en lo personal y profesional para expandir su conocimiento.

Su pasión por el arte, la comunicación, la meteorología y la astrología le darán herramientas para transformar una forma de aprender en otra, con resultados positivos en las nuevas generaciones.

Prestará atención a quienes están excluidos del nuevo mapa mundial y será parte de la ayuda solidaria en barrios, zonas rurales, escuelas y hospitales.

Viajando por el mundo conocerá gente que le brindará cucha, trabajo, nuevas ideas y amigos.

Su espíritu estará sediento de nuevos aprendizajes que le facilitarán acortar la distancia con gente de otras culturas.

Practicará el desapego, el hoponopono, la adaptación a diversas etnias de pueblos originarios.

Su pasión por lo desconocido se acrecentará con decisiones que le cobrarán en la constelación familiar.

Año de almacenar experiencias y compartirlas en medios de comunicación, libros o documentales.

Su perseverancia le dará frutos; escuche más a su intuición que a la razón.

L. S. D.

En medio del murmullo del arroyo ladra un perro.
Tras la lluvia, flores de durazno más atractivas.
En lo más hondo del bosque, corre uno que otro ciervo.
No se oyen campanas junto al agua del mediodía.
Cortinas de bambúes separan nieblas azuladas.
De la esmeralda cumbre vuela hacia abajo una cascada.
Nadie sabe adónde puede el ermitaño haber ido.
Melancólico, descanso recostado en un pino.

Li Bai - *Visita infructuosa al taoísta del Monte Daitian*

Predicciones preventivas para el Chancho basadas en la intuición, el I CHING y el ba zi

Hoy, 28 de abril, día chancho y en el TZOLKIN AHAU 6, papá cumpliría 99 años; por eso le dedico esta predicción, confiando en que la escuchará desde su morada.

El año del conejo de agua será para los jabalíes una esperanza digna de paciencia mientras transitan el tsunami del felino.

La experiencia de tren bala, cambios abruptos de planes, riesgos que le causaron estrés y desgano, pérdidas familiares de socios y amigos, viajes que no fueron placenteros, mudanzas sin convicción produjeron inestabilidad emocional y síntomas en la salud que deberán atender con paciencia china.

El mundo cambió velozmente y el chancho alteró su ritmo contemplativo, su hábitat, modo de vida y rutina para salvarse del naufragio.

La recompensa será digna del encuentro de Alicia con el conejo blanco, que la invitó a un viaje para que se reencontrara con ella, su universo, eje, armonía, amor correspondido, amigos empáticos y su vocación plasmada en logros a corto, mediano y largo plazo.

La afinidad entre chancho y conejo produce grandes transformaciones, momentos mágicos, placeres terrenales y cambios hormonales.

El conejo adora y protege al chancho, le brinda amor, comprensión, vida hogareña y un toque de frivolidad que lo ayudará a salir de sus pozos depresivos y de la insoportable levedad del ser.

El chancho pondrá los mojones de su nuevo terreno; comenzará a construir su chiquero con permacultura y energía renovable. Tendrá su huerta orgánica, cítricos, aromáticas florecidas, y podrá invitar a sus seres queridos a degustar su sazonado menú de diversos platos que le brinda su espacio.

El retorno a la simpleza y el ritmo que marca la salida y la puesta de sol serán sus aliados.

Podrá participar en eventos culturales; será reconocido y se cotizará en bitcoins.

Su humor será el de Woody Allen antes de la separación con

Mia Farrow. Tendrá ganas de agrandar el zoo con hijos adoptivos, mascotas o amigos *homeless*.

Su entusiasmo se expandirá, contagiará buen humor, inspirando nuevas generaciones con su maestría.

Se animará a lo que siempre le marcó un límite.

Saldrá del chiquero, viajará por el mundo recolectando los frutos de su experiencia, visión, artes manuales, conectividad por redes y nuevas aplicaciones.

El año del conejo lo pondrá en un lugar de privilegio.

Aparecerán patrocinadores y gente del extranjero para nuevas ofertas y conjugará estudio con trabajo, amor con aventuras, búsqueda espiritual con maestros que serán espejos de sus dudas y aciertos.

Pisará fuerte la tierra con sus pezuñas, lustrará su pelaje bajo los rayos del sol en el campo, creará un universo a su imagen y semejanza y no hará reclamos a nadie por un largo tiempo.

La época requiere de su constancia, participación, solidaridad y de su ocio creativo en la comunidad de los hombres.

La metamorfosis de oruga a mariposa será como el arco iris que brilla después de una tormenta.

A disfrutar este año lleno de bendiciones y alegría de vivir.

L. S. D.

El I CHING les aconseja:
11. T'ai / La Paz

EL DICTAMEN
La paz. Lo pequeño se va, llega lo grande.
¡Ventura! ¡Éxito!

En la naturaleza, este signo alude a una época en la cual, por así decirlo, reina el cielo sobre la tierra. El Cielo se ha colocado por debajo de la Tierra. Así sus fuerzas se unen en íntima armonía. De ello emana paz y bendición para todos los seres.

En el mundo humano se trata de una época de concordia social. Los encumbrados condescienden con los de abajo. Y los de abajo, los inferiores, abrigan sentimientos amistosos para con los elevados, y así llega a su término toda contienda. En lo interior, en el centro, en el puesto decisivo, se halla lo luminoso; lo oscuro está afuera. Así lo luminoso actúa con vigor y lo oscuro se muestra transigente. De este modo ambas partes obtienen lo que les corresponde. Cuando en la sociedad, los buenos ocupan una posición central y tienen el gobierno en sus manos, también los malos experimentan su influjo y se vuelven mejores. Cuando, dentro del hombre, reina el espíritu que procede del cielo, su influjo abarca también a la sensualidad y esta obtiene así el sitio que le corresponde.

Las líneas individuales ingresan en el signo desde abajo, y arriba vuelven a abandonarlo: de este modo los pequeños, los débiles, los malos están yéndose, y ascienden los grandes, los fuertes, los buenos. Este hecho es fuente de ventura y éxito.

LA IMAGEN
Cielo y Tierra se unen: la imagen de La Paz.
Así reparte y completa el soberano
el curso de cielo y tierra,
fomenta y ordena los dones de cielo y tierra,
con lo cual asiste al pueblo.

Cielo y tierra cultivan su trato y unen sus afectos. Esto da por resultado una época general de florecimiento y prosperidad. Semejante corriente de energía ha de ser regulada por el soberano de los hombres. Este lo lleva a cabo mediante la distribución. Así el tiempo indiferenciado, de acuerdo con la secuencia de sus fenómenos, es subdividido por el hombre en estaciones del año y, en virtud de definiciones humanas, el espacio que todo lo abarca aparece diferenciado por puntos cardinales. De esta manera la naturaleza, con su avasalladora plenitud de fenómenos, se ve limitada y controlada. Por el otro lado, es necesario estimular a la naturaleza en lo que produce. Esto sucede cuando se adapta su producción a la época que le corresponde y al lugar correcto, pues con ello se incrementa el rendimiento natural. Tal actividad de estímulo y sujeción de la naturaleza constituye una labor que redunda en beneficio del hombre.

El tránsito del Chancho durante el año del Conejo

PREDICCIÓN GENERAL

La energía del año del conejo pondrá a trabajar arduamente a la cabra y al chancho, porque energéticamente el conejo manda en la tríada que forman esos signos y sube la energía madera, la cual se expresa por medio de la ira y el valor. Durante estos meses será difícil aprender a desprenderse y dejar de controlar lo que hacen sus seres amados, sobre todo para los chanchos que se dediquen a los negocios, la política y la milicia. Los chanchos que se dediquen al arte, la literatura y la danza vivirán más en paz, pero es importante que sepan buscar su inspiración en la calma que traen la meditación, una dieta saludable y amores menos intensos.

Enero

El mes de la rata mejorará su capacidad de concentración, empatía y sensibilidad en general, pero el tigre seguirá con su influencia y combinación de energía madera hasta el día 21; después de eso, comenzará un año sumamente arduo, con mucho trabajo.

Entonces, los chanchos que sufran depresión o ansiedad podrían complicar un poco las relaciones laborales y su capacidad para dormir profundamente, por lo tanto, descansar y ser más asertivo en las mañanas representará todo un reto. Les recomendamos meditación o usar aplicaciones en sus teléfonos móviles para mejorar sus hábitos.

Febrero

El mes del tigre eliminará cualquier rastro de ansiedades que pudieran haberse formado incluso en años anteriores. La energía madera solo afectará de manera intensa a los chanchos de 1935 y 1995, sobre todo en lo que se refiere a la salud de su sistema digestivo y sus tendones; por lo tanto les recomendamos no comer platos grasosos y evitar hacer cosas peligrosas. Los cerdos de 1947 y 2007 podrían revivir memorias alegres, por lo cual les aconsejamos escribir eso en sus diarios o agendas, para así recordar esos momentos en tiempos menos felices. Los demás chanchos estarán valientes, como Don Quijote, pero el mundo está lleno de molinos de viento.

Marzo

El mes del conejo traerá oportunidades de trabajo para los cerdos, aunque es posible que ese mismo trabajo sea excesivo. También hay que respetar los tiempos y el desarrollo de los chanchitos de 2019, ya que son tan inteligentes que padres y maestros podrían cometer el error de adelantarlos en la enseñanza de tareas y actividades que son más apropiadas para chicos hasta dos años mayores. Para transitar este mes con calma, hay que limitar las horas de trabajo y dedicar tiempo a mejorar su salud física, meditar, organizar y solucionar asuntos concernientes a trámites engorrosos pero inevitables.

Abril

Este es uno de los meses más complejos del año. Para los chanchos de 1947, es posible que sea uno de los más complicados en sesenta años. Este mes atrae problemas externos constantes, pero mantendrá una capacidad enorme para separar lo personal de lo ajeno y, gracias a ello, podrá saber cómo mantener intacta su ternura hacia los que más ama. Todos los chanchos querrán comprometerse, formar una familia o proteger la que ya tienen, los más jóvenes desearán convertirse en superhéroes y tomar más responsabilidades de las que pueden abarcar. Todo eso está bien, siempre y cuando tomen precauciones y cuiden su salud física y emocional.

Mayo

El mes opuesto será menos complejo que en otros años. Los chanchos de 1947 tienen retos distintos a los demás chanchos; tendrán que cuidar sus finanzas al máximo y no pedir dinero o créditos; si necesitan plata, es mejor que vendan algún objeto de valor. En el caso de los chanchos de 2007, sus padres necesitan atender mejor sus necesidades y escucharlos sin juzgarlos. Los demás chanchos tienen que ser más pacientes, no tratar de leer entre líneas a las personas de su entorno, ya que sus capacidades perceptivas serán menores. Hay que buscar modos de aclarar problemas antes de que se compliquen.

Junio

Este será un mes con muchos altibajos, que harán que los chanchos reaccionen de manera distinta según el año de nacimiento. Los de 1947 y 2007 estarán muy inquietos, por momentos incómodos, sin razón aparente. Los de 1971 estarán agotados, pero sorpresivamente más resilientes. Los de 1995 serán menos afectados por estos cambios de energía, pero los de 2019 podrían volver locos a sus padres con sus travesuras. Los días en que ocurrirá todo esto serán: 5, 12, 17, 24 y 29. Una manera de controlar estos cambios es buscar ayuda y espectáculos, actividades o momentos divertidos.

Julio

Este mes los chanchos se atreverán a hacer cosas que no harían de cualquier otra manera. Como también es probable que tengan muchas más responsabilidades, trabajo o tareas, esa combinación de energías atraerá a algunos vampiros energéticos. En algunos casos, familiares y jefes probablemente les demanden más tiempo, dinero o atención; para evitar quedar drenados o con problemas, es importante que este mes lo aprovechen también para poner límites hasta donde se sientan más cómodos. De lo contrario, podrían perder el poco tiempo libre que les queda o llegar a sentir que tienen que salvar el mundo.

Agosto

Este será un mes para mantener el perfil bajo y no arriesgarse. El mono podría atraer accidentes en el trabajo, por lo que los chanchos que se dediquen a actividades un tanto peligrosas necesitan poner mucha atención a su equipo de trabajo y las medidas de seguridad. Si acaso se dedican a algo en verdad riesgoso, tomen un mes de vacaciones. Los demás chanchos necesitarán poner más atención cuando estén en la cocina y el baño o cuando conduzcan.

Los padres de los chanchitos de 2019 necesitarán poner atención en todo lo que el nene se meta en la boca para poder prevenir accidentes.

Septiembre

El mes del gallo choca con el conejo y afectará a los signos de la tríada del conejo. Ese choque se activará en los días del dragón y el caballo: 7, 9, 19, 21 y 24. En esos días es recomendable que no haga nada que pueda arriesgar de manera física o legal su libertad e integridad. Este mes lo puede usar para poner orden, limpiar la casa y hacer algunos arreglos que no involucren el manejo de herramientas peligrosas, gas y electricidad. También es un buen mes para buscar ayuda profesional si se siente deprimido, delegar responsabilidades en el trabajo y dialogar con sus superiores.

Octubre

Este es un mes en el cual la injusticia y la falta de equidad serán los temas más hablados. Las mujeres chancho (cis y trans) resentirán mucho más lo que ocurra en estos días, porque además sus capacidades para la diplomacia y para poner en orden sus pensamientos se verán disminuidas. Si pueden, es mejor organizarse en lo colectivo para que otras personas funcionen como intermediarias en caso de tener que recurrir a una querella o a hablar con jefes y autoridades. Los chanchos de 1995 y 2007 podrían aprender más de los chanchos de 1947, que están más entrenados en eso de pedir justicia.

Noviembre

Todos los signos de la tríada de madera (conejo, cabra y chancho) sentirán que este mes les da la energía robada anteriormente. El chancho reaccionará mejor, ya que la energía agua y madera del mes elevará la necesidad de proteger a su familia y amigos. Los días 9 y 21 pueden ser aprovechados para reparar o mejorar cualquier situación que haya quedado pendiente durante el mes anterior. Particularmente los chanchos de 1935 podrían comenzar alguna rutina de ejercicio, hasta donde su físico lo permita, y los de 1959 y 2019 pueden comenzar alguna rutina saludable y proponerse que los acompañe para siempre.

Diciembre
El mes de la rata trae una combinación de energía agua que se activa durante los días 3, 15 y 27 que se suman a la combinación compatible entre la rata y el chancho. Es muy probable que este mes le sirva para enmendar cualquier corazón roto, ya sea ajeno o el suyo propio. Diciembre atrae posibilidades para el amor, los compromisos emocionales y momentos divertidos. Este mes podrá irse de vacaciones, visitar amigos y familiares, relajarse y perdonar. Podrá olvidar los momentos amargos con más facilidad si constela o va a terapia, pero no es recomendable desahogarse en redes sociales. Discreción ante todo. ¡Felicidades!

Predicciones para el Chancho y su energía

Chancho de Madera (1935-1995)
Al llegar el año del conejo de agua, en el chiquero brillarán el sol, la luna y los planetas.

Comenzarán a solucionarse los problemas legales, afectivos y familiares; un nuevo ciclo lo transformará por dentro y por fuera.

Sentirá mariposas en la panza, abundarán las experiencias de placeres terrenales, el hedonismo y la pasión por profundizar en nuevos emprendimientos en los que estará al servicio en la comunidad de los hombres.

El conejo lo hechizará con su inefable seducción, su *glamour* y *sex appeal*.

Sentirá que retorna a "su paraíso", donde se reencontrará con amigos de antaño, del extranjero y nuevos grupos de motoqueros, amantes de la equitación, el golf, la bicicleta, o de juegos de azar y de mesa.

Nada lo detendrá en la búsqueda de nuevos trabajos en los que su talento sobresaldrá con la gente que conocerá viajando, o en ONG, en Médicos sin fronteras y en bibliotecas.

Tendrá buenas ofertas laborales y podrá concretar un sueño de la infancia de la mano del conejo mágico, que lo llevará a un viaje por tierras remotas en el que abrirá la percepción y sanará viejas heridas.

Chancho de Fuego (1947-2007)

Será un año en el que podrá disfrutar la vida desde otra dimensión.

El desapego hacia los asuntos terrenales, la familia y el trabajo cumplirá un ciclo.

Estará dispuesto a comenzar un viaje con lo esencial para conocer nuevos lugares, amigos y aventuras que lo transformarán en un jabalí dotado de virtudes que serán ejemplo en los jóvenes y en la comunidad.

Su corazón responderá al llamado de un amor que lo mantendrá inspirado, entusiasmado, fascinado, con nuevas ideas para construir su hogar con energía eólica, solar y con la técnica del feng shui.

Deberá estar atento a trampas, traiciones, dobles mensajes que surgirán en círculos de gente conocida, en el barrio, trabajo, o en las redes en las que es presa fácil de los ciberataques.

Podrá recuperar el buen humor, la magia, la fe en la vida y en los proyectos ecológicos.

Será reconocido y premiado por su labor y ganará un viaje o beca de estudios que transformarán su cosmovisión.

Año de logros y entusiasmo.

Chancho de Tierra (1959-2019)

Año de grandes decisiones y metanoia (cambio de rumbo).

Comenzará el año del conejo con *bonus track:* cambios inesperados podrían liberarlo de lazos que lo atan a situaciones de inestabilidad emocional para afianzarse con decisión en nuevos emprendimientos.

Estará saludable, atlético, ágil y lleno de ideas que serán reconocidas y valoradas por su pareja, familia, amigos y socios.

Los viajes serán la sal de la vida. Recuperará la inspiración, el sentido de pertenencia, los amigos y la autoestima.

Podrá exponer su talento en diversos lugares; el planeta necesita de su sentido común, capacidad planificadora, orden e ideas renovadoras.

Será capaz de asociarse con gente nueva que lo guiará en esta etapa con honestidad, lucidez y mérito para desarrollar su caudal creativo y visionario.

Tendrá ganancias espirituales y logrará generar nuevas inversiones que lo harán recuperar su patrimonio durante el año del conejo.

Estará *sexy*, muy asediado por fanes y nuevos seguidores por sus propuestas de cambios posibles en tiempos de crisis e incertidumbre.

De la mano de su pareja podrá disfrutar de logros compartidos y negocios prósperos.

Chancho de Metal (1911-1971)

El año del conejo lo estimulará a desarrollar su caudal creativo, de imaginación y vocación en tierra fértil.

Su sensibilidad y sentido común le abrirán puertas para crecer en actividades humanistas, en el arte y la comunicación.

Participará en seminarios, foros, conferencias en el país y en el mundo, y será clave en la toma de decisiones para encauzar la estabilidad socioeconómica y de la sociedad civil.

Año de reconciliación con sus zonas erróneas, de sanación en la constelación familiar, de nuevos proyectos con gente de diferentes culturas en el agro, la industria, la publicidad y el comercio.

Será candidato a ocupar lugares de trascendencia en la sociedad, sumará conocimiento, capacidad de diálogo y reconciliación con diferentes personas de partidos políticos.

La adrenalina del año del conejo lo mantendrá en estado de vigilia, controlando el chiquero personal y nacional con firmeza y convicción.

Finalizando el año buscará un nuevo lugar para vivir, lejos de los agitados días que lo mantuvieron en la cresta de la ola mediática.

Chancho de Agua (1923-1983)

Durante este año buscará salir del chiquero y revisar su vida con introspección, meditación, y cultivando la huerta.

Los cambios intensos y acelerados entre el año del tigre y el del conejo afectaron su salud holística.

Estará abierto a escuchar a los amigos y a esperar mecenas para su desarrollo artístico, mediático y vocacional.

Se dedicará a ayudar a inmigrantes, gente sin techo ni comida, a adoptar niños y mascotas, y organizar lugares para recibir donaciones para cubrir demandas.

Su corazón latirá fuerte; un amor inesperado aparecerá para brindarle apoyo, cariño, protección y una nueva forma de convivencia.

Tendrá que elegir sus prioridades, pues el conejo lo mantendrá muy ocupado y divertido.

Podría perder en una apuesta lo que ganó con meritocracia, con esfuerzo y vocación.

Año de cambios profundos en su cosmovisión y hábitos.

Enfrentará una crisis familiar de la que saldrá fortalecido.

L. S. D.

Una vez, en Liaodong, a un porquero le salió en su piara
un cerdito de cabeza blanca,
y creyendo que se trataba de un prodigio,
decidió regalárselo a la corte.
Cuando llegó a Hedong, sin embargo,
advirtió que ahí todos los puercos
tenían la cabeza blanca;
muy corrido regresó a su casa.

Historia de la Dinastía Han posterior - El cerdo de cabeza blanca

Los años lunares exactos desde 1924 hasta 2032

SIGNO					
Rata	05/02/1924	a	24/01/1925	madera	+
Búfalo	25/01/1925	a	12/02/1926	madera	-
Tigre	13/02/1926	a	01/02/1927	fuego	+
Conejo	02/02/1927	a	22/01/1928	fuego	-
Dragón	23/01/1928	a	09/02/1929	tierra	+
Serpiente	10/02/1929	a	29/01/1930	tierra	-
Caballo	30/01/1930	a	16/02/1931	metal	+
Cabra	17/02/1931	a	05/02/1932	metal	-
Mono	06/02/1932	a	25/01/1933	agua	+
Gallo	26/01/1933	a	13/02/1934	agua	-
Perro	14/02/1934	a	03/02/1935	madera	+
Chancho	04/02/1935	a	23/01/1936	madera	-
Rata	24/01/1936	a	10/02/1937	fuego	+
Búfalo	11/02/1937	a	30/01/1938	fuego	-
Tigre	31/01/1938	a	18/02/1939	tierra	+
Conejo	19/02/1939	a	07/02/1940	tierra	-
Dragón	08/02/1940	a	26/01/1941	metal	+
Serpiente	27/01/1941	a	14/02/1942	metal	-
Caballo	15/02/1942	a	04/02/1943	agua	+
Cabra	05/02/1943	a	24/01/1944	agua	-
Mono	25/01/1944	a	12/02/1945	madera	+
Gallo	13/02/1945	a	01/02/1946	madera	-
Perro	02/02/1946	a	21/01/1947	fuego	+
Chancho	22/01/1947	a	09/02/1948	fuego	-
Rata	10/02/1948	a	28/01/1949	tierra	+
Búfalo	29/01/1949	a	16/02/1950	tierra	-
Tigre	17/02/1950	a	05/02/1951	metal	+
Conejo	06/02/1951	a	26/01/1952	metal	-
Dragón	27/01/1952	a	13/02/1953	agua	+
Serpiente	14/02/1953	a	02/02/1954	agua	-
Caballo	03/02/1954	a	23/01/1955	madera	+
Cabra	24/01/1955	a	11/02/1956	madera	-
Mono	12/02/1956	a	30/01/1957	fuego	+
Gallo	31/01/1957	a	17/02/1958	fuego	-
Perro	18/02/1958	a	07/02/1959	tierra	+
Chancho	08/02/1959	a	27/01/1960	tierra	-

SIGNO					
Rata	28/01/1960	a	14/02/1961	metal	+
Búfalo	15/02/1961	a	04/02/1962	metal	-
Tigre	05/02/1962	a	24/01/1963	agua	+
Conejo	25/01/1963	a	12/02/1964	agua	-
Dragón	13/02/1964	a	01/02/1965	madera	+
Serpiente	02/02/1965	a	20/01/1966	madera	-
Caballo	21/01/1966	a	08/02/1967	fuego	+
Cabra	09/02/1967	a	29/01/1968	fuego	-
Mono	30/01/1968	a	16/02/1969	tierra	+
Gallo	17/02/1969	a	05/02/1970	tierra	-
Perro	06/02/1970	a	26/01/1971	metal	+
Chancho	27/01/1971	a	14/02/1972	metal	-
Rata	15/02/1972	a	02/02/1973	agua	+
Búfalo	03/02/1973	a	22/01/1974	agua	-
Tigre	23/01/1974	a	10/02/1975	madera	+
Conejo	11/02/1975	a	30/01/1976	madera	-
Dragón	31/01/1976	a	17/02/1977	fuego	+
Serpiente	18/02/1977	a	06/02/1978	fuego	-
Caballo	07/02/1978	a	27/01/1979	tierra	+
Cabra	28/01/1979	a	15/02/1980	tierra	-
Mono	16/02/1980	a	04/02/1981	metal	+
Gallo	05/02/1981	a	24/01/1982	metal	-
Perro	25/01/1982	a	12/02/1983	agua	+
Chancho	13/02/1983	a	01/02/1984	agua	-
Rata	02/02/1984	a	19/02/1985	madera	+
Búfalo	20/02/1985	a	08/02/1986	madera	-
Tigre	09/02/1986	a	28/01/1987	fuego	+
Conejo	29/01/1987	a	16/02/1988	fuego	-
Dragón	17/02/1988	a	05/02/1989	tierra	+
Serpiente	06/02/1989	a	26/01/1990	tierra	-
Caballo	27/01/1990	a	14/02/1991	metal	+
Cabra	15/02/1991	a	03/02/1992	metal	-
Mono	04/02/1992	a	22/01/1993	agua	+
Gallo	23/01/1993	a	09/02/1994	agua	-
Perro	10/02/1994	a	30/01/1995	madera	+
Chancho	31/01/1995	a	18/02/1996	madera	-

SIGNO					
Rata	19/02/1996	a	06/02/1997	fuego	+
Búfalo	07/02/1997	a	27/01/1998	fuego	-
Tigre	28/01/1998	a	15/02/1999	tierra	+
Conejo	16/02/1999	a	04/02/2000	tierra	-
Dragón	05/02/2000	a	23/01/2001	metal	+
Serpiente	24/01/2001	a	11/02/2002	metal	-
Caballo	12/02/2002	a	31/01/2003	agua	+
Cabra	01/02/2003	a	21/01/2004	agua	-
Mono	22/01/2004	a	08/02/2005	madera	+
Gallo	09/02/2005	a	28/01/2006	madera	-
Perro	29/01/2006	a	17/02/2007	fuego	+
Chancho	18/02/2007	a	06/02/2008	fuego	-
Rata	07/02/2008	a	25/01/2009	tierra	+
Búfalo	26/01/2009	a	13/02/2010	tierra	-
Tigre	14/02/2010	a	02/02/2011	metal	+
Conejo	03/02/2011	a	22/01/2012	metal	-
Dragón	23/01/2012	a	09/02/2013	agua	+
Serpiente	10/02/2013	a	30/01/2014	agua	-
Caballo	31/01/2014	a	18/02/2015	madera	+
Cabra	19/02/2015	a	07/02/2016	madera	-
Mono	08/02/2016	a	27/01/2017	fuego	+
Gallo	28/01/2017	a	15/02/2018	fuego	-
Perro	16/02/2018	a	04/02/2019	tierra	+
Chancho	05/02/2019	a	24/01/2020	tierra	-
Rata	25/01/2020	a	11/02/2021	metal	+
Búfalo	12/02/2021	a	31/01/2022	metal	-
Tigre	01/02/2022	a	21/01/2023	agua	+
Conejo	22/01/2023	a	09/02/2024	agua	-
Dragón	10/02/2024	a	28/01/2025	madera	+
Serpiente	29/01/2025	a	16/02/2026	madera	-
Caballo	17/02/2026	a	05/02/2027	fuego	+
Cabra	06/02/2027	a	25/01/2028	fuego	-
Mono	26/01/2028	a	12/02/2029	tierra	+
Gallo	13/02/2029	a	02/02/2030	tierra	-
Perro	03/02/2030	a	22/01/2031	metal	+
Chancho	23/01/2031	a	10/02/2032	metal	-

Correspondencia según fecha de nacimiento y Ki nueve estrellas

AÑO	10 KAN		12 SHI		KI 9 ESTRELLAS
1919	Tierra menor	6	Oveja (cabra)	9	Fuego púrpura
1920	Metal mayor	3	Mono	8	Tierra blanca
1921	Metal menor	9	Gallo	7	Metal rojo
1922	Agua mayor	6	Perro	6	Metal blanco
1923	Agua menor	3	Jabalí (cerdo-chancho)	5	Tierra amarilla
1924	Árbol mayor	9	Rata	4	Árbol verde oscuro
1925	Árbol menor	6	Vaca (buey-búfalo)	3	Árbol verde brillante
1926	Fuego mayor	3	Tigre	2	Tierra negra
1927	Fuego menor	9	Conejo (liebre-gato)	1	Agua blanca
1928	Tierra mayor	6	Dragón	9	Fuego púrpura
1929	Tierra menor	3	Serpiente	8	Tierra blanca
1930	Metal mayor	9	Caballo	7	Metal rojo
1931	Metal menor	6	Oveja (cabra)	6	Metal blanco
1932	Agua mayor	3	Mono	5	Tierra amarilla
1933	Agua menor	9	Gallo	4	Árbol verde oscuro
1934	Árbol mayor	6	Perro	3	Árbol verde brillante
1935	Árbol menor	3	Jabalí (cerdo-chancho)	2	Tierra negra
1936	Fuego mayor	9	Rata	1	Agua blanca
1937	Fuego menor	6	Vaca (buey-búfalo)	9	Fuego púrpura
1938	Tierra mayor	3	Tigre	8	Tierra blanca
1939	Tierra menor	9	Conejo (liebre-gato)	7	Metal rojo
1940	Metal mayor	6	Dragón	6	Metal blanco
1941	Metal menor	3	Serpiente	5	Tierra amarilla
1942	Agua mayor	9	Caballo	4	Árbol verde oscuro
1943	Agua menor	6	Oveja (cabra)	3	Árbol verde brillante
1944	Árbol mayor	3	Mono	2	Tierra negra
1945	Árbol menor	9	Gallo	1	Agua blanca
1946	Fuego mayor	6	Perro	9	Fuego púrpura
1947	Fuego menor	3	Jabalí (cerdo-chancho)	8	Tierra blanca
1948	Tierra mayor	9	Rata	7	Metal rojo
1949	Tierra menor	6	Vaca (buey-búfalo)	6	Metal blanco
1950	Metal mayor	3	Tigre	5	Tierra amarilla
1951	Metal menor	9	Conejo (liebre-gato)	4	Árbol verde oscuro

AÑO	10 KAN		12 SHI		KI 9 ESTRELLAS
1952	Agua mayor	6	Dragón	3	Árbol verde brillante
1953	Agua menor	3	Serpiente	2	Tierra negra
1954	Árbol mayor	9	Caballo	1	Agua blanca
1955	Árbol menor	6	Oveja (cabra)	9	Fuego púrpura
1956	Fuego mayor	3	Mono	8	Tierra blanca
1957	Fuego menor	9	Gallo	7	Metal rojo
1958	Tierra mayor	6	Perro	6	Metal blanco
1959	Tierra menor	3	Jabalí (cerdo-chancho)	5	Tierra amarilla
1960	Metal mayor	9	Rata	4	Árbol verde oscuro
1961	Metal menor	6	Vaca (buey-búfalo)	3	Árbol verde brillante
1962	Agua mayor	3	Tigre	2	Tierra negra
1963	Agua menor	9	Conejo (liebre-gato)	1	Agua blanca
1964	Árbol mayor	6	Dragón	9	Fuego púrpura
1965	Árbol menor	3	Serpiente	8	Tierra blanca
1966	Fuego mayor	9	Caballo	7	Metal rojo
1967	Fuego menor	6	Oveja (cabra)	6	Metal blanco
1968	Tierra mayor	3	Mono	5	Tierra amarilla
1969	Tierra menor	9	Gallo	4	Árbol verde oscuro
1970	Metal mayor	6	Perro	3	Árbol verde brillante
1971	Metal menor	3	Jabalí (cerdo-chancho)	2	Tierra negra
1972	Agua mayor	9	Rata	1	Agua blanca
1973	Agua menor	6	Vaca (buey-búfalo)	9	Fuego púrpura
1974	Árbol mayor	3	Tigre	8	Tierra blanca
1975	Árbol menor	9	Conejo (liebre-gato)	7	Metal rojo
1976	Fuego mayor	6	Dragón	6	Metal blanco
1977	Fuego menor	3	Serpiente	5	Tierra amarilla
1978	Tierra mayor	9	Caballo	4	Árbol verde oscuro
1979	Tierra menor	6	Oveja (cabra)	3	Árbol verde brillante
1980	Metal mayor	3	Mono	2	Tierra negra
1981	Metal menor	9	Gallo	1	Agua blanca
1982	Agua mayor	6	Perro	9	Fuego púrpura
1983	Agua menor	3	Jabalí (cerdo-chancho)	8	Tierra blanca
1984	Árbol mayor	9	Rata	7	Metal rojo
1985	Árbol menor	6	Vaca (buey-búfalo)	6	Metal blanco
1986	Fuego mayor	3	Tigre	5	Tierra amarilla

AÑO	10 KAN		12 SHI		KI 9 ESTRELLAS
1987	Fuego menor	9	Conejo (liebre-gato)	4	Árbol verde oscuro
1988	Tierra mayor	6	Dragón	3	Árbol verde brillante
1989	Tierra menor	3	Serpiente	2	Tierra negra
1990	Metal mayor	9	Caballo	1	Agua blanca
1991	Metal menor	6	Oveja (cabra)	9	Fuego púrpura
1992	Agua mayor	3	Mono	8	Tierra blanca
1993	Agua menor	9	Gallo	7	Metal rojo
1994	Árbol mayor	6	Perro	6	Metal blanco
1995	Árbol menor	3	Jabalí (cerdo-chancho)	5	Tierra amarilla
1996	Fuego mayor	9	Rata	4	Árbol verde oscuro
1997	Fuego menor	6	Vaca (buey-búfalo)	3	Árbol verde brillante
1998	Tierra mayor	3	Tigre	2	Tierra negra
1999	Tierra menor	9	Conejo (liebre-gato)	1	Agua blanca
2000	Metal mayor	6	Dragón	9	Fuego púrpura
2001	Metal menor	3	Serpiente	8	Tierra blanca
2002	Agua mayor	9	Caballo	7	Metal rojo
2003	Agua menor	6	Oveja (cabra)	6	Metal blanco
2004	Árbol mayor	3	Mono	5	Tierra amarilla
2005	Árbol menor	9	Gallo	1	Agua blanca
2006	Fuego mayor	6	Perro	9	Fuego púrpura
2007	Fuego menor	3	Jabalí (cerdo-chancho)	8	Tierra blanca
2008	Tierra mayor	9	Rata	7	Metal rojo
2009	Tierra menor	6	Vaca (buey-búfalo)	6	Metal blanco
2010	Metal mayor	3	Tigre	5	Tierra amarilla
2011	Metal menor	9	Conejo (liebre-gato)	4	Árbol verde oscuro
2012	Agua mayor	6	Dragón	3	Árbol verde brillante
2013	Agua menor	3	Serpiente	2	Tierra negra
2014	Árbol mayor	9	Caballo	1	Agua blanca
2015	Árbol menor	6	Oveja (cabra)	9	Fuego púrpura
2016	Fuego mayor	3	Mono	8	Tierra blanca
2017	Fuego menor	9	Gallo	7	Metal rojo
2018	Tierra mayor	6	Perro	6	Metal blanco
2019	Tierra menor	3	Jabalí (cerdo-chancho)	5	Tierra amarilla
2020	Metal mayor	9	Rata	4	Árbol verde oscuro
2021	Metal menor	6	Vaca (buey-búfalo)	3	Árbol verde brillante

Un viaje por los años del Conejo

Conejo de Madera 14-02-1915 al 02-02-1916

En Estados Unidos, María Tifoidea (1869-1938), la primera persona identificada como un portador asintomático de fiebre tifoidea, fue puesta en cuarentena de por vida. Su nombre real era Mary Mallon. • El *RMS Lusitania* fue hundido por el submarino alemán *U-20*. El transatlántico había partido de Nueva York y se dirigía a Liverpool. • Fue publicado el libro *La metamorfosis*, de Franz Kafka.

Conejo de Fuego 02-02-1927 al 22-01-1928

Charles Lindbergh realizó el primer vuelo transatlántico en solitario en su monoplano *Spirit of St. Louis*. Voló desde Nueva York a París. • En Estados Unidos se estrenó la primera película sonora de la historia: *El cantante de jazz*. • En la Argentina se realizó la primera comunicación telegráfica con la Antártida, desde las islas Orcadas del Sur.

Conejo de Tierra 19-02-1939 al 07-02-1940

En Bombay, India, Mahatma Gandhi comenzó un ayuno para protestar contra el gobierno británico. • Terminó la Guerra Civil Española. • Se firmó el pacto Mólotov-Ribbentrop por el cual Hitler y Stalin se repartirían Europa oriental. • Las tropas alemanas invadieron Polonia y dieron inicio a la Segunda Guerra Mundial.

Conejo de Metal 06-02-1951 al 26-01-1952

En Rocquencourt, Francia, se estableció el cuartel general de las fuerzas de la OTAN. • En Estados Unidos se votó la 22ª enmienda a la Constitución, que limita las presidencias a dos períodos. • Frank Sinatra se casó con la actriz Ava Gardner. • En Venezuela, la expedición franco venezolana al mando de Franz Rísquez Iribarren llegó a las fuentes del gran río Orinoco.

Conejo de Agua 25-01-1963 al 12-02-1964

En el Reino Unido, The Beatles presentó su primer álbum de estudio, *Please Please Me*. • En la Argentina, fue elegido presidente el doctor Arturo Umberto Illia. • Martin Luther King pronunció su famoso discurso "I have a dream". • Fue asesinado en Dallas, Estados Unidos, el presidente John Fitzgerald Kennedy. • En la provincia de Alicante, España, fue descubierto el Tesoro de Villena.

Conejo de Madera 11-02-1975 al 30-01-1976
En el Reino Unido, la reina Isabel II dio el título de Caballero a Charles Chaplin. • Mozambique, Cabo Verde, Santo Tomé y Príncipe se independizaron de Portugal. • La montañera japonesa Junko Tabei alcanzó la cima del monte Everest, y se convirtió en la primera mujer en lograrlo. • La sociedad The Beatles & Co fue disuelta por un tribunal supremo.

Conejo de Fuego 29-01- 1987 al 16-02-1988
En Nueva York, en una reunión de expertos de la ONU, se confirmó que se estaba abriendo un agujero en la capa de ozono por encima del territorio de la Antártida. • En Italia concluyó el juicio a la mafia siciliana, y los 338 mafiosos fueron sentenciados por extorsión y asesinato, entre muchos otros delitos, a un total de 2665 años. • Klaus Barbie, principal jefe de la Gestapo, fue condenado a cadena perpetua por crímenes de lesa humanidad.

Conejo de Tierra 16-02-1999 al 04-02-2000
En Salta, Argentina, se encontraron tres cadáveres de niños incas en el volcán Llullaillaco. Se los conoce como las momias de Llullaillaco. • En el aeropuerto Jorge Newbery de Buenos Aires, un avión Boeing 737 de LAPA Líneas Aéreas chocó contra un centro de convenciones y fallecieron 64 personas en el accidente. • Estados Unidos dejó a Panamá el control del Canal de Panamá.

Conejo de Metal 03-02-2011 al 22-01-2012
En Rusia hubo protestas multitudinarias contra el presunto fraude electoral en las elecciones parlamentarias y el gobierno de Vladimir Putin. • Portugal pidió el rescate del fondo financiero de la Unión Europea • Después de un viaje de cinco años, la misión New Horizons alcanzó la órbita de Urano. • Se produjo el estreno mundial de la serie *Game of Thrones*.

BIBLIOGRAFÍA

- Arroyo, Stephen: *Astrología, Psicología y los 4 Elementos*, Kier, Buenos Aires, 1993.
- Squirru, Ludovica: *Horóscopo chino*, Atlántida, Buenos Aires, 1996.
- Squirru, Ludovica: *Horóscopo chino*, Atlántida, Buenos Aires, 1999.
- Wilheim, Richard: *I Ching*, Sudamericana, Buenos Aires, 1991.

https://es.wikipedia.org

/rockbien.blogspot.com
/franciscocenamor.blogspot.com
/e-torredebabel.com
/parapensarenti2.blogspot.com

Horóscopo chino 2023 de Ludovica Squirru Dari
se terminó de imprimir en el mes de octubre de 2022
en los talleres de
Grafimex Impresores S.A. de C.V.
Av. de las Torres No. 256 Valle de San Lorenzo
Iztapalapa, C.P. 09970, CDMX, Tel:3004-4444